三国時代の州名と
涼州
姑蔵
雍州
祁山
郿
長安
函谷
×潼関
司
定軍山
漢中
西城
葭萌
涪城
白帝城
巫県
成都
益州
荊
味県
交州

時代の**流れ**が**図解**でわかる!

# 早わかり三国志

原 遙平

日本実業出版社

# はじめに

いまから約１８００年前、中国大陸に３人の天下人が出現した。
・曹操《そうそう》
・劉備《りゅうび》
・孫権《そんけん》
３名の天下人はそれぞれが国を建国し、彼らも、また彼らの子孫たちも国の勢力拡大と、中国の広大な大地の統一を夢見てしのぎを削り合った。中国史上「三国時代」と呼ばれる時代である。この時代は、新しく生まれた「晋《しん》」という王朝が天下を統一したことで終わる。この三国時代を「歴史書としてまとめよう」と志す人間が現われた。晋の時代の人、陳寿《ちんじゅ》で、『三国志』の著者となった。

『三国志』は成立当初から、知識人たちの間で一大センセーションを巻き起こし、「陳寿の著わした『三国志』は勧善懲悪の言葉にあふれているばかりでなく、物事の成功や失敗の理由などを明らかにしている。国を運営するうえでも、人生の道標という意味でも非常に優れた書物である」という評判をとった。『三国志』はその後、名著であるがゆえに歴史の流れに埋もれることなく、さまざまな変遷をへながら中国の民衆にも浸透していき、やがて小説『三国志演義《えんぎ》』という中国文学史上不朽の名作として地位を築くことになる。

本書は、この『三国志』の世界をコンパクトにまとめた入門書である。多くの人間が交錯し、さまざまな事件が起こる『三国志』のエッセンスを取り出し、全体のストーリー（歴史）をしっかり押さえるとともに、〝物語〟としてのおもしろさをうまく取り出すようにしてある。

とくに、『三国志』においては、登場人物の多さが話題になる。多士済々な登場人物は、魅力の一つではあるが、かなり気合を入れて一人ひとりを覚えるように読んでいないと、わからなくなってしまう。そこで本書では、ストーリー上必要な主要人物を中心に記載し、多くの人物についての記述を思い切って省いている。入門書としてのスタンスを保つためであり、本書によって『三国志』に興味を持たれた方は、本編を読んでいただければ幸いである。

また、意外になおざりにされているのが地理だ。舞台は、日本と違い広大な中国大陸だ。予備知識がないと『三国志』の壮大なスケールを味わえない。そのあたりも、できる限りイメージできるように配慮してある。一読すれば、『三国志』についてまったく知らない人も、すんなりと『三国志』の世界に入っていくことができるはずだ。また、予備知識なしではとても読みにくい、陳寿の『三国志』も読むことが可能になると思う。

最後に編集の労をとっていただいた日本実業出版社編集部に御礼申し上げるとともに、本書を昨年の夏に逝った父・範盈に捧げたい。

2003年3月

原　遙平

## 第2章 これが『三国志』だ！

# 第3章 3人それぞれの「人」と「天の時」

# 第4章 地理から見た『三国志』

# 第5章 三国時代を決めた10血戦

# 第6章

# 『三国志』に見る〝計略〟の研究

## 第7章 『三国志』における失敗学

## 第8章 『三国志』のテクノロジー&サイエンス

カバーイラスト／尾崎英明
章扉・コラムイラスト／つのだ　さとし
本文イラスト／岡坂浩樹
本文組版・図版／一企画

# 第1章 中国史の中の三国時代

# 『三国志』これだけは知っておけ！

## ◎『三国志』っていったい何なの？

『三国志』（陳寿《ちんじゅ》の歴史書も小説も含めて）の面白さは、「栄枯盛衰」という言葉そのままの大激動の時代を題材とした点にある。しかし、題材が題材だけに物語の展開は速く、かつ振幅が大きい。かなり心して読まないと物語に置いていかれ、「オヤッ？　どうなったんだ」ということになってしまう。

そこでまず、この章では三国志という物語が、どのようなものかを紹介しておこう。

最初に知っておいてほしいのは、『三国志』の舞台と、『三国志』が描いている時代についてだ。舞台は中国。時代は紀元後１８０年あたりから２８０年までの約１００年間。後漢末期から、最終的に「晋《しん》」という国が中国を統一するまでの物語だ。とくに、この三国時代が中国史の中でどのような意味を持つのかを知っておくと、いっそう興味が増すだろう。

次に、『三国志』の物語について知っておきたい。『三国志』が一つの物語ならばわざわざ解説することもないのだが、『三国志』には歴史書としての『三国志』と、小説としての『三国志演義《えんぎ》』の二つがある。タイトルこそ似ているが、中身はかなり違う。その違いをしっかりと把握しておかないと、「いったいどっちが正しいの?」と、悩まなくてもよいことで考え込むことになる。

## ◎必ず知っておくべきことをまず解説

そして、『三国志』を十分に理解してもらうために、この章で、『三国志』のあらすじを紹介しておく。第2章でもっと詳しく紹介するが、どのような話なのかをまず把握しておけば、よりスムーズに入っていくことができるはずだ。

また、登場人物も紹介した。最初に名前を読んだだけでは、それぞれがどのような人物かまではわからないと思うが、こんな人が出てくるのか…という程度に頭の隅に置きつつ全体を読み進めていけば、より物語がわかりやすくなる。

そして、中国の地形・地理についても紹介しておいた。どの地域を、誰が支配していたのか。これが頭に入っていないと、『三国志』の人々のダイナミックな活動が、なかなか理解できない。主な舞台は、「黄河《こうが》」と「長江《ちょうこう》」の流域だ。この二つの河を基準に、いくつかの都市を押さえておけば、ストーリーからはぐれてしまうことはないだろう。地理については第4章で詳しく紹介するが、三国(魏《ぎ》・呉《ご》・蜀漢《しょくかん》)の位置関係と「河」については、必ず押さえておきたい。

この章で、『三国志』の基礎知識をしっかり仕入れておこう。それだけで、『三国志』は、より面白くなるはずだ。

# 中国４０００年における三国時代の位置は

**『三国志』の舞台となった時代は、紀元２００年前後。日本には邪馬台国があったかどうか…という時代だ。**

### ◆魏・呉・蜀漢の3国をめぐる物語

現在の中国、正しくは「中華人民共和国《ちゅうかじんみんきょうわこく》」ができたのは１９４９年。現在から約55年前のことだ。その前は「中華民国《ちゅうかみんこく》」という国があった。その前は「清」で、その前は「明」…。このようにたどっていき、厳密に数えると、軽く30は超えてしまう。

時間も非常に長い。最初の国、「殷《いん》」が建国されたのが紀元前１６００年ごろのこと。巷《ちまた》でいわれる「４０００年の歴史」には少しばかり届かないが、３６００年の歴史があることは確実である。

さて、『三国志』は、この中国史の中の〝三国時代〟という時代を扱った書物である。「志＝誌」であり、「誌」は「記す」「記し」という意味なので、『三国志』とは「三国に関する記録」という意味になろう。

そして「三国」とは、この期間、中国大陸で三つの国が鼎立《ていりつ》（三勢力が互いに対立すること）していたことによる呼び方である。

その国と建国者は、次の三つだ。

○魏《ぎ》……曹操《そうそう》
○呉《ご》……孫権《そんけん》
○蜀漢《しょくかん》…劉備《りゅうび》（国名は単に蜀ともいう）

この3国を作った3人と、3人を取りまく人々の、建国にまつわる奮闘の記録が、陳寿《ちんじゅ》という歴史家によって記された『三国志』なのである。

### ◆紀元200年前後の約100年間の物語

『三国志』が記録している期間は、後漢時代の終わりから描きはじめて三国時代にいたり、「晋《しん》」王朝が天下を統一したところで終わる。こう書くと長そうだが、年代的に見ると後１８４年あたりから２８０年までである。記録されている期間は、中国３６００年の歴史のうち約100年にすぎない。いわゆる三国時代となるともっと短い。建国の順番は魏→蜀漢→呉となるが、この3国が出揃うのが222年のことだ。280年には晋がこれらの国を統一してしまうから、その間、約60年である。中国史の中では「点」ともいえるほど短い時間だ。

しかし、この時間の密度は限りなく濃い。中国ではそれまで「天下に皇帝はただ1人」というのが大原則だった。その大原則が殷王朝の誕生から約1800年間守られていた。もちろん1800年の間には、皇帝を自称した人間はいた。だが、すぐ叩きつぶされた。ところが三国時代には、天下に3人の皇帝が出現するのである。「殻」を破ったのは、この時代を生きた人間たちの沸騰するエネルギーだった。そして、これ以後、中国では皇帝が複数存在する時代が隋《ずい》まで続く（左図参照）。三国時代とは1800年間の「殻」を破った、中国史でも特筆されるべき時代だったのである。

## ■中国の歴史

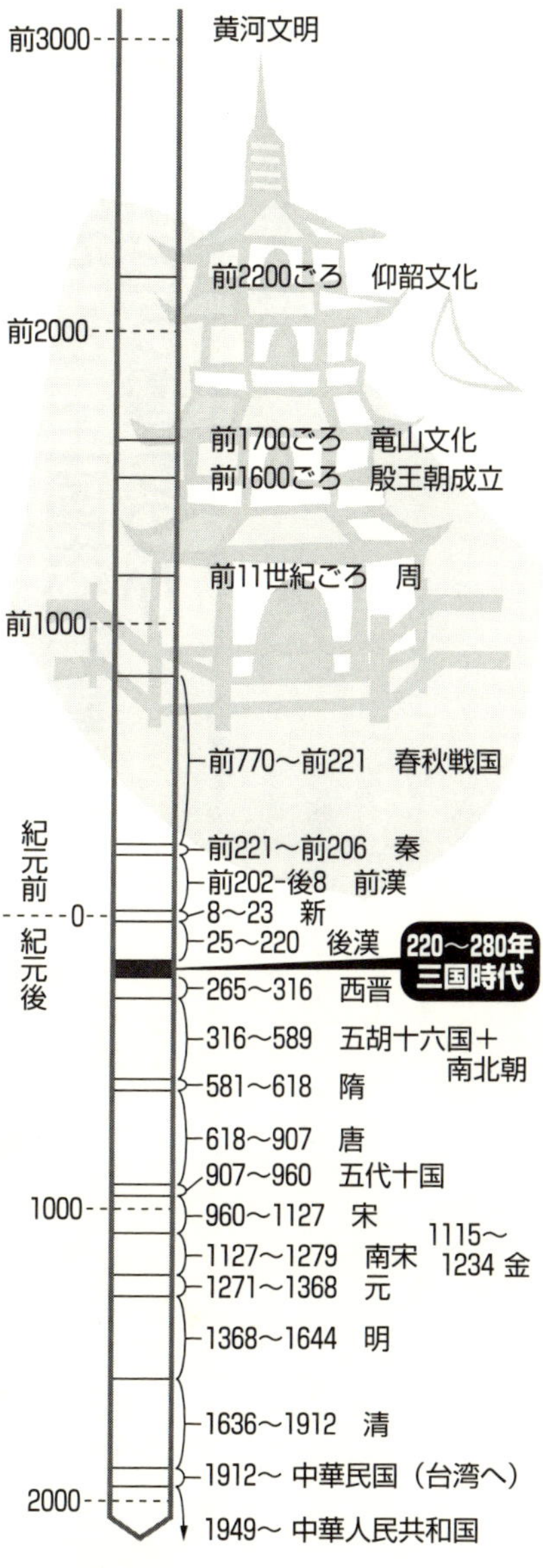


**歴史メモ** 中国史上最初の正史『史記』の著者・司馬遷（？～前86年）は、時の皇帝・武帝を怒らせた罪で宮刑（去勢刑）に処せられている。

# 『三国志』と『三国志演義』はどこがどう違うのか

**『三国志』は正史、『三国志演義』は小説。著者も内容も構成も、成立した時代もまったく違う。**

## ◆歴史書と歴史小説の違い

『三国志』は二つある。

一つは、正式な歴史書としての『三国志』だ。

もう一つは、小説としての『三国志演義《えんぎ》』である。

最初に記されたのは『三国志』のほうだ。三国時代の後の晋《しん》のとき、陳寿《ちんじゅ》という歴史家が記した。ちょうど「平成」の時代に「昭和」の歴史を記したようなものだろう。一方の『三国志演義』は、それから約1100年後の元末明初のころ、羅貫中《らかんちゅう》という小説家が、『三国志』を題材として著わした〝歴史小説〟である。

歴史書と歴史小説だから、内容はかなり違う。史実重視の『三国志』は、「AとBが戦い、××が死に、Bが勝った」という具合でとても簡潔明瞭だ。これが『三国志演義』になると変わってくる。「AとBが戦った。Bが不思議な術を使うと、Aが馬から転げ落ちてグウと唸り、腰を抜かした」という具合に、多分にドラマあるいは想像の部分が入ってくる。

では、『三国志』と『三国志演義』は、どのようにして生まれたのだろうか。

『三国志』を著わした陳寿は、233年、三国時代の真っただ中の蜀漢《しょくかん》に生まれており、蜀漢宮廷では公文書を扱う部署に勤務していた。263年に蜀漢が滅亡すると、一時、浪々《ろうろう》の身となるが、後に文章の才能を見込まれて晋王朝に仕えた。ここで記したのが『三国志』だ。

の違い

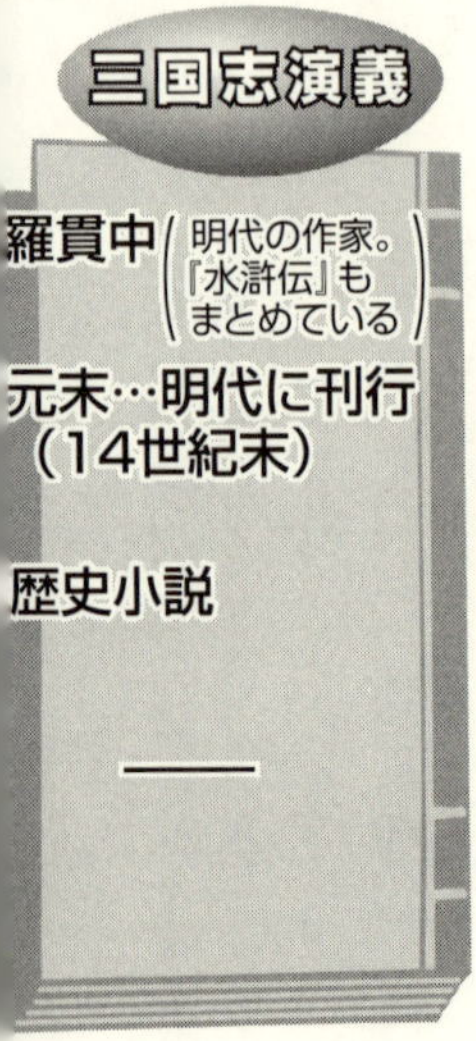

■『三国志』と『三国志演義』

| 三国志 | |
|---|---|
| 著者 | 陳寿 |
| 成立 | 晋代（3世紀後半） |
| 体裁 | 歴史書（正史） |
| 構成 | 魏書（30巻）<br>蜀書（15巻）<br>呉書（20巻） |

構成は『魏書《ぎしょ》』（30巻）、『蜀書《しょくしょ》』（15巻）、『呉書《ごしょ》』（20巻）の3書からなり、全部で65巻。でき上がるや晋の宮廷関係者の間で「名著である」と大変な評判になり、後に正式な歴史書として認可された。

### ◆「註」がついて面白い読み物に

ただ、『三国志』には一つの欠点があった。史実を正確に記した点は評価できるとしても、簡潔明瞭を第一としたので、読む側にとっては実に退屈だったのである。そこで『三国志』の成立から約150年後、裴松之《はいしょうし》という人物によって「註」がつけられた。

「註」となったのは、陳寿が「事実とは確認できない」として切り捨てた俗説・異説・エピソードの類だ。つまり、「AとBが戦い、Bが勝った」という『三国志』の記述とともに、「Bの勝利の要因に関してはこんな説がある。あんな説もある。こういう逸話も伝わる」ということを加えたのである。この註により『三国志』は単なる史実確認の書ではなく、読んでも面白い歴史書となった。

### ◆適度なフィクションとしてまとめられた『演義』

註をつけられた『三国志』はその後、民間でも広く読まれ、また、講談でも好んで取り上げられるようになっていくが、時代がたつに従ってさまざまな空想や、史実の誤認などが入り込み、しまいは史実とはかけ離れたSFまがいの内容になった。これではいくらなんでも…ということで、荒唐無稽な話は退け、裴松之の註をもとにして適当なフィクションを設け、限りなく史実に近づけて描いたのが『三国志演義』なのである。

なお、本書では『三国志』と『三国志演義』はとくに区別せずに『三国志』と記し、話の出所を明示する場合のみ、「正史『三国志』によれば」とか「小説『三国志演義』によれば」としている。

**歴史メモ** 小説『三国志演義』の原本は散逸して現代には伝わっていない。1494年（明の中期）の刊本が最古で、全部で24巻もある。

# 『三国志』とはこんな物語だ

**中国にたくさんの群雄が割拠し、彼らが天下を目指そうと争い、悩み、そして滅んでいく物語。**

### ◆後漢の混乱に乗じて群雄が割拠してくる

さて、『三国志』とはどのような物語なのだろうか。

「名前は聞いたことあるけど…」「だいぶ前に少し読んだことがあるが…」という方のために、全ストーリーを大ざっぱに紹介しよう。もう少し詳しくは、第2章で紹介する。

時は政治腐敗がひどい後漢時代の末だ。怒り狂った民衆が大叛乱を起こす。184年に勃発した「黄巾《こうきん》の乱」である。『三国志』の物語は、ここからはじまる。

後漢

184 **黄巾の乱**
↓鎮圧

190頃 宦官と外戚の争い
董卓の台頭
董卓が殺害される
⇦ **群雄割拠へ**

後漢政府軍と黄巾軍との戦いは、死闘の末、政府軍が勝利する。魏の曹操《そうそう》、蜀漢の劉備《りゅうび》はこのときいずれも20代の若武者であり、政府軍の一員として従軍していた。後に呉を建国する孫権《そんけん》はまだ子どもだったが、父親の孫堅《そんけん》がやはり政府軍の一員として戦に出ている。

叛乱の収束後、政治腐敗の加速→権力闘争の激化→権力者同士の相討ちによる自滅→西の実力者・董卓《とうたく》の政府乗っ取り→各地の諸侯による反董卓連合軍結成→曹操《そうそう》と孫堅の善戦という形で時代は展開していき、やがて各地の実力者たちが国を奪い合う群雄割拠《ぐんゆうかっきょ》の時代へと突入していく。狙うは天下の王者の座だ。混乱する時代を自分の手で収拾し、天下の盟主となる腹づもりである。曹操・劉備・孫権の本格的な活躍もこのころからはじまる。

### ◆三国の雄が台頭

3名中、最も早く天下に踊り出たのは曹操だ。各群雄を併合して大陸の東に勢力を伸ばしていた曹操は、やがて北の雄・袁紹《えんしょう》を倒し、大陸の東と北を支配下に収めてしまう。

2番目に売り出したのは孫権だ。父の孫堅、兄の孫策《そんさく》の跡を継ぎ、3代目という形で天下に出た孫権は、大陸の南で強固な地盤を作っていた。

一番出遅れたのは劉備だ。各群雄に頼まれて戦争をする助っ人稼業に甘んじている。しかし、諸葛孔明《しょかつこうめい》という青年との出会いが劉備を変えた。劉備はやがて孫権との軍事同盟に活路を見い出し、実力を発揮しはじめる。

### ■『三国志』の時代の流れ

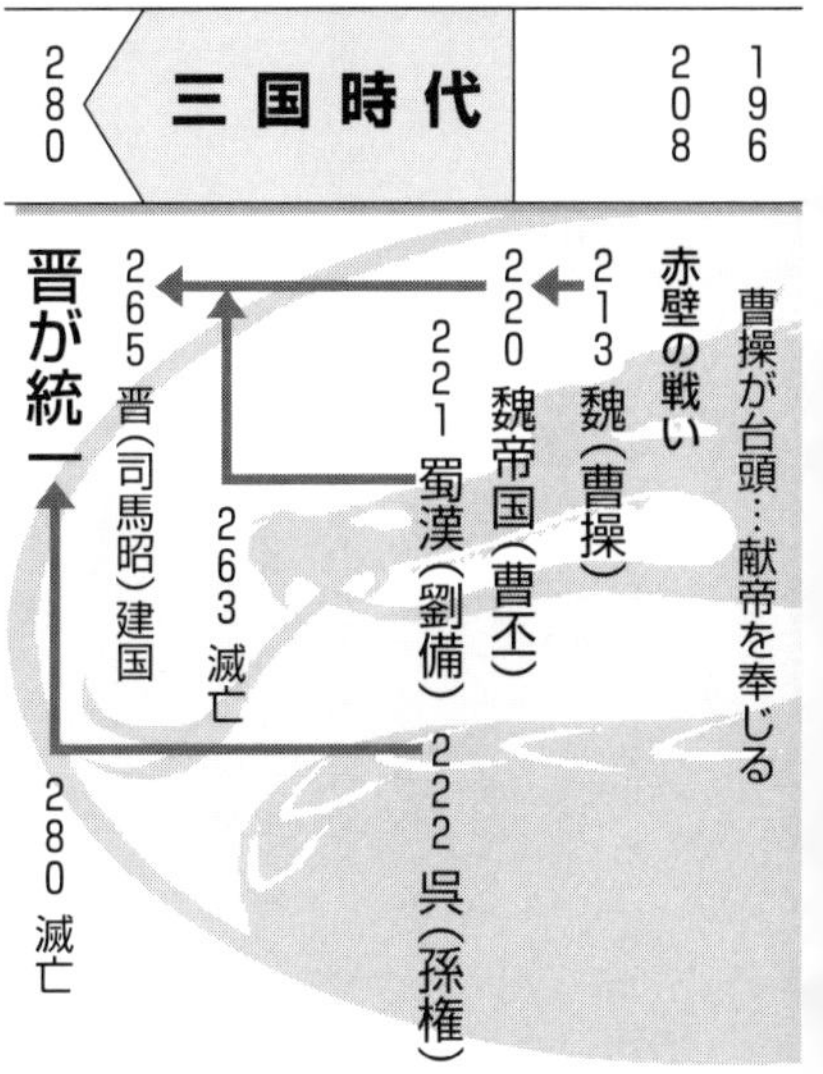


208年、曹操は天下統一の実現をかけて孫権・劉備連合軍と赤壁《せきへき》で激突した。しかし、孫権・劉備は曹操を押し返すことに成功する。

もちろん曹操も天下統一をあきらめたわけではなかったが、孫権・劉備の追い上げも激しく、結局、3大勢力が鼎立《ていりつ》するという形になり、「魏」「呉」「蜀漢」の3国が並び立つ三国時代へと移行していく。支配地域を大ざっぱに示すと次のとおりだ（25ページ図参照）。

・曹操…大陸の東と北、西の上半分を支配
・孫権…大陸の南方を支配
・劉備…大陸の西の下半分を支配

3国のうち、最初に滅亡したのは蜀漢だ。劉備の死後、参謀の諸葛孔明が必死になって国を支えていたが、やがて過労死してしまう。蜀漢には孔明に続く人材がいない。そのため、魏に攻められるとあっけなく降伏した。続いて魏が滅びる。曹操の死後、しばらくは曹操の子孫が国を支えたが、やがて家臣連中の力が強くなり、あっさり国を乗っ取られた。かわって誕生したのが、「晋」王朝だ。晋は280年、呉に軍勢を進める。呉は降伏し、ここに三国時代は終焉する。

**歴史メモ** 諸葛孔明の名は「亮」。孔明は字である。本来なら諸葛亮と記すべきところだが、字のほうが有名なので本書では諸葛孔明としている。

# 『三国志』の登場人物を知る

**中心となるのは、曹操・劉備・孫権の3人。そこに諸葛孔明や司馬懿、関羽、張飛といった武将や軍師たちが絡み合う。**

## ◆英雄・豪傑たちの100年ロマン

『三国志』はどこかビリヤードに似ている。広大な中国大陸という台の中に、群雄という球がいくつも転げ回る。集団になっている球に突撃してくる球もあれば、弾かれて穴に落ちて消えてしまう球もある。そして最後に3つの球が残る。曹操《そうそう》・孫権《そんけん》・劉備《りゅうび》を核とし、多様な人々が集まって形作られた三つの球だ。この球がさらに、「この台に残るのは自分だけだ」とばかりにぶつかり合う。

つまり、人間の集団の激突がおりなすドラマなのだが、激動の時代に名をなした人間だけに一癖や二癖どころか、十癖くらいありそうな人間たちが揃っており、そのことがまた『三国志』の面白さとなっている。

## ◆多彩な人間の登場も魅力の一つ

三国志には、多くの人々が登場してくる。とくに三国について、彼らの人間集団を見てみよう。

まず、曹操。彼の周囲にはその創造力と才能に魅せられた、優秀な人間たちが集まった。武将の筆頭は隻眼の猛将、夏侯惇《かこうとん》だ。さらに弓の天才夏侯淵《かこうえん》、前線指揮の達人曹仁《そうじん》、戦略に優れた張郃《ちょうこう》、生涯無敗の徐晃《じょこう》、先駆けの名人楽進《がくしん》、恐れを知らぬ猛進の張遼《ちょうりょう》たちがいる。参謀集団も人材揃いだ。荀彧《じゅんいく》、荀攸《じゅんゆう》、賈詡《かく》、程昱《ていいく》、郭嘉《かくか》、華歆《かきん》、満寵《まんちょう》など、いずれも智謀の士であり、戦争に行政に優れた案を出して曹操を助けた。典韋《てんい》と許褚《きょちょ》というボディガードがいたのも曹操の集団の特徴だ。

次は孫権だ。孫権は孫堅《そんけん》（父）→孫策《そんさく》（兄）の跡を継いだ3代目である。だから、孫権が君主となった時には、すでに先代、先々代からの人材たちがいた。

武将には、まず周瑜《しゅうゆ》がいる。この人物は大変な美男子のうえ、戦い、学問、芸術など多方面で才能を発揮した。

■『三国志』の中心人物たち

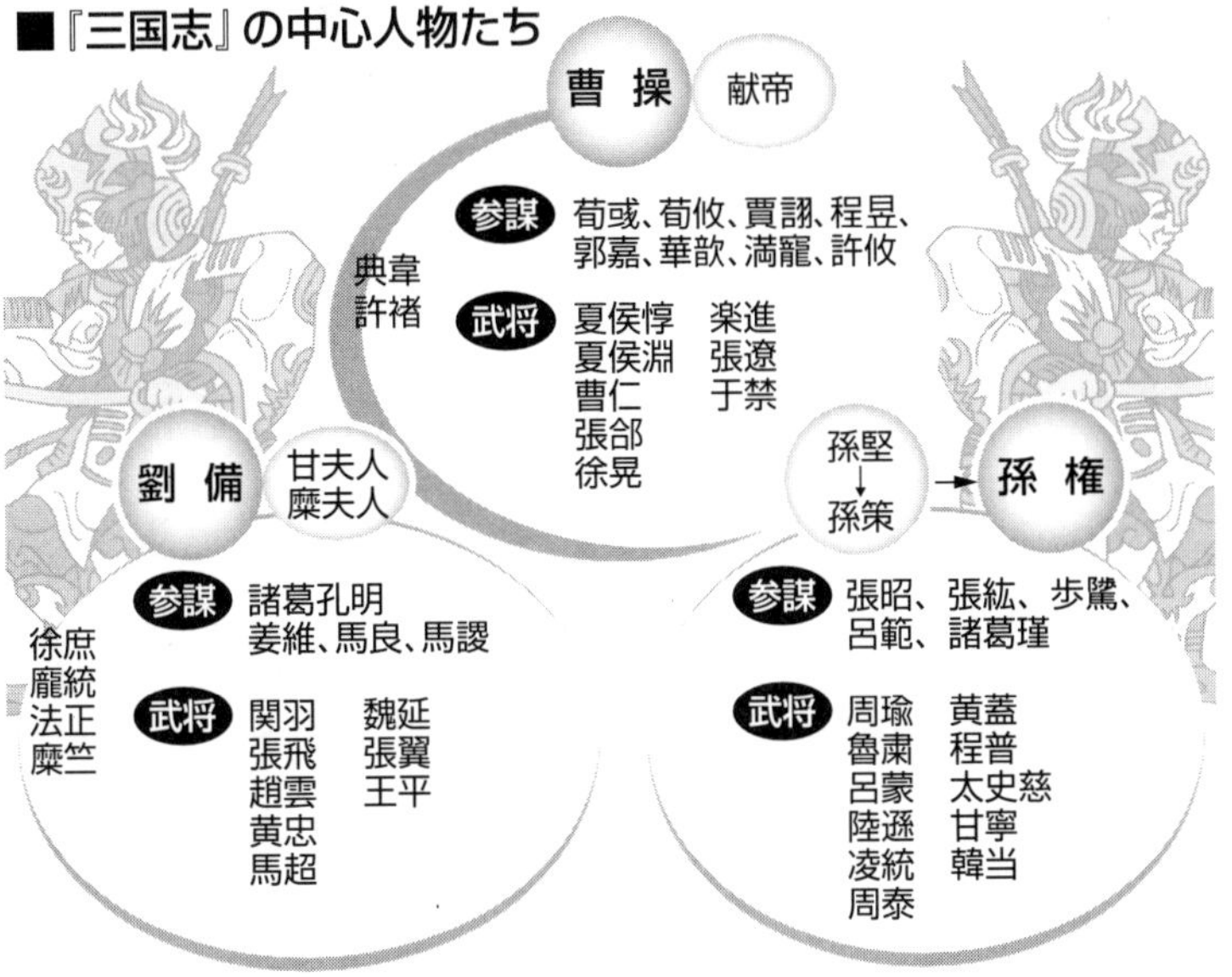


他には、孫権と劉備を結びつけた魯粛《ろしゅく》、智勇兼備の呂蒙《りょもう》、奇略の名手陸遜《りくそん》、先鋒として活躍した凌統《りょうとう》、海賊出身の周泰《しゅうたい》、老将の黄蓋《こうがい》と程普《ていふ》、短戟《たんげき》の使い手太史慈《たいしじ》、勇気の塊のような甘寧《かんねい》、最前線の〝鬼〟韓当《かんとう》といった武将が主なところだ。張昭《ちょうしょう》、張紘《ちょうこう》、歩騭《ほしつ》、呂範《りょはん》、諸葛瑾《しょかつきん》といった人々は参謀として内政はもちろん、軍事方面でも才能を発揮した。

最後に劉備だ。劉備と彼の集団との人間関係は、曹操・孫権集団に比べると少し違う。曹操や孫権の集団がビジネス的とするならば、劉備集団はファミリー的とでもいえようか。利害とか善悪とか政治以上に、「絆」や「情」が優先される集団である。

筆頭は関羽《かんう》と張飛《ちょうひ》だ。劉備の旗揚げ時から、ともに戦ったこの2人は、劉備とは兄弟同然の絆《きずな》で結ばれていた。2人とも無類の豪傑であり、劉備軍団の戦闘力を高めている。武将では他に、文武に優れた名将趙雲《ちょううん》、プリンス馬超《ばちょう》、反骨の武将魏延《ぎえん》、弓をとっては天下一の黄忠《こうちゅう》、堅実な指揮能力を持つ張嶷《ちょうぎ》・張翼《ちょうよく》・馬忠《ばちゅう》などがいる。参謀や側近では諸葛孔明《しょかつこうめい》、龐統《ほうとう》、法正《ほうせい》、孫乾《そんけん》、簡雍《かんよう》、糜竺《びじく》、馬良《ばりょう》などがおり、軍事に内政に優れた手腕を発揮した。

**歴史メモ** 関羽は「関聖帝君」という名で道教（中国の民衆宗教）の財神に祭り上げられている。日本では横浜中華街の「関帝廟」が有名。

# 『三国志』の舞台の地形を知ろう

**広大な中国大陸を、魏・呉・蜀漢の3国が奪い合う。その位置関係だけでも、まずは頭に入れておこう。**

## ◆黄河と長江で三つに分けられる中国大陸

『三国志』の舞台は、中国の広大な大地である。物語にスケールの大きさを感じるのも、舞台の大きさゆえだろう。しかし、スケールが大きすぎて「どこで何が起こっているのか」がよく把握できないのも事実だ。といって、ただ単に「大陸の地形はああでこうで」と説明してもあまり意味がないので、三国志の舞台としての中国大陸を理解するうえでのラインを示したいと思う。

ラインとなるのは「黄河《こうが》」（河水《がすい》）と「長江《ちょうこう》」（江水《こうすい》）だ。黄河は全長5460キロ、長江は全長6300キロ。両方とも大陸の西から東へと流れて海に注ぐ世界有数の大河だが、黄河は大陸の北方を、長江は大陸の南方を流れている。つまり大陸は黄河と長江により、

・黄河より北の地域
・黄河と長江の間の地域
・長江から南の地域

の三つに分割できることになる（次ページ図）。

## ◆上流と中・下流で西と東にも分けられる

また、南北のラインとなる黄河と長江は、同時に東西のラインを作ってもいる。河川は山から発して海に流れるものだ。黄河・長江ともこの点は他の河川と変わらず、上流部は山岳地帯である。つまり、大陸の地形は、

・東の平坦な地帯＝東の豊かな土地
・西の丘陵または山岳地帯＝西の厳しい土地

に分けられる。

東の平坦地には大河が運んできた肥沃な土がたっぷりと堆積しているが、西にはそれがないからだ。

## ◆広大な中国大陸を駆けめぐる勇者たち

そして、『三国志』の舞台は、次の順序で移動している。

■三国志の時代の中国

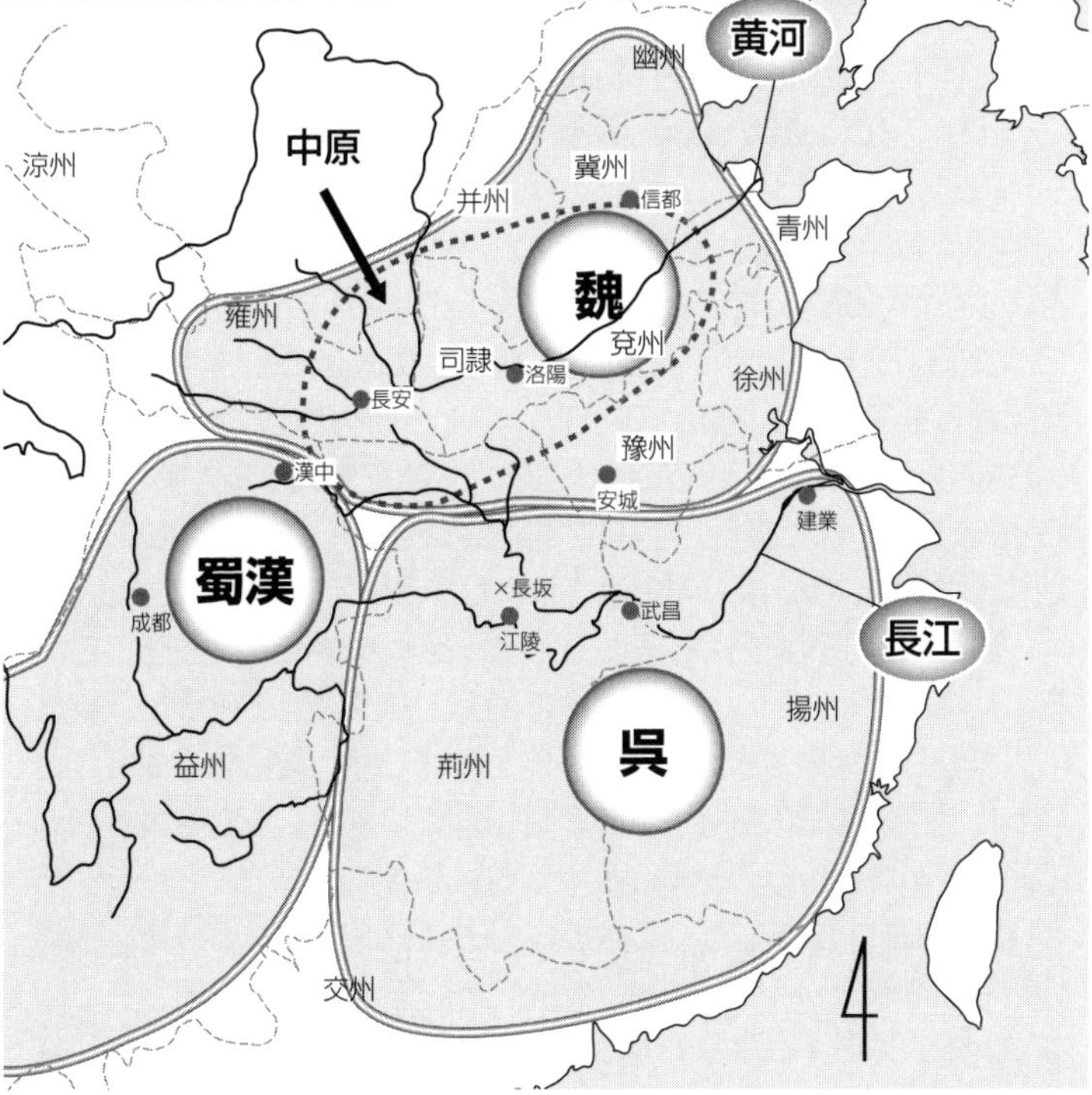


人物たちの動きに当てはめてみると、①北の豊かな土地で戦いが激化、②北の豊かな土地を曹操《そうそう》が制圧、③南の豊かな土地を孫権《そんけん》が制圧、④劉備《りゅうび》が西の厳しい土地の南側を制圧、という順になる。

要するに、大陸の〝おいしい土地〟の一番広い部分は曹操が取り、二番目に広い部分は孫権が取り、劉備はおいしい土地をウロウロしたが結局だめで、厳しい土地の南側（北側は曹操が取る）を取らざるを得なかった、ということになろう。

大きく見ると上図のような位置関係になる。この地形をまず頭に入れて、三国志を読み進めていただきたい。

なお、彼らは、主に「州」という大きな行政単位を奪いあった。上図にも記してあるが、第4章で詳しく解説した。できれば最初に頭に入れておいてほしい。



歴史メモ　黄河の運ぶ土砂の量は、年平均13億8000万トンにも達する。土砂の堆積による氾濫回数は過去3000年間で1500回以上にもなる。

column

『魏志』倭人伝が描く当時の日本①

## 倭国では男は誰もが入れ墨をし、女は頭からかぶる着物を着ていた！

中国で曹操《そうそう》や劉備《りゅうび》、孫権《そんけん》が争っていた紀元200年前後、日本がどのような状況だったのかは、判然としていない。なにしろ、日本には文字の史料が残っておらず、『魏志《ぎし》』倭人《わじん》伝の記述や考古学の発見から推測するしかないのだ。

『魏志』倭人伝は、正確には『三国志』魏書東夷伝《とういでん》倭人条といい、『三国志』の一部である。ここには3世紀ごろの日本列島の状況が詳しく記されている。倭人の生活ぶりがわかる箇所を引用してみよう。

「倭では、男子は成人も子どもも皆、顔や身体に入れ墨をしている。（中略）今、倭の水人は海中に潜って魚や蛤《はまぐり》を捕らえ、身体に入れ墨して大魚や水鳥から身を守ってきたが、後にはやや飾りとなった。倭の諸国の身体の入れ墨は、国々によって左右や大小などの違いがあり、身分の尊卑によっても異なる」

「倭の風俗はきちんとしており、男子は皆、冠をかぶらず、木綿の布で頭を巻き、衣は幅広い布をただ結び束ねるだけで縫うことはない。婦人はお下げや髷《まげ》を結ったりして、衣は単衣のようにし、真中に頭を通して着るだけである」

「倭の地は暖かく冬も夏も生野菜を食べる。人々は裸足で生活し、家屋を建てるが、父母兄弟はそれぞれ居所を異にしている。朱・丹を身体に塗るのは、中国で白粉を用いるようなものだ」

「婦人は淫らでなく、嫉妬もしないし、盗みもなく、争いごとも少ない。法を犯せば、軽いものは妻子を没官され、重いものは家族と一族が殺される」

このように、『魏志』倭人伝からは、非常に秩序の保たれた国が形成されていたことがうかがえる。

# 第2章 これが『三国志』だ！

# 大陸が揺れた100年間の壮大な物語

## ◎中国史上かつてなかった激動の時代

『三国志』は、三国時代という中国3600年の歴史の中の約100年程度の期間を記した書物である。

中国史の流れから見ると、たしかに短い期間ではあるが、100年という期間それ自体は決して短くない。しかも、それまでの暗黙の了解を打ち破り、3名の皇帝が出現した時代である。この100年は、中国3600年の歴史でもターニングポイントとなった時代だった。

『三国志』というのは、この激動の時代の記録であることを把握しておきたい。ここには、かつてない激しい時代を生きた人間たちのドラマが詰まっている。

## ◎正史を中心に解説

本章は、『三国志』のストーリー全体の流れを記している。準拠しているのは、陳寿《ちんじゅ》が記した『三国志』だ。つまり、正史をもとに記している。ただ、単なるストーリー紹介にはとどまらないように、歴史解説を含むようにした。

たとえば再三、「三国時代は激動期」と繰り返しているが、激動の時代が一朝一夕《いっちょういっせき》で生まれるはずはない。平穏から激動へと移行する過程が必ずある。したがって本章では、三国時代の前の時代である前漢《ぜんかん》（紀元前202年に成立）から説き起こしてある。前漢→新《しん》→後漢《ごかん》そして三国時代、と歴史は推移するが、すでに前漢の後期には、後の動乱を引き起こす要因が隠されていることに気づくはずである。

また、気候変動という点にも注目した。三国時代は気候が寒冷化しており、天候不順や異常気象による不作で、慢性的な食料不足におちいっていた。三国時代の激動の一端はここにある。要するに単なる権力闘争ではなく、皆、「食う」ために戦ったのだ。

## ◎わかりやすさを第一に

さらに重要な点は、わかりにくくなりがちな『三国志』のストーリーを、ポイントごとに歴史的背景と絡めつつ簡潔に、わかりやすく記した点だ。また、単に歴史を紹介するのではなく、「なぜ？」という視点を常に持たせている。

たとえば、なぜ黄巾《こうきん》の乱は勃発し、なぜ後漢王朝の屋台骨を揺るがすほどの激しい叛乱になったのか？　他の群雄が自分の勢力拡大に必死になっている中で、なぜ曹操《そうそう》のみが献帝奉戴《けんていほうたい》に踏み切ったのか？　勢力基盤や資金、人脈のない劉備《りゅうび》が、なぜ蜀漢帝国皇帝にまでなれたのか？社会背景などを念頭に置きつつ、その理由を解き明かすように解説し、『三国志』の世界がより理解しやすいようにしてある。

ではこれから早速、三国志の世界に入っていこう。

◉2世紀末 ◆後漢の後期

# 後漢の終わりから乱れはじめた世の中

**中国では前漢時代からほぼ400年間、統一王朝の時代が続いていた。なぜこの時代に、世の中が乱れはじめたのか?**

### ◆三国時代の前の時代は…

三国時代とは、中国史の中でも非常に短い期間であることは第1章ですでに述べた。ここでもう一度、三国時代にいたるまでの時代的な流れを簡単に記すと、左ページ図のようになる。もちろん「秦《しん》」以前にも王朝はあるが、三国時代とは関連しないので省略した。

前漢王朝の初代皇帝は、劉邦《りゅうほう》である。この男、もともと地方の顔役であり、大酒呑みの遊び好きで、近隣でも名の知らぬ者はいない〝やんちゃ者〟だった。しかし、度量の広さが人並み以上で、そのため多くの人々の人望を集めた。

劉邦はその人望を武器に秦滅亡後の動乱期に頭角を現わし、前202年、楚《そ》(中国大陸の南方の国。長江下流域)の項羽《こうう》を倒して天下を統一し、漢王朝を樹立して皇帝に即位した。中国史上にいう「漢の高祖《こうそ》」である。

後8年、漢王朝は王莽《おうもう》という人物に乗っ取られ、一度滅亡するが、王莽の建てた王朝「新《しん》」は、わずか15年で滅びてしまう。新王朝の滅亡にともなう動乱で頭角を現わしてきたのが劉秀《りゅうしゅう》である。この劉秀が天下の混乱を終結させ、紀元後25年、皇帝に即位する。彼が中国史上にいう「光武帝《こうぶてい》」である。

劉秀は高祖・劉邦から数えて9代目の子孫にあたる。同じ劉氏の系統が興した王朝なので、紀元後8年以前の国を「前漢《ぜんかん》」、紀元後25年以後を「後漢《ごかん》」と呼んで区別している。

### ◆権力を争い合う外戚と宦官たち

後漢王朝では初代・光武帝から以後、13人の皇帝が立っているが、よかったのは3代の章帝《しょうてい》まで。4代の和帝《わてい》が11歳で皇帝に即位し、27歳で病没したのを皮切りに、未成年の皇帝即位が普通になった。幼児どころか、嬰児《えいじ》が皇帝に指名されることもあった。

子どもに政治はできないから、代行者が必要になる。後漢宮廷では和帝以降、「誰が政治を代行するか?」をめぐって激しい勢力争いが行なわれるようなった。代行者ともなれば強大な権力を掌握できるし、皇帝を意のままに操って好き勝手な政治も可能だ。

勢力争いの一方の旗頭となったのは、皇帝の母親の一族にあたる「外戚《がいせき》」と呼ばれる連中たちである。

もう一方の旗頭は「宦官《かんがん》」と呼ばれる者たちだ。宦官とは男性の生殖器を切り取った男たちであり、皇帝の身辺雑務を任務としている。皇帝が唯一、心許せる存在として頼りにすることも多く、それをバックに強大な権力を手にすることも多かった。もっとも、宦官連中には皇帝への忠誠心などカケラもない。彼らも私腹を肥やすことしか頭になかった。

宦官と外戚を中心とする宮廷内の勢力争いは、時代を下るにしたがって激しさを増していく。各地から税金がしぼり取られ、勢力争いの資金に浪費されていった。

## ■三国時代への流れ

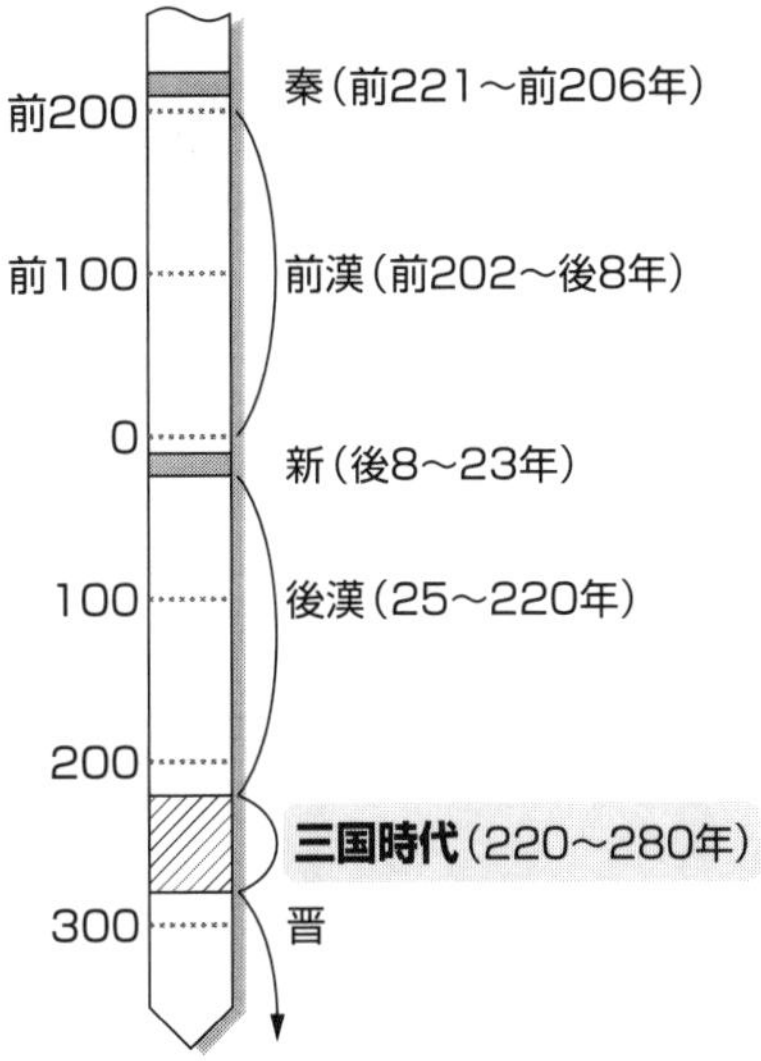


## ■後漢混乱の主な理由

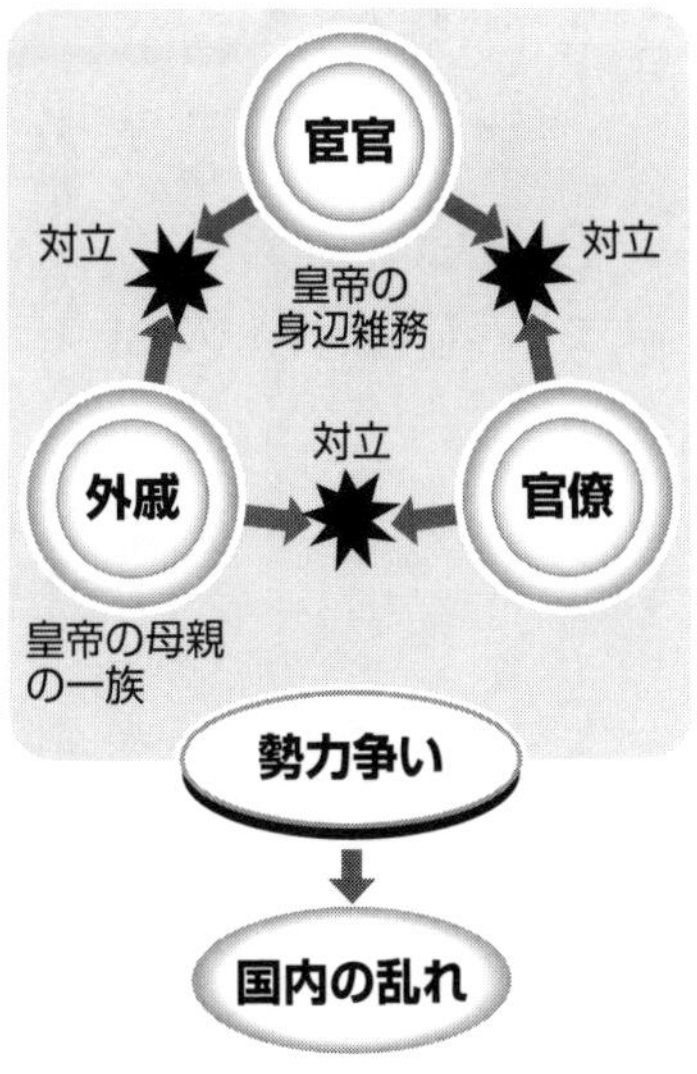


**歴史メモ** 紙を発明した蔡倫(後漢)や、遠征艦隊を東アフリカ沿岸域まで進めた鄭和(明)など、優れた業績を残した宦官もいた。

◉190年前後　◆寒冷化する中国

# 飢餓と豪族の横暴にあえぐ農民たち

**政治が乱れたうえ、さらに飢饉の蔓延は人々の生活を脅かした。民衆は生きていく望みを失っていた。**

## ◆天候が悪く、大飢饉が襲来していた

民衆不在の政治をやられては、人々はたまったものではない。しかし、民衆の生活を脅かす要素はそれだけではなかった。

「気候の寒冷化」と「豪族による土地の占有」という二つの問題もあったのである。

後漢時代の中ごろ、ちょうど紀元後100年あたりから気候が寒冷化し、天候不順が相次いだことは気象学の研究により判明している。気候不順は農作物の収穫量にも、大きな影響を与えた。たとえば『後漢書《ごかんじょ》』は、安帝《あんてい》（6代皇帝）の107年の出来事を次のように伝えている。

「天下に飢餓が蔓延し、人々は競うようにして盗賊になっている。豫《よ》州では食い詰めた人間たちが万余も盗賊になっている」

盗賊になる理由は簡単。奪わなければ自分と自分の家族が飢え死にするからだ。また、『三国志』にも当時の慢性的な飢餓を伝える記述が随所に見られる。

「河北の袁紹《えんしょう》のところでは軍人連中にも食料が配給できず、皆、桑《くわ》の実を食べて飢えをしのいでいる。また、淮河《わいが》流域を拠点とする袁術《えんじゅつ》も食料調達が思うままにならず、ハマグリやタニシを兵士たちに補給している」

袁紹・袁術（204、210ページ）といえば当時の大勢力である。当然、経済的にも裕福なはずだが、この2人にしてこのありさまだ。また、194年の箇所には「とも食いで人口が激減してしまったため、新兵の募集ができない」とまで記されている。つまり、三国時代とは慢性的な食糧不足の時代でもあった。

## ◆土地から追い出される農民たち

そして、豪族による土地の占有化だ。

## ■寒冷化していた気候

〈アメリカの地形学者　R. W. フェアブリッジ教授の海水準曲線〉

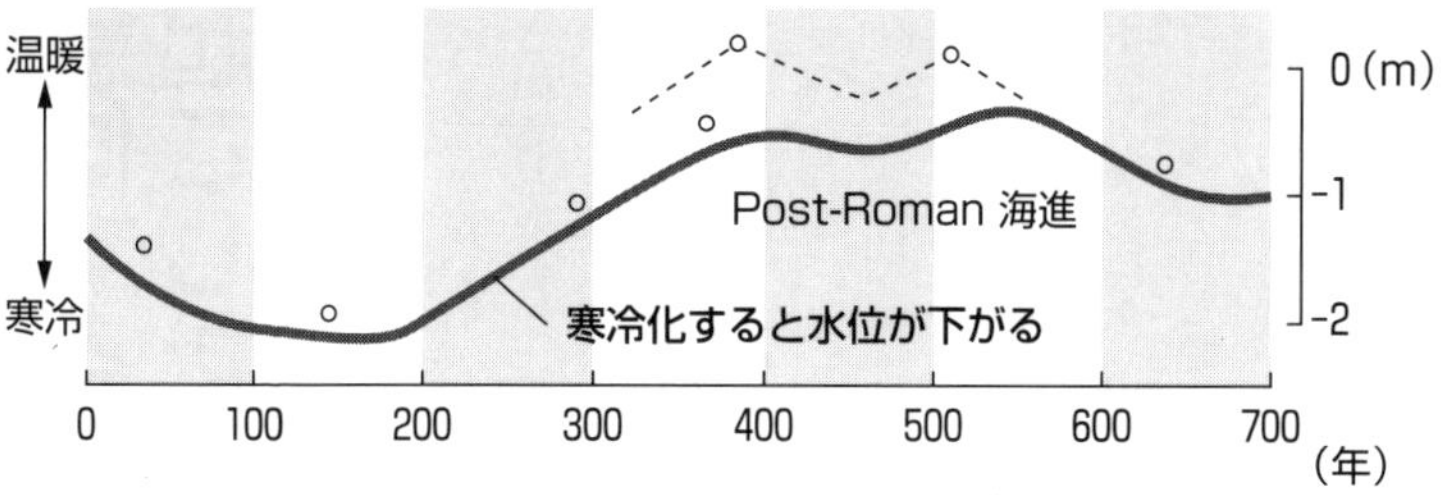


〈中国の歴史〉

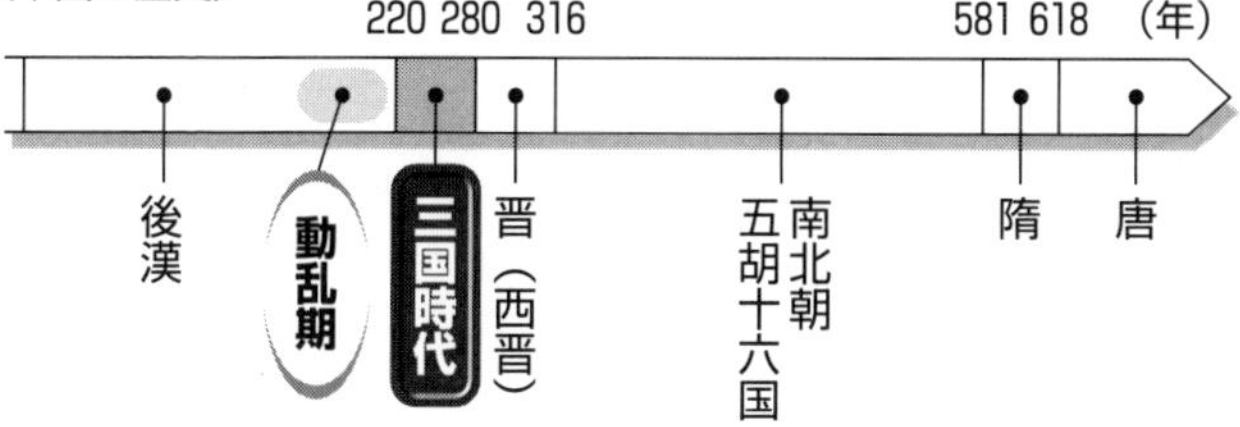


豪族とは「富と武力を蓄え、強大化した農民」と考えてもらえばよい。すでに前漢の時代から出現していた。前漢王朝の原則は、皇帝への権力の集中にある。だから、王朝は豪族を危険視し、王朝と豪族は対立した。

しかし、後漢王朝になると豪族の立場は容認された。「新《しん》」王朝を崩壊に追い込んだ「赤眉《せきび》の乱」（後18〜27年）の鎮圧に、豪族たちの力が大きかったからだ。後漢時代の後半になって政治が乱れてくると、豪族連中は勢力の一層の拡大につとめた。当時の豪族の横行ぶりを後漢時代末期の思想家・崔寔《さいしょく》は次のように述べている。

「豪族どもは莫大な財産をため込んでいる。屋敷は豪華で領地も広く、王侯きどりだ。無頼漢どもを用心棒に雇って庶民たちを脅しまくっている。おまけに『自由に人を殺してもいいんだ、俺たちは』とけしからぬ言葉を得意げに吐きまくっている」

彼らは天災や租税の重みにあえぐ貧しい農民たちから土地を奪って自分の領地とし、彼らを土地から追い出した。豪族によって土地から追い出されることは、社会の外に弾き出されることも意味していた。流浪する零細農民は「もはや生きてはいけない」と絶望した。

**歴史メモ**　「赤眉の乱」の名は、叛乱軍の兵士たちが眉に赤い塗料を塗って目印としたことによる。長安にまでいたったが劉秀に鎮圧された。

◉184年　◆黄巾の乱

# 急伸する「太平道」が起こした巨大叛乱

**困窮する民衆の心をつかんだ「太平道」は、その不満を各地で爆発させる。それが「黄巾の乱」だ。**

## ◆なぜ太平道は人々の心をつかんだのか？

ただでさえ食えない時代に、土地を追い出され、社会の外に弾き出された農民には、次の四つの選択肢しか残されていなかった。

①餓死するか、②流浪の民となるか、③盗賊になるか、④豪族に隷農として仕えるか。

お先真っ暗である。彼らはもはや宗教にすがりついて救いを求めるしかなかったのだ。

この時期、鉅鹿郡《きょろく》（現在の河北省）を拠点とする「太《たい》平道《へいどう》」という教団が猛烈な勢いで信者を増やしていた。太平道は中国古来の民衆宗教から発生した新興宗教であり、張角《ちょうかく》によって創始された。太平道は流浪する農民はもちろんのこと一般農民や、その他の民衆たちからも支持を集め、信者の数はわずか10年で数十万人にも達した。全財産を売り払い、教団に身を投じる者もいたという。ちなみに太平道の太平とは「人間は皆、平等」という主張からの命名であったようだ。

太平道の伝道方法はいたって簡単であり、信者をひざまづかせ、深い礼拝のあとに過去の過ちを告白させ、護《ご》符《ふ》を沈めた「符水《ふすい》」という水を飲ませて病気を治す、というものだ。

要するに懺悔《ざんげ》と病気治療のミックスだが、太平道が民衆の幅広い支持を集めたのも、この伝道方法あればこそだった。つまり、「罪の告白となると、地縁や血縁を超えて、人間はどう生きるべきかという普遍的な倫理意識を前提とし、そのうえに立って、ひとりひとりの魂の救済をはかろうとするもの」（『三国志―転形期の軌跡』松枝茂夫・立間祥介監修　丸山松幸・中村愿訳）であったからだ。太平道は、地縁・血縁社会から弾き出された人間や、社会の行く末に不安を持つ人々に向かい、「地縁や血縁が一体どうしたというのだ。人にはもっと違う結びつき、心と心、魂と魂の結びつきがあるではないか」というメッセージを発したのである。これは、とりもなおさず〝現在〟の否定であった。

■太平道とは

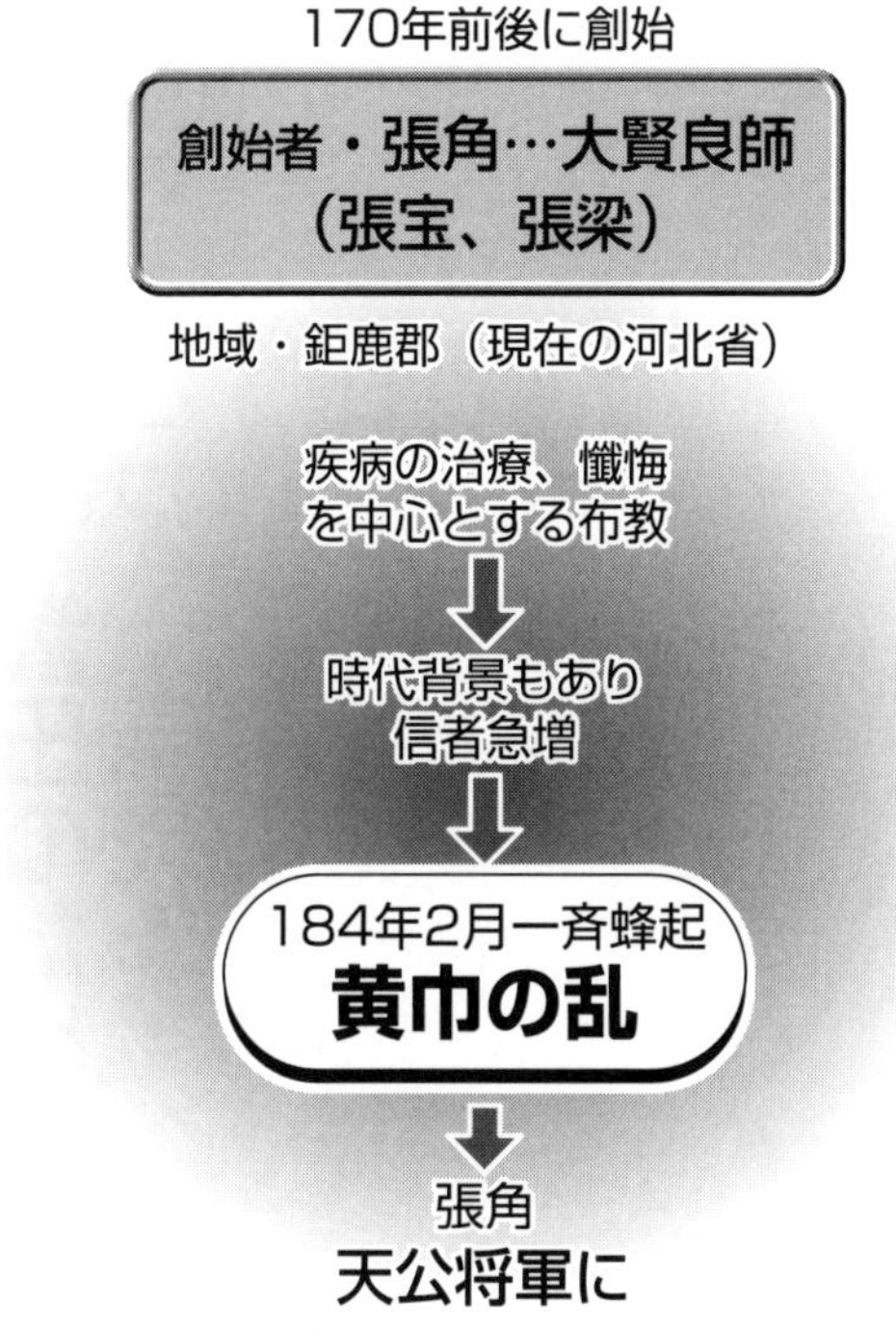

170年前後に創始
創始者・張角…大賢良師
（張宝、張梁）
地域・鉅鹿郡（現在の河北省）
疾病の治療、懺悔を中心とする布教
時代背景もあり信者急増
184年2月一斉蜂起
黄巾の乱
張角
天公将軍に

## ◆太平道信者、ついに一斉蜂起！

１８４年の2月、太平道の門信徒たちは各地で一斉に武装蜂起し、民衆不在の政治を続ける後漢王朝に戦いを挑んだ。彼らは黄色い布を頭に巻いて同志の証としたことから黄巾《こうきん》賊と呼ばれた。中国史上、「黄巾の乱」と呼ばれる大叛乱である。

黄巾賊にはスローガンがあった。

「蒼天《そうてん》すでに死す　黄天《こうてん》まさに立つべし
歳は甲子にありて　天下大吉」

すでに腐りきっている蒼天（後漢王朝）に替わり、黄天（太平道による王朝）が天下を掌握するという意味だが、これは単に王朝の交代を狙った叛乱ではなく、旧世界（地縁・血縁第一の社会）vs新世界（心と心。魂と魂の結びつきによる平等な社会）の闘争でもあった。太平道の信仰者たちは、民衆が豊かに住める新しい世界を自分たちの手で築くため、実力行使に出たのである。

歴史メモ　黄巾の乱の12年前、句章なる人物が宗教叛乱を起こし、陽明皇帝を自称した。孫堅により鎮圧されている。

◉184年 ◆主役たちの登場

# 「黄巾の乱」鎮圧のため立ち上がった主役たち

**後漢帝国の危機に、各地の有力者が動きはじめた。三国志の主役たちが、ここに登場してくる。**

## ◆首都・洛陽に迫る黄巾軍

太平道《たいへいどう》の教祖・張角《ちょうかく》は〝大賢良師《たいけんりょうし》〟と自称していたが、乱を起こすと「天公将軍《てんこうしょうぐん》」と自称を変えた。張角には2人の弟がいる。上の弟の張宝《ちょうほう》は「地公将軍《ちこうしょうぐん》」。下の弟の張梁《ちょうりょう》は「人公将軍《じんこうしょうぐん》」を称した。

太平道が最も盛んだったのは、現在の河北省中部・南部、山東省の北部、河南省東部の地域である。最初に乱が激しくなったのもこの地域であった。各地の役所はもちろん、町・村などが次々と襲われ、役人たちは問答無用で殺された。

後漢宮廷は当初、叛乱を地方レベルで対処できると甘くみていた。しかし、予想に反して叛乱はすでに首都の洛陽《らくよう》近くまで拡大している。皇帝の霊帝《れいてい》をはじめ宮廷の要人たちはオロオロした。鎮圧しないと命が危ない。しかし、宮廷には優秀な人材がいなかった。中国史上「党《とう》錮《こ》の禁」と呼ばれる弾圧劇により、権力を独り占めにしたい宦官《かんがん》連中が皇帝に嘘の情報をあたえ、優秀な官僚連中を中央から追い払っていたからである。

直ちに「党錮の禁」が解かれ、追放処分にされていた官僚たちが政府に呼び戻され、黄巾賊の討伐軍が組織された。司令官となったのは盧植《ろしょく》、皇甫嵩《こうほすう》、朱儁《しゅしゅん》の3名だ。

後に三国時代の基礎を築き、『三国志』の主役となる人々のほとんどは、この黄巾軍との戦いに参加している。魏帝国の基礎を築いた曹操《そうそう》はこのとき29歳。潁川《えいせん》方面に軍勢を進めていた。騎都尉《きとい》という地位であったという。騎兵部隊の指揮官といったところだろうか。朱儁の下には、後に江東《こうとう》（長江の下流域）で勇名を馳せる孫堅《そんけん》もいた。年齢は曹操より一つ年下の28歳である。23歳の劉備《りゅうび》は、校尉《こうい》（宮城《きゅうじょう》の守備隊長）の鄒靖《すうせい》に従っていた。関羽《かんう》（22歳）と張飛《ちょうひ》（16歳）が従っていたことはいうま

■「黄巾の乱」の広がり

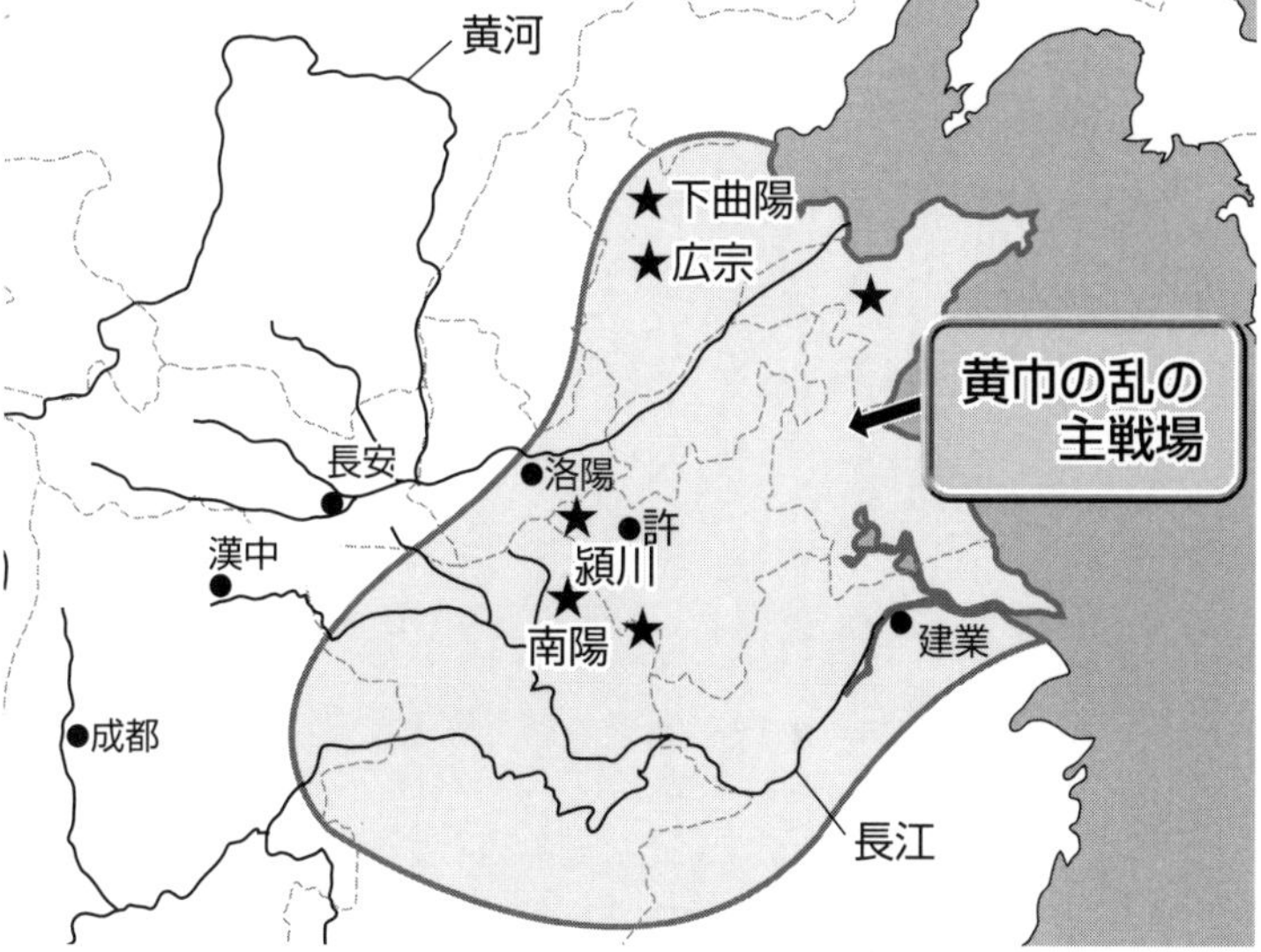


でもない。

なお、この時期、孫堅の子の孫策《そんさく》は9歳、孫権《そんけん》は2歳、また周瑜《しゅうゆ》は9歳、諸葛孔明《しょかつこうめい》は3歳、司馬懿《しばい》は5歳の子どもであった。

## ◆大功績をあげる曹操

最初に戦功をあげたのは皇甫嵩・朱儁の2将軍だ。潁川方面に展開していた黄巾軍を長社《ちょうしゃ》という場所で打ち破ったのである。ことに曹操は、黄巾軍に包囲されて苦戦していた皇甫嵩の軍勢を救うなど大きな功績をあげている。

北では盧植が張角の軍勢を相手に戦っていた。盧植は黄巾軍を広宗《こうそう》という場所に追いつめるが、陣中を視察に訪れた宦官との感情的対立が原因で将軍職を罷免《ひめん》されてしまう。かわって董卓《とうたく》が広宗包囲軍の司令官に任命されたが、大した戦功もあげられないまま免職された。

広宗の黄巾軍を破ったのは皇甫嵩である。すでに張宝・張梁の2人を破っていた皇甫嵩将軍は、勢いに乗じて広宗に立てこもる黄巾軍にも襲いかかった。広宗の黄巾軍は、張角が病死したこともあって戦意を喪失し、皇甫嵩の軍門に降《くだ》った。

**歴史メモ** 張角は刑罰を受けることなく病死した。後漢政府は張角の墓をあばき、首を斬り落としてうっぷんを晴らしている。

# 揺らぎはじめる後漢帝国の内部

**ひとまず叛乱は収まった。だが、宮廷内の腐敗はますます進んでおり、崩壊は時間の問題であった——。**

## ◆まったく懲りない後漢宮廷

黄巾《こうきん》の乱は約1年で終息するが、完全に鎮圧されたわけではなかった。なにしろ宗教叛乱である。一人ひとりが理想郷実現にかけた不退転の戦士だ。戦争の目的を完遂するか、根絶やしにされるまで戦う。

黄巾賊の残党は意外に多く、さらに黄巾の乱に乗じて叛乱の旗をあげた連中も各地で決起していた。張牛角《ちょうぎゅうかく》、張燕《ちょうえん》、李大目《りだいもく》、白雀《はくじゃく》、楊鳳《ようほう》…。軍勢数は少ないもので6000~7000、多い軍勢は2万~3万もいた。

しかし、こうした実情は宮廷に巣喰う連中には伝わらない。張角と黄巾軍首脳部の死という事実をもって「黄巾の乱は完全に平定された」と手放しで喜んだ。喜ぶだけならまだよいが、浮かれて「宮殿を造営しよう」ということになり、「増税する」と発表した。これには満天下が仰天した。疲弊した軍勢の立て直しや荒廃した地方の回復のための増税ならばわかるが、宮殿の造営とは…。〈過酷な増税が黄巾の乱の一因になったのがわかっているのか?〉

案の定、次ページ図のように、各地で叛乱が勃発した。

後漢帝国は、蜂の巣をつついたような騒ぎになっていたのである。

## ◆さまざまな道を行く主役たち

この時期、『三国志』の主人公となる人々も、思い思いの道をたどっている。

曹操《そうそう》は、黄巾軍鎮圧の功績により郡の太守《たいしゅ》に任命されたが、辞退して郷里に引き上げ、『孫子《そんし》』などの兵書の研究に没頭した。

孫堅《そんけん》は長沙《ちょうさ》太守に就任しており、叛乱の鎮圧に東奔西走していた。劉備《りゅうび》は、どこにいたかよくわからない。地

## ■各地で起こった叛乱

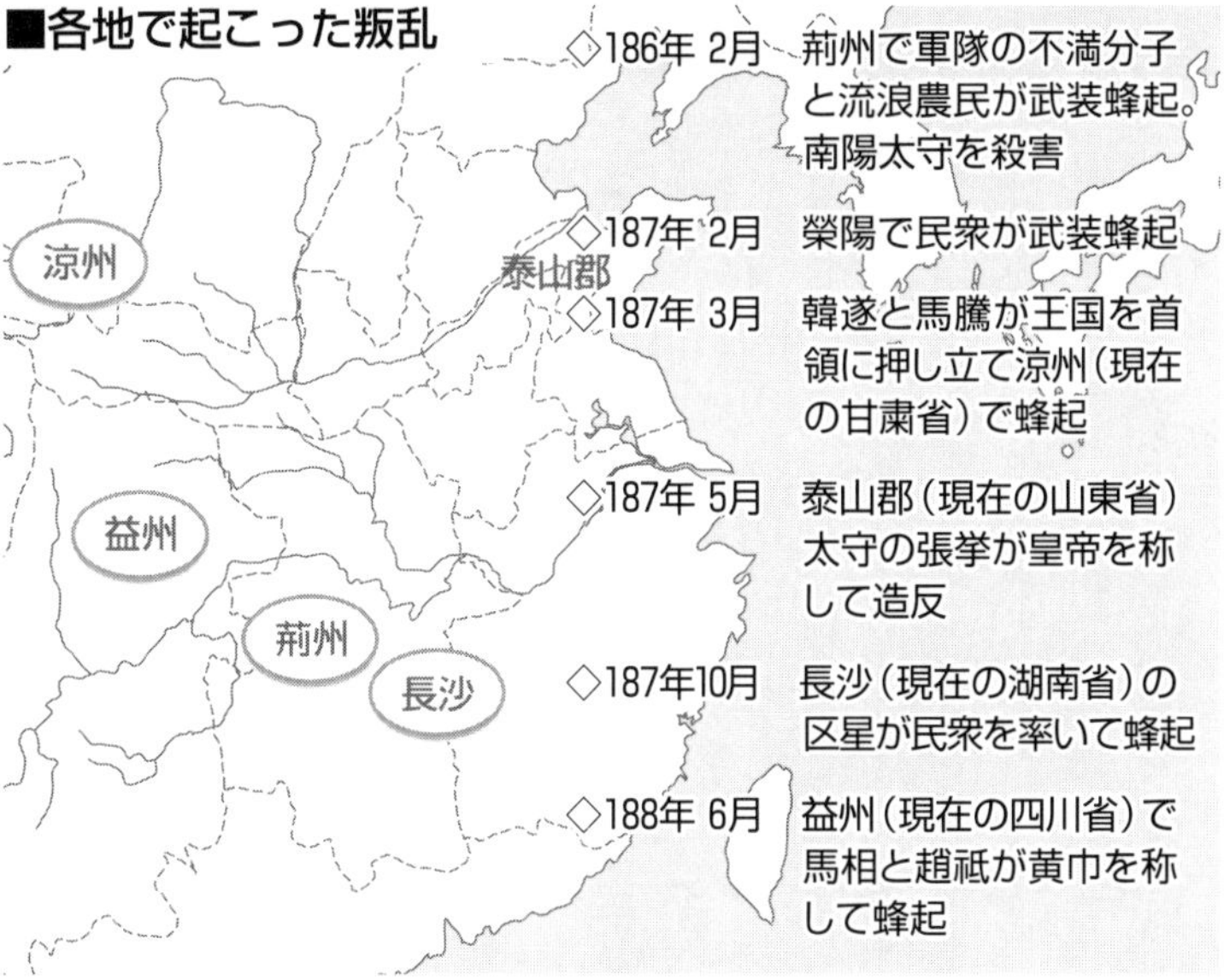
◇186年 2月 荊州で軍隊の不満分子と流浪農民が武装蜂起。南陽太守を殺害
◇187年 2月 滎陽で民衆が武装蜂起
◇187年 3月 韓遂と馬騰が王国を首領に押し立て涼州（現在の甘粛省）で蜂起
◇187年 5月 泰山郡（現在の山東省）太守の張挙が皇帝を称して造反
◇187年10月 長沙（現在の湖南省）の区星が民衆を率いて蜂起
◇188年 6月 益州（現在の四川省）で馬相と趙祇が黄巾を称して蜂起
涼州
益州
荊州
長沙
泰山郡

方の県の役人に任命されたことは判明しているが、宮廷から派遣された監察官を殴って職務を放棄している。おそらく、関羽《かんう》と張飛《ちょうひ》の2人とともに売り込みに躍起になっていたに違いない。あるいは右北平郡《うほくへいぐん》（現在の遼寧省）太守の公孫瓚《こうそんさん》のもとにいたかもしれない。劉備はかつて学問のため盧植《ろしょく》の門下に入門したことがあるが、そのとき兄弟子として公孫瓚が入門していたからだ。

### ◆地方の長官として「牧」を設置

いずれにしても頻発する叛乱を重くみた後漢政府は、制度改革によりこれに対処しようとした。

地方では「刺史《しし》」にかえて「牧《ぼく》」という役職を設置した（128ページ）。どちらも最大の行政単位である「州」の長官だが、「刺史」が監察官程度の権限しかなかったのに対して、「牧」は軍事権・経済権・政治権も所有していた。地方権力者の権力を増強して、地方での叛乱をくい止めようとしたわけだ。

しかし、この「牧」の設置は、長期的にみて後漢末期の混乱にさらに拍車をかけることになった。後の群雄割拠の基礎を作ってしまうことになるからである。

**歴史メモ** 関羽の出身地である河東郡解県の“解池”は塩の産地として有名。関羽は塩輸送隊のボディガードを務めていたとされる。

# 民衆vs権力――時代を演出した民衆のエネルギー

**三国時代へのきっかけを演出した「黄巾の乱」**

後漢時代から三国時代にかけては民衆のエネルギーが沸騰した。最大のたぎりをみせたのはやはり「黄巾《こうきん》の乱」である。

184年2月、大賢良師《たいけんりょうし》・張《ちょう》角《かく》を教祖とする太平道の門徒は、各地で一斉に武装蜂起した。

当初、後漢政府を牛耳《ぎゅうじ》る宦官《かんがん》や外戚《がいせき》連中は、「地方の刺史《しし》（長官）や郡太守《たいしゅ》レベルで鎮圧できる叛乱」とタカをくくっていたようだ。しかし、見込みは外れた。黄巾軍の勢いは強く、州・郡・県の主要都市が次々と陥落していき、首都の洛陽《らくよう》まで迫る勢いをみせた。

政府の連中もこの段階にきてようやく、現実を見つめるようになった。

後漢政府は皇甫嵩《こうほすう》・朱儁《しゅしゅん》・魯《ろ》植《しょく》（劉備《りゅうび》の学問の師）らを黄巾賊討伐軍の司令官に任命し、同時に各地から対黄巾賊の義勇兵を募った。

曹操《そうそう》・孫堅《そんけん》・劉備ら、三国志のヒーローとなる者たちはほとんど、この時の公募に応じて黄巾討伐軍を挙げている。

黄巾軍と政府軍の戦いは、当初は勢いに乗る黄巾軍が有利だった。

ターニングポイントは185年5月の「長社《ちょうしゃ》の戦い」だ。黄巾軍主力部隊が、皇甫嵩将軍率いる官軍主力部隊の包囲に成功し、官軍は圧倒的に不利になった。

しかし、皇甫嵩はあきらめない。部下たちを激励して、火攻めの奇襲に出た。火攻めは成功。

この時、曹操率いる援軍が戦場に到着する。今度は黄巾軍がパニックに落ちた。やがて、朱儁将軍指揮の主力軍も戦場に到着し、黄巾軍主力部隊を一気にけ散らした。

正規軍と違い、勢いが挫かれると民衆主体の軍勢はもろい。官軍はこの戦い後、黄巾軍の拠点を確実に潰していく。その後、黄巾軍は指導者の張角が病死。幹部も次々と戦死し、未曾有《みぞう》の民衆叛乱は一応、鎮圧された。

### まだまだ収まらない 民衆のパワー

黄巾の乱は発生から約1年で鎮圧されたが、後漢政府はまったく政治をあらためないばかりか宮殿造営のための増税までする始末だ。民衆たちの反抗心は募るばかりだった。

この時期以降に発生した民衆主体の叛乱の一部をあげてみよう。

◇漢中《かんちゅう》郡で張魯《ちょうろ》を教祖とする五《ご》斗米道《とべいどう》教団が割拠、宗教王国を作る。215年3月、曹操が武力制圧をする。

◇河北で首領の張燕《ちょうえん》に率いられた大盗賊団・黒山《こくざん》賊が蜂起。一度は後漢政府に投降するが、後に再び蜂起する。205年4月、曹操に降伏して張燕は平北将軍に任命される。

◇徐《じょ》州の牧《ぼく》（軍事・経済・政治を統括する長官）陶謙《とうけん》が闕宣《けっせん》を殺害。闕宣は、下邳《かひ》を根城とし、多数の部下を率いて勝手に〝皇帝〟を称していた。陶謙は当初、闕宣と同盟して略奪を働いていたが、結局闕宣を殺し、軍勢を吸収する。

◇206年8月、曹操は青《せい》州沿岸を荒らし回っていた海賊を討伐。

宗教、盗賊団、海賊、自称皇帝…。民衆のエネルギーは沸騰していた。『三国志』と、この時代を考える時、権力vs民衆パワーという闘争が底流に流れていることを忘れてはならない。

◉189年　◆大将軍vs宦官

# 次の皇帝は誰に——命運をかけた二者の闘争

**皇帝の後見人になった人物が権力を手中にする。武力で強引に皇帝を立てたのは、将軍・何進だった。**

### ◆宦官が最高職に就いたため問題が複雑に

「牧《ぼく》」の設置とともに「西園八校尉《せいえんはちこうい》」と呼ばれる政府直属の中央軍の増強も行なわれた。これは中央軍の中に上軍《じょうぐん》、中軍《ちゅうぐん》、下軍《かぐん》、典軍《てんぐん》、助軍左《じょぐんさ》、助軍右《じょぐんゆう》、左軍《さぐん》、右軍《ゆうぐん》の8個師団が増設されたようなものである。なお、故郷に引っ込んでいた曹操《そうそう》は、典軍校尉として抜擢された。また、後に曹操のライバルとなる河北の袁紹《えんしょう》は、中軍校尉になっている。

　これが単なる軍備増強なら何ら問題はなかったが、「西園八校尉」中、最上位の「上軍校尉」が師団全体の総司令官を兼ね、さらに軍事の最高責任者となったことから話がややこしくなった。軍事の最高責任者は通常は「大尉《たいい》」（国防大臣に相当する役職）であり、常設ではない「大将軍《だいしょうぐん》」がいるときは大将軍が最高責任者となる。ところが皇帝・霊帝《れいてい》は、大将軍も上軍校尉の指揮下に入るようにしたのだ。しかも、上軍校尉に蹇碩《けんせき》という宦官《かんがん》を任命したため、余計に話が複雑になった。蹇碩は中常《ちゅうじょう》侍《じ》と呼ばれる役職の筆頭者だ。中常侍のうちの10名は皇帝の信任が厚いのをよいことに宮廷内を横行している。皆、役職をもじって〝十常侍《じゅうじょうじ》〟と呼び忌み嫌っていた。

### ◆対立する何進と宦官勢力

　蹇碩の上軍校尉就任にヒステリックに反応したのが大将軍の何進《かしん》である。何進は何皇后《かこうごう》（霊帝の妻）の兄であり、その縁故によって大将軍にまで出世した人物である。

　189年、霊帝が病没すると、たちまち権力争いが激しくなった。最初の争いは次期皇帝の座をめぐる争いだ。皇帝候補は2人いた。

　劉協《りゅうきょう》という少年はすでに没した王美人《おうびじん》が霊帝との間に設けた子である。このとき9歳。もう一人は霊帝と何皇后が生んだ劉弁《りゅうべん》17歳である。霊帝は、劉協を後継者にしようと考えていたようだ。弁には皇帝としての器量はまったくなかったからである。だが何進は、劉弁が皇帝となることを熱望した。皇帝の外戚として思う存分権力を振るうことができるからだ。もちろん何皇后も弁の即位を望んでいる。宮廷はまっ二つに割れた。何進と何皇后の〝弁派〟と、蹇碩を旗頭とする〝協派〟である。

最初に得点をあげたのは何進だ。武力にモノをいわせて宮廷に乗り込むと、弁を皇帝に即位させてしまった（少帝《しょうてい》）。蹇碩はあわてて何進の暗殺をもくろんだ。しかし、何進と親しい宦官が蹇碩を裏切って何進に通報したため、蹇碩は何進に殺されてしまう。

■皇帝擁立をめぐる宮廷内抗争の構図

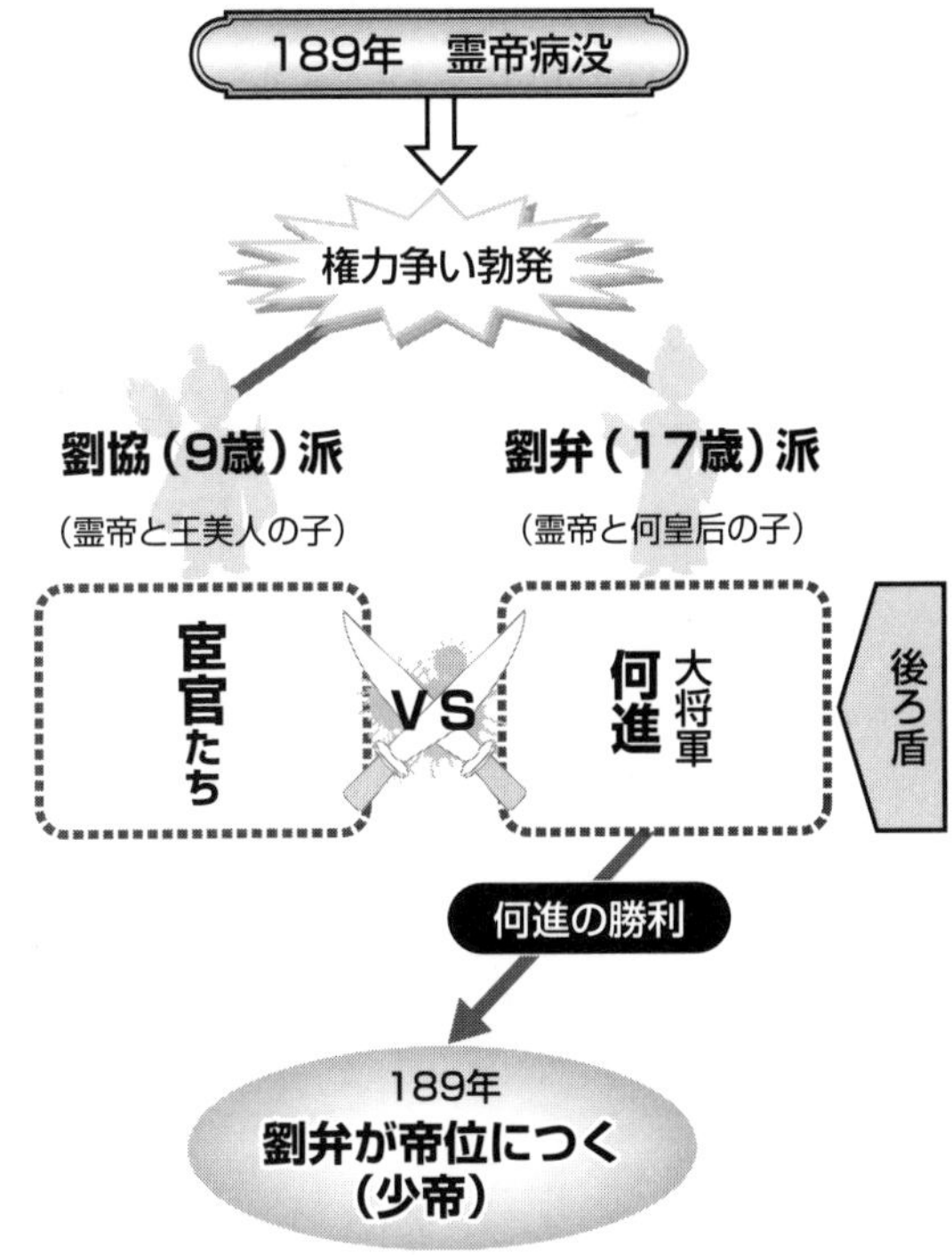


何進vs宦官の戦いは、ひとまず何進に軍配が上がった。しかし、宦官も滅びたわけではない。何進にとっては依然として大きな壁だ。しかし、うかつに勝負に出ることもできない。宦官たちの宮廷での影響力は大きいし、何といっても宮中を警護する近衛軍を掌握している。

そこで何進は、一気にカタをつけるべく大がかりな作戦に出た。各地の「牧」（州の長官）、「太守《たいしゅ》」（郡の長官）に軍勢を率いて上洛するよう檄《げき》を飛ばしたのである。だが、これは宦官連中に難なく察知されてしまう。

**歴史メモ** 何進は、もともと町の肉屋と伝えられる。肉の捌き方はプロでも、軍事に関しては素人。

◉189年 ◆董卓登場

# 何進が呼び寄せた大暴虐の群雄・董卓

宦官たちにあっさり暗殺されてしまう何進。だが、さらなる暴君・董卓が洛陽にやってきた。

## ◆権力の空白地帯に現われた董卓

何進《かしん》の動向を察知した宦官《かんがん》たちは、宮廷内で何進を暗殺した。すると袁紹《えんしょう》ら何進の配下となっていた人々は激怒して宮中に乱入し、ヒゲのない男を片っ端からなで切りにした。

性器を切除した宦官は身体に張りがなく、顔にはひげもなくツルリとしているのが特徴だったからだ。宦官でなくヒゲのない者は、衣服を脱いで自分の〝息子〟を兵士たちの前にさらけ出し、難を逃れたという。ちなみに、宮廷内で殺されたものは2000人にものぼった。

後漢宮廷を内部から食い荒らしていた何進と宦官勢力は滅亡し、宮廷は権力の空白地帯となった。そこに吸い寄せられるように現われたのが、何進・宦官以上の〝暴れ者〟である涼州《りょうしゅう》（現在の甘粛省）の董卓《とうたく》であった。

董卓が洛陽《らくよう》に来たのは、何進の「宦官討伐」の檄《げき》に応えてのことだ。

宮廷に乗り込んだ董卓は、直ちに皇帝の首のすげ替えを計画した。董卓が目をつけたのは先帝の霊帝《れいてい》と王美人《おうびじん》との間に生まれた劉協《りゅうきょう》である。現皇帝の劉弁《りゅうべん》（少帝《しょうてい》）よりも年下であるが、聡明さという点で劉弁よりはるかに優っていた。董卓は、皆が「劉協こそ真の皇帝の器」と認めていることは知っていたようだ。建前論的な反論は出るだろうが、強硬な反対者は出ないと踏んでいた。

だが、董卓はここで念には念を入れ、軍勢の増強をはかった。彼は、洛陽の治安維持にあたっていた并州《へい》（現在のモンゴル自治区）の丁原《ていげん》の軍勢に目をつけた。彼の軍勢を利用しようと企て、丁原の腹心の武将・呂布《りょふ》に食指をのばした。董卓は言葉巧みに呂布を籠絡《ろうらく》すると、呂布に主の丁原を殺害させ、丁原の軍勢を傘下に収めた。

董卓はそのさい、天下の名馬といわれる〝赤兎馬《せきとば》〟を呂布に褒美として与えたという。

### ◆強引に権力を集中させていく董卓

丁原の軍勢を吸収して武力を増した董卓は、まず政治を独占する手段に出る。司空《しくう》（土木関係の長官）を「最近、雨が降らないのはお前のせいだ」と難癖をつけて罷《ひ》免《めん》し、自分が司空に収まった。また、大尉《たいい》（国防大臣）を罷免して自分が兼任した。さらに宮廷警護の近衛兵の指揮権も掌握。軍事・政治の権力を一身に集中させると、董卓はついに現皇帝の廃位と劉協の即位（献帝《けんてい》）、さらに廃帝の母親・何皇后《かこうごう》から政治権限の一切を剥奪《はくだつ》する旨を発表する。

強大な武力を背景にしての物言いだ。皇帝政務秘書官の盧植《ろしょく》が反論するので、他の者は何もいえず、結局、9月には董卓の思いどおりに事は運んだ。

権力を手にした董卓は、次いで袁紹・袁術《えんじゅつ》、曹操《そうそう》といった、将来有望な若手官僚連中の懐柔に乗り出した。董卓は彼らを自陣営に引き込もうとあの手この手を使って誘いをかけたが、彼らは皆、董卓の要請を蹴って次々と洛陽を逃げ出した。

■189年の洛陽の動き

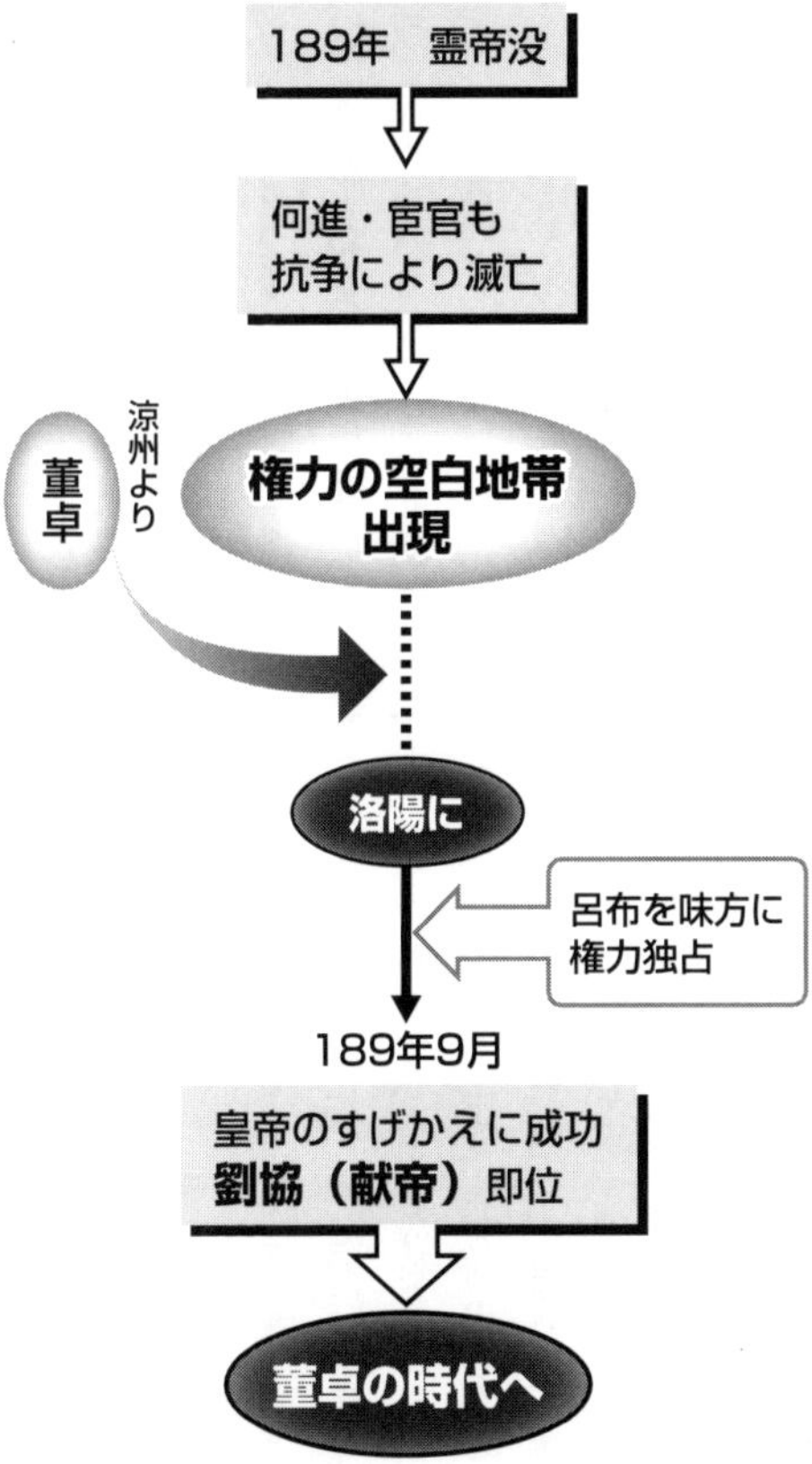


**歴史メモ** 宦官は中国最後の王朝である清王朝まで存在していた。日本は中国から文化を吸収しつつも、宦官という制度は採用しなかった。

◉190年 ◆反董卓連合軍

# 董卓に対し諸侯が連合軍を組織するが…

**〝反董卓〟を旗印に再び結集する各地の群雄たち。だが、これは失敗する。なぜ、うまくゆかなかったのか？**

## ◆ついに立ち上がる反董卓連合軍

専制を強めていく董卓《とうたく》への非難の声は、牧《ぼく》（州の長官）や太守《たいしゅ》（郡の長官）など各地の諸侯たちの間で次第に強くなりはじめ、190年1月、ついに各地の諸侯が「反董卓」の旗印のもとに決起した。

連合軍の盟主には、勃海《ぼっかい》太守の袁紹《えんしょう》が全会一致で推挙された。「三公《さんこう》」（司徒《しと》・司空《しくう》・大尉《たいい》）という最高役職を4代にわたって出した、名門・袁家の家柄を買われてのことだ。

連合軍の7名の諸侯は陳留《ちんりゅう》郡（現在の河南省）の酸棗《さんそう》県に進み、総大将の袁紹は河内《かだい》郡（現在の河南省）太守の王匡《おうきょう》とともに河内に軍勢を進めた。孔伷《こうちゅう》は潁川《えいせん》郡（現在の河南省）に駐屯し、袁術《えんじゅつ》は南陽《なんよう》郡（現在の河南省）に布陣し、韓馥《かんふく》は鄴《ぎょう》（現在の河北省）に展開している。

さらに長沙《ちょうさ》郡（現在の湖南省）太守の孫堅《そんけん》が軍勢を北上させていた。いずれも万単位の軍勢を率いての参戦であり、軍勢の総数では董卓をはるかに上回っていた。

中でも怒濤の進撃をしたのが孫堅だ。軍勢を北上させた孫堅は、陽人《ようじん》城で董卓軍と激突した。董卓軍には、胡《こ》軫《しん》を総大将に呂布《りょふ》・華雄《かゆう》といった董卓自慢の猛将たちがひしめいていた。しかし、孫堅は激戦の末に董卓軍を撃破する。この衝突で孫堅は華雄を討ち取る大功をあげている。連合軍にとっては最大のチャンスが訪れた。孫堅の奮戦に呼応して軍勢を洛陽に進めれば、一気に董卓を追いつめることができる。

## ◆動きの鈍い連合軍

だが、酸棗の主力軍は動かなかった。彼らは酒をのんでいた。酔っ払いながら、董卓攻撃をめぐって議論ばかりしていた。真剣な議論ではない。自分が先陣をきって戦って傷つくのがイヤだから、他人の出方をうかがって

■反董卓連合軍の勢力図

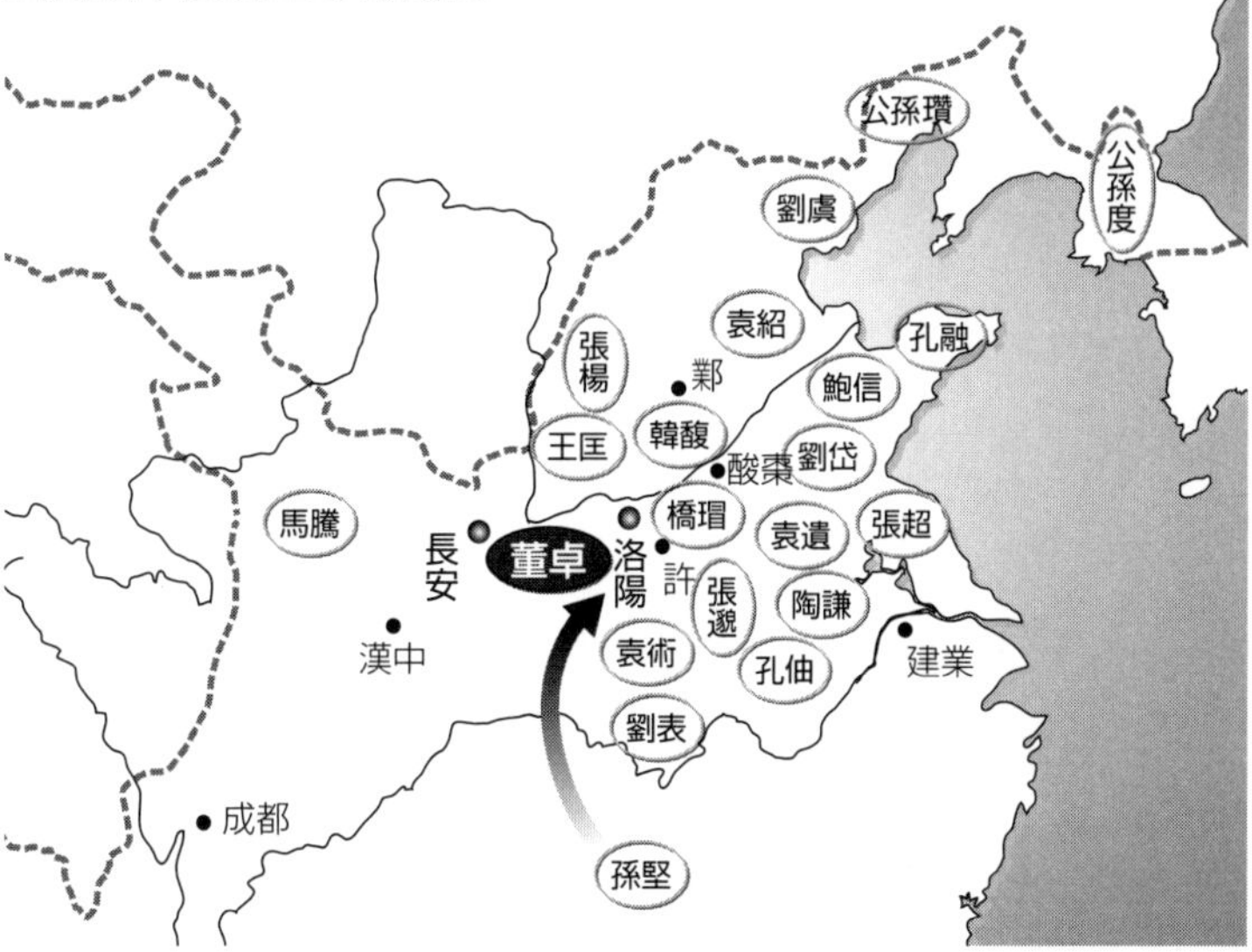


いたのだ。そうこうしているうちに董卓は、連合軍の矛先をかわし、態勢を整えるために都を洛陽《らくよう》から西方の長安《ちょうあん》に遷都する。

袁紹の参謀として参加していた曹操は色めき立ち、董卓追撃を進言した。

「我々は正義のために決起した。なのになぜ、諸君たちは動かぬのか。董卓は強制遷都で人心を失っている。いまこそ好機ではないか」

皆、酔っていて話にならない。曹操は手勢を率いて憤然と出撃し、やがて董卓の武将・徐栄《じょえい》の軍勢と遭遇。奮戦するが、むなしく敗れた。曹操はなおあきらめず、再び酸棗にとって返し、董卓攻略を熱っぽく説いた。だが誰一人、曹操の言葉に耳を傾けない。

曹操は連合軍を見限って陣中を去った。

やがて軍勢を北上させていた孫堅が洛陽に入ると、連合軍の諸侯は「所期の目的は達した」とばかり領国に引き上げはじめた。反董卓連合軍は空中分解したのである。領国に引き上げた諸侯はそれぞれの領地で実力の養成と勢力の拡張に動きはじめた。時代はいよいよ群雄割拠へと突入することになる。

**歴史メモ** 小説『三国志演義』では、華雄将軍は関羽に討ち取られている。ただ一騎、敵陣に突入し、一撃のもとに華雄を倒している。

# 広大な大陸各地で沸騰する人々の欲望

**董卓が倒されると、大陸各地の群雄が一気に頭をもたげてくる。はたして誰が生き残るのか。**

## ◆董卓が倒され混乱の時代へ

192年4月、董卓《とうたく》が腹心の呂布《りょふ》に殺害される。呂布は、司徒《しと》（総理大臣的役職）の王允《おういん》からクーデター計画への加担を要請され、董卓を倒したのだ。一説には董卓と呂布との間の女性問題に王允がつけいったともされる。

董卓が倒れた後、王允と呂布を首班とする暫定政府は、旧董卓系の武将たちによる再クーデターによってすぐに崩壊するが、董卓が消えたことにより、洛陽《らくよう》以西を支配していた最大勢力が消えたことになる。

これ以後、長安《ちょうあん》を中心とする地域は旧董卓残党軍の仲間割れに、涼《りょう》州（現在の甘粛省）の馬騰《ばとう》や韓遂《かんすい》、益《えき》州（現在の四川省を中心とする一帯）の劉焉《りゅうえん》といった群雄連中が絡み、〝めちゃくちゃ〟な状態になっていく。

## ◆頭角を現わしはじめる各地の群雄たち

もっとも、混乱という点では東の黄河中・下流域地域も変わらない。192年夏、青《せい》州（現在の山東省）の黄巾《こうきん》軍が蜂起し、兗《えん》州（現在の山東省と河北省の一部）に攻め入るという事態が起こる。この戦いにより兗州の群雄、劉岱《りゅうたい》が戦死。救援要請を受けた曹操《そうそう》が同州内の東郡から軍勢を進めて黄巾軍を死闘の末に押さえ、自軍内に取り入れることで決着をつける。曹操は以後、兗州の牧《ぼく》として割拠することになるが、他に張繍《ちょうしゅう》、張邈《ちょうばく》、陶謙《とうけん》といった群雄がいる。陶謙が病没した後は、劉備《りゅうび》が陶謙の遺言に従い、徐《じょ》州の牧に収まった。

さらに、董卓を殺して長安《ちょうあん》を逃げ出してきた呂布もウロウロしているし、淮河《わいが》流域を拠点とする袁術《えんじゅつ》は、いつも軍勢を北上させようと狙っている。

北には袁紹《えんしょう》、高幹《こうかん》、公孫瓚《こうそんさん》、袁熙《えんき》がいるが、高幹は袁紹の甥、袁熙は袁紹の次男であるから、実質的には袁家一族vs公孫瓚の争いということである。

■193年前後の大陸の群雄

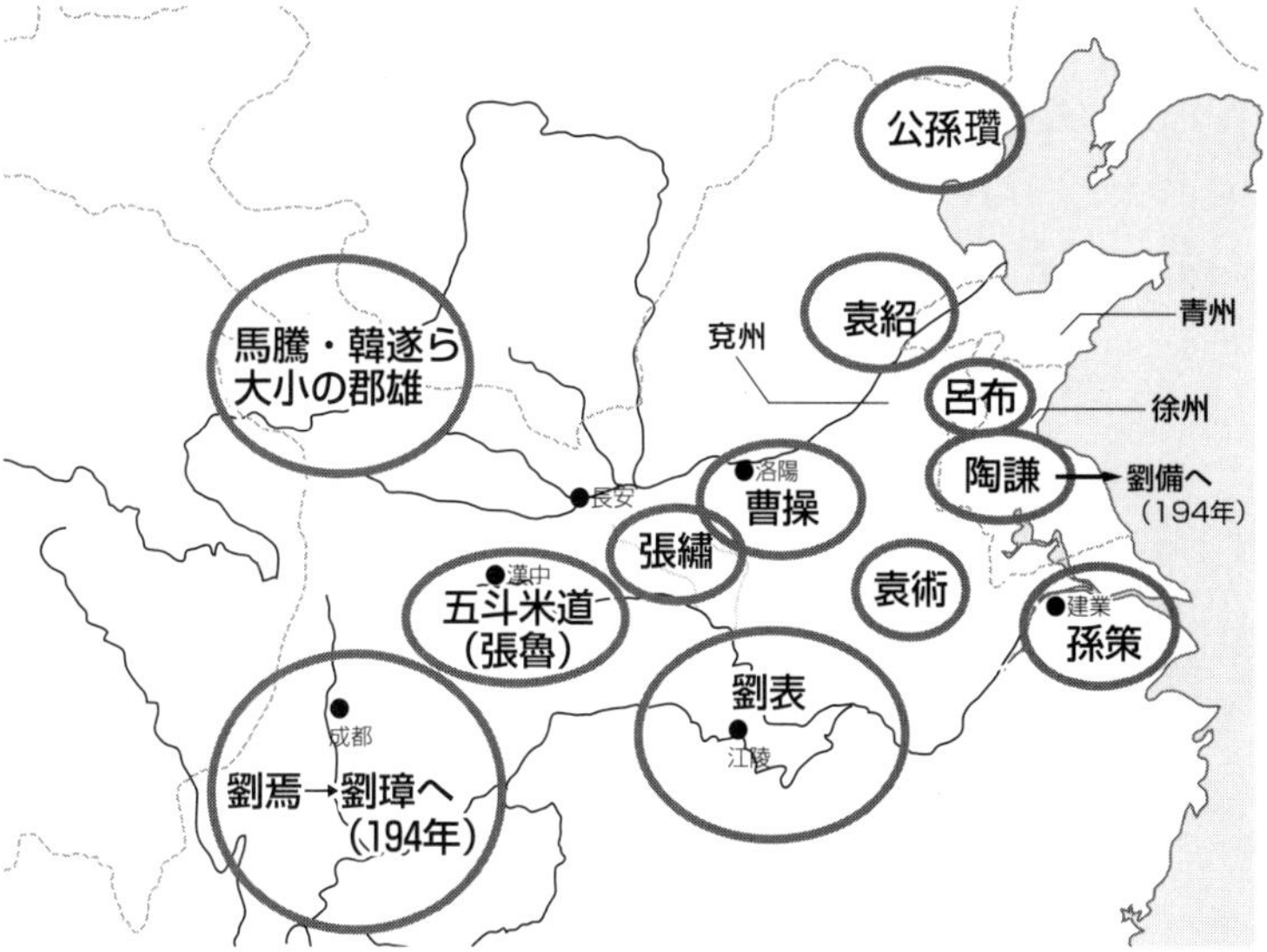


南の長江流域はどうか。ここでは192年秋、勢力拡大を目指していた孫堅《そんけん》が荊州の劉表《りゅうひょう》の配下、黄祖《こうそ》との戦いで戦死するという事件が起こっている。

孫堅は、もともと袁術の一武将であったから、嫡男の孫策《そんさく》も一度は袁術の庇護下に入ったが、袁術の将器に失望すると自立を決意。江東《こうとう》（長江下流域）の情勢が不穏になっていることを知ると、治安維持を大義名分にして江東地域に出陣し、同地域を転戦して武力制圧することに成功した。

孫策は江南地域（長江以南）を軍事制圧すべく東奔西走の日々を送る。一説によれば合戦に強く、火の出るような攻撃を信条とする孫策は、その激しさから「小覇王《しょうはおう》」の異名で呼ばれたという。

かつて江南地域から出て劉邦《りゅうほう》（漢の高祖《こうそ》）と天下をかけて戦い、〝覇王〟と恐れられた項羽《こうう》の再来という意味を込めての異名であったようだ。

劉表が治める荊州と、劉璋《りゅうしょう》の治める益州は他の場所に比べればずっと安定している。また、漢中郡《かんちゅうぐん》（現在の陝西省）には、新興宗教教団の「五斗米道《ごとべいどう》」（教祖は張魯《ちょうろ》）が独自に宗教王国を築いていた。

**歴史メモ** 当時の人々は呂布について、「人の中には呂布という勇者がおり、馬の中には赤兎という天下の名馬がいる」と語ったという。

◉196年 ◆曹操の献帝奉戴

# 献帝を戴いて曹操が権力を把握！

**群雄の中で一歩リードしたのは曹操だった。流浪していた皇帝・献帝を戴き、錦の御旗を手にしたのである。**

## ◆曹操は献帝を奉じて一気に優位へ

１９６年７月、董卓《とうたく》の強制遷都《せんと》によって長安《ちょうあん》に移住させられていた献帝《けんてい》が、約1年あまりをかけてようやく洛《らく》陽《よう》に帰還した。彼は無秩序になった長安を嫌い、逃げ出してきたのだ。しかし、遷都のさいに董卓が焼き払わせたこともあり、洛陽は徹底的に荒廃していた。

当座の食料にもこと欠く有様だ。自らの零落《れいらく》ぶりと王朝の権威の失墜に呆然《ぼうぜん》とする皇帝一行に救いの手が差しのべられたのは、洛陽に到着して2か月後のことだった。

兗《えん》州と豫《よ》州の一部（現在の河南省）を支配する曹操《そうそう》から、「皇帝陛下を許昌《きょしょう》へとお迎えしたい」との申し出があったのだ。これは曹操が参謀・荀彧《じゅんいく》の「皇帝陛下を奉《ほう》戴《たい》なさいませ」という進言を受け入れたためだ。許昌とは、潁川《えいせん》郡の郡都のこと。現在の河南省許昌である。皇帝一行は曹操の申し出に従い、許昌に移る。後漢時代最後の都・許《きょ》都の誕生である。

皇帝のいる都である以上、それなりにふさわしい都市でなければならない。市中の整備、各役所の建て直し、宮殿の造営など、曹操にとって皇帝の奉戴は経済的負担になった。もっとも、曹操が負担をしてまで皇帝を迎え入れたのは、単なる忠誠心ではない。曹操には彼なりの打算があった。

後漢王朝は劉秀《りゅうしゅう》が建ててから１７０年近い歴史がある。前漢も合わせると約３７０年だ。王朝の権威は失墜したとはいえ、これだけの長期間、漢王朝が君臨したという事実は変わらない。全国的に通用するのはこの権威だけだから、曹操は「これは利用できる」と考えた。

曹操は経済的負担の見返りとして、大義名分と錦の御旗を手に入れた。皇帝の権威を後ろ盾として権力を存分に振るえるようになったのである。彼は直ちに皇帝の名

■袁紹軍団の構成図

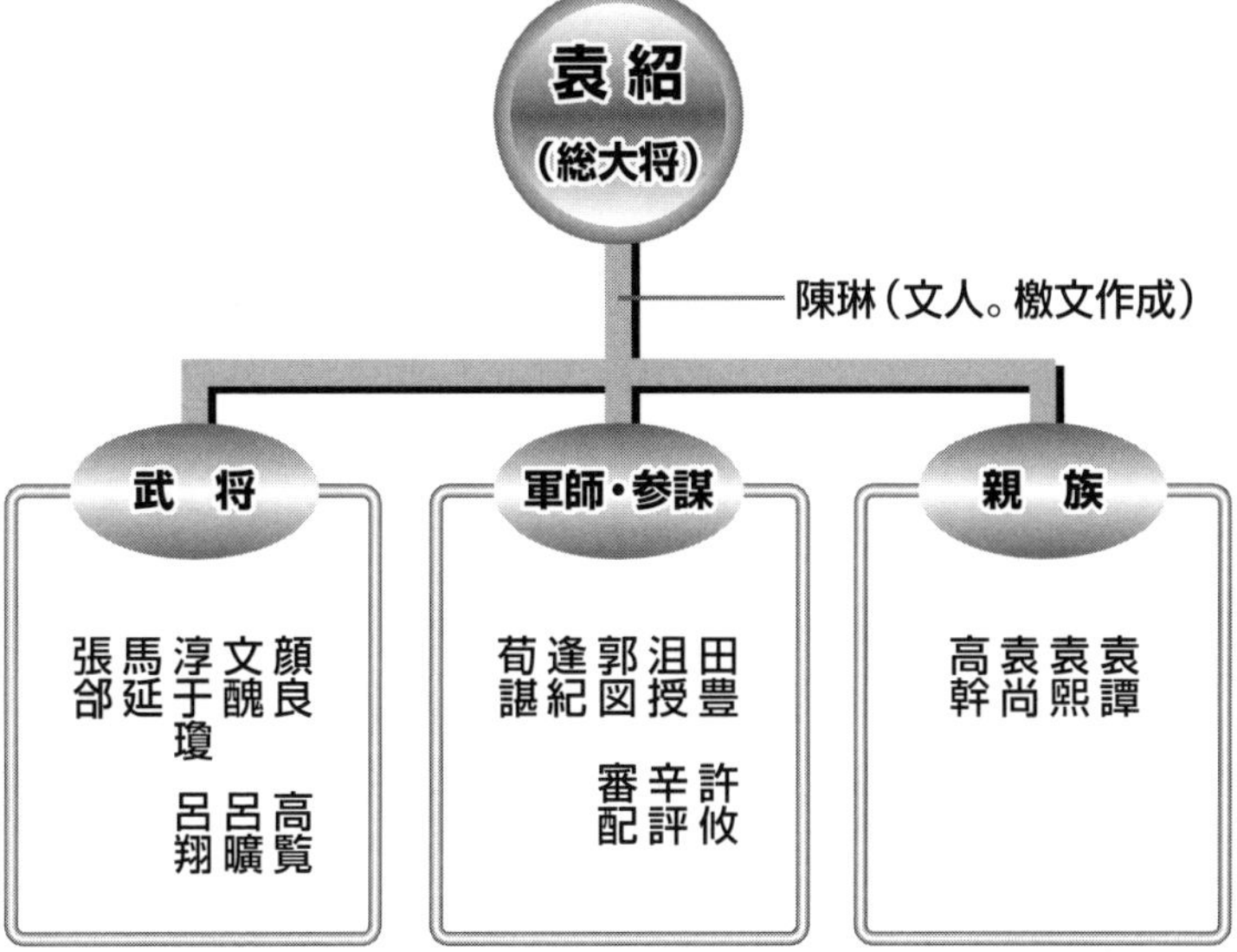


のもとに宮廷の人事を総入替えした。董承《とうしょう》ら皇帝に従ってきた重臣たちを諸侯に取り立てる一方、自身は大将軍《だいしょうぐん》に就任し、配下を重要なポストにつけた。曹操は皇帝を奉戴することで政治を独占する権限も得たのである。

## ◆くやしがる袁紹

この曹操を歯ぎしりしつつ見ていたのが河北一帯に展開している袁紹《えんしょう》だ。袁紹も麾下《きか》の参謀から「献帝奉戴」を進言されていた。しかし、「ボロボロになった皇帝や、有名無実になった後漢王朝など使い道がない」と考え進言に従わなかった。しかし、曹操を見ていると献帝を奉戴してうまくやっている。そのことが自分の先見の明のなさを指摘されたようで悔しかったのである。

やがて袁紹をさらに苛立《いらだ》たせる事態が起こった。大将軍になった曹操が、献帝の名のもとに袁紹を「大尉《たいい》」に任命したのである。大尉といえば常設の官職として最高の「三公《さんこう》」の一つだ。司徒《しと》が今日の総理大臣的役職、司《し》空《くう》が建設大臣兼副総理であり、大尉は国防大臣にあたる。大将軍はあくまで非常設の官職だ。しかし、袁紹は大尉就任を拒んだ。そのため曹操は、大将軍の役職を袁紹に譲り、自身は司空に就任した。

**歴史メモ** 劉秀は慎重居士の権化のような人物であり、進んで権力闘争に加わらなかった。自分を護るために戦っているうちに、皇帝になった。

◉190年代末　◆曹操と袁紹の争い

# 「家柄」と「皇帝の威光」——どちらが勝つ!?

**中原を挟んで向かい合う河北の2大巨頭、「袁紹」と「曹操」。この争いを制した者が中原を手にするのだ。**

## ◆家柄の違いから対立する中原の2強

袁紹《えんしょう》が曹操《そうそう》からの大尉任命を拒んだのは、役職云々《うんぬん》ということよりも曹操個人との関係によるところが大きい。『世説新語《せせつしんご》』（5世紀半ばに成立）によれば2人は若いころは悪童仲間であったという。

反董卓《とうたく》連合軍が結成されたさい、曹操が袁紹の陣営に参謀として参加したのも昔からの友人関係によるものかもしれない。しかし、どんなに仲良くつき合おうとも袁紹は基本的なところで曹操を見下していた。その理由は、家柄の歴然たる相違である。

この時期、モノをいうのは家柄である。家柄がよければ無条件で尊敬を集めたし、人も集まった。袁紹の家が三公《さんこう》（司徒《しと》・司空《しくう》・大尉《たいい》）という最高役職を4代にわたって出した河北の名門家なのに対して、曹操の家柄は、いま一つ見劣りがする。一説によれば曹家は前漢の大功臣・曹参《そうさん》の子孫となっているが、これは怪しい。何より曹操の祖父の曹騰《そうとう》が宦官《かんがん》ということが影響していた。

家柄がよくないのに加え、曹操はかつては袁紹の配下同然だった男である。その曹操が皇帝の権威を後ろ盾に、自分に命令を下したのである。袁紹にしてみれば、「宦官の養子の息子風情に、ましてかつて自分が懇意にしてやった男に命令などされてたまるか」という意識だったのだろう。

## ◆勢力を増す曹操に、あせる袁紹

しかし、袁紹のそんな思いをよそに、曹操は次ページ上図のように、軍事に政治に快進撃をはじめる。

曹操の勢力は日々、強勢を増している。

〈曹操と袁紹の激突が近い〉

誰もが考えた。すでに「中原《ちゅうげん》」（黄河中・下流域と河北地域の総称）の実力者は、曹操と袁紹の2人にしぼられていたからである。ただし、大方の予想は袁紹有利で傾いていた。199年、袁紹は北における唯一の拮抗勢力だった幽《ゆう》州（現在の遼寧省）の公孫瓚《こうそんさん》を滅亡させ、河北4州（冀《き》州・并《へい》州・幽州・青《せい》州）を支配し、中国大陸中、最大勢力となっていたからだ。

そして、200年4月、袁紹と曹操はついに武力衝突に踏み切る。中国史上に名高い「官渡《かんと》の戦い」である。目指すは中原の覇権だ。

## ■勢力を伸ばしていく曹操

| | |
|---|---|
| 196年 | 屯田制を開始し、食糧の自給をシステム化する |
| 197年9月 | 軍を進めて袁術を敗走させる |
| 198年3月 | 群雄の一人、張繡に対して武力攻勢をかける |
| 198年11月 | 徐州の下邳城を攻略。呂布を捕縛して絞首刑にする |
| 200年正月 | 曹操排除のクーデター計画を練っていた董承ら“反曹操派”を捕縛して処刑。宮廷を掌握し、専制体制を固める |
| 200年春 | 豫州牧の劉備を破り、武将の関羽を降伏させ配下に加える（後に劉備のもとに帰参するのを黙認） |

## ■曹操と袁紹の勢力図

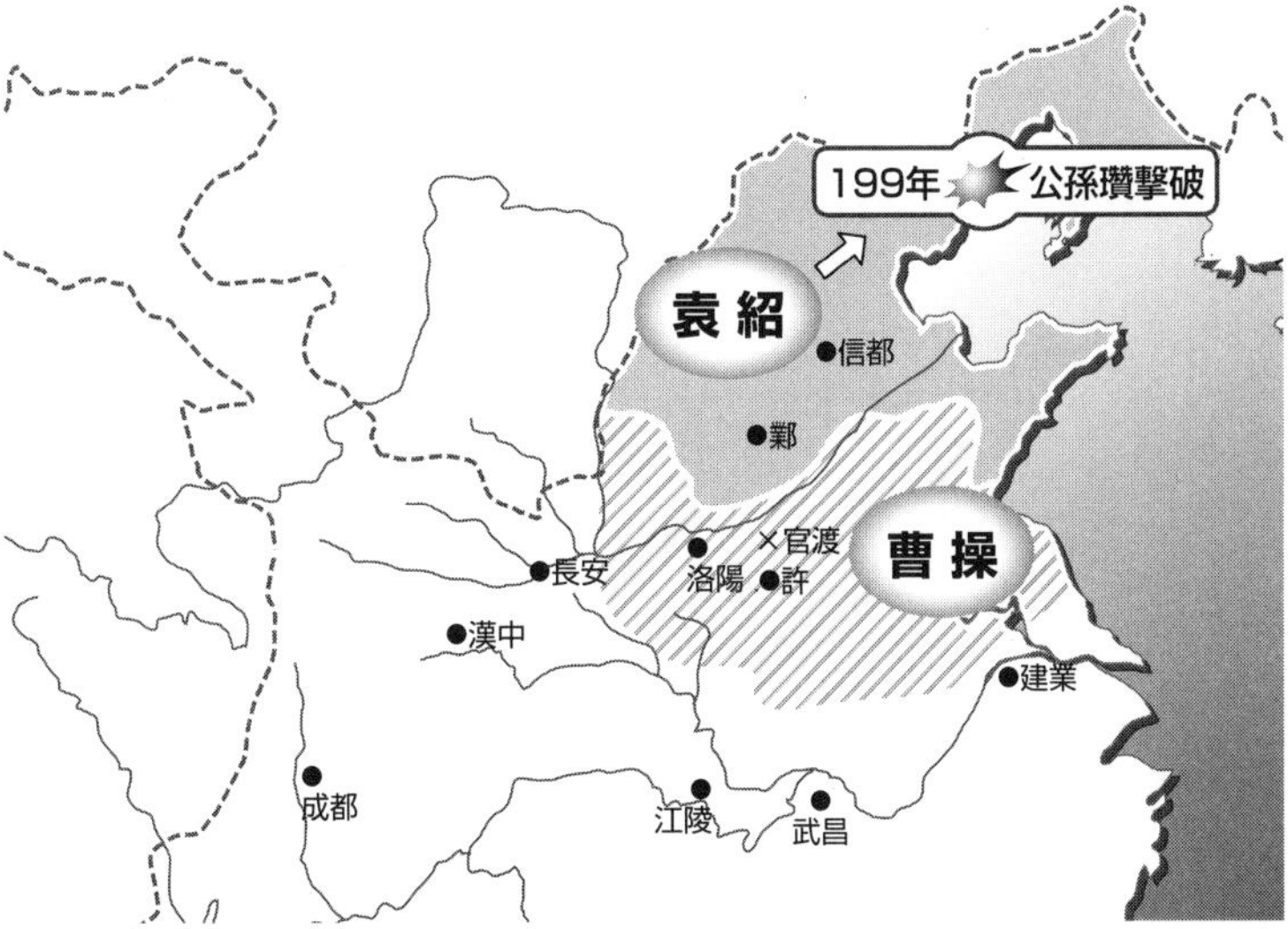




歴史メモ　袁紹陣営お抱えの文人であった陳琳は、曹操打倒の檄文を作成したさい、「玉取り野郎の糞息子」と曹操を罵倒している。

◉200年　◆官渡の戦い

# 曹操、袁紹を破り中原の覇者に！

**2巨頭は「官渡」で激突した。勝敗を分けたのは、武将としての力量の差。だが、運も曹操に味方していた！**

**◆中原の行方を占う一戦は曹操が勝利**

「官渡《かんと》の戦い」（現在の河南省官渡村）は激戦となった。袁紹《えんしょう》軍は約10万、曹操《そうそう》軍の総数は1万に満たない、と正史『三国史』にはある。兵力では圧倒的に袁紹が有利だ。しかし、袁紹軍は総大将の袁紹の指揮官としての力量不足もあり、参謀・武将連中たちの把握ができていなかった。結局、その点が勝敗を分けた。戦いは、長期戦の末に曹操が勝利する（150ページ）。

この戦いに勝利した曹操は、敗残の袁紹軍に攻勢をかけた。一方の袁紹は失地回復に躍起になるが、曹操の勢いは止まらず押しまくられる一方だ。天下に最も近かった位置からの急激な失速は袁紹の心身をむしばんだ。202年5月、袁紹は煩悶のうちに没する。

**◆袁紹の病没から一気に北部を攻め取る**

袁紹の病没を知った曹操は、さらに袁家に攻勢をかけた。袁家では袁紹の遺児たち、袁譚《えんたん》（長男）・袁熙《えんき》（次男）・袁尚《えんしょう》（三男）が抵抗するが、兄弟仲が悪いため一枚岩とはいかない。203年3月には拠点の黎陽《れいよう》が陥落し、10月には兄弟を裏切って袁譚が曹操に降伏。204年8月には、袁家の最大拠点であった鄴《ぎょう》が陥落した。こうなるとあとは各個撃破すればよいから簡単だ。曹操は袁譚を挙動不審を理由に斬り、袁熙と袁尚を烏丸《うがん》（烏桓。北方の遊牧騎馬民族）の領域内に追い払い、高幹《こうかん》（袁紹の甥）を倒し、207年には烏丸を征伐する（144ページ）。袁熙と袁尚は遼東半島の公孫康《こうそんこう》のもとに逃げ込むが、公孫康は袁兄弟の首を切って曹操に差し出した。

こうして袁家は完全に滅亡し、曹操は名実ともに〝中《ちゅう》原《げん》の覇者〟となり、大陸の最大勢力となった。

**◆争いに乗じて北上しようとした孫家だが…**

中原の覇者となった曹操の眼は、次に南に向けられた。長江中流域の荊《けい》州と下流域の揚《よう》州である。ことに揚州の孫家政権に対して曹操は含むところがあった。

ことは200年の「官渡の戦い」までさかのぼる。孫家政権の当主の孫策《そんさく》は、曹操と袁紹が激突するのに乗じて軍勢を北上させる計画を立てていた。攻撃目標は許都《きょと》、目的は皇帝の身柄の保護である。皇帝を抱き込み、皇帝の名のもとに天下を掌握するつもりなのだ。

### ■孫策没時(200年4月)の勢力図

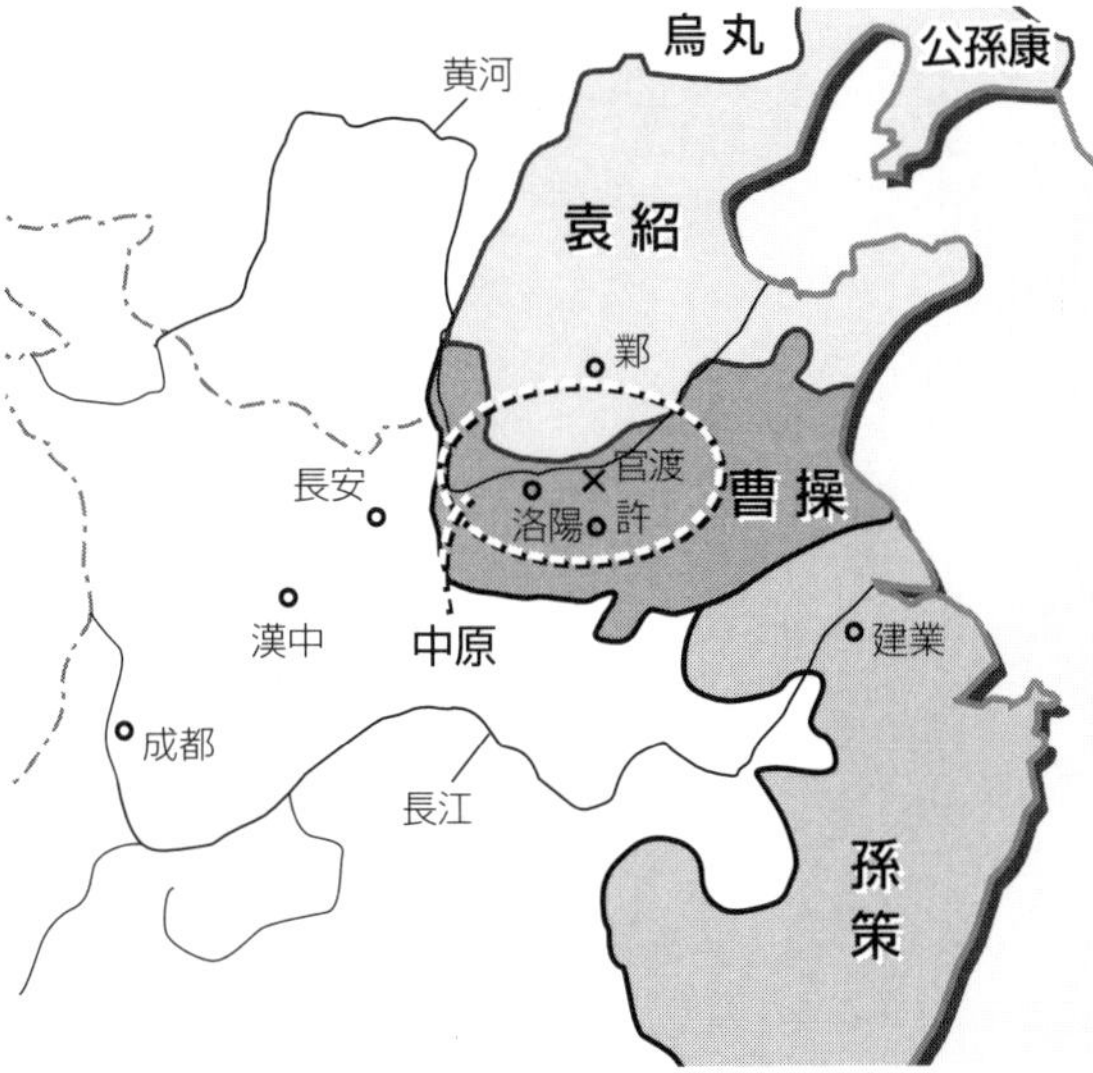


曹操は悩んだ。北の袁紹と戦うだけで手一杯のところを、後方から孫策軍にやってこられては勝ち目がない。だが、天は曹操に味方した。まさに北上軍を進めようとした矢先、孫策は暗殺されてしまうのだ。

孫策を暗殺したのは、かつて孫策に殺された呉《ご》郡太守《たいしゅ》の許貢《きょこう》の厄介になっていた食客《しょっかく》連中だった。孫策が許貢を殺したのは次のような経緯からだ。

許貢は、かつて宮廷に上表したことがあった。

「孫策は武勇に優れており、かつての項羽《こうう》を彷彿《ほうふつ》とさせ、天下に野心があります。孫策を地方に置いておくことは後漢宮廷にとって決して得策ではありません。宜しく中央に召し出されるのが宜しいでしょう。皇帝の詔《しょう》勅《ちょく》とあれば、いかに孫策でも拒めませぬ」

孫策はこのことを知ると許貢を問い詰め、絞め殺してしまった。主の善悪に関わらず、一宿一飯の恩義に報いるのが食客の節義だ。彼らは自らが信じる節義に従い、許貢の仇を討ったのである。時に孫策26歳であった。

**歴史メモ** 食客というのは大体が一芸の持ち主だった。弁舌や武芸はよいほうで、中には「鶏の鳴き声がうまい」という理由で養われる者もいた。

# 革命精神vs旧秩序——革新を目指す曹操、旧きにしがみつく袁紹

**かつては友人だった北の2強**

曹操《そうそう》と袁紹《えんしょう》という、後に運命的な対決をするこの2人は、若い時には友人同士だったたと伝えられる。

反董卓《とうたく》連合軍の結成時、曹操が袁紹陣営に参謀として参画するるのもその縁によるのだろう。

しかし、結果的には反董卓連合軍への参加が2人の友情を終わらせた。

仲違いの原因になったのは、袁紹の新皇帝擁立計画であったとされる。袁紹は、董卓が皇帝（献帝《けんてい》）を拉致同然で長安に移したことに対抗して、皇室の縁者である劉虞《りゅうぐ》（幽《ゆう》州の牧《ぼく》）を皇帝に立てようとしたようだ。

袁紹から相談を持ちかけられた曹操は、真っ向から反対した。『三国志』では曹操の反論を次のように記している。

「董卓の悪業がひどいゆえ、我等は連合して義勇軍を起こしたのではないか。我々の行動はあくまでも正義にもとづくもの。だからこそ、多くの人々の賛同を得られたのだ。いま、後漢王室はたしかに危機だ。だが、皇帝が幼少で力なく邪悪な連中に操られているためである。皇帝陛下が悪いわけではない。問う。簡単に皇帝を替えることがはたして、天下安定の道であろうか。どうしてもというなら君たちは、劉虞のいる北のほう、幽州を向くがよい。私はあくまで皇帝陛下のおわす西、長安のほうを向くつもりだ」

曹操が後漢皇室への忠誠から、この言葉を吐いたかどうかには

疑問が残る。郭沫若《かくまつじゃく》（102ページ）の「曹操は黄巾軍《こうきんぐん》を攻撃したが、彼の政治方向は黄巾軍の目的に背反しておらず、その運動を継承したもの」という指摘から、曹操の「革命」的な面に焦点を当てるなら、河北の名門家の御《おん》曹司《ぞうし》である袁紹の肝煎りで新王朝が樹立されたとしても、現状は何も変えられないと判断したとも考えられる。

## 反董卓連合軍の盟主ながらまったく動かぬ袁紹

加えて、袁紹への失望感も大きな原因だったのではなかろうか。曹操の反董卓連合軍への期待度の大きさは、董卓の洛陽退去後、追撃をかけようとしない連合軍の諸侯に激怒し、「我等は正義の軍隊。何をためらう！」と吠えまくり、手勢を率いて憤然と出撃したことからもわかる（47ページ）。

この怒りは連合軍の諸侯への怒りであると同時に、盟主・袁紹への怒りではなかったろうか。曹操は曹操なりに袁紹という友人に期待をしていた。ところがいざ、大舞台ともなるとまるで腰抜け同然。自分の道は自分で切り開くしかない、という具合だ。

いずれにしても2人の仲は以後、急速に冷えていき、196年、曹操が献帝を自領の都市「許《きょ》」に迎え入れてから、いよいよ険悪になった。

威勢衰えたりといえども皇帝は皇帝だ。皇帝の奉戴者《ほうたいしゃ》は、皇帝の意志の代行者であり、官軍の指揮官という大義名分を得られる。これは袁紹よりも曹操が上位に立つことを意味する。家柄では上の俺がなぜ、宦官の養子の息子風情の風下に…。

このころ、曹操はすでに能力第一の人材登用、「屯田制《とんでんせい》」「兵《へい》戸制《こせい》」などの画期的政策プランを実行し、明確に社会体制の変革をはじめている。袁紹はいまだに河北の大軍閥にすぎない。革命精神の曹操と旧秩序にしがみつく袁紹。2人は200年、官渡《かんと》で激突する（150ページ）。

◉206年 ◆曹操と孫家

# 北を支配する曹操 南を固める孫権

**中国の南部、江南を手中にしていた孫権は、ついに南下を開始した曹操に対し、劉備とともに戦いを挑む。**

### ◆孫家の盟主は孫策から孫権へ

孫策《そんさく》の不慮の死（55ページ）により救われた曹操《そうそう》は、この後、すでに述べたように袁紹《えんしょう》の遺児たちとの戦いに集中し、北へ北へと攻勢をかけていく。

その間、孫家では着々と新体制が固められた。孫策の後継者となったのは、実弟の孫権《そんけん》である。孫権は「おまえは軍勢を率いて天下の英雄豪傑と覇権を争うには力不足だが、賢人を探し出して意見をよく聞き、内政を充実させるという点では並み外れた力量がある」という兄の遺言に従い、内政の充実に努めた。

孫権が政治向きの最高顧問として師礼をとったのは張《ちょう》昭《しょう》である。張昭は元来、徐《じょ》州の彭城《ほうじょう》郡（現在の江蘇省）の人である。北方での動乱を避けて長江流域に避難してきた人物であり、賢人との評判が高かった。先代の孫策が礼を尽くして政権の顧問に迎え、孫権もまた張昭をお目付役に任じた。軍事の最高責任者としたのは、孫策の盟友であった周瑜《しゅうゆ》だ。「美周郎《びしゅうろう》」（周家の美しい若様）と異名を取る美男子の武人であり、孫権にとっては実の兄に等しい存在である。

周瑜もまた孫策同様、孫権に人材を集めるようアドバイスをしている。孫権は周瑜の助言に従って人材を探し求め、魯粛《ろしゅく》や諸葛瑾《しょかつきん》といった人々を次々と陣営に迎えた。

以後、孫権は主に南に向けて勢力を伸ばしていく。黄河流域に比べて長江流域は未開発地域が多い。ことに揚《よう》州の南方、江南と呼ばれる地には開拓しようと思えばいくらでも土地がある。孫権は異民族の山越《さんえつ》と戦い（146ページ）、荊《けい》州の劉表《りゅうひょう》を牽制しつつ内政充実に努めていた。

### ◆抗戦か降伏か

しかし208年、孫家の存亡を問う事件が起こる。中《ちゅう》

### ■まず北上する曹操・南下する孫権

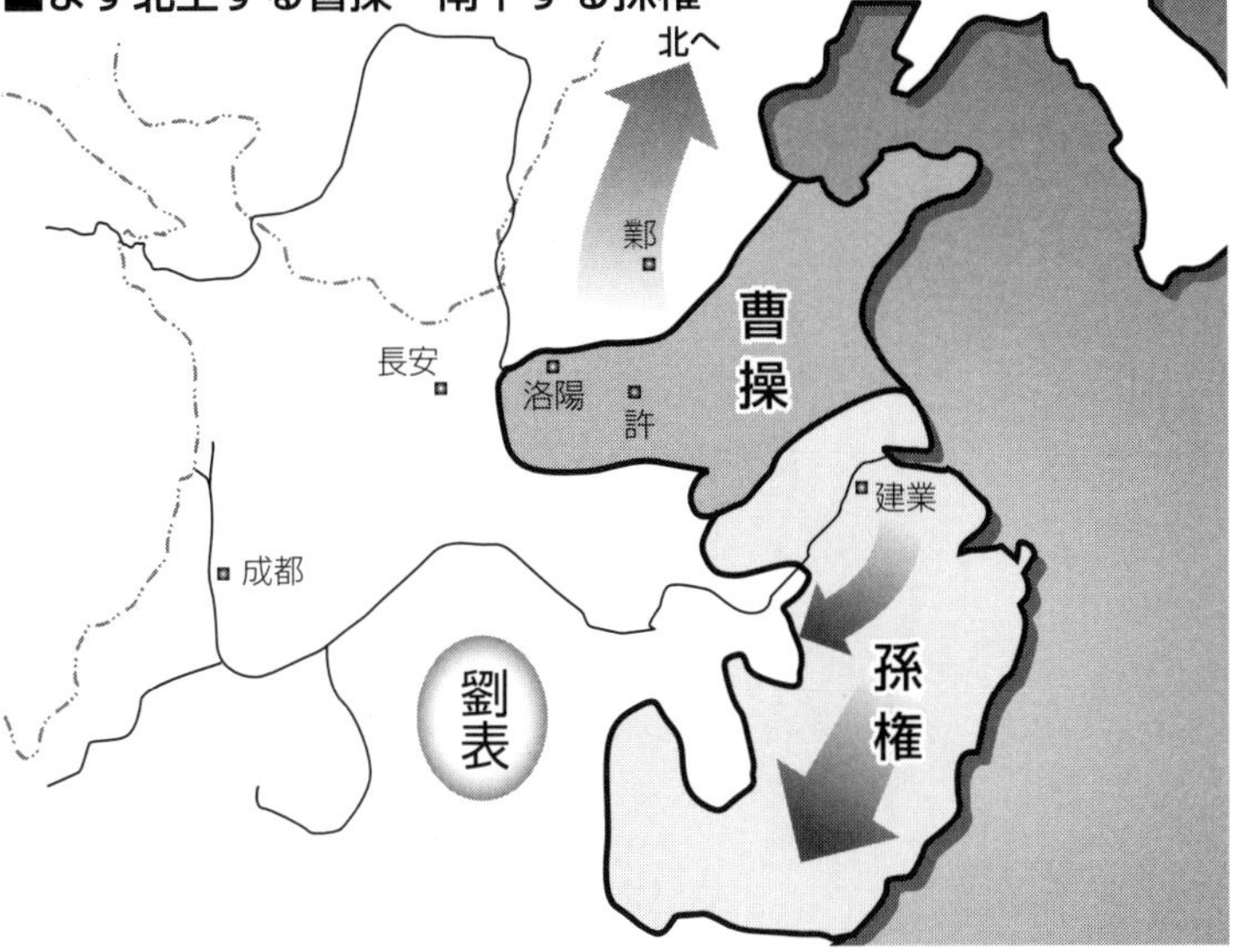


原《げん》の覇者となった曹操が、ついに南下を開始したのである。曹操とは先代の孫策以来の因縁があるうえに大勢力だ。戦闘になれば苦戦は必死である。

張昭たち文官連中は、曹操が皇帝（献帝《けんてい》）を奉戴していることを理由に「降伏」を主張した。一方、魯粛ら若手官僚は「徹底抗戦」を主張した。

孫権は心中では抗戦派だ。孫家がここまでのし上がってきたのは家柄でもなく、宮廷での地位でもない。ひとえに孫堅以来の「武」の力である。「武」の力を接着剤とすることで今日の地位を築き上げた。降伏は〝武〟の効き目がなくなったことを意味する。すなわち政権の崩壊である。しかし、「孫家を補佐してください」と頼んでさまざまな人材に来てもらっている以上、ワンマンの独断で決定を下すわけにもいかない。

孫権は議論が百出するのを待ち、最後の意見を最も頼りとする周瑜に求めた。周瑜は「陸戦では負けるが、水戦ならば勝てる」と断言。孫権は決断した。「戦う」と。孫権の決断に抗戦派は喜んだ。そしてこの決断を手をたたいて喜ぶ連中が他にもいた。孫権と軍事同盟を結んだ劉備《りゅうび》とその幕僚たちである（66ページ）。

**歴史メモ** 大喬・小喬という2人の女性は、絶世の美女姉妹だった。姉の大喬は孫策の妻となり、妹の小喬は周瑜の妻となった。

# 一旗揚げるには家柄か、武力か、叡智か

**三国志の時代、どんな資質があれば群雄として覇を唱えることができたのか。最後の決め手はどこにあったのか。**

### ◆群雄として割拠するための条件とは

三国時代、群雄たちが割拠する方法にはいくつかのパターンがある。

最も一般的なのが一族郎党を率い、さらに仲間を集めて割拠する方法だ。ただし、これには「家柄がよい」という条件が必要だった。家柄がよければ要職につけたし、人脈も広い。経済的に潤っていたため周囲に人が自然と集まり、集まった人々と血縁関係ができ、次第に一族郎党が多くなっていく。まさに血縁・地縁を前面に押し出した「私兵」こそが一般的な割拠の方法だった。

その代表者が袁紹《えんしょう》だ。袁紹は河北の名門家の御曹司という生まれゆえに、最大勢力となることができたのである。

曹操《そうそう》も初期は一族郎党を率いて割拠していた。夏侯《かこう》惇《とん》・夏侯淵《かこうえん》・曹仁《そうじん》・曹洪《そうこう》など、旗揚げ時の曹操を補佐した人物は皆、親族連中である。だが、「宦官《かんがん》の養子の息子」という事実はどうしようもなかった。しかし、彼はこれを補う方法を考え出した。一つが皇帝の奉戴《ほうたい》であり、いま一つが後に詳しく紹介する「屯田制《とんでんせい》」の施行である。これらの方策により曹操は、袁紹との戦いに勝利し、さらに最大勢力となることができたのだ。

家柄によらないという点では、孫家も同様だ。孫堅《そんけん》以来、「武」一筋の道を歩み、江南地域に割拠することができた。

### ◆流浪の傭兵から自力で上がってきた劉備

そして劉備《りゅうび》は四つ目のタイプである。彼は貧民の出身だ。母一人子一人の家庭に育ち、筵《むしろ》売りをして生計を立てていたという。「中山靖王《ちゅうざんせいおう》の末裔《まつえい》。漢王室の血筋」を自称していたが、116ページでも紹介しているように実に怪しい。天下に志を抱いて旗揚げをしたのが「黄巾《こうきん》の乱」の時。乱が平定された後は、功績により「県《けん》」（最

小の行政単位）の役人に収まるが、かなり不満だったらしく政府からの監察官を殴って逃亡。各実力者たちの間を売り込みながら転々とした。

■劉備の流転の足どり

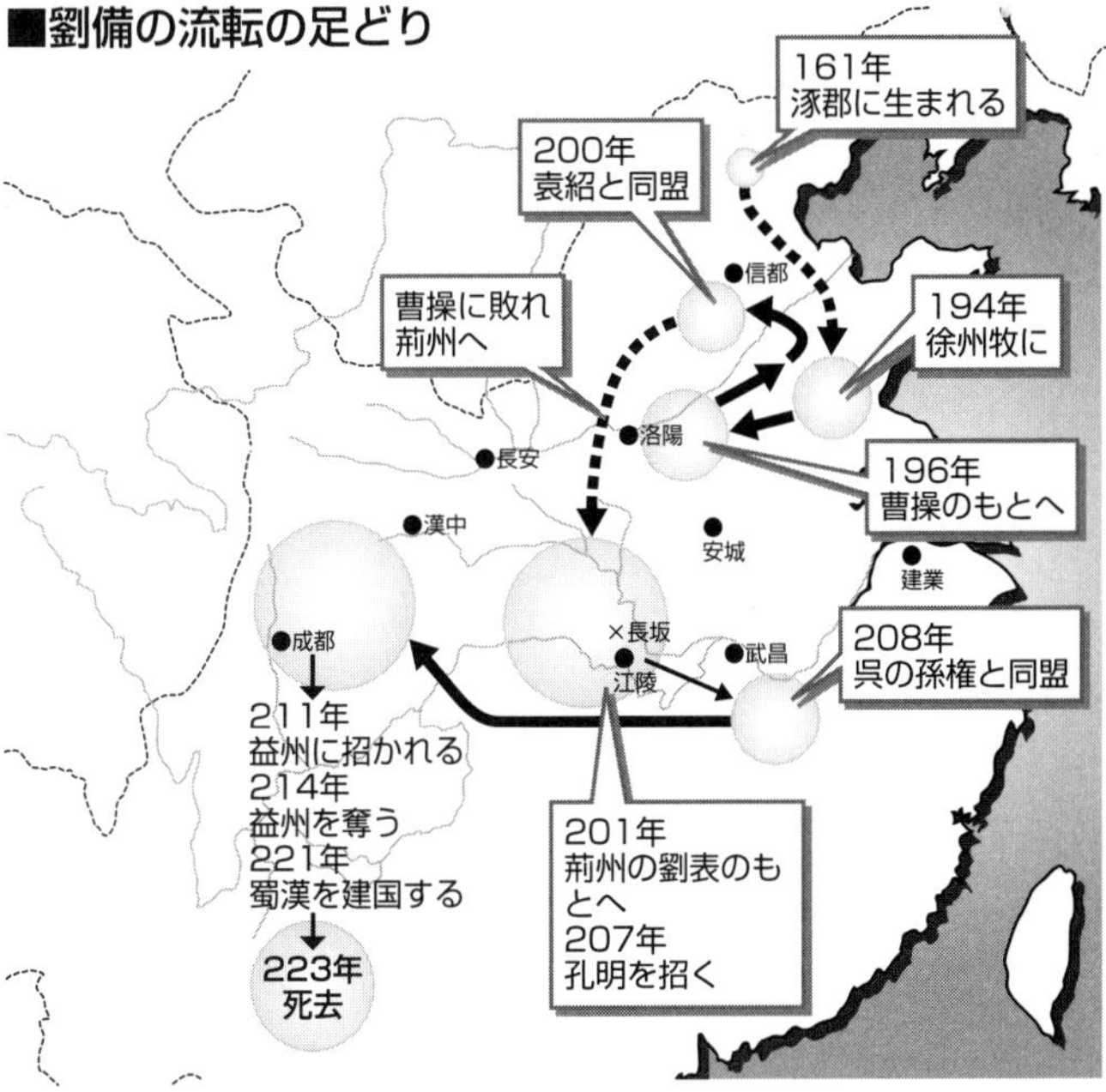


ただ生来、度量が広く、口を開けば「信義」を語り、また、たいへんに容貌魁偉な人物だったので群雄たちの受けはよかったようだ。加えて関羽《かんう》・張飛《ちょうひ》をはじめとする一騎当千の兵たちを引き連れていたため、戦闘集団としても大いに期待された。

劉備が世間に名前を知られるようになったのは、194年、病に倒れた徐《じょ》州の牧《ぼく》・陶謙《とうけん》が曹操との戦いの応援にかけつけた劉備を後継者に指名して没してからだ。劉備は〝雇われ長官〟ではあるものの一応、中原の群雄として名を連ねた。しかし、ここからがどうにもよくない。196年には転がりこんできた呂布《りょふ》に国を奪われて曹操のもとに逃げ、曹操排除のクーデターに加担し、発覚寸前、うまい具合に曹操のもとを逃げ出して徐州の小沛城《しょうはいじょう》を奪い取り、激怒した曹操が押し寄せてくると妻子を残して逃げ出し、曹操のライバルである袁紹と同盟し、曹操が「まだ懲りないか！」と押し寄せてくると荊《けい》州の劉表《りゅうひょう》のもとに転がりこんだ。負けては逃げ、裏切ってはの逃げの繰り返しだったのである。

**歴史メモ** 監察官を殴ったのは劉備自身だが、小説『三国志演義』では監察官の横暴に激怒した張飛が殴ったことになっている。

## ◉201～207年　◆髀肉の嘆

# 「髀肉」を嘆く劉備の悶々とした日々

この時点まで、ほとんどいいところのない劉備。この時期には、数年間ものんびりした時間をすごしている。

### ◆流浪する劉備の嘆きとは

２０１年、袁紹《えんしょう》のもとにいた劉備《りゅうび》は、曹操《そうそう》の攻撃を受け荊州《けいしゅう》の劉表《りゅうひょう》のもとに転がり込んだ。この時代の荊州は牧《ぼく》を勤める劉表の政治手腕もあり、北の動乱とは無縁だ。揚《よう》州の孫家政権が時々ちょっかいを出してくるが、荊州の安全をおびやかすまではいっていない。荊州は当時の中国ではまさに〝別天地〟の感があった。

以後、劉備は劉表の客将としてとどまり、荊州北方の新野《しんや》（現在の河南省）に駐屯することになる。曹操の抑えとしての役どころだ。

劉備は決して弱いわけではない。曹操本人が主力軍を率いてくれば話は別だが、配下の武将が来たくらいではビクともしない。だからこそ劉表も、対曹操の新戦力として劉備を受け入れたのである。

しかし、曹操はこの時期、袁紹《えんしょう》の遺児たちとの戦いに躍起になっており、南に軍勢を向けるにはいたっていない。当然、劉備の任務も形ばかりだ。別に終日ごろごろしていたわけではなかろうが、かつて曹操や呂布《りょふ》、袁術《えんじゅつ》といった群雄連中と中原《ちゅうげん》の覇権をかけて抗争した日々が嘘のような長閑《のどか》な日常を送っていたのだろう。このころの劉備の心中を語る逸話として「髀肉《ひにく》の嘆《たん》」と後世にいわれる話がある。内容はこうだ。

「ある日、劉備が劉表の宴席に招かれた。宴たけなわのころ、劉備は厠《かわや》に立った。戻ってきた劉備の頬にはくっきり涙の跡がある。いぶかしんだ劉表が尋ねると、劉備は答えた。『中原にあるときは常に戦場をかけずり回っていたので、髀肉（太ももの肉）も引き締まっておりました。ところが先ほど、厠に立ったとき髀肉がだいぶ肥えて肉がだぶついていることに気がつきました。脂肪だけを置き土産に月日が過ぎてしまったかと思うと……。私は一花咲かせることもないまま老人になってしまうのでしょうか。そう思うと悔しくて悔しくて……』と」領袖《りょうしゅう》としては実に情けない話である。

■荊州時代の劉備

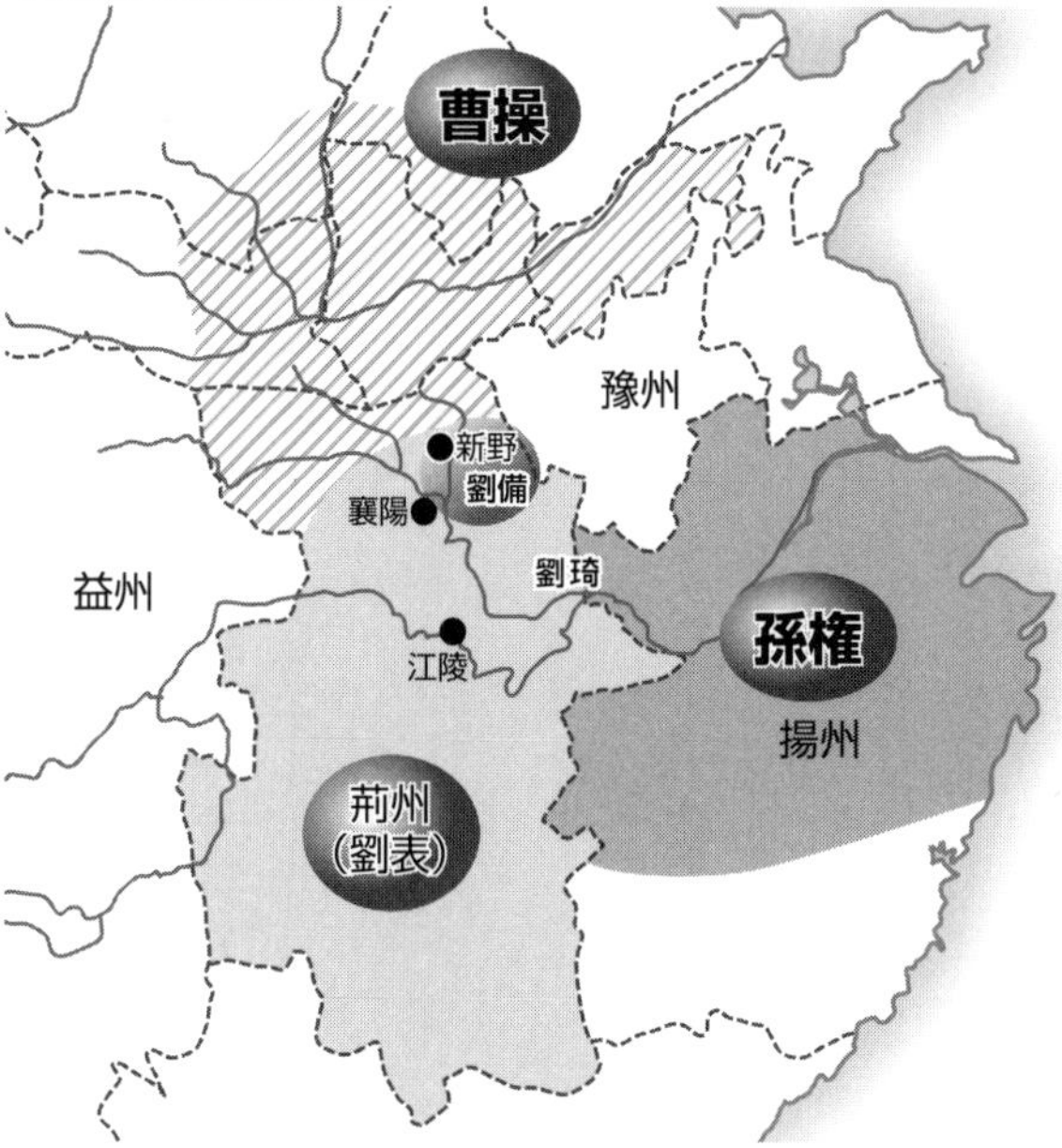


だが、この情けない領袖のもとにも人材はいる。関《かん》羽《う》・張飛《ちょうひ》・趙雲《ちょううん》は一騎当千の兵であり、徐《じょ》州時代からの臣である糜竺《びじく》は全財産を投資し、妹を側室に差し出すほど劉備に入れ込んでいる。簡雍《かんよう》・孫乾《そんけん》も優秀な文官である。彼らは皆、劉備という人間がかもし出す雰囲気に魅せられ、劉備個人に惚れて臣従を誓った者たちであった。

## ◆諸葛孔明が劉備の陣営に参加

そして、実はこの間、207年に荊州で劉備のカリスマ性に魅了された人間がまた一人、臣従を誓う（64ページ）。

諸葛亮《しょかつりょう》。字《あざな》は孔明《こうめい》。劉備の運命を変える27歳の若き参謀の誕生だ。孔明は劉備に「天下三分の計」（120ページ）という戦略を説く。これは個々の合戦の勝ち方でなく、劉備が天下を掌握するための道標であった。劉備はこれを聞くと大いに喜んだ。

そして208年秋、諸葛孔明に初仕事が回ってくる。曹操の南下に揺れる孫家と劉備軍団とが、軍事同盟を締結するための使者である（66ページ）。

**歴史メモ** 『趙雲別伝』には、趙雲は「身長は8尺、姿や顔つきがきわだって立派だった」とある。スラリとした美男子だったのだろう。

◉207年 ◆諸葛孔明登場

# 三度目にやっと会えた!? 宰相・孔明との出会い

**劉備の運命を変えた諸葛孔明。「天下三分の計」をはじめとして、数々の逸話を残す孔明がついに歴史に姿を現わす。**

## ◆「臥龍」と呼ばれた英才

諸葛孔明《しょかつこうめい》の〝孔明〟とは「字《あざな》」であり、彼の実際の名は〝亮《りょう》〟である。

孔明は元来、徐《じょ》州瑯邪《ろうや》国陽都《ようと》県の人である。少年の時に父母を亡くし、叔父の諸葛玄《しょかつげん》によって養育された。

１９７年、この諸葛玄が死ぬ。揚《よう》州の豫章《よしょう》郡の太守《たいしゅ》を離任したさい、土地の人間によって殺されたのである。

孔明はその後、劉表《りゅうひょう》が治める荊《けい》州に逃れ、襄陽《じょうよう》（荊州の州都）の西の隆中《りゅうちゅう》に庵を結んで、学問に励みつつ農耕生活を送っていた。

仕官もせず、自身を古《いにしえ》の名宰相や名将になぞらえる一風変わった存在であったが、実際に英才なので学友たちは「臥龍《がりょう》」（眠れる龍）と呼んで一目置いていた。

これは、いまは目立たないが、時を得れば天まで駆け上がる英才という意味である。ちなみに孔明の実兄である諸葛瑾《しょかつきん》は孫権《そんけん》に仕え、大将軍という地位にまで上っている。

転機は２０７年、孔明が27歳の時に訪れた。劉備《りゅうび》との出会いである。曹操の圧力に屈して荊州に逃げていた劉備は、この時期、頼りになる参謀を探していた。そんな劉備に孔明を推薦したのが徐庶《じょしょ》という人物だった。孔明の友人であり、一足先に劉備の参謀となった男だ。

## ◆劉備の参謀として

劉備と孔明の出会いは「三顧《さんこ》の礼《れい》」という言葉で知られている。

劉備が孔明の庵を2度訪ねても留守で、3度目の訪問でようやく面会がかなったとする逸話にもとづく語だ。現在でも「目上の人が、あるすぐれた人に仕事を引き受けてもらうために、何度も訪問して十分に礼儀をつくして頼むこと」という意味で使われている。

「三顧の礼」の真偽は別として、劉備・孔明ともお互いの存在に刺激を受けたことはたしかだ。この時、孔明は劉備に「天下三分の計」の計略を授けたといわれる。

### ■孔明の人生軌跡

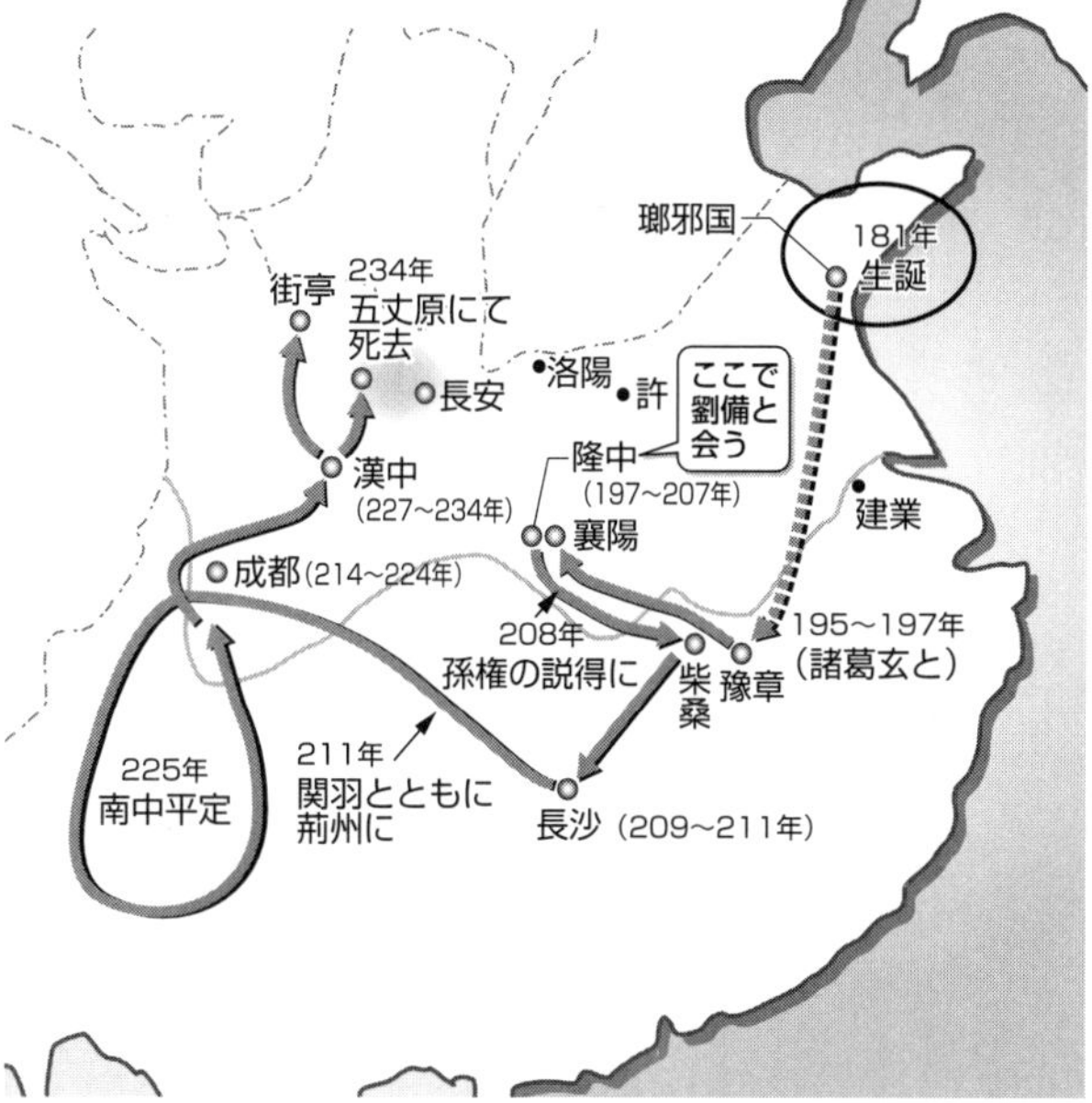


また、関羽《かんう》と張飛《ちょうひ》は劉備が孔明を引き立てた時に不満を漏らした。そのさい劉備は、「私に孔明があるのは魚に水があるのと同様なのだ。もう言わないでほしい」(孤之有孔明　猶魚之有水　願諸君勿復言)と〝不可欠な存在〟であるといっている(水魚の交わり)。

劉備陣営に参謀として参画した孔明は、持ち前の英才ぶりをいかんなく発揮する。たとえば、曹操軍団の南下にさいしては、得意の弁舌を駆使して孫権を説得し、劉備との間に軍事同盟を締結させた(66ページ)。

また、劉備が益《えき》州を掌握すると(74ページ)、法律を厳しくして民衆をビシビシ取り締まった。法正《ほうせい》(もと益州の重臣)は文句をいったが、「劉璋《りゅうしょう》の時は法律が緩すぎたから、いまは厳しくするのが時を得ている」といって取り合わなかった。

しかし、このことが結果として劉璋体制から劉備体制への移行をスムーズにした。

劉備が皇帝に即位して蜀漢帝国の樹立を宣言すると(79ページ)、軍事・政治・経済などの権力をすべて掌握する丞相《じょうしょう》に任命されている。

**歴史メモ** 『魏略』という書物では、曹操の南下を聞いた諸葛孔明が劉備を口説いて、対曹操戦に決起させたという説をとっている。

◉208年　◆荊州撤退と劉備・孫権の同盟

# 南下する曹操に対して劉備と孫権が手を結ぶ！

**曹操の南下が、劉備を再び表舞台に押し上げる。江南の孫権と同盟を結び、ともに曹操の大軍団と対することに。**

## ◆荊州からの撤退時に大打撃を受ける劉備

さて、この時期、劉備《りゅうび》陣営では実に頭の痛い問題が起こっていた。ことは208年9月に起こった。曹操軍団の南下を前にした荊《けい》州の首脳陣たちは、全面降伏を決定したのである。このとき劉表《りゅうひょう》はすでにこの世になく、次男の劉琮《りゅうそう》が後継者となっている。全面降伏の決定に関して、劉備は完全にカヤの外だった。劉備は曹操と戦う気でいたが、荊《けい》州の援軍が期待できないのでは話は別だ。

劉備は大急ぎで荊州からの離脱をはかり、江陵《こうりょう》を目指した。江陵は古来から物資の集積地である。膨大な軍事物資を手に入れ、曹操軍団と一戦交える決意だ。ところが江陵に向かう途中、降伏に納得しない荊州の民間人十数万人が同行を願い出るという事態が起こる。劉備軍団の首脳陣は却下をすすめた。しかし、劉備は首脳陣の要請を退け、同行を許可した。

民間人をともないノロノロと撤退する劉備軍団は、長《ちょう》坂坡《はんは》という場所で曹操の追撃部隊に追いつかれた。猛将・張飛《ちょうひ》の活躍で何とか切り抜けはしたが、劉備軍団が受けた損害はあまりに大きかった（152ページ）。

## ◆孔明の力で孫権との同盟成る

江陵の制圧に失敗した以上、劉備が曹操と戦うには孫権と同盟するしかない。しかし、ここに長坂坡での大被害という事態がからんでくる。劉備軍団の戦力が落ちている以上、対等の同盟はむずかしい。しかし、孫家に吸収されては話にならない。戦力差はあるが、なんとか提携にこぎつける必要がある。また、それ以前に孫権に曹操と戦う意志があるかどうかが問題だ。使者は孫権の腹のうちを見きわめ、同盟問題を切り出さなければならない。

孔明《こうめい》は、この実にむずかしい交渉の全権を託された。

柴桑《さいそう》で孫権との会見に臨んだ孔明は、開口一番、次のように主張した。「曹操は強いから、降伏しなさい」と。孫権の腹の底をまず探ったのである。孫権は心中では決戦を望んでいる。だから孔明の物言いに激昂し、「ならばなぜ、劉備は降伏しないのか？」と問い詰めた。

■曹操に対抗するため同盟する劉備と孫権

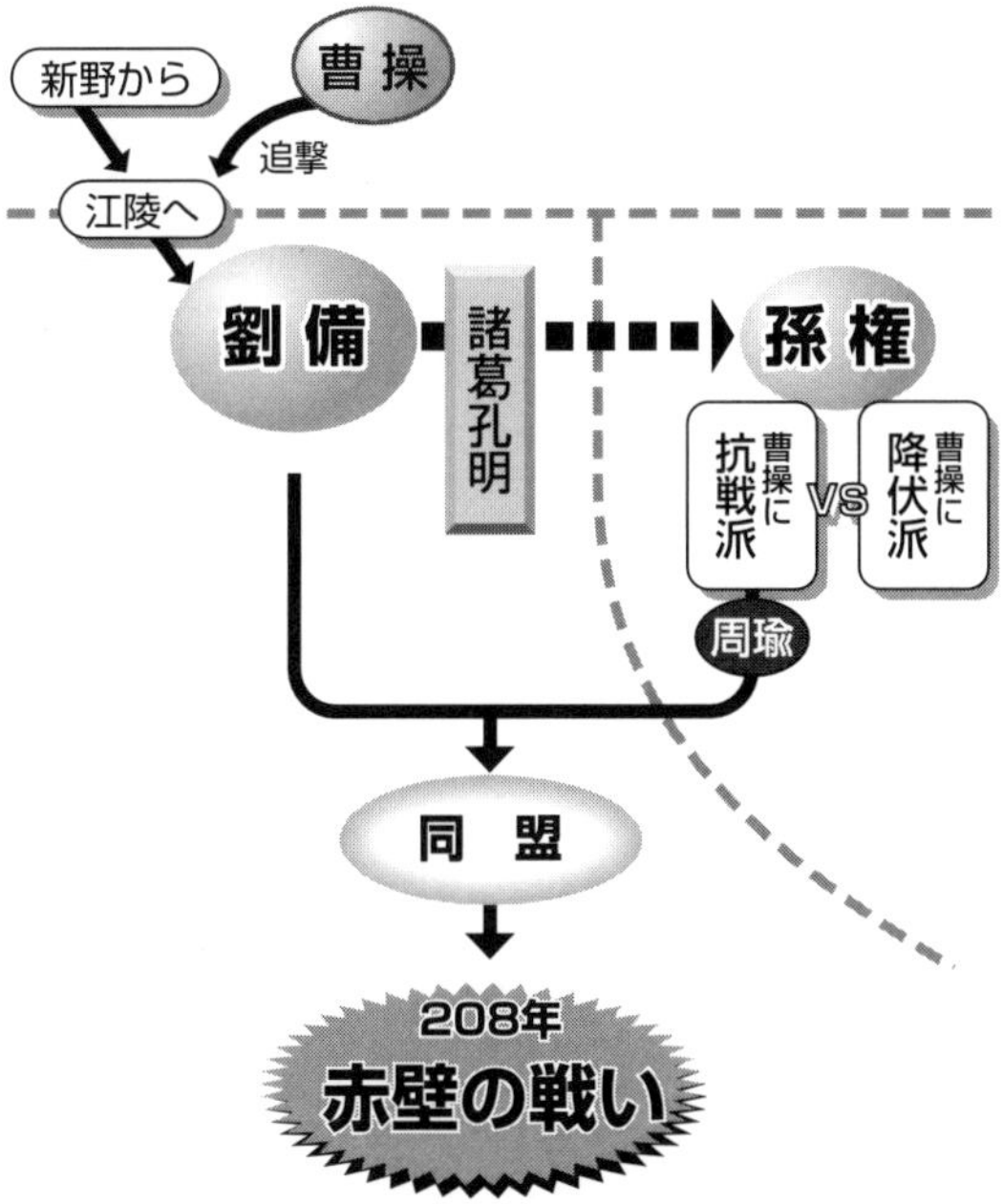


「我が主の劉備は、漢王室の血を引く御方です。どうして曹操の下につけますか。世間が許しても誇り高き血が許しません」

自信たっぷりに応じる孔明に、孫権はカチンときたようだ。まるで「あなたには命をかけて守るべきものはありますか？」と尋ねられているようである。孫権は「私にも国土と人民がいる。どうして他人の指図なんか受けられるか」と応じた。孔明は我が意を得たりと切り出した。孫権に戦う気があるなら、同盟は現実的な話だ。

「主の劉備には故・劉表殿の長男、劉琦《りゅうき》殿の軍勢も合流し、2万の精鋭が健在です」「曹操の軍勢は長い行軍で疲労しています」「曹操軍は水戦は不得手です」「荊州の軍勢が曹操軍に組み入れられていますが、決して心服してはおりません」。言葉を尽くして曹操との決戦に勝ち目があることを説いた。

その後、孫権は軍事の最高責任者である周瑜《しゅうゆ》に最終的な意見を求め、決戦案を採択し、劉備との同盟も決めたのである（59ページ）。

**歴史メモ** 決戦の方針を決めた後、孫権は刀で眼前の机を真っ二つに斬り、「今後、降伏論を口にした者は、この机のようにしてくれる」と叫んだという。

◉208年　◆赤壁の戦い

# 劉備を追撃する曹操船団　赤壁に大炎上！

**水の地、江南へと進んできた数十万の曹操の大船団。だが周瑜の働きで、一瞬にして勝負は決する。**

### ◆孫権・劉備の狙いは「水戦」

荊《けい》州の武力制圧を完了した曹操《そうそう》は、２０８年10月、揚《よう》州の孫家政権を倒すべく長江を下りはじめた。軍勢の総数は約20万。降伏した荊州の将兵を含めての数である。

曹操軍団の動きに対して孫権《そんけん》と同盟する劉備《りゅうび》も敏感に反応し、直ちに軍勢を進めた。こちらの軍勢の総数は約5万であり、孫権陣営で軍事を一任されている周瑜《しゅうゆ》が最高司令官として対曹操戦を仕切っていた。

孫権・劉備の基本戦略は、曹操軍団を不慣れな「水戦」に引き込むことにある。それには敵を絶対上陸させないことが条件だ。一方、曹操は精鋭騎馬部隊で柴桑《さいそう》（現在の江西省）の孫権本陣を一気に制圧する作戦を考えている。それには大軍勢が展開できる場所に、一刻も早く強行上陸することが前提条件だ。

戦いの主導権を最初にとったのは、意外にも軍勢数で劣る孫権・劉備の連合軍だった。連合軍は長江をさかのぼると陸口《りくこう》を占領して曹操船隊を待ち受け、やってきた曹操船隊とぶつかった。主力同士の激突ではなく、小競《こぜ》り合い程度の戦いだったが、勝ったのは孫権・劉備の連合軍であり、曹操の上陸作戦はいったん阻まれた。

上陸を阻まれた曹操は、陸口に近い烏林《うりん》に大船団を集結させて態勢の立て直しをはかった。そこを逃さず、２０８年12月、周瑜は一挙に勝負に出た。火ダルマにした軍船を停泊中の曹操船隊に突っ込ませる「火攻めの計」を敢行したのである（154ページ）。

作戦は見事に当たり、曹操船隊は折からの強風にあおられて次々と炎上し、壊滅した。

曹操は大急ぎで戦場からの離脱をはかる。水路は使えないから陸路での逃亡だ。しかし、なにしろ地理に不案内な他人の土地である。思うように進めない。馬を捨て

## ■文学者としての曹操

短歌行
對酒當歌　酒に対して当に歌うべし
人生幾何　人生　幾何《いくばく》ぞ
譬如朝露　譬《たと》えば朝露の如し、
去日苦多　去日苦多し
慨當以慷　慨して当に以て慷すべし
幽思難忘　幽思は忘れ難し
何以解憂　何を以てか憂いを解かん
唯有杜康　唯だ杜康有るのみ
…

曹操は、それまで“雑芸”としか見られていなかった文学の地位を向上させた。
なお、この時代の文学は、年号をとって「建安文学」と呼ばれる。

〈建安文学の担い手たち〉

**三　曹**

- 曹操　「苦寒行」「短歌行」
- 曹丕　「典論」
- 曹植　「銅雀台の賦」「七歩詩」

**建安七子**

孔融　陳琳　王粲　徐幹　阮瑀　応瑒　劉楨

て徒歩で逃げ、泥沼をドロドロになりながら渡り、ようやく江陵《こうりょう》にたどりついた時は赤壁《せきへき》での大敗戦からすでに4日がたっていた。

江陵に到着した曹操は武将の曹仁《そうじん》と徐晃《じょこう》に「江陵を絶対に守れ」と厳命して、自身は許都《きょと》に向かった。

### ◆余裕を見せつける曹操

中国合戦史上、「赤壁の戦い」と呼ばれる軍事衝突での敗北により、曹操の天下統一計画は事実上、挫折した形となった。しかし、曹操が中国大陸一の実力者であることは依然として変わりがない。

210年の冬、曹操は最大の実力者として余裕のあるところを天下に見せつける。首都の鄴《ぎょう》に「銅雀台《どうじゃくだい》」と呼ばれる大宮殿を築いたのだ。

曹操の3男の曹植《そうしょく》（「そうち」とも）は「賦」という形式の文章を作成し、「高い門は険しい峰のようであり、楼閣は空中に浮いているようだ」と称賛している。前代未聞の高層建築物だったと推定される。

なお、曹植は中国文学史上〝天才詩人〟として知られ、父の曹操と実兄の曹丕《そうひ》も第一級の文学者として有名である。

**歴史メモ**　名作『短歌行』の詳しい作成時期は不明だ。小説『三国志演義』では、赤壁の決戦を前に曹操が作成して口ずさむ場面がある。

# 地の利vs勢い——水戦に勝る孫権を破れなかった曹操軍団

## 南から天下を狙う孫家 南下しようとする曹操

曹操《そうそう》が孫家を明確に「敵」と意識したのは、袁紹《えんしょう》との対決を間近に控えた200年の春だ。時の孫家当主は、孫策《そんさく》である。

もし北の袁紹の軍勢と交戦の最中に、南の孫策軍に背後をつかれたら対処できない。

曹操の心配は現実になりつつあった。江東の孫策は北上軍の準備を着々と進めていたのである。

孫策は、孫堅《そんけん》の嫡男だ。孫堅が劉表《りゅうひょう》との戦いで戦死した後、孫家の家督《かとく》を相続。一時、淮南《わいなん》の袁術《えんじゅつ》の配下にいたが、袁術が皇帝即位を宣言すると絶交状を叩きつけて袂を分かった。

孫策は父の孫堅譲りで気性は激しく、天下に志を持っている。

〈曹操と袁紹の両者が戦っている間隙をついて「許《きょ》」を強襲。皇帝（献帝《けんてい》）を奪い取り、江東に迎えることができれば…〉

官軍の大義名分は自分のものだ。父・孫堅の果たせなかった夢をかなえることができる。

しかし、この時、天は曹操に味方した。孫策は作戦実行寸前、刺客《しかく》の手にかかってあえない最期をとげてしまうのだ。孫家では実弟の孫権《そんけん》が跡を継ぐ。

孫権は兄の、「人材を取り立てて仕事をさせ、国を守っていくという点ではおまえが上だ」という遺言をよく守り、江東と江南地域の支配をたしかなものにした。

## 陸戦上手の曹操に水戦のみで対抗

孫家が危機におちいったのは、孫権が家督を継いで8年後の2

０８年だ。袁紹との死闘を制し、袁紹の遺児たちも皆殺しにして中原《ちゅうげん》と河北《かほく》（広義の中原）の支配者となった曹操は、満を持して軍勢を南に進めた。荊州の劉《りゅう》琮《そう》は戦わずして降伏。次は孫家の番である。

孫権は劉備からの使者・諸葛《しょかつ》孔明《こうめい》や、幕僚で軍事の最高責任者・周瑜《しゅうゆ》の意見を聞いたうえで抗戦を決意。２０８年12月、「赤《せき》壁《へき》の戦い」（154ページ）で曹操軍の南下を阻止した。

曹操軍は陸戦は強い。しかし、軍船を駆使した水戦は未経験だ。江南は水に恵まれた土地。どうしても水戦が必要になる。曹操は孫家の軍勢と同時に、江南の地の利とも戦わなければならなかった。

赤壁以後、曹操と孫権は２度交戦している。

１回目は２１５年の「合肥《がっぴ》の戦い」だ。合肥は荊《けい》州の曹操軍最前線基地であり、呂布《りょふ》の元配下だった張遼《ちょうりょう》が約７０００の軍勢で守っていた。８月、孫権は10万の大軍勢で合肥攻略に向かう。しかし、張遼に出鼻をくじかれて敗退した（188ページ）。

２度目は２１７年の「濡須口《じゅしゅこう》の戦い」だ。孫権７万、曹操40万の大軍勢で対峙した。孫権は緒戦《しょせん》で曹操に打撃を与えたが、戦いが長引いては形勢不利と判断すると「降伏」という奇策に出た。

曹操は迷った。いまなら一気に押せないことはない。しかし、拒否すればかえって〝必死〟の敵を作る可能性が高い。水軍同士の合戦ではまだ、孫権軍のほうが断然強い。曹操は結局、孫権の申し出を受諾せざるを得なかった。

この３年後。曹操は病没。結局、孫権を完全に屈服させることはできなかった。曹操の勢いをもっても、江南の地の利は破れなかったのである。

# 劉備は荊州を手にし曹操は西の関中を制圧

**210年前後、西を目指した孫権、同盟者の孫権から領地を借りる劉備、そして漢中へと勢力を伸ばす曹操――。**

## ◆志半ばで周瑜死す

曹操《そうそう》が鄴《ぎょう》に「銅雀台《どうじゃくだい》」を築いた210年、孫権《そんけん》陣営では大異変が起こっていた。

最高司令官、周瑜《しゅうゆ》が急死したのである。

周瑜は、孫権の兄・孫策《そんさく》の盟友だった男だ。胸中に抱くのは「孫家による天下統一」という大構想。志《こころざし》半ばで倒れた孫策の遺志でもあり、周瑜は実現に賭けていた。

周瑜の基本戦略は「天下二分の計」だ。荊《けい》州（長江の中流域）と益《えき》州（長江上流域）を武力制圧し、北の曹操、南の孫家という「天下二分」の形を作り出し、涼《りょう》州（長安より北西の地帯）に割拠している馬超《ばちょう》を中心とする涼州豪族連合と同盟したうえで軍勢を進め、曹操を倒すという大戦略である。

そのため江陵《こうりょう》（曹操軍の前線基地）を守る曹仁《そうじん》を激戦の末に打ち破り、荊州の全面掌握に王手をかけていた。

しかし、周瑜は突然病没する。頼りになる兄貴分を失った孫権は、人目もはばからず号泣したと伝えられる。

孫権の悲しみをよそに、ホッと胸をなでおろしたのは劉備《りゅうび》一党だった。周瑜は劉備を〝潜在的な敵〟と考え、孫権に「関羽《かんう》と張飛《ちょうひ》を劉備から引き離し、自分の下で使う」とまで進言していた。

また、周瑜が明確に天下に志を持っているのも厄介だった。もし、周瑜の「天下二分の計」が思い通りに運べば、劉備の出番はなくなってしまう。劉備にとって周瑜は実に危険な男だったのだ。

## ◆劉備、孫権から荊州をちゃっかり借用

周瑜の後継者となったのは魯粛《ろしゅく》だ。この人物は劉備と孫権の同盟を斡旋《あっせん》するなど、かなりの〝親・劉備派〟だった。本心は「劉備を強くして対曹操戦の先鋒にする」点にあるのだが、持ちつ持たれつの関係になれるだけ周

瑜よりはやりやすかった。

　この時期の劉備の躍進は目覚ましい。荊州の南部の4郡を武力制圧したかと思うと、孫権の妹と電撃結婚をして同盟を強化し、さらに210年には、「いまの土地だけでは集まってくる連中を養えない」と理屈をこね、新しい根拠地を得たら返すことを約束して孫権が領有している荊州の数郡を借用した。白眉《はくび》の秀才馬良、反骨の猛将魏延《ぎえん》、老将の黄忠《こうちゅう》、軍略の名手龐統《ほうとう》など、人材も集まりはじめ、陣営も充実していった

■曹操が強大になってきた211年頃の勢力図

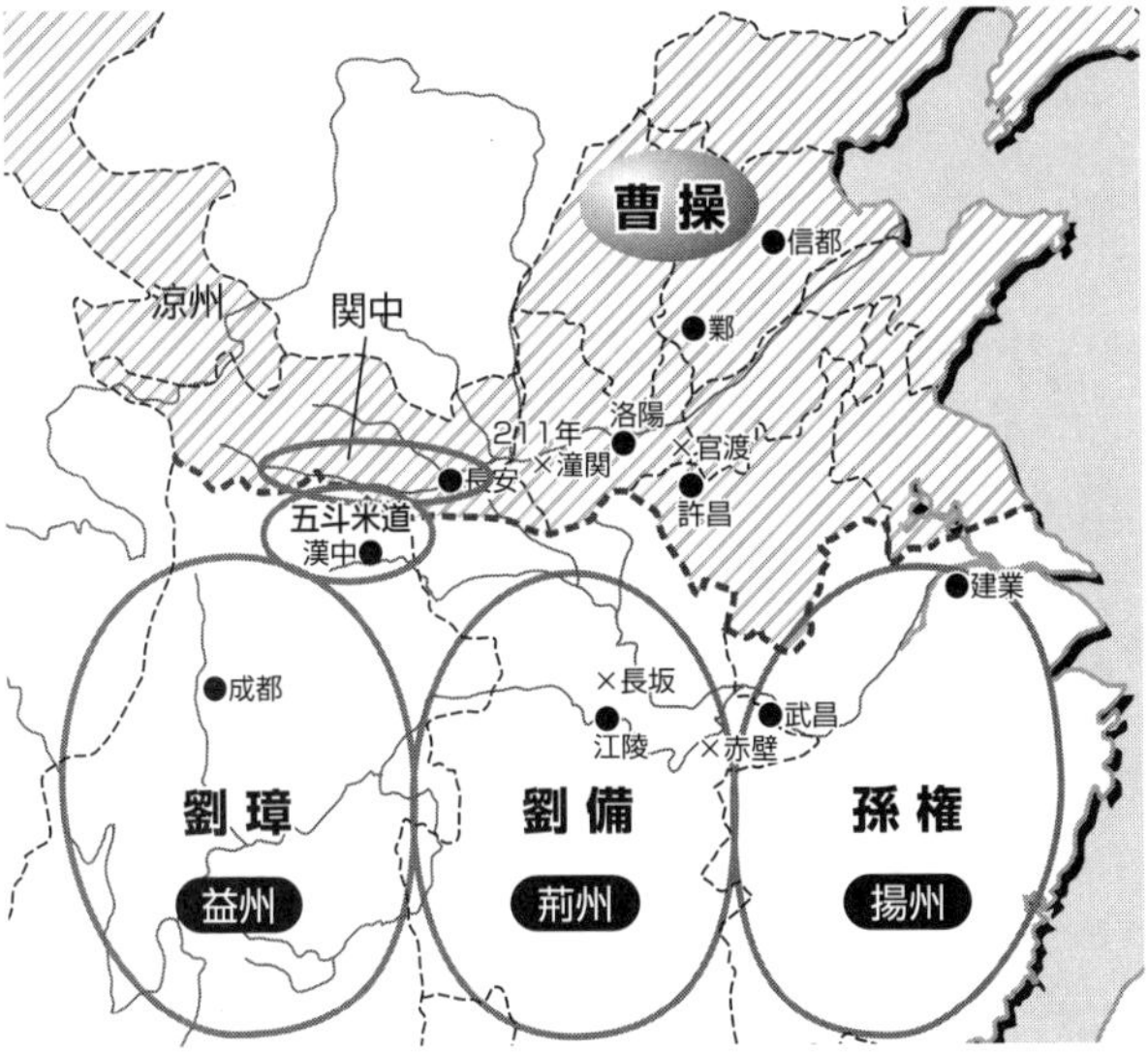


## ◆曹操は関中を武力制圧

　劉備の躍進に最も警戒したのは曹操《そうそう》だった。

　劉備が荊州を手にした翌年、曹操は俄然動き出した。標的にしたのは西の漢中郡《かんちゅうぐん》に〝宗教王国〟を築いている五斗米道《ごとべいどう》教団と教祖の張魯《ちょうろ》だったが、涼州の豪族たちが馬超・韓遂《かんすい》を盟主に立てて対抗してきた。

　彼らはどうも、漢中郡の制圧というのは軍勢を西に向ける名目で、本当の目的は関中《かんちゅう》の涼州制圧と考えたようだ。両軍は211年、潼関《とうかん》で対決する。馬の機動力を駆使した連合軍の前に、曹操は最初のうちは苦戦したが、軍師賈詡《かく》の提案した「離間《りかん》の計」により連合軍の指揮系統を寸断して勝利する（156ページ）。この勝利により、関中（函谷関《かんこくかん》から西の地域）は曹操の支配下に入ったのである。

**歴史メモ**　洛陽から長安にいたる途中に「函谷関」という関所が設けられている。関中とは「函谷関」より西を漠然と指す呼称だ。

◉211〜214年　◆三国の鼎立

# 曹操、劉備、孫権 3大実力者ついに鼎立す

**214年、劉備は益州を手にし、大群雄の一角として自立する。この広大な州を比較的簡単に強奪できた理由とは？**

### ◆益州から招かれた劉備のウラ事情

曹操《そうそう》が、馬超《ばちょう》らの涼《りょう》州豪族連合と戦った211年、劉備《りゅうび》は益《えき》州の劉璋《りゅうしょう》から招きを受けた。劉璋に劉備招聘《しょうへい》を進言したのは張松《ちょうしょう》という重臣である。彼は劉璋に進言した。

「漢中《かんちゅう》郡に居座り続けている張魯《ちょうろ》と五斗米道《ごとべいどう》教団は実に不気味です。いかがでしょう。隣の荊《けい》州にいる劉備将軍を益州に招き、張魯を討たせては？　曹操が関中《かんちゅう》を制圧したいま、曹操の抑えともなります」

漢中郡は益州の北東にある郡だ。黄巾《こうきん》の乱平定のしばらく後、漢中郡は五斗米道なる新興宗教教団の支配地となっている。劉璋はこれに脅威を感じていた。

劉璋は、法正《ほうせい》という家臣を劉備のもとに派遣し調査させた。この法正も帰ってくるや、「張松殿の意見、まことに妥当。劉備将軍は殿と同じ劉姓であるうえに、信義に厚く、強いですぞ」と劉備の招聘に太鼓判を押した。

だが、これは真っ赤な嘘だった。実は張松も法正も、劉璋を「頼りない主」と嫌い、かわって劉備に国を治めてもらうべく画策している反劉璋派だったのだ。天下の一角に躍り出たい劉備としては、張松・法正の計画は大歓迎である。だから劉璋から要請を受けると何食わぬ顔で、益州に入った。

### ◆ついに本拠地を得た劉備

益州に入った劉備は、劉璋から莫大な軍事物資の援助を受けると、漢中制圧に見せかけて軍勢を動かし、1年あまり時機を見はからった212年、予定どおり劉璋に牙をむく。張魯討伐のため駐屯していた葭萌《かぼう》から、益州の州都・成都《せいと》に向けて進撃を開始したのである。益州は混乱した。もともと劉璋の指導力に不満を抱いていた連中は、半ば進んで劉備の軍門に降《くだ》った。

しかし、どこにも硬骨漢はいる。徹底抗戦派は頑強に

抵抗し、劉備は予想外の苦戦を強いられ、雒城《らくじょう》をめぐる攻防戦では参謀の龐統《ほうとう》を失ってしまう。劉備は荊州から諸葛孔明《しょかつこうめい》・張飛《ちょうひ》・趙雲《ちょううん》らを呼び寄せて軍勢の増強をはかった。また、涼州で曹操に敗れて逃亡していた馬超《ばちょう》が、劉備陣営に帰属して戦力が増強されたこともあり、2年後の214年夏、ようやく成都を制圧した（158ページ）。旗揚げから約30年。劉備はついに本拠地を得たのである。

■劉備が益州・漢中を手にし3分された大陸

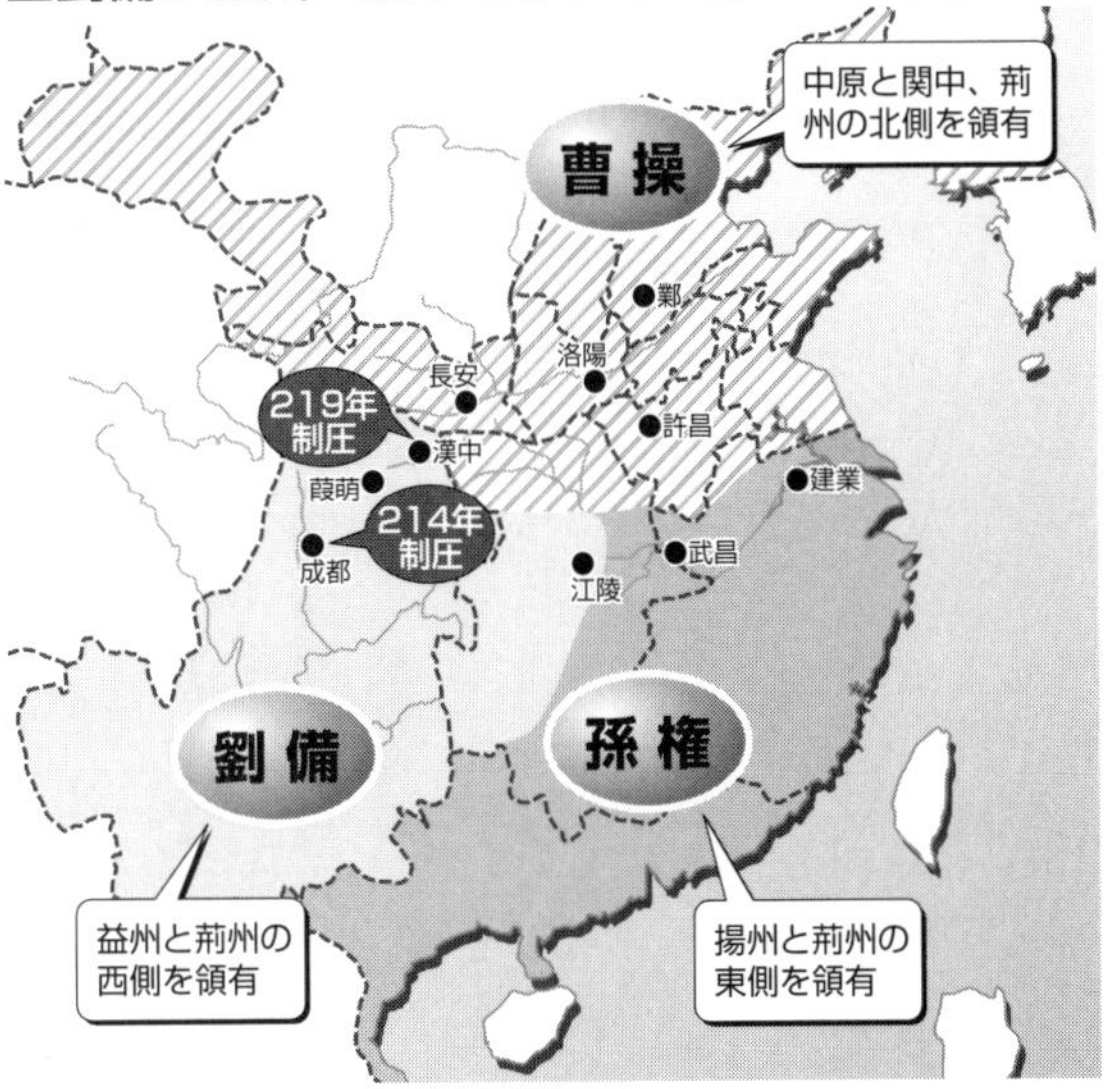


## ◆曹操、「魏」を建国

その間、213年に天下を仰天させる事件が起こる。曹操が献帝《けんてい》（後漢王朝最後の皇帝）の許可のもと「魏《ぎ》公《こう》」となったのである。

曹操はいままで〝丞相《じょうしょう》〟という最高権力者の地位にあったが、領地はあくまで王朝の委任を受けて統治していた。それが魏公に取り立てられたことで、自身の領地を所有し、自身の国を建国する権限を得たのである。曹操が領有したのは冀《き》州の河東・魏郡を合わせた計10郡。曹操は「丞相曹操」から「魏の曹操」になった。

この時期の勢力は上図のとおりだ。

益州は、かつて巴《は》王国と蜀《しょく》王国があったことから〝巴《は》蜀《しょく》の地〟とも呼ばれる。孫家の最初の基盤は江東の呉郡である。それぞれの国名が出揃うのはもう少し先だが、劉備が益州を掌握した時点で3大実力者が出揃い、三国鼎立《ていりつ》の基礎ができ上がった。

**歴史メモ** 王累《おうるい》なる人物は城門に逆さ吊りになって「劉備は危険です」と劉璋を諫めたが聞き入れられず、そのまま綱を切って落ちて自殺した。

●217～219年 ◆劉備の漢中確保

# 漢中を手にし昇龍の勢いの劉備

**勢力を伸ばしていく劉備。孫権に借りていた荊州は半分をもらい、漢中から曹操を追い出した。勢いは絶頂にあった。**

### ◆「益州を手に入れたのだから荊州を返せ！」

孫権《そんけん》は激怒していた。

もともと益州《えき》の武力制圧は孫権が劉備《りゅうび》に持ちかけたことでもある。劉備はそのときキッパリと断った。「信義に反する行為であるし、計略としても稚拙《ちせつ》である」と。ところがチャッカリと益州を手に入れたではないか。

これ以上、劉備を強くすることは危険と考えた孫権は、劉備に荊州《けい》の返還を要請した。荊州は以前、「他に本拠地が得られるまで」という条件で劉備に貸した土地である（73ページ）。

孫権の要請を劉備は無視した。孫権は激怒し、力ずくで奪うべく軍勢を進発させた。劉備サイドでは荊州経営の責任者である関羽《かんう》が出張ってきて、まさに一触即発の状態となった。しかし、土壇場で劉備が態度を軟化させたため軍事衝突は回避された。荊州の処置に関しては劉備側から関羽が、孫権側からは魯粛《ろしゅく》が出て話し合いが行なわれ、荊州の東半分を孫権が、西半分を劉備が領有するという形で落ち着いた。

### ◆劉備、中原への入口を確保

荊州の半分を強奪同然に手に入れた劉備は、218年、軍勢を漢中郡《かんちゅう》に向けた。漢中郡は215年に曹操《そうそう》が進攻して、五斗米道《ごとべいどう》教団が降伏して以来、曹操の支配地となっている。漢中郡は益州と中原《ちゅうげん》を結ぶ中継地ともいうべき場所だ（75ページ図）。曹操にとっては益州進攻の、劉備にとっては中原進出の橋頭堡《きょうとうほ》（拠点）に最適の土地である。大げさでなく漢中郡は曹操と劉備双方にとって死命を制する土地であった。

219年春、劉備と曹操は漢中郡をかけてついに衝突した。劉備が陣を敷いたのは漢中郡の西北に位置し、天然の要害の呼び声が高い定軍山《ていぐんざん》だ。漢中郡に到着した曹操軍団は直ちに、定軍山の劉備陣営に総攻撃をかけた。
しかし、地の利を背景とした劉備軍の抵抗はすさまじく、攻めても攻めても死傷者が増えるばかり。そのうち曹操陣営では痛恨の事態が発生した。曹操の旗揚げ時からの盟友で、名将の誉れ高かった夏侯淵《かこうえん》が戦死してしまったのである。夏侯淵を討ち取る武勲をあげたのは老将の黄忠《こうちゅう》だ。夏侯淵まで失っては仕方がない。曹操は漢中郡をあきらめて撤退していった。

## ◆関羽も魏に迫る勢い

曹操から漢中郡を奪い取った劉備は、219年秋、正式に「漢中王」を名乗った。これは216年に曹操が魏公からさらに昇格して、「魏王」になったことへの対抗の意味も含めてだ。

同じころ、荊州では関羽《かんう》が折からの集中豪雨を利用して、魏の前線基地である樊城《はんじょう》の攻略をはじめていた。

もし、樊城が陥落すれば、関羽が樊城を拠点に中原に突出することは必至だ。天下の大豪傑である関羽の軍事行動に魏帝国は動揺し、許都《きょと》の献帝《けんてい》を河北に避難させるプランまで浮上したほどだ。

益州の北の漢中郡を制圧し、いままた、第一の武将である関羽が中原進攻の勢いをみせる。「天下三分の計」完遂に向けての劉備の大攻勢である。

■劉備の漢中郡制圧

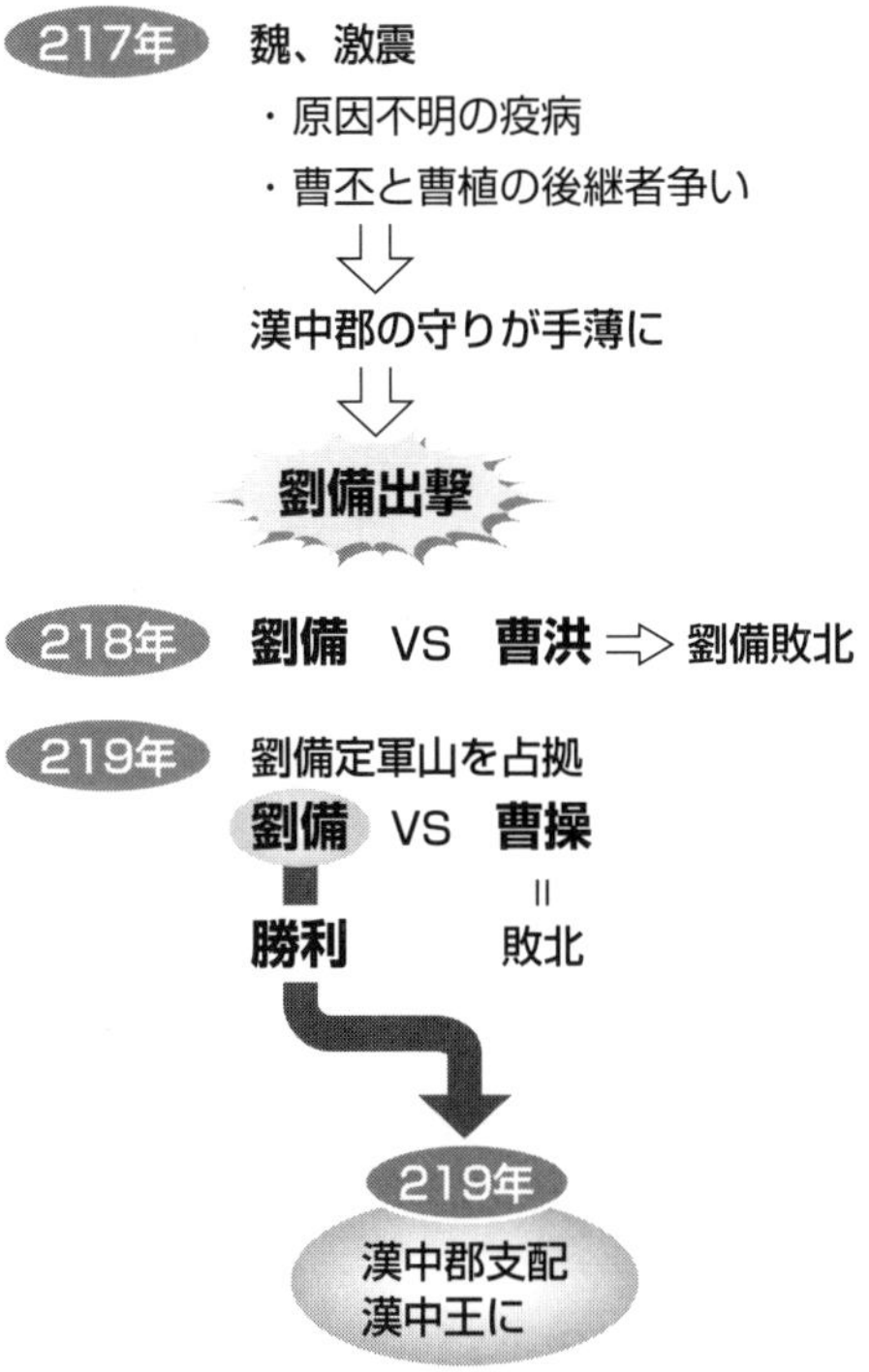


**歴史メモ** 孫権は小説『三国志演義』では「紫のヒゲと碧眼の人」とされているが、実際は眼光鋭く、顎がはって口が大きいことしかわからない。

◉219年 ◆孫権、荊州を奪回

# 大きく回転しはじめる三国の歴史

**関羽が孫権の罠にはめられて死んだ時から劉備の歯車も狂いはじめる。また、曹操、孫権陣営も大きく動き出す…。**

## ◆関羽、孫権にはめられ荊州に散る

２１９年12月、劉備《りゅうび》のもとに耳を疑うようなしらせが飛び込んできた。

——関羽《かんう》の戦死、である。魏の前線基地・樊城《はんじょう》の攻略に失敗した関羽は、拠点の江陵《こうりょう》に撤退して態勢を立て直そうとした。しかし、江陵で待っていたのは守将に残した糜芳《びほう》ではなく、孫権《そんけん》の武将の一人、呂蒙《りょもう》だった。

呂蒙は魯粛《ろしゅく》亡き後、孫権陣営の最高責任者となった男だが、魯粛と違って〝反劉備派〟である。関羽も呂蒙が荊《けい》州に居座っている間は警戒を緩めていなかった。だが、その呂蒙は病を理由に最高責任者を更迭《こうてつ》されていた。だから、関羽も安心して警戒を解いたのだ。

〈孫権にはめられた〉と気づいたときはすでに遅かった。糜芳があっさり呂蒙の軍門に降《くだ》ったのも計算外だった。関羽は荊州内をあちこちと逃げ回った挙げ句、孫権軍に捕縛され、斬殺された（160ページ）。養子の関平《かんぺい》、趙累《ちょうるい》などの幕僚が運命をともにした。関羽の戦死により、これまで劉備に帰属していた荊州の西半分が孫権の領土となったのである。

## ◆劉備、激怒！

関羽の戦死は、劉備をがくぜんとさせた。関羽は旗揚げ以来、30余年、艱難辛苦をともにした盟友である。その盟友を失ったこともとても痛いが、荊州を喪失したことの意味もあまりに大きかった。実質上、諸葛孔明《しょかつこうめい》が提

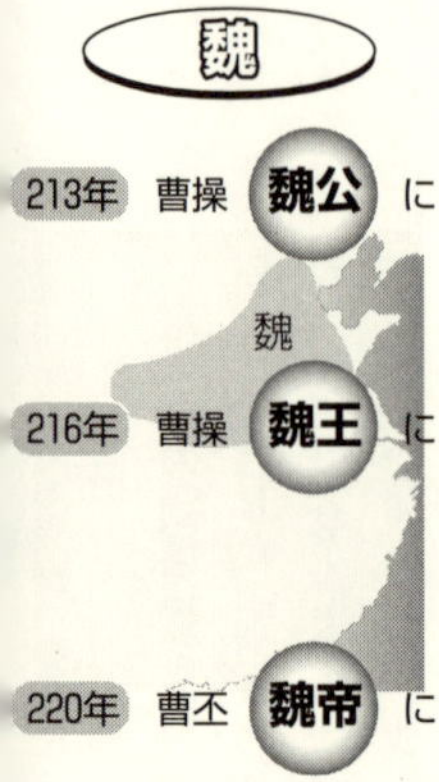

■三国の王朝樹立への道

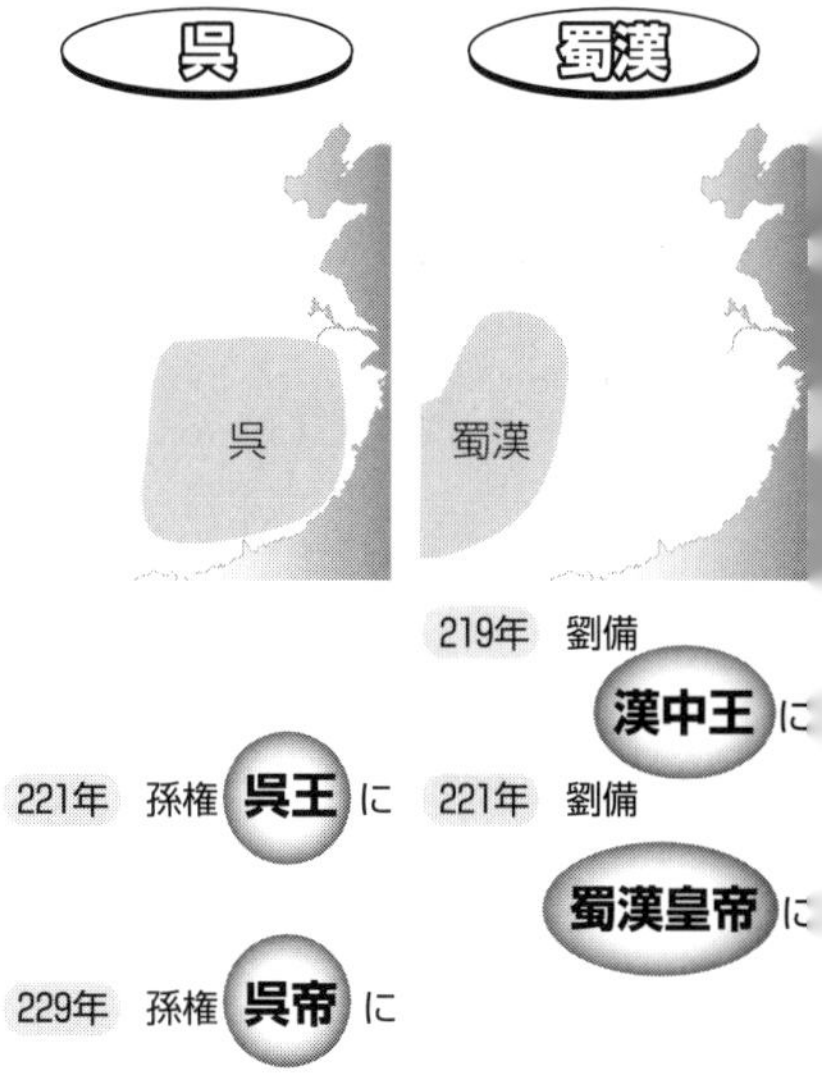


唱した「天下三分の計」は挫折したことになる。

劉備は落胆すると同時に激怒し、復讐を誓った。かつて自分が孫権との約束を反故《ほご》にして荊州の半分を強奪したことなどきれいに忘れて…。

## ◆後漢帝国が滅亡し魏帝国が誕生

劉備陣営が関羽の死で混乱していたころ、魏ではそれ以上の事件が起こっていた。魏王・曹操《そうそう》が洛陽《らくよう》で病没したのである。

曹操の病没は、２２０年1月23日だ。曹操は前年の冬、樊城救援のため出撃した。だが、途中で「関羽処刑」のしらせが入ったので、洛陽に引き返したのである。容態が急変したのはこの時だ。曹操は自分の死期が近づいていることを悟ると、後継者に嫡男の曹丕《そうひ》を指名し、さらに「葬儀は簡素に」「各部署の職務続行」などの遺言を残して没した。享年66歳だった。

新たに魏王となった曹丕は、２２０年10月28日、献帝《けんてい》から皇帝の位を譲り受けて、皇帝に即位した。これによって後漢王朝は滅亡し、新たに魏帝国が樹立された。献帝は河内郡山陽県に領地を与えられ、「山陽公」となった。形のうえでは諸侯の１人だが、一応、他の諸侯よりランクは上とされた。

## ◆蜀漢王朝の誕生

曹丕の皇帝即位は、劉備のもとには、「献帝が殺され、曹丕が皇帝になった」というとんでもない形で伝わった。劉備は献帝の葬儀を行ない、「献帝の無念を晴らし、漢王朝を復興するため皇位を継承する」ことを名目に皇帝に即位。漢王朝の樹立を宣言した。それまでの漢王朝と区別する意味で、蜀漢《しょくかん》（あるいは蜀《しょく》）と呼ばれる王朝の誕生である。時に２２１年4月6日。大陸に魏帝国と蜀漢帝国という２王朝が並立した。

**歴史メモ** 曹操の墓はみつかっていない。ただ、最近の中国は考古学発掘も盛んだから、発見される日も近いだろう。

◉223年 ◆劉備死す

# 夷陵で大敗北を喫し消えていく劉備

**223年、関羽の仇討戦に破れた翌年、劉備は、志をとげることなく歴史から消えていく。**

## ◆孫権、呉王となり「三国時代」に

孫権《そんけん》は蜀漢帝国の皇帝となった劉備《りゅうび》が、自分を最初の標的にすることを予想し、急遽、迎撃態勢を整えた。まず、拠点を揚州《よう》の建業《けんぎょう》から、荊州《けい》の武昌《ぶしょう》に移した。劉備と戦う以上、建業は東によりすぎており、本営を置くには都合が悪かったからである。

続いて若い陸遜《りくそん》を総司令官に任命すると、劉備に対抗するため魏帝国に臣従した。魏では孫権の本心を危ぶむ声も高かったが、曹丕《そうひ》は臣従を許可し、221年8月には、孫権を「呉王《ご》」に任命した。建国を認められた孫権は、翌222年に年号を建て、ここについに「魏」「呉」「蜀漢」の3国が鼎立《ていりつ》することになったのである。

## ◆仇討ち戦に大敗北

関羽の仇討ちのため孫権攻撃の準備を進める劉備のもとに、またも悲報が届いた。やはり旗揚げ時からの盟友であった張飛《ちょうひ》が部下に寝首をかかれる形で殺害されたのである（220ページ）。

221年7月、蜀漢帝国は呉の孫権と抗戦状態に入った。蜀漢帝国軍は、皇帝劉備の陣頭指揮のもと電撃的に勝ち進み、222年春には荊州の平野部への入り口である夷陵《いりょう》まで到達した。夷陵を突破すれば呉の拠点・武昌までは一気呵成《いっきかせい》にたどり着ける。

しかし閏《うるう》5月、戦局は逆転する。陸遜の「火攻めの計」によって蜀漢軍は大敗北したのである。呉軍の猛烈な反撃の前に劉備は後退を続け、荊州と益州の境に位置する白帝城《はくていじょう》に逃げ込んだ（162ページ）。

戦死した将兵は無数であり、夷陵から白帝城までの道筋には蜀漢軍の兵士の死体が累々と横たわっていた。幕僚連中も多くが死んだ。馬良《ばりょう》をはじめ、馮習《ふうしゅう》、張南《ちょうなん》たちが戦死。異民族の首領の沙摩柯《しゃまか》も倒れた。

■221年、魏・呉・蜀漢の3国が揃う

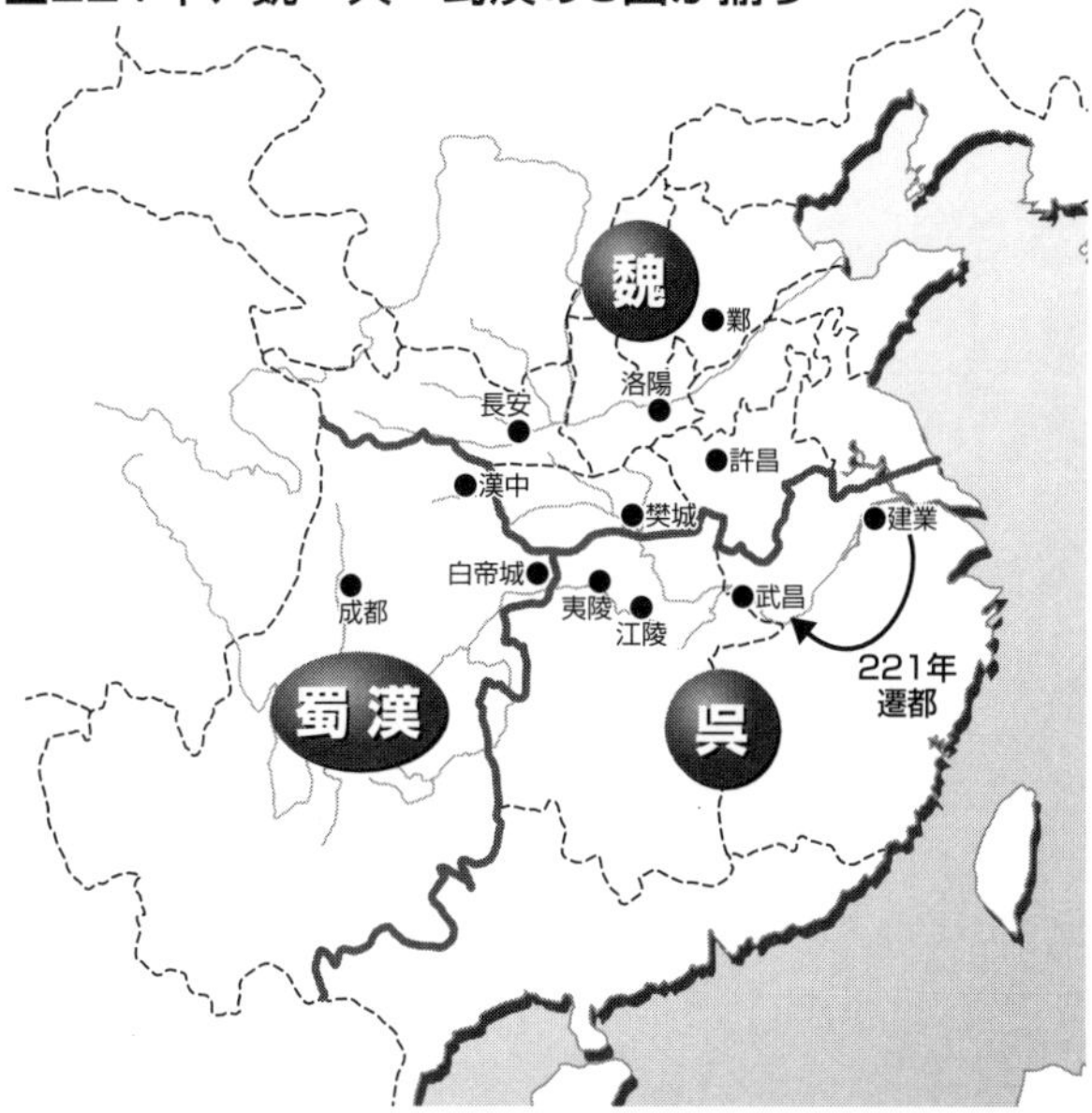


沙摩柯は、馬良が説得して蜀漢帝国軍に合流させた武陵郡（荊州）の異民族の頭領である。また、魏からの援軍に備えて長江北岸を進んでいた黄権《こうけん》は、退路を呉軍に絶たれたため、魏に降伏した。

## ◆歴史から消えていく劉備

夷陵での大敗北から約半年後の222年12月、なんと呉の孫権の使者が白帝城の劉備のもとを訪れ、友好関係の回復を申し入れた。劉備はこれに同意し、使者を立てて関係回復を申し入れた。

この動向に魏皇帝・曹丕は激怒した。いったい呉の臣従はどうなるのか。たび重なる人質の要求を黙殺していることも許せない。魏はすでに呉と交戦状態に入っていたが、曹丕は自ら陣頭指揮に立ち、孫権を討つ腹を決めた。

しかし、曹丕による皇帝親征は大失敗に終わった。魏軍は洞口《どうこう》、濡須口《じゅしゅこう》、南郡《なんぐん》の三方向から一気に呉領内に進攻する計画だったが、呉軍が魏の攻撃をしのぎきった。

魏と呉が争っているころ、白帝城では夷陵での大敗北以来、心身虚脱状態にあった劉備の容態が悪化。そして223年4月、劉備は病没する。

子の劉禅《りゅうぜん》が2世皇帝となり、実権は丞相《じょうしょう》の諸葛《しょかつ》孔《こう》明《めい》にゆだねられることになった。

**歴史メモ** 小説『三国志演義』では張飛の死後、息子の張苞が活躍したことになっているが、史実では若くして病死している。

◉225年 ◆南方の制圧

# 劉備の遺志実現のため まずは南を制圧

**劉備亡き後の蜀漢の運命は、諸葛孔明にゆだねられた。国内の脅威を取り除き、再び天下取りへと動き出す孔明。**

## ◆「天下三分の計」の完遂を決意！

223年、劉備《りゅうび》は今際《いまわ》のきわに孔明《こうめい》に遺言している。

「卿（君）の才能は曹丕《そうひ》の10倍はある。きっと国を安定させ、蜀漢《しょくかん》による天下統一の夢を果たしてくれるだろう。もし、跡継ぎの禅《ぜん》が補佐するに足る者だったら補佐したまえ。禅に皇帝としての才覚がないと判断したら、かまうことはない。卿自身が皇帝になりたまえ」

孔明は涙を流し、今後のさらなる忠誠を誓ったという。

諸葛孔明の奮闘はここからはじまる。やるべきことは山ほどある。

呉との本格的な関係改善も急務だが、何より夷陵《いりょう》の大敗北による物質的・人的被害からどう回復するかだ。しかも、ただ回復すればよいのではない。魏帝国討伐のための北伐《ほくばつ》軍を起こすまでに回復しなければならないのである。

## ◆7度捕まえ7度放す!?

蜀漢帝国の南方の諸郡は、少数民族と漢民族が入り混じる地帯であり、南中《なんちゅう》と呼ばれる。ここで少数民族たちが〝反蜀漢〟を旗印に蜂起したのが223年のことだ。

叛乱の旗頭は土着の豪族で孟獲《もうかく》なる人物だが、裏で呉の孫権《そんけん》が暗躍していた。

225年の春、諸葛孔明は蜀漢帝国軍を率いて南征《なんせい》の途についた。

蜀漢軍の来襲に対して、孟獲のもとに結集した少数民族連合軍は果敢に抵抗した。蜀漢軍は高温多湿、マラリアなどの南方の風土に苦しみつつも、戦うたびに連合軍を撃破した。孟獲はそのつど捕らえられ、そのつど釈放されたが、これが7度目になるとさすがに抵抗する気をなくし、「丞相《じょうしょう》には天の威光がある。もう背かない」と服従を誓った。同年の秋のことである。

孔明は、力で威圧した場合、服従は一時的と考え、心服させることこそ上策、と考えていたのである。孟獲を捕まえては釈放するという面倒なことをしたのも作戦のうちだったが、見事に効を奏したわけだ（145ページ）。

孔明は南方を少数民族の自治領にする、という寛大な処置を施して成都《せいと》に帰還した。この南方制圧により、蜀漢帝国の国力は増大した。

### ◆ついに北伐を開始

226年の5月には、魏皇帝の曹丕が病没し、実子の曹叡《そうえい》が2代目皇帝となった。

曹丕の死にともなう混乱は、孔明にとってはチャンスである。227年、蜀漢帝国丞相の諸葛孔明は、満を持して魏帝国討伐のための北伐軍を起こした。

ちなみに北伐軍を起こす旨を皇帝劉禅に奉上した『出師表《すいしのひょう》』は、先帝の劉備に対する忠義の思いが切々と込められた名文であり、後世、「『出師表』を読んで泣かない者は忠臣にあらず」とまでいわれている（114ページ）。

■劉備亡き後の孔明

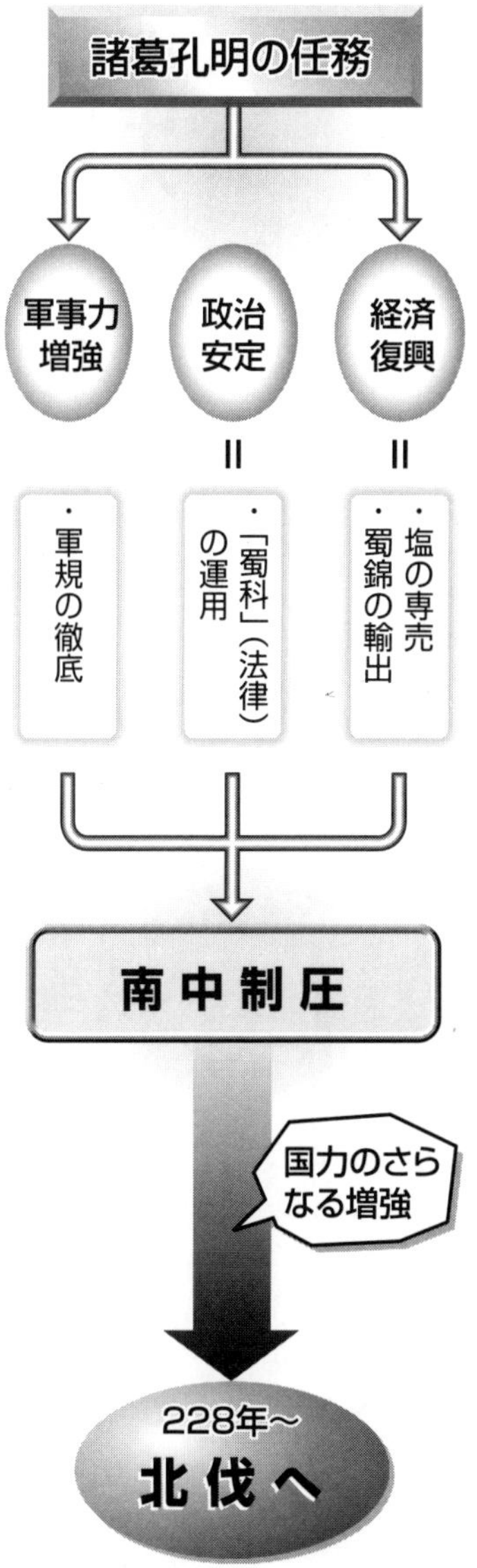




**歴史メモ** 諸葛孔明は劉備の益州招聘の功績のあった法正（元・劉璋家臣）とはいまーつ肌が合わなかったが、能力は評価していた。

◉228〜231年 ◆孔明の北伐

# 5回行なわれた関中への北伐

**北（魏）への侵攻（北伐）は何度も行なわれた。だが、天は孔明に味方しなかった。戦いのさなか、孔明は力尽きる…。**

## ◆自らの作戦ミスで敗退

蜀漢帝国丞相《じょうしょう》の諸葛孔明《しょかつこうめい》は、魏打倒のために、全部で5回の北伐《ほくばつ》を行なっている。

最初の軍事衝突は、228年春である。漢中《かんちゅう》郡に駐屯していた孔明は、長安《ちょうあん》の郿《び》を攻めると宣言して趙雲《ちょううん》を出撃させた。これは囮《おとり》部隊であり、孔明自身は、別働隊を率いて祁山《きざん》を攻略した。

ここまでは孔明の先手が有利に展開していた。だが、孔明はこの時痛恨のミスをする。馬謖《ばしょく》を先発隊として出したことが原因で、敗北してしまうのだ。

この責任をとって、孔明は自ら丞相罷免《じょうしょうひめん》という罰を与え、右《ゆう》将軍へと格下げした。この謝罪によって全軍の志気を鼓舞している。

また、孔明がかわいがっていた馬謖は、この時処刑されている。「泣いて馬謖を斬る」という故事はこの時の出来事が元になっている（第一次北伐、166ページ）。

## ◆その後、3度出撃するが…

同じ年（228年）の冬、孔明は再び北伐軍を組織した（第二次北伐）。この時は、陳倉城《ちんそうじょう》の攻略に失敗。さらに、食料が尽きたため退却している。

そして229年に行なわれた第三次北伐では、武都《ぶと》郡・陰平《いんぺい》郡を占領する戦果をあげた。この功により、蜀漢宮廷は孔明を元の丞相に戻した。

231年には第四次の北伐軍を出している。このさいには、再び祁山を狙った。この時、木牛《もくぎゅう》を用いて輸送を行なったが、補給が続かず撤退を余儀なくされた。また、諸葛孔明はこの北伐で魏の総司令官・司馬懿《しばい》と遭遇したが、司馬懿はさっさと退却している。

魏の名将・張郃《ちょうこう》を討ち取るなど、相応の戦果はあげたが、魏帝国制圧にはほど遠かった。

**■諸葛孔明の5回の北伐**

| | | |
|---|---|---|
| | 223年 | 劉備没 |
| | 225年 | 西南夷（南中）平定 |
| | 227年 | 『出師表』を劉禅に |
| 第1回 | 228年春 | 祁山を占拠→馬謖の失策で敗退 |
| 第2回 | 冬 | 陳倉城包囲→食料が尽き退却 |
| 第3回 | 229年 | 武都・陰平郡を平定 |
| 第4回 | 231年 | 祁山へ。木牛で輸送するが食料不足で退却。張郃を討つ |
| 第5回 | 234年春 | 斜谷道から出撃。五丈原に布陣する |
| | ↓ 8月 | 病にて死去（享年54歳） |

そして、3年後の234年春、孔明は5度目の北伐を敢行する。

蜀漢の全軍を率いての出撃であった。

**◆諸葛孔明、五丈原に散る**

234年8月、諸葛孔明は五丈原《ごじょうげん》の陣中で病没した。死因は過労死だ。

蜀漢帝国軍は孔明の統率力もあり、個々の戦闘には強い。しかし、益《えき》州のけわしい地形が益州から戦地への補給を困難にしていた。帝国軍が善戦しながらもついに魏軍の堅陣を崩せなかったのは、主に武器・軍事物資・食料などの補給の途絶えによるものだった。

第五次北伐にあたって、孔明は十分な態勢で臨んだ。木牛に加え、流馬《りゅうば》という新兵器を発明して補給の円滑化をはかったほかに、五丈原では兵士たちに屯田《とんでん》（農耕）をさせ、長期戦の構えを取った。しかし、天は孔明に味方しなかったのである（168ページ）。

**歴史メモ** 孔明自身は武装しないで戦いに臨んだ。孔明を見た司馬懿は、孔明の味方への信頼感が尋常でないことを知り、感嘆したという。

◉230年代　◆司馬懿の台頭

# 魏帝国の中で頭角を現わす司馬懿

**孔明の北伐を阻止したのは、魏の大尉・司馬懿。数々の武勲により、その存在が次第に大きくなっていく。**

### ◆孔明の死に揺れる蜀漢帝国

諸葛孔明《しょかつこうめい》の死は、蜀漢帝国軍をパニックにおとしいれた。

司馬懿《しばい》の追撃こそ武将の姜維《きょうい》らの働きで止めたものの、軍では内部分裂が深刻化していた。分裂のきっかけを作ったのは魏延《ぎえん》である。

魏延は、関羽《かんう》・張飛《ちょうひ》・趙雲《ちょううん》・黄忠《こうちゅう》・馬超《ばちょう》といった名将たち亡き後、蜀漢帝国軍では最強の武将であったが、孔明と感情的対立が激しく、孔明の方針に対して常に批判の立場に立っていた。

孔明の死後、蜀漢帝国軍は孔明の遺言に従い、撤退の準備をはじめたが、魏延は「丞相《じょうしょう》などおらなくとも自分が健在である。丞相一人の死で天下の大事をとりやめるとは言語道断」と激怒し、撤退する味方を妨害しようとまでした。魏延と他の武将は一触即発の状態になったが、馬岱《ばたい》（馬超《ばちょう》の従兄弟）が魏延を成敗したため、なんとか収まった。

諸葛孔明亡き後、蜀漢帝国の命運を担ったのは蔣琬《しょうえん》だった。

生来、冷静沈着であり、孔明も「忠義公正の人物である」と高い評価を与えていた。文官出身のため、軍事の才能はいま一つだったが、手堅い専守防衛策に徹し、孔明亡き後の蜀漢帝国を支えたのである。

### ◆魏軍の最高司令官・司馬懿

ところで、孔明の北伐《ほくばつ》の失敗は、魏軍の最高司令官・司馬懿の手腕による部分も大きい。

司馬懿。字《あざな》は仲達《ちゅうたつ》。曹操《そうそう》に見い出されて２０８年ごろ、半ば強引に出仕させられた男だ。

長年、曹操のもとで薫陶《くんとう》を受け、曹丕《そうひ》の代になって表舞台に踊り出た。孔明の第四次北伐のさいには迎撃軍の

■魏帝国の司馬懿の軌跡

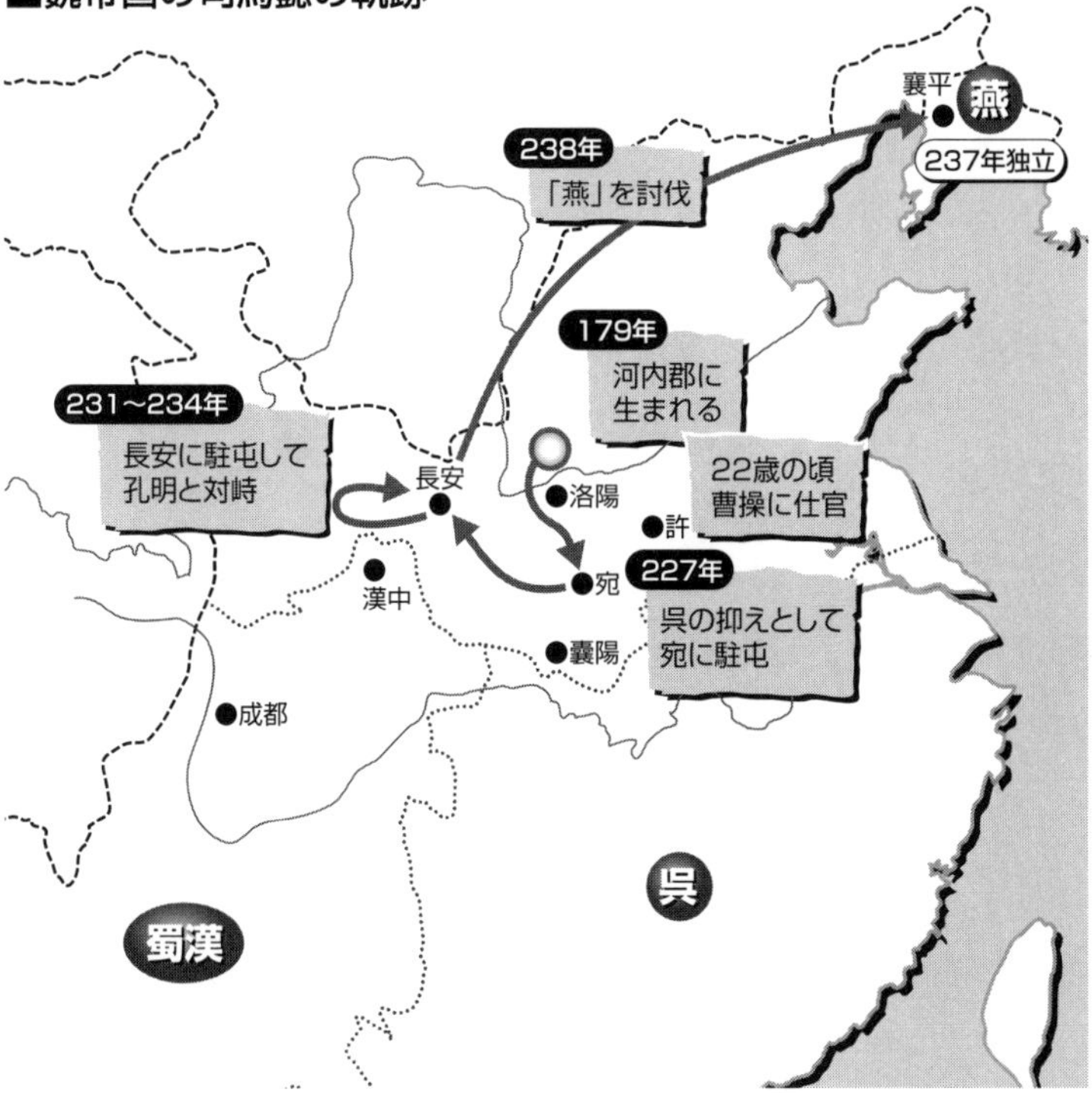


総司令官を命じられ、第五次北伐でも指揮をとった。

司馬懿は〝補給〟という蜀漢帝国軍の弱点を正確に見抜いており、勝負を焦らなかった。結局、その戦略が効を奏したのである。

238年、大尉《たいい》（国防大臣）として魏帝国の軍事権を掌握していた司馬懿に、再び大仕事が舞いこんできた。前年、遼東半島で「燕《えん》」の樹立を宣言した公孫淵《こうそんえん》の討伐である。

百戦錬磨の司馬懿と魏帝国の精鋭4万を前にしては公孫淵など赤子も同然だった。

司馬懿は首都の襄平《じょうへい》に火の出るような攻撃をかけ、燕軍を圧倒した。公孫淵はもちろん、大臣や幕僚連中を含め、数千の人間の首級があげられた（224ページ）。

歴史メモ　趙雲・黄忠・馬超の３人は病死している。孔明はことに趙雲を頼りにし、趙雲の死を知ると号泣したと伝えられる。

# 反発し合う曹爽と司馬懿

**魏の実力者・曹爽と対立する司馬懿だが、彼は独特の戦略で実権を奪う。その戦略とは？**

## ◆第一線を退かされる司馬懿

司馬懿《しばい》が「燕《えん》」を討伐した翌239年の1月、魏王朝の2代目皇帝の曹叡《そうえい》が病没する。

曹叡の後継者には曹芳《そうほう》がなったが、何しろ少年の皇帝であるため、司馬懿と曹爽《そうそう》という政府内の2大実力者が後見人になった。

曹爽は、曹真《そうしん》の子である。曹真は、曹操《そうそう》・曹丕《そうひ》・曹叡と魏の主3代に仕えた名将であり、病気で第一線を退くまでは魏軍の最高責任者を務め、諸葛孔明《しょかつこうめい》の北伐《ほくばつ》軍と対していた。

〝曹《そう》〟の姓が示すように、曹操の親族の一人である。親（曹真）の七光のせいもあって、曹爽も曹叡からかわいがられ、大将軍という最高の地位まで上りつめた。

新しい皇帝の後見人となった曹爽は、司馬懿を「太《たい》傅《ふ》」（皇帝の教育係）という役職につけて棚上げにし、専制体制を強めた。曹叡の死からわずか2か月後のことである。

曹爽は一応、司馬懿を尊重する気持ちがあったが、丁《てい》謐《ひつ》や何晏《かあん》らの側近連中が「天下取り」をけしかけたようだ。ちなみに、何晏は『魏略』という書物に「行歩顧影」、歩くとき、いつも自分の影を顧みては自分の歩く姿に酔いしれていたという筋金入りのナルシストとしても有名だ。常に白粉を懐に忍ばせ、化粧を欠かさなかったともいわれている。宦官との対立で189年に死んだ大将軍・何進《かしん》の孫である。

曹爽の台頭により、司馬懿は雌伏《しふく》を余儀なくされる。

## ◆10年待ち、ついに司馬懿体制に！

244年の2月、曹爽は蜀漢帝国討伐軍を起こした。この軍事行動に関して司馬懿は「まだ時期尚早《しょうそう》」と反対したようだが、曹爽が押し切った。

曹爽は大将軍という地位にはあるが、大きな戦争での勝利の経験があるわけではない。専制体制強化のうえでも、大きな武功をあげて箔《はく》をつけることが急務だった。

魏軍は6万～7万の軍勢で漢中郡に進攻した。

蜀漢帝国では蔣琬《しょうえん》の後継者で大将軍の費禕《ひい》が迎撃に出た。費禕は軍政の実務と事務処理能力にかけては3国中NO1であり、人間関係の調整力、戦争の手腕にも非凡な才能のある傑物だ。お坊ちゃん育ちの曹爽を最初から呑み、落ち着いた指揮ぶりで数に勝る魏軍を圧倒し続けた。結局、食料不足という事態も発生し、曹爽は撤退を余儀なくされる。

司馬懿は曹爽の失敗をあざ笑いつつ、じっと決起のチャンスをうかがっていた。

司馬懿がクーデターを敢行したのは、棚上げされてから10年目の249年の1月だ。「最近、曹爽は増長している」「皇帝の位を奪うつもりではないのか」という声が高まりはじめたのを察知すると、息子の司馬師《しばし》・司馬昭《しばしょう》を中心とする司馬一族を総動員して洛陽《らくよう》を軍事制圧したのである。反曹爽派がこれに与《くみ》したのはいうまでもない。司馬懿は曹爽一派をことごとく、処刑した（194ページ）。

曹爽一派をクーデターで倒したのち、司馬懿は丞相《じょうしょう》に就任する。

名実ともに魏帝国の最高実力者となった司馬懿は、専制体制の強化に邁進し、司馬政権の基礎を固めた。251年8月、司馬懿は病没。嫡男の司馬師が後継者となり、司馬政権を継承していく。

■曹体制から司馬体制へ

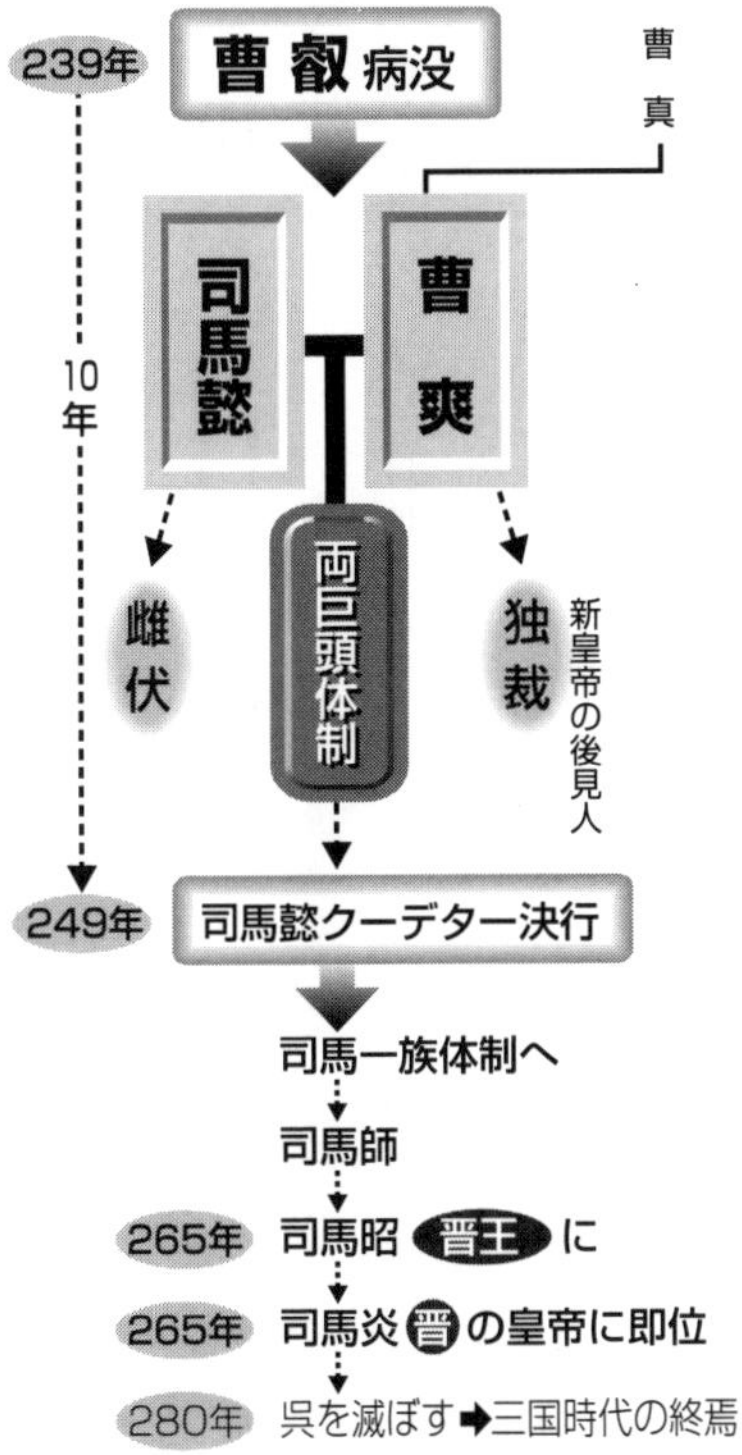


**歴史メモ** 普通の人間の首は90度程度しか回らない。司馬懿は「狼顧の相」の持ち主であり、180度回せたとされている。

◉252〜260年 ◆その後の三国

# 孫権が退場し揺れ続ける三国

**最後に残った孫権も、252年、歴史から消える。呉と蜀漢の国力は低下する一方。三国鼎立が崩れはじめていた。**

## ◆3人衆最後の一人・孫権、逝く

252年4月、呉の孫権《そんけん》が病没した。呉王だった孫権が正式に皇帝に即位したのは、229年4月7日のことだ。魏帝国（220年）、蜀漢帝国（221年）に続く、三つ目の王朝の誕生だった。

しかし、呉はすでに下降期に差しかかっており、問題は無数に起こっていた。

北方の魏において司馬政権が安定したことで、人々が北へと移動していき人口が減少。人口減少による軍事力と経済力の低下、さらに成果がまったく上がらない魏との戦争、英才と誉れの高かった皇太子孫登《そんとう》の死、皇太子の再選出にともなう大政争…。

ことに後継者選出では、陸遜《りくそん》をはじめとする優秀な家臣が巻き添えをくって死ぬという場面があり、人材面で大きな傷跡を残した。

孫権は、首都の建業《けんぎょう》の郊外に葬られ、「大皇帝《だいこうてい》」という諡《おくりな》（死者の生前のりっぱな行ない、人格などに対しておくられる呼び名）が付与された。

孫権の後、帝位は孫亮《そんりょう》→孫休《そんきゅう》と継承されるが、その間、孫権が後事を託した諸葛恪《しょかつかく》（諸葛瑾《しょかつきん》の子、孔明《こうめい》の甥）の誅殺や、一族の孫綝《そんりん》の横暴と誅殺といったゴタゴタが相次いで起こり、それに比して呉の国力も低下していった。

## ◆指導者に恵まれず、あえぐ蜀漢帝国

国力の低下は蜀漢帝国も同様だった。引き金となった事件は253年1月、成都《せいと》の宮殿で開かれた正月の宴会の席上で起こった。大将軍の費禕《ひい》が魏からの亡命軍人・郭循《かくじゅん》に暗殺されたのである。費禕は諸葛孔明が臨終のさいに「自分の後は蔣琬《しょうえん》に、その後は費禕に政務を取らせるがよい」と遺言したほど優秀な人物であり、蔣琬の没後、落日の蜀漢帝国をよく支えていた。

費禕の死は、必然的に姜維《きょうい》の台頭を許した。姜維は元来、魏の武将だった人間だが、孔明の第一次北伐《ほくばつ》で蜀漢帝国軍に降伏したさい、孔明から手腕をほめられたことに感激して忠誠を誓った男である。孔明の最後の愛弟子を自認し、盛んに北伐を再開したがっていた。費禕はそんな姜維のお目付役だったのである。

費禕の健在時にも一度、北伐をしている姜維は、費禕の死後、255年、257年と北伐を行なった。しかし、魏帝国の西の辺境を少し突っつく程度のことしかできず、ただ国力を消耗させただけであった（170ページ）。

■250年代、揺れる三国

### ◆モメつつも磐石の司馬政権

ゴダゴタは呉、蜀漢ばかりではない。魏帝国内部も揺れていた。ただ、他の2国と違うのは、政権を握る人間の腰が非常に強かった点だ。

魏では、司馬懿《しばい》の後をついだ司馬師《しばし》（嫡男）と司馬昭《しばしょう》（次男）の兄弟がガッチリと司馬一族体制を固めていた。254年9月には皇帝曹芳《そうほう》を廃位に追い込み、翌年に勃発した毌丘倹《かんきゅうけん》・文欽《ぶんきん》2将軍の叛乱はアッという間に鎮圧し、257年5月に起こった諸葛誕《しょかつたん》の叛乱も1年あまりの攻防で勝利し、260年5月に起こった新皇帝曹髦《そうぼう》のクーデターも、皇帝殺害という前代未聞のやり方で切り抜けていた。司馬一族は魏王朝を完全に牛耳《ぎゅうじ》り、司馬氏による王朝樹立は目前に迫っていた。

**歴史メモ** 後継者争いにより孫権と陸遜の間に亀裂が走った。孫権は陸遜を幽閉したうえ、罵詈雑言を浴びせて憤死させている。

◉263〜280年 ◆三国時代の終焉

# 蜀漢が消え、次いで呉がそして「晋」が残った

**最後に勝ち残ったのは大国・晋だ。三国時代の終焉は、劉備の死後、57年後のことであった。**

### ◆蜀漢帝国の滅亡

263年夏、魏帝国の大将軍・司馬昭《しばしょう》は、全軍に蜀漢帝国への侵攻を発令した。

鄧艾《とうがい》、鐘会《しょうかい》、諸葛緒《しょかつしょ》などの各武将が複数の街道から一気に蜀漢の領内に侵攻した。魏軍が最も警戒するのは蜀漢の大将軍・姜維《きょうい》である。

魏軍では鄧艾が姜維に前面からあたり、諸葛緒が退路を絶って釘付けにし、鐘会が成都《せいと》を衝くという作戦を立てたが、姜維は抜群の指揮能力を発揮して陽動作戦を回避し、剣閣《けんかく》の要害に籠城して鐘会の部隊と対した。

しかし、鄧艾が道なき道を抜けて、成都防衛守備軍の背後に出るという奇策を取った。突如、出現した魏軍に蜀漢軍はパニック状態になる。諸葛瞻《しょかつせん》（孔明《こうめい》の子）が急行して鄧艾軍と対したが、奮闘空しく戦死した。冬、蜀漢帝国皇帝の劉禅《りゅうぜん》は、魏軍に全面降伏をした。

剣閣に籠城していた姜維は、降伏によって武装解除したものの、あくまで徹底抗戦の意志を捨てず、鄧艾が叛乱容疑で洛陽《らくよう》に強制送還された間隙をぬって、魏将の鐘会とともに叛乱を企てた。

鐘会は、どうやら魏からの分離独立を狙ったようだ。しかし、叛乱は魏将・胡烈《これつ》らの機転によって未然に抑えられた。姜維と鐘会は討伐隊と戦い斬り死にした。なお、鐘会の死後、鄧艾の叛乱容疑は鐘会による捏造《ねつぞう》であることが判明した。

### ◆晋による天下統一で三国時代の終焉

265年8月、晋王となっていた司馬昭が病没し、子の司馬炎《しばえん》が晋王となる。12月、司馬炎は曹奐《そうかん》から皇帝の位を譲り受けて即位し、晋王朝の樹立を宣言した。魏帝国もここに滅亡し、中国大陸は「晋」と「呉」の2王朝が並立する形となる。

だが、呉帝国ではそのころ、皇帝孫皓《そんこう》の無軌道ぶりに悩まされていた。孫皓は元来、文学的才能のある優秀な人物であり、自身「落日の呉帝国を立て直さん」との意欲を胸に皇帝に即位した。しかし、孫権以来低下の一途をたどっていた国力はすでに回復しがたいまでに落ち込んでいた。肩すかしを食った格好になった孫皓は、自暴自棄になり、暴君に変身したのである。度を過ぎた贅沢、数々の残虐行為、勝手気ままな政策……。呉の人々の心は孫皓から離れ、国は崩壊寸前となった（216ページ）。

それでも晋が呉に侵攻しなかったのは、名将の陸抗《りくこう》（陸遜《りくそん》の子）という存在があったからだ。晋の名将羊祜《ようこ》と国境線で対峙していた陸抗は、病身に鞭打って最前線にとどまり続け、父親譲りの指揮能力を発揮して一歩も引こうとはしなかった。羊祜は陸抗の人物を評価し、尊敬の念を持って対した。陸抗も礼儀をわきまえた羊祜を評価し、2人は敵同士ながらも、個人的には無二の友として交流したという。

274年、この陸抗が病没する。これは呉帝国にとっては大黒柱の崩壊を意味していた。279年冬、晋帝国軍は6方向から呉領内に侵攻した。280年春、呉帝の孫皓が降伏。晋帝国による天下統一が実現し、三国時代は名実ともに終焉するのである。

■終わりゆく三国時代

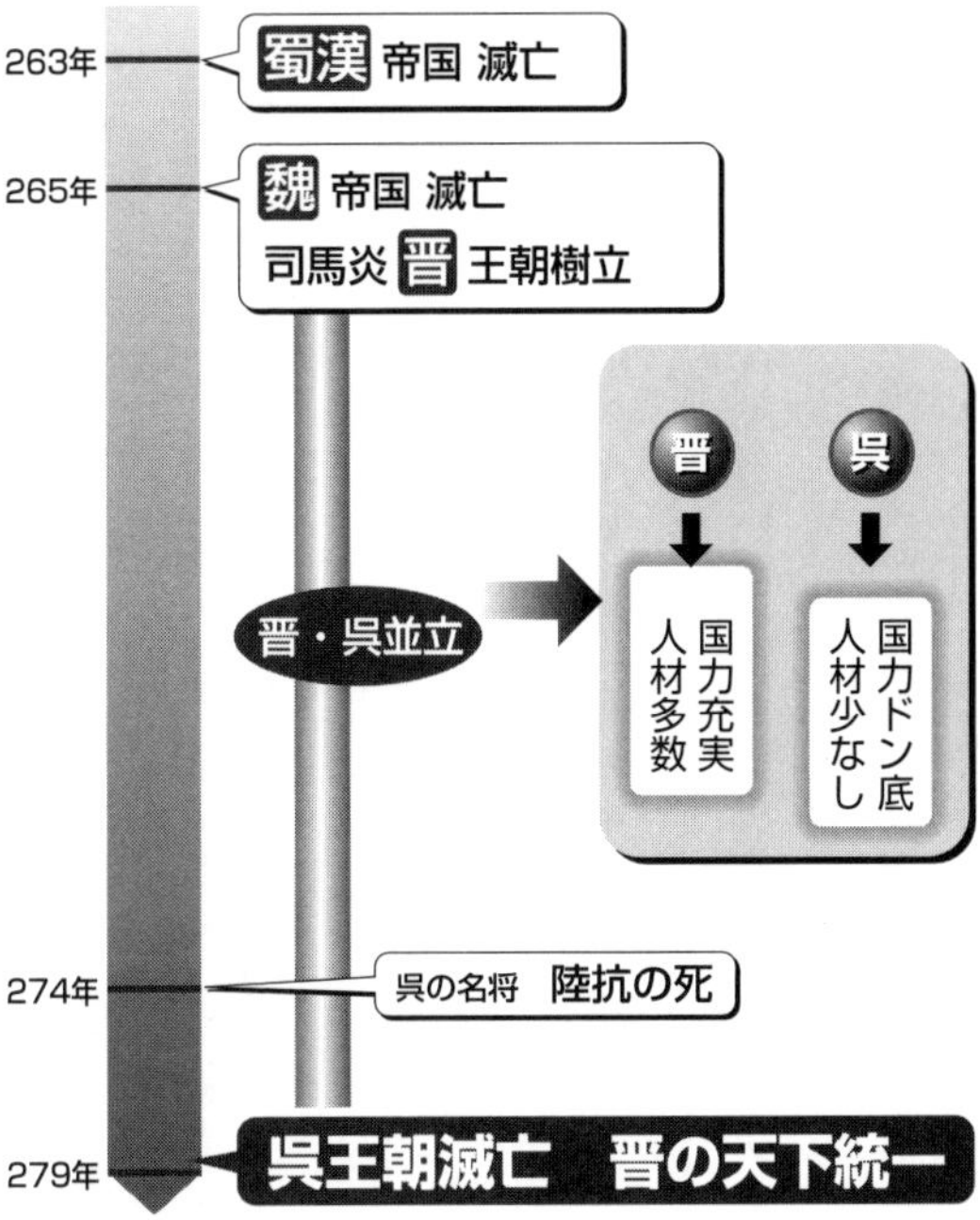


歴史メモ　叛乱が続出した当時、司馬師は眼病を患っていた。病は眼球が飛び出るまで悪化したが、陣頭に立って叛乱鎮圧にあたった。

# タヌキvsキツネ——劉備と孫権のだまし合い

## 「字」は性格を表わす!? 孫権はだまし上手？

劉備《りゅうび》は煮ても焼いても食えない、したたかで何を腹中に納めているかわからない怪人だ。一方の孫権《そんけん》は、権謀術数のプロである。字《あざな》は、20歳の時につけられるが、孫権の字が彼の実態をよく表わしている。

孫権の字は、仲謀《ちゅうぼう》。まず「仲」の字。「伯《はく》・仲《ちゅう》・叔《しゅく》・季《き》」という文字は、上から長男・次男・三男・四男につけられることが多い。孫策《そんさく》の字が伯符《はくふ》、孫権が仲謀なのは長男と次男ゆえである。

続いて「謀」の字。これは文字どおり「はかりごと」の意だ。字というのは、本人の特徴からつけられる場合も多い。仲謀＝次男で謀を巡らせるのがうまい奴、という意味になる。

つまりは権謀術数の達人である。別に悪い意味ではなかろう。権謀にたけた孫権だからこそ、有力者連合体というむずかしい政権を切り盛りできたのだ。

2人の戦いは、タヌキとキツネのだまし合いの様相を呈した。

## 対立する「天下三分の計」と「天下二分の計」

劉備は、諸葛孔明《しょかつこうめい》がプロデュースした「天下三分の計」を基本プランに動いている。まず荊《けい》州と益《えき》州を獲得して三国鼎立の状況を作る。この2州を獲得し

たうえで実力を養い、曹操《そうそう》陣営の歩調の乱れを待って一気に軍勢を北上させ、天下を統一するという作戦である。

一方、孫権の胸中には周瑜《しゅうゆ》が提唱した「天下二分の計」がある。これは孫家が揚《よう》州・荊州・益州といった長江以南の州をすべて軍事制圧して天下二分の形を作る。そのうえで馬超《ばちょう》をリーダーとする涼州の豪族連中と同盟。曹操に攻勢をかけて一気に天下統一するという作戦だ。

この計は周瑜の病没によって挫折するが、孫権にとって近隣に強敵がいることは好ましくはない。劉備をいかに孫家陣営内に引き込めるかが勝負になる。

**だまし合いの緒戦は劉備が勝利したが…**

最初に主導権をとったのは劉備だ。荊州を孫権から借用して力を養った後、214年益州の軍事制圧に成功する（158ページ）。孫権は激怒した。無理もない。かつて劉備に益州攻略の相談を持ちかけたとき、劉備は「益州の劉璋は同姓であり親族に当たります。その国を奪うなど人道と信義に反する」と拒絶された経緯がある。ところが劉備は抜け駆けをしたのである。

孫権は劉備に要求した。

「荊州の貸与は『他に本拠地が見つかるまで』という条件だったはず。お返し願いたい」

劉備の返答は、「涼州をとったら返しましょう」であった。

話が違う。孫権は怒り狂って軍勢を西に向けた。対して劉備側からは猛将の関羽《かんう》が出張り、「取れるもんなら取ってみろ」と凄んだ。まるで居直り強盗だ。孫権は荊州の東半分を孫家が、西半分を劉備が所有という条件で涙を飲まざるを得なかった。

2人のだまし合いは、まずは歳を経た古ダヌキの劉備がリードした。しかし、このあと孫権の権謀が冴えわたる（160ページ）。

column

『魏志』倭人伝が描く当時の日本②

## 平均年齢は80歳以上で数万人が集まって暮らしていた!?

当時の日本のことを記した『魏志《ぎし》』倭人《わじん》伝は、3世紀ごろの日本列島の風俗習慣を知るうえで貴重な活字史料となっている。もっとも、疑問点が多いのもたしかだ。

たとえば、「人の寿命は、あるいは100年。あるいは80～90年」とある。現在の日本よりも平均寿命が長かったとなると、「？」ではある。

人口についても不思議な記述がある。「千余戸」とか「四千余戸」など千単位の集落は十分考えられるが、

「**奴**《ぬ》**国**（現在の福岡市）の戸数は2万余戸」

「**投馬**《とうま》**国**（現在地は不明）は5万余戸」

「**邪馬台**《やまたい》**国**（現在地は不明）は7万余戸」

となると少し考え込んでしまう。この時期、日本では弥生時代末期から古墳時代の初期と考えられているが、はたして、それほどの大人数がこの時代に集まって暮らしていたのだろうか。ちなみに邪馬台国の7万余戸は、魏の都洛陽《らくよう》に匹敵する数である。

もっと不思議なのは、倭国にいたる距離である。朝鮮半島の帯方《たいほう》郡から邪馬台国までの総計を「1万2000余里」としている。同伝の記述そのままに考えると、邪馬台国は、はるか太平洋上へと行ってしまう。誇大な人口数と誇大な距離数。どうも不自然な点が目立つのだ。

倭国の使者が魏王朝に朝貢《ちょうこう》のため訪れたのが、司馬懿《しばい》が遼東半島で独立を宣言した公孫淵《こうそんえん》を討伐した238年の翌年のことだ。公孫淵滅亡の情報に接して朝貢したことは明らかである。

司馬懿の功績により来朝したのだから、東方の野蛮国からの使者では具合が悪い。そのため、倭国をことさら遠方の大国に仕立てあげたという説を唱える人もいるのだが…。

# 第3章 3人それぞれの「人」と「天の時」

# 「天の時」は民衆の欲求にあり

## ◎3人同時に出現した天下人

『三国志』の物語の内容をきわめて簡単にいえば、「3人の天下人同士のせめぎ合い」となろうか。1人の英雄が現われて、快刀乱麻のごとく動乱を収束したのではないところが『三国志』の面白いところだろう。

では、なぜ「三つの天下のせめぎ合い」という事態が起こったのか。これは曹操《そうそう》（魏）、孫《そん》権《けん》（呉）、劉備《りゅうび》（蜀漢）の3人それぞれが、単独ならば天下統一を果たせるだけの力量を持っていたという理由に尽きるだろう。天は同時に3人の天下人を世に送り出したのだ。3人には3様の武器もあった。

この章では、曹操・孫権・劉備の3天下人に焦点を当てた。単なるエピソードではなく、時代背景や社会背景とからめ、どのような人物で、どんな考えを持っていたのか、そして何をしたのか、なぜ彼らの周囲に人が集まったのか、といった点を中心に記述している。

## ◎各人の人物像と魅力とは

まず、魏を建国した曹操。陳寿《ちんじゅ》が著わした歴史書の『三国志』は、曹操＝天下を統一できる優れた人物としているが、これが小説『三国志演義』になると「漢の天下を奪った大悪人」になってしまう。

しかし、史実として見た場合、陳寿の記述のほうが正しい。彼は新しい社会を生み出そうとしていた。居住地を失い、流浪する農民たちを見据え、「屯田制《とんでんせい》」や「兵戸制《へいこせい》」など、従来にない革新的社会システムを導入し、新しい社会体制の創出に努めている。農耕・軍事などの労役を人々に強制はしたが、その見返りとして豊かで人間らしい生活を提供したのである。慢性的な食糧不足が支配する時代のことだ、「食わせてくれる」曹操が最大勢力に成長したのは当然といえば当然のことだった。

一方、孫権《そんけん》は江南地域（長江以南）の豪族や、黄河流域から動乱を避けて移住してきた実力者たちの秩序維持の欲求に応じる形で勢力を拡大した。地味なイメージがある孫権だが、有力者の連合体という非常にむずかしい政権を切り盛りしており、抜群の政治手腕の持ち主だったといえよう。

この2人に対して、劉備《りゅうび》は「時代をぶち壊そうとした男」となろうか。あまり建設的、維持的ではなく、破壊的なのが劉備という男だった。

しかし、彼には個人の武力と類い希な人間的魅力があった。だからこそ周囲に人が集まり、貧民の出身ながら群雄間の闘争を生き残り、最終的に蜀漢帝国皇帝にまで上りつめることができたのである。

# 「屯田制」に「兵戸制」…新しい制度を創設

**曹操は、なぜ大国・魏を維持し、強大な軍隊を創設することができたのか？ その秘密は、彼の政策のうまさにあった。**

## ◆軍の食料のためにはじめた屯田制

魏の曹操《そうそう》は、数多い群雄中、真っ先に「食」のことを考えた。体力や精神力、判断力、発想力…。これらは、まず「食」があってこその話であるという点に気づいていたのだ。戦争も同じだ。勝ち残るには長期戦を戦い抜ける軍隊を作ることだ。当時の戦争は体力勝負である。たくさん飯を食っている者が勝つ。しかし、袁紹《えんしょう》や袁術《えんじゅつ》といった名門軍隊でさえ飢える時代だ（32ページ）。

そこで曹操は、食料自給の仕組みとシステムを慢性飢餓の時代に対応可能なものにしようとしたのである。棗《そう》祗《し》・韓浩《かんこう》らの献策によって１９７年からはじめた「屯田制《とんでんせい》」である。屯田とは農耕のための駐屯であり、曹操は、

・軍屯《ぐんとん》…軍人による屯田
・民屯《みんとん》…農民による屯田

の二つを実施した。彼はまず、許《きょ》県付近の荒廃した土地に大規模な屯田を開き、流浪している農民を募集して開墾にあたらせたのである。後には洛陽《らくよう》や淮水《わいすい》（長江の北の大河）などの要衝にも屯田を開き、配下の豪族たちを移らせた。

屯田制実施の威力は大きかった。

多くの群雄は戦争に出るさい、持参した食料を食べ尽くすと後方からの補給か現地調達に頼った。しかし、飢えが日常化した時代だ。食料はなかなか集まらない。食べ物がないのでは撤退するしかない。ところが食料は軍隊自身が生産した農作物を当てるから補給には事欠かな

**兵戸制**
↓
**軍制**
…
兵士を一般民と区別して一定地に住まわせる（兵戸）。父が死亡すると子が兵士に（永代の兵役義務）

■魏を支えたシステム

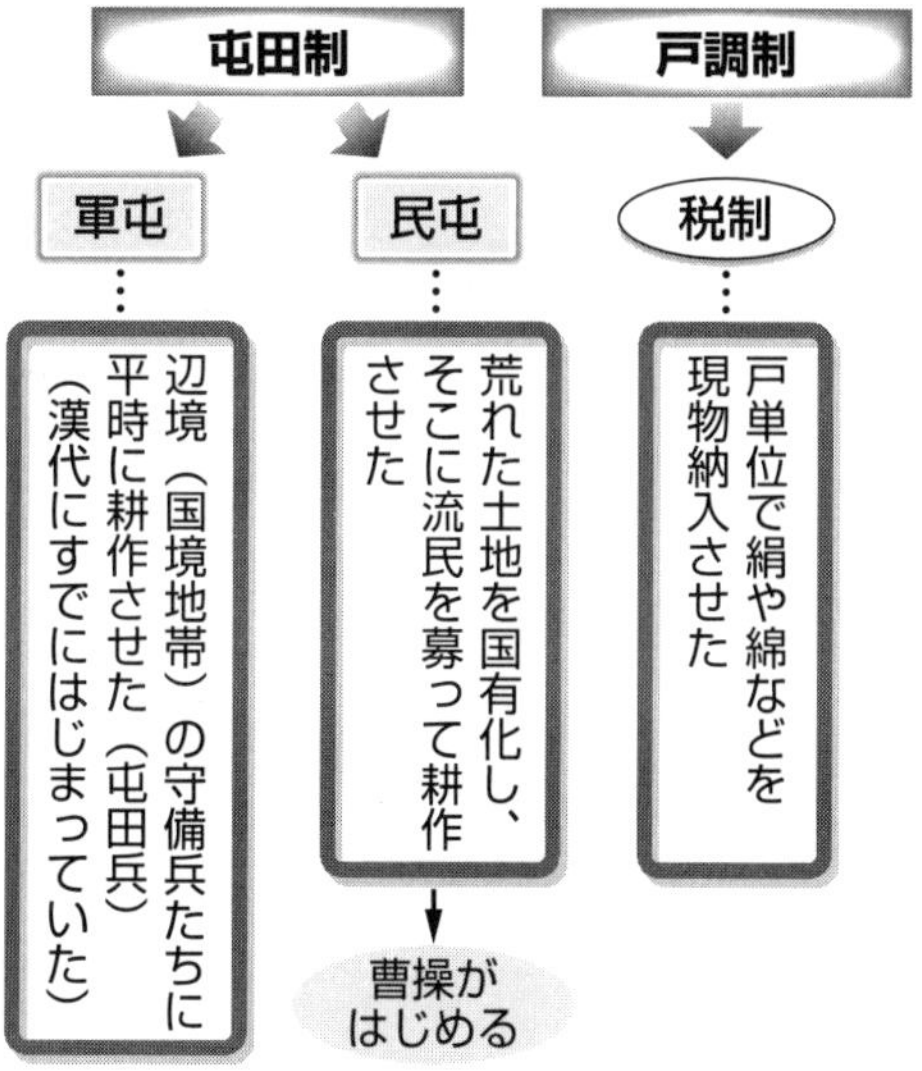
屯田制
戸調制
軍屯
民屯
税制
戸単位で絹や綿などを現物納入させた
荒れた土地を国有化し、そこに流民を募って耕作させた
曹操がはじめる
辺境（国境地帯）の守備兵たちに平時に耕作させた（屯田兵）（漢代にすでにはじまっていた）

い。また、各地に拠点があるので食料の供給ラインも安定する。そのため長期の滞陣と遠征が可能になったのだ。

一方、民屯で収穫された農産物はすべて余剰生産物として、領内の食料や交易品に回された。交易の向上と経済の活性化により、曹操の支配地の経済力は強化された。

また、屯田制は人口の増大という副次的効果も生んだ。各地を流浪していた農民たちは「曹操のところに行けば食える」とばかり、曹操の支配地になだれ込んだのだ。

## ◆増加する人口を兵役義務で吸収

曹操は増加した人口を効率的に使うため、兵隊に兵役義務を世襲で課す「兵戸制《へいこせい》」というシステムも導入した。父親が戦死すると、その子が新たに軍務につくのである。逃亡は厳罰だ。当人はもちろん家族全員が処罰の対象になった。

厳しいシステムだが、土地の貸与と生活の保障という見返りはあった。また、逃亡の防止、強制的、兵士補給のためという条件・目的はあったものの結婚が奨励されていたようだ（桑田悦「検証・三国時代の軍事力」『三国志 上巻』歴史群像シリーズ17 学習研究社）。

兵戸制により、曹操は軍勢の常時大量動員にも成功したのである。

後漢時代の末、民衆は絶望と不安の中にいた。慢性的飢餓、盗賊の横行など、常に死の恐怖と隣り合わせで生きていた。曹操の「屯田制」「兵戸制」の実施は富国強兵のためだったが、未来に希望が持てない民衆に食・仕事・家族・生活を保障したことはたしかだ。曹操は民衆の欲するところを提供することで、群雄として強大化していったのである。

**歴史メモ** 作物の敵は気候ばかりではない。197年にはイナゴの大群が徐州に来襲。作物を喰い尽くし、曹操と呂布の戦闘はそのため中止されている。

# 「治世の能臣、乱世の奸雄」といわれた大天才

**極悪人としてとらえられることの多い曹操だが、能力があったことはたしか。実際にはどんな人物だったのか。**

## ◆再評価された曹操

曹操《そうそう》の人物像については、評価が二分する。

・極悪人である
・中国の歴史上、第一級の人物である

小説『三国志演義』ではもっぱら極悪人だが、正史『三国志』では、天下を統一できる優れた人物と評価されている。

中国では小説『三国志演義』の影響からか、極悪人説が根強かった。しかし、1959年、文学者の郭沫若《かくまつじゃく》が曹操を再評価してから議論が起こった。郭沫若は「蔡文《さいぶん》姫《き》の『胡笳十八拍《こかじゅうはっぱく》』について」と題した論考中で曹操と黄巾《こうきん》軍の関係について、「曹操は黄巾の乱鎮圧に奔走したが、彼のその後の政治目標は黄巾軍の目的に反しておらず、その主張を継承している」と述べ、さらに食と生存を求めた彼らに、「安居楽業をもたらした最大の功労者」と評価した。

屯田制《とんでんせい》による流浪農民の救済や、青《せい》州の黄巾軍が曹操軍団の主戦力になっていることを考えると、郭沫若の主張はうなずける部分が多い。いずれにしても郭沫若の論は一大センセーションを巻き起こし、中国での曹操論議は活発化した。

「曹操は農民革命を弾圧した反動的な支配階級」と叫んだのは、共産政権第一の立場に立つ人々。「彼こそは中国史上、第一級の政治家・軍政家・詩人である」とする反論も大きく、また「功罪なかばである」とする折衷《せっちゅう》論も盛んに出された。

曹操の政治家・軍政家としての卓越した手腕は屯田制・兵戸制《へいこせい》などの革新的システムを創造し得たことからもわかる。ほとんどの群雄が血縁・地縁を背景とした「私兵」的軍隊を主流とした時代に、曹操は食糧の自給

■曹操の評価は…

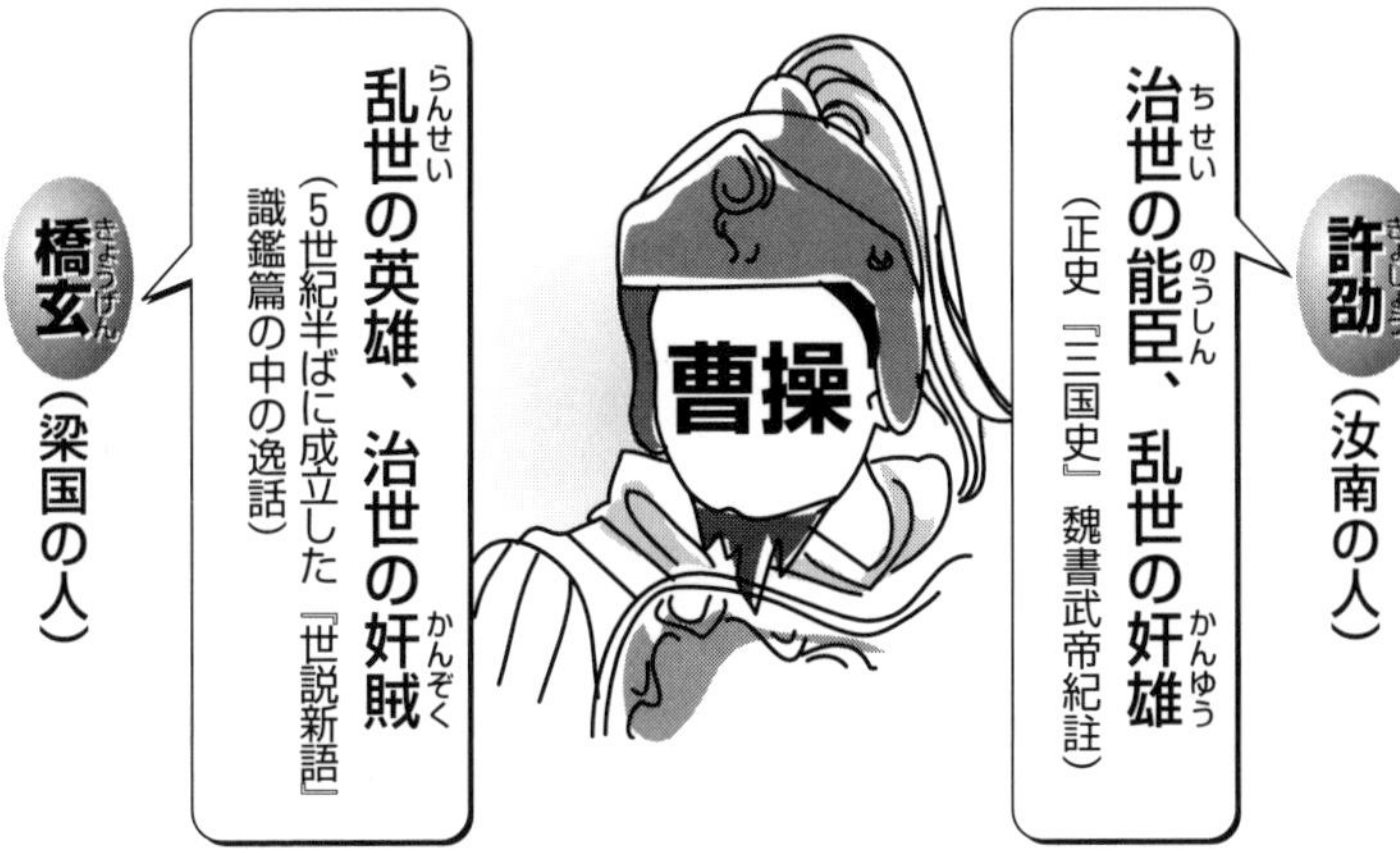


能臣＝有能な官僚。奸雄＝悪賢い英雄。奸賊＝大悪党。
治世＝平和な時代。乱世＝動乱期。

方法と兵隊の補充法のシステム化に成功した。

### ◆詩にも通じていた曹操

また、当代一級の文学者であり、詩文の名手でもあったことも見逃せない。

曹操が好んで作成したのは五言詩《ごごんし》（一句が五音節からなる）だが、詩は後漢時代末までは、あくまで民謡の類であった。詩の格調を高め、芸術作品の域まで押し上げたのは曹操である。

曹操という人物の評価は、彼の生存当時から非常にむずかしかったようだ。当時の人物批評家が下した評価が上図のように伝わっている。

当時の批評家たちが曹操を「世の中の状態いかんにより、大英雄にも、大悪党にもなり得る人間」とみていたことがうかがえる。

普通の人を一つの中心を持つ円にたとえるなら、政治・軍事・文化それぞれに卓越した才能を発揮した曹操は、複数の中心を持つ複雑な形となろうか。こういう人間を言葉の枠に押し込めるには、次の語しかなかろう。

――天才。曹操は後漢末に出現した天才であった。

歴史メモ　蔡文姫は後漢の大学者・蔡邕の娘。博学で文才に富んでおり当代一流の才女。戦乱で南匈奴に身柄を奪われ左賢王の妻となり２子を設けた。

# 「家柄」ではなく能力による人材登用

**210年、実力主義で人を集める人材登用令を布告。能力さえあれば、多少のことには目をつぶった。**

## ◆「布令」に見る人材第一主義

曹操《そうそう》について考えるためには、まず彼がどんな人間を登用し、愛したかを見てみたい。この点はとても重要だ。たとえば、再三、「人に優しい販売を目指す」と口にしている現代企業のトップが、実際にはゴロツキのような人間ばかりを集めていたら、日ごろの口上は建前であると見るべきであろう。

赤壁《せきへき》で敗れた2年後の210年、曹操は布令を発している。

「古来より創業の君主、中興の君主で人材集めに不熱心だった者はいない。天下が乱れて定まらないいま、優秀な人材を求めることが急務とされている。斉《せい》の桓公《かんこう》（春秋時代の覇者の一人）はなぜ、覇者となれたのか。人格の優れた人物のみに限らず幅広く人材を集めたからではないか。問う。玉のような清冽《せいれつ》な志を粗末な衣服で覆い、釣り糸をたれている者がいないと断言できるか？　兄嫁と密通したり賄賂《わいろ》を平気で受け取るが、溢れんばかりの才能を秘めている男はいないか？　才能がありながら埋もれている人物がいたとしたらぜひとも推薦してほしい。登用にためらいはない」

曹操は才能を愛した領袖《りょうしゅう》である。能力本位の人材登用を求めたこの法令は、彼の才能第一主義を内外に改めて知らしめたものであった。気にかかるのは「兄嫁と密通したり賄賂を受け取るのにためらいのない奴でも結構」と述べている点だが、ここに実は、曹操の意図するところがある。

## ◆家柄が最も重視される時代

後漢時代、最も重視されたのは家柄だ。家柄がよければ無条件で尊敬の対象になった。曹操のライバル袁紹《えんしょう》などが最たる例だ。たとえば、190年の反董卓《とうたく》連合軍の結成がそうだ。このとき董卓討伐に17名の群雄たちが決起するが、連合軍の盟主を決定するにあたって袁紹が全会一致で推挙されている。司徒《しと》・司空《しくう》・大尉《たいい》（総理大臣・土木建設大臣兼副総理・国防大臣）の「三公《さんこう》」を4代に渡って出した名門・袁家の御曹司というだけでだ。

■後漢末の支配制度

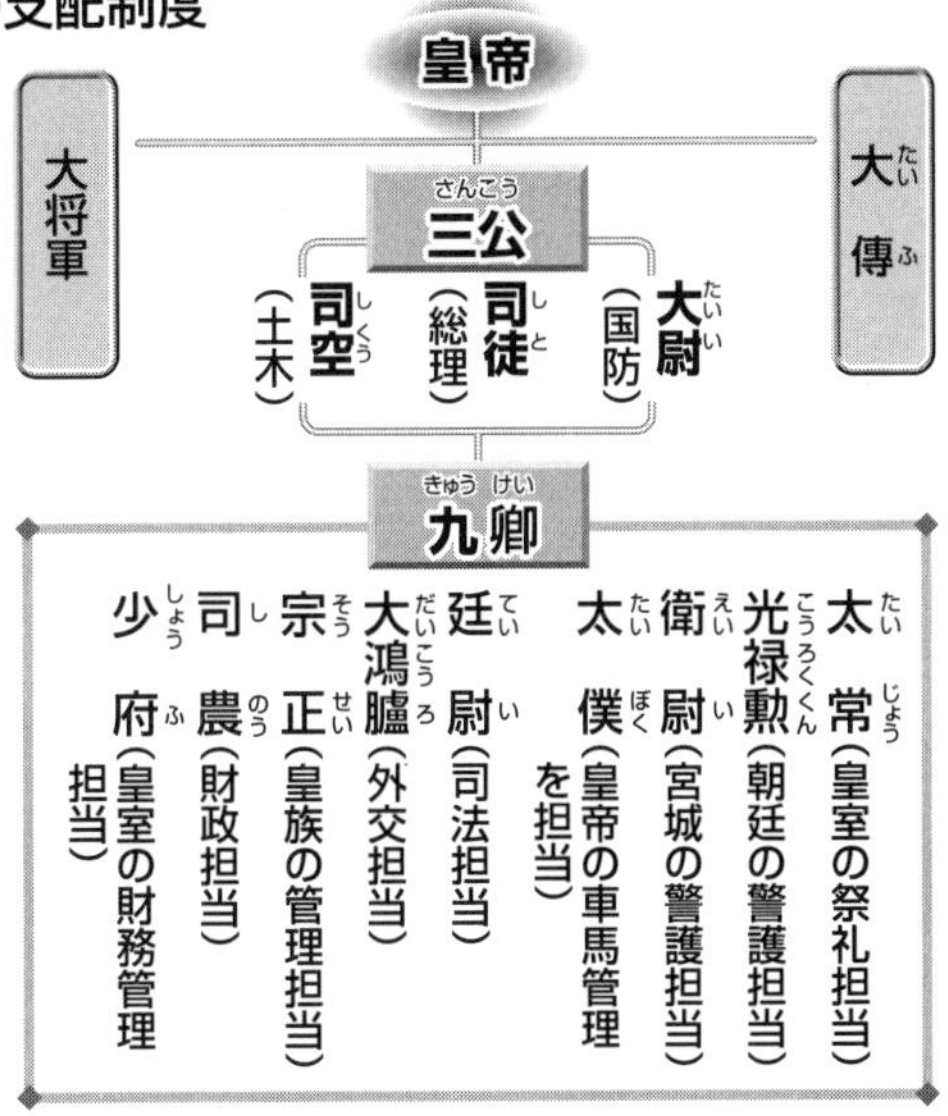


　袁紹個人の資質について、正史『三国志』の著者・陳《ちん》寿《じゅ》は、「風貌は英雄然とし将器・貫禄を備えているように見える。しかし、内心では部下の能力や功績を嫉んでいる。好んで策謀を巡らせるが、決断力に欠ける」と酷評している。こんな人物でも家柄さえあれば、何の苦労もなく盟主に推されてしまうのが後漢という社会の一面であった。人物の資質は考慮外だった。

　平和な世の中ならば家柄がよいだけでも何とか勤まる。棚に飾られていればよいからだ。だが、動乱期となると要職にある人間、いや一人ひとりの人間の能力が事態を左右するようになる。家柄という実態のない地位にあぐらをかいている無能力者は、害毒以外のなにものでもなかった。

　曹操が能力第一主義の人材登用を進めたのは、即戦力となる人材の急募という意味もあっただろう。しかし、もう一つ曹操という人間を知るための大きな要素が隠されている。

歴史メモ　蔡文姫の漢土帰還は208年。才能を惜しんだ曹操が身代金を支払って実現。「胡笳十八拍」は左賢王との間の2子との別れの悲しみを歌っている。

# 曹操が目指したのは新しい時代への革命!?

新しい政策を次々と打ち出す曹操。まったく新しい秩序、社会、国家を作り上げようとしたのか。

## ◆新しい社会を作る革命を遂行していた!?

先の郭沫若《かくまつじゃく》の指摘を、再び思い返してみる。

「曹操《そうそう》は黄巾《こうきん》の乱鎮圧に奔走したが、彼のその後の政治目標は黄巾軍の目的に反しておらず、その主張を継承している」

黄巾の徒は、貧窮にあえぐ零細農民たちが主体だった。富と保持する武力を背景に、大豪族が後漢王朝にとって変わろうとした乱との本質的な違いはそこにある。

黄巾軍の目的は、前述したように地縁・血縁によらない、家柄など関係のない、心と心の結合という新しい秩序が支配する世界だ。政治や社会の根本からの改革、「革命」という言葉が最も当てはまる。

曹操はどうか。他の群雄たちが血縁・地縁で寄り集まり、名家の「頭」を頂いた私兵的軍隊で戦っていたのに対して、曹操は「屯田制《とんでんせい》」によって零細逃亡農民を救済し、「兵戸制《へいこせい》」による国民軍的軍隊を創設した。

曹操の目的が富国強兵にあったことはたしかだ。しかし、旧社会を成り立たせていた地縁・血縁が切れて途方に暮れている民衆を、従来にない社会システムで救済したことも事実である。彼は群雄という立場で「革命」に着手したのである。

「兄嫁と密通したり賄賂を受け取るのにためらいのない奴でも結構」という前項の布令の言葉も、この点から考えると、単なる有能の士という意味ではなく、曹操の革命思想に賛同でき、新秩序形成という使命感に燃え、新時代にふさわしい発想のできる人間、というニュアンスであろうと推察される。

## ◆反革命思想の司馬懿に挫折させられる

ただし、「革命思想に賛同できる」という、一種の濾過装置を通らなければならなかったことが曹操と家臣の軋轢《あつれき》を生み出しもした。

軋轢の例には、NO1参謀だった荀彧《じゅんいく》の悶死があげられる。「後漢皇室」擁護の意識が強かった荀彧は、曹操が次第に皇室をロボット化するのに反感を抱き、曹操の魏公昇格をめぐって対立。憂欝のうちに悶死している。

また、革命思想に賛同できない有能な士の存在も無視できない。能力の点では、〝反曹操〟の意識の持ち主たちのほうが曹操麾下《きか》の参謀・武将よりも上だったかもしれない。

というのも「革命思想への賛同」というフィルターがあるため曹操の人材は粒がある程度揃ってしまうが、反曹操意識の持ち主は、そこに納まりきらない大物という可能性もあるからだ。

たとえば司馬懿《しばい》は当初、曹操の出仕要請を仮病をつかってまで拒んでいる。結局は曹操に仕えているが、これは再度要請を拒むと殺される危険を感じたからだ。この司馬懿が後に魏朝から実権を奪い、ジワジワと魏を滅亡に追い込んでいく。曹操の革命は、内心では革命思想に不賛同だった司馬懿によって挫折させられたのかもしれない。

■曹操のフィルターを通した魏の家臣団

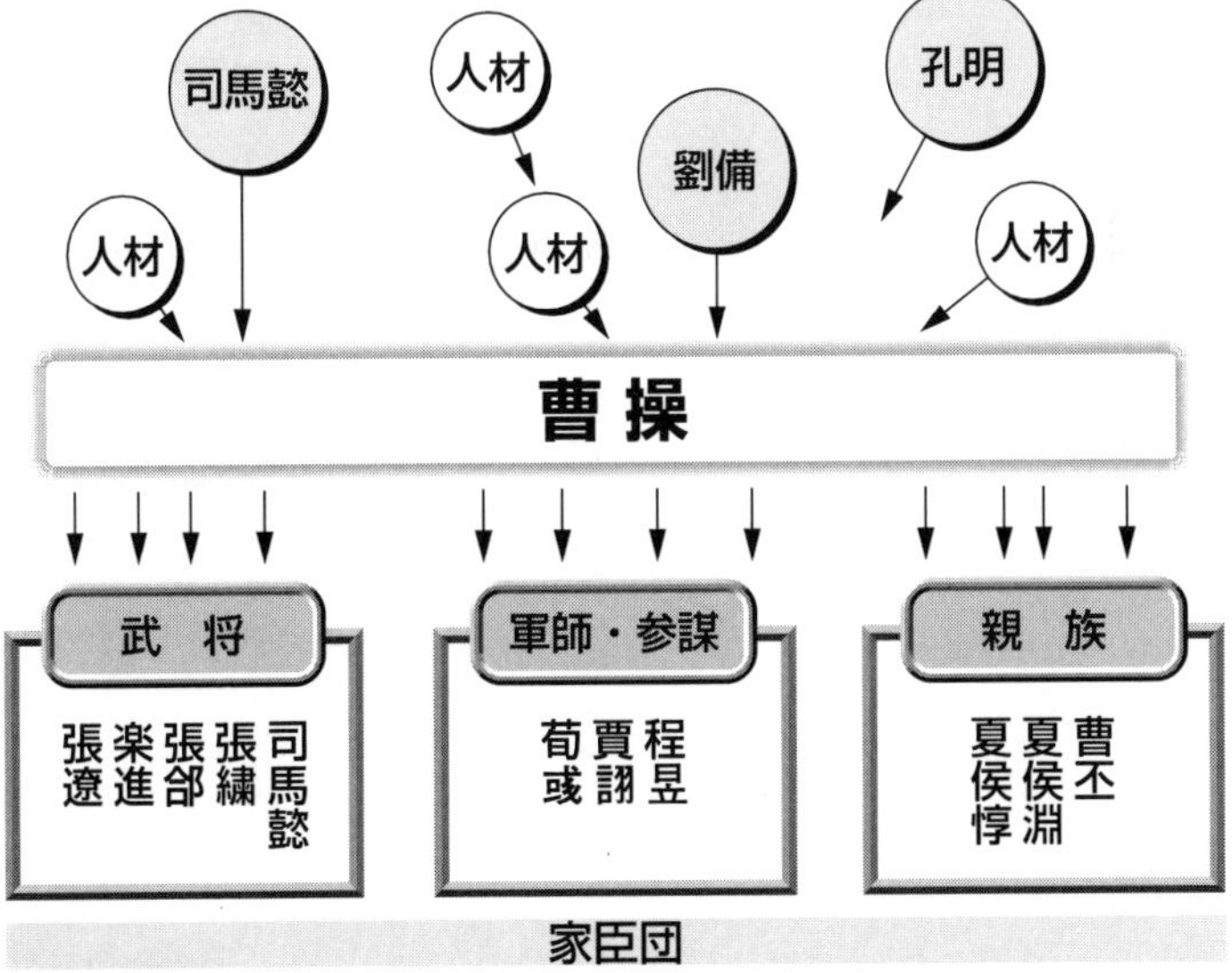




歴史メモ 荀彧の悶死は服毒自殺という説も。病と称していたところに曹操から見舞の箱が届く。箱の中がカラだったことで曹操の意志を知り自殺した？

# 江南の秩序と平和が孫権の「天の時」に！

**長引く飢饉と世の乱れによって、人々が南に移動し、国が栄え、軍事力が増強された。そこに〝孫〟家がいた。**

## ◆治安を求めて南に移住していった人々

ここからは呉の孫家、そして孫権《そんけん》について、どのような人物だったのかを見ていこう。

孫権の支配地である長江中流域・下流域と長江以南の江南は、三国時代にいたるまで開発途上地域だった。しかし後漢末、この地は黄河流域の人々から注目を浴びた。

この時代、慢性的な飢餓と頻発する農民叛乱、野心のために動く群雄たち…。治安も平和もあったものではない。だから、〈人口が少ない江南地域ならば平和にすごせるのでは?〉と考える人々が当然現われた。

江南は温暖にして雨量が多く、土地も肥えている。後漢政府によって土地開発の手も入りはじめているが、未開発地域のほうが圧倒的に多い。開拓の仕方によっては、黄河流域以上の生産性が見込める場所である（137ページ図）。

『三国志』で活躍する人物の中にも、北から南への移住組が結構多い。諸葛孔明《しょかつこうめい》は瑯邪《ろうや》郡陽都《ようと》（現在の山東省の一部）の出身だ。両親を失い、叔父の諸葛玄《しょかつげん》の揚《よう》州入りにともない移住している。また、孫権陣営の政務の大御所・張昭《ちょうしょう》や徐盛、孔明の実兄の諸葛瑾《しょかつきん》も移住組である。

ただ、当時の世の中の乱れからすると、南方移住が許されたのはある程度の経済力（食料不足の時代に食料を携行・調達できる）と、集団を形成できる実力のある層（自衛のための武装もできる）に限られていたと推察される。一般民衆や貧農は食うや食わずの生活を続けながらも、黄河流域にとどまらざるを得なかったと思われる。

## ◆秩序の確立を孫家に求めた

さて、江東・江南の覇者となった孫家を急成長させたのは、孫権の父・孫堅《そんけん》だ。孫家は「孫子（春秋時代の兵法家）の末裔」を名乗ってはいるが、家柄的には大したことがない。孫堅が17歳の時、海賊退治で武名をあげて県の役人に登用されたのが世に出るきっかけとなり、後に袁術《えんじゅつ》に属して黄巾《こうきん》の乱を鎮圧。反董卓《とうたく》連合軍で勇名を馳せた。

■孫家の主な家臣の出身地

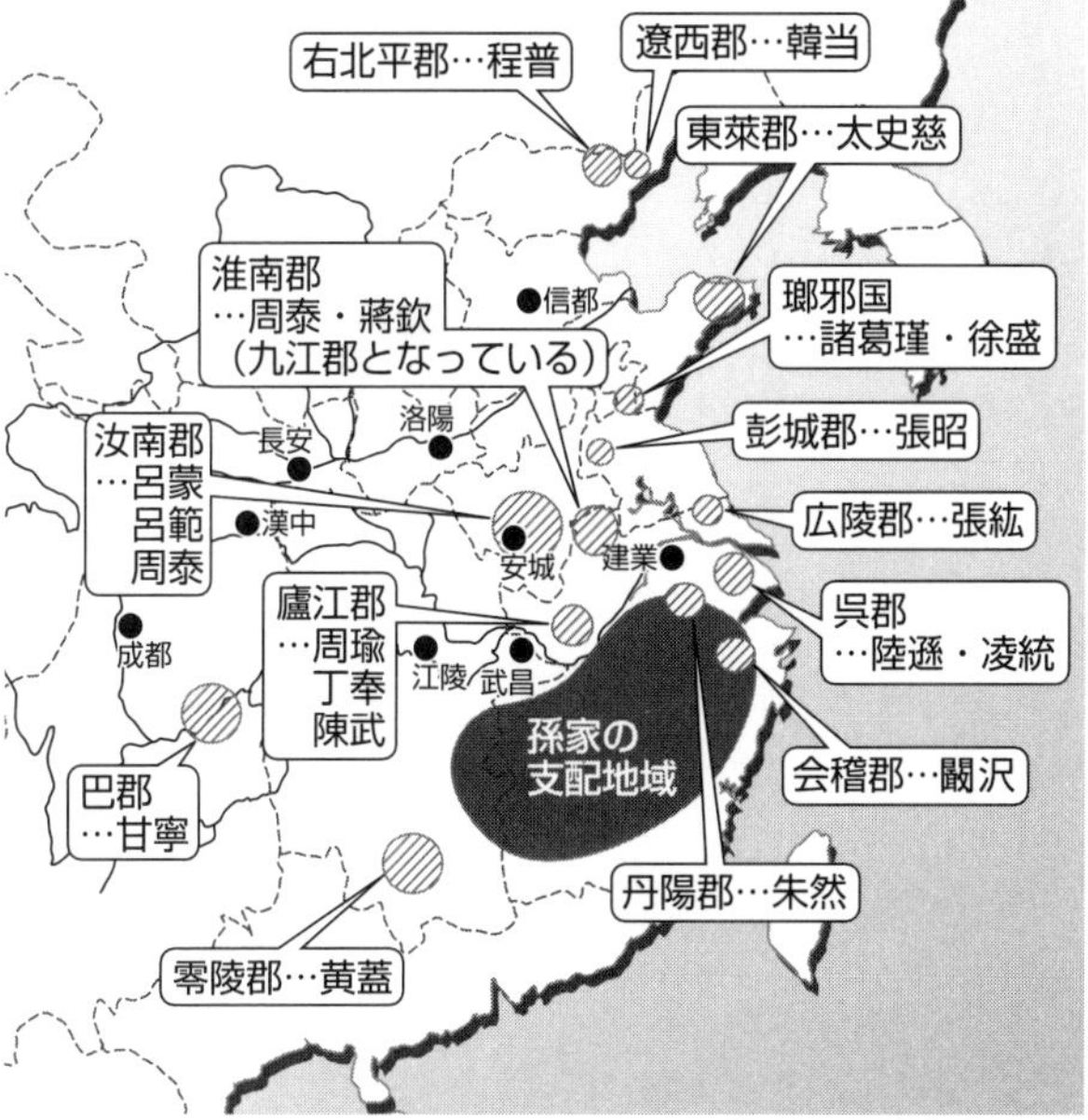


孫堅の戦死後、嫡男の孫策《そんさく》が家督を継承して他の豪族連中を武力制圧し、江東地域（長江の下流域）に孫家政権を打ち立てた。そして孫策が若くして亡くなると（55ページ）、首長の地位は実弟の孫権が継承した。孫権は支配地域を江南地域にまで広げ、229年、呉帝国を樹立している。

では、なぜ孫家は覇権を打ち立てられたのか？　結論をいえば、江東・江南の人々が孫家3代の支配を後押ししたからである。理由は秩序であろう。

北からの移住組と在地の豪族たちが秩序を欲したのである。時は動乱期だ。平和も秩序も武力の前提なしには維持できない。秩序を打ち立てる方法は一つである。強者にてこ入れして、短期間で武力制圧させることだ。つまり孫家は、「一日も早くしっかりとした秩序が欲しい」という集団の願いに乗る形で、また孫家もそれを利用して江東・江南に覇権を打ち立てたのである。

**歴史メモ**　孫堅の死について『三国志』の註では「黄祖と戦い、矢で射殺された」「呂公と戦い、石で頭を割られた」など複数の説をあげる。

# 孫策は実力者たちの掌握のため北伐を企画

**多くの実力者連合体であった江南の政権。彼らをまとめるためにとった政策は、天下取りレースへの参加だった。**

### ◆北伐で地元をまとめようとした孫家

江南地域の実力者集団の思いを「天の時」とし、それに乗る形で覇権を確立した孫家政権。しかし、これは苦難の道だった。

孫家政権を端的にいえば、「御輿《みこし》」ということになろうか。すべてはかつぎ手たちの恣意《しい》にかかっているのだ。御輿が、御輿であり続けるための条件は、

・担ぎ手一人ひとりに担ぐ気を起こさせる

・担ぎ手全員に同じ方向を向かせる

の2点だが、これには御輿自身の手腕が必要になる。江東に孫家の基礎を作った孫策《そんさく》から考えてみよう。孫策が父・孫堅《そんけん》の覇業の継承を決意したのが20代の前半だ。孫策について『三国志』は次のように記している。

「好男子でよく冗談を飛ばし、こだわりなく人の意見を聞き、進んで人材を登用した。こんな人柄だったから、地位の上下を問わず、一度彼にあった人間は皆、誠意をつくし、喜んで命を投げ出す気になった」

そこには颯爽《さっそう》とした若武者の姿が浮かんでくる。

孫策が先の二つの条件を満たすために行なったのが、「北伐《ほくばつ》」、つまり北方へと進出することだった。

軍勢を黄河流域に進出させ、天下争奪レースに加わることで政権の構成者たちを一つにまとめようとしたのである。その第一のターゲットとして孫策は、曹操《そうそう》を選んでいる。

この時期、北方の黄河流域の覇権は、曹操と袁紹《えんしょう》の2人にしぼられていた（52ページ）。

袁紹は河北の名家の御曹司で、河北4州を治める大勢力である。曹操は袁紹に比べると小粒だが、後漢王朝の皇帝・献帝《けんてい》を奉戴《ほうたい》しているのに加え、「屯田制《とんでんせい》」「兵戸制《へいこせい》」などにより社会システムの改変に成功し、旭日昇天《きょくじつしょうてん》の

勢いがある。２００年、この２人の間で戦機が熟し、軍事衝突はすでに間近に迫っていた。

### ◆拡大路線から内政の振興路線へ

孫策は戦略を立てた。

■孫家を維持する人々

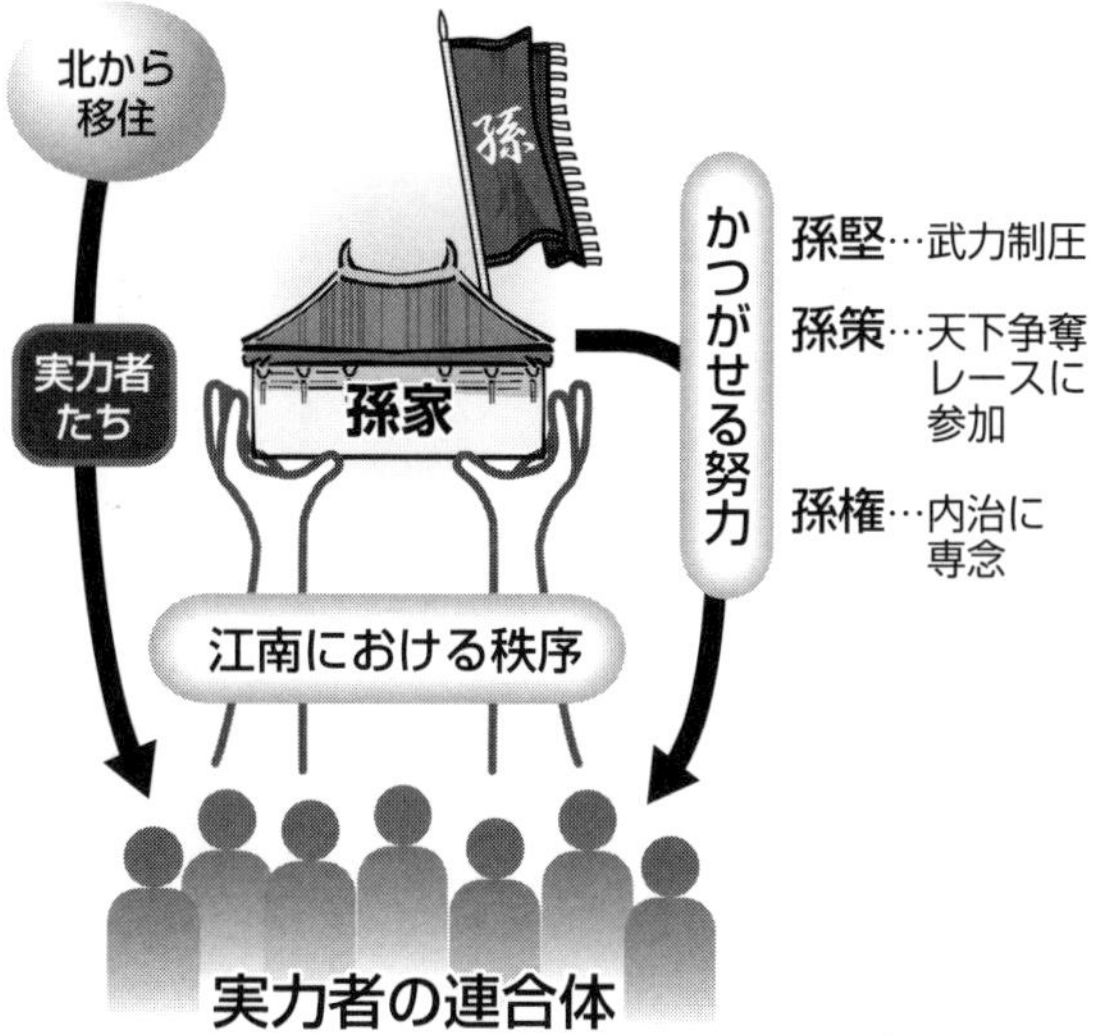


「袁紹と曹操が戦っている間隙をぬって軍勢を北上させ、帝のおわしまする許《きょ》を襲撃する。帝を江東にお移しして北と戦う」

孫策は軍略にも通じ、江東の軍勢は強い。勝算は十分にあった。ところが不測の事態が起こる。出撃を目前にして、孫策自身が暗殺されてしまうのである（55ページ）。天下統一レースに加わることで家臣団の力を結集し、同じ方向を向かせようとした孫策の目論見は、発案者自身の死によって挫折する。

孫策は今際《いまわ》のきわに、後継者となる実弟の孫権《そんけん》にアドバイスしている。

「江東の軍勢を率いて敵と対決し、チャンスをつかんで天下分け目の勝負を挑むとなれば、自分のほうが上だ。だが、賢臣を用い、各人に才能を出させて江東を守っていくとなれば、おまえのほうが上だ」と。

つまり、孫家政権が実力者たちに担がれる御輿であり続けるためには、天下統一レースへの参戦をいったん放棄し、内治の拡充路線にシフトせよ、という引継ぎをしたのである。

**歴史メモ** 『江表伝』によれば、孫策は狩猟の最中に刺客に襲われた、とある。孫策は狩猟好きで、単騎で獲物を狙うことがしばしばだった。

# 孫権が実力者連合体をまとめた策とは？

**実力者の連合体をまとめるために、孫権は多くの人々の意見を十分に聞き、議論を尽くすようにした。**

## ◆人の意見をよく聞いたワケは？

孫策《そんさく》の見立ては正しかった。孫権《そんけん》は実に人の意見をよく聞く領袖だった。

兄を失って涙に暮れているとき、国政担当の最高責任者・張昭《ちょうしょう》が、「喪服を脱ぎ捨てて軍装を召し、全軍を巡察なされませ。さすれば孫家に不満を抱く連中は皆、尻尾を巻いて退散するでしょう」と尻を叩くと、孫権はそのとおりにした。

亡き孫策の盟友で、軍事の最高責任者・周瑜《しゅうゆ》が、「広く有能賢良の士を集めるべし」と孫権にアドバイスすると素直に従い、周瑜が推薦する魯粛《ろしゅく》を陣営内に招いている。また、重要案件は多数の意見を集めて、その中からよい意見を採用し、実行に移す方法をとった。

たとえば208年の「赤壁《せきへき》の戦い」のさい、孫権はまず議論を百出《ひゃくしゅつ》させたうえで、軍事の最高責任者・周瑜の意見を採用し、曹操軍団との決戦を決定している（59ページ）。孫権の場合、「私はこう考え、こうすることにした。皆、奮闘せよ」ではないのだ。意見を出させ、議論させてから、「よい考えだ。私もそう考えていたところだ。この件はそれでいこう」と意思を決定するのである。

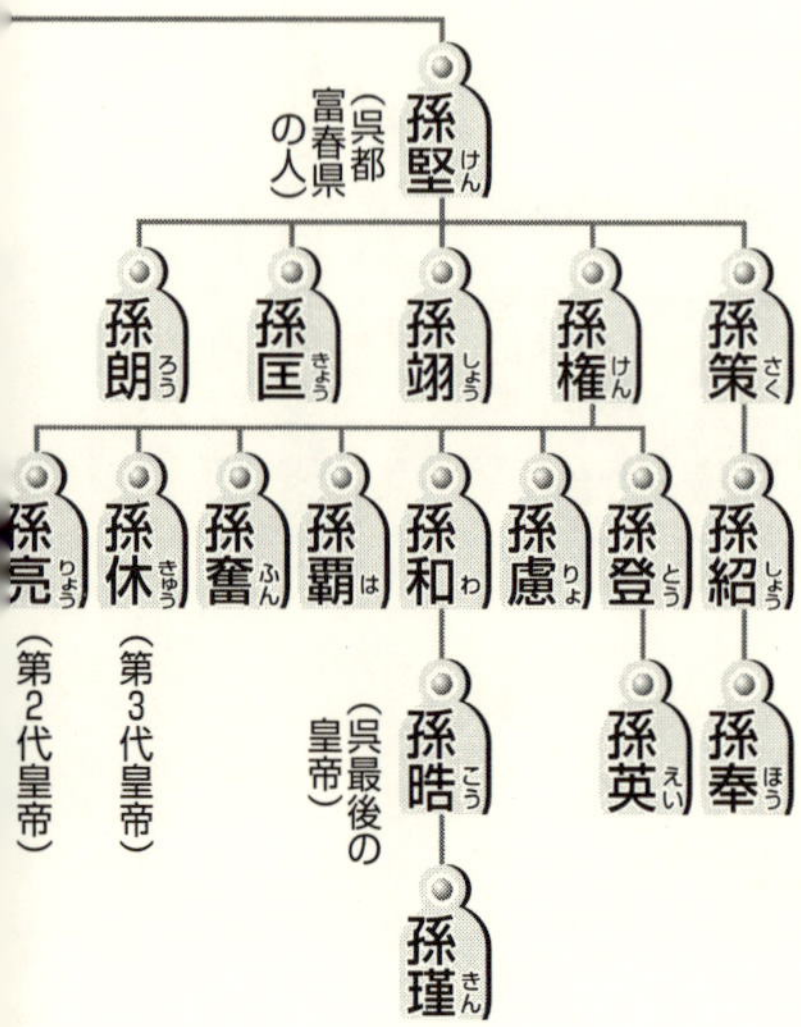

■孫家の系図

トップとしての発案力に欠けていたのでは？　という異論もあるだろうが、むしろ孫権が、〈他人の立てた意見に従うだけの場合、人はそれほど身を入れて関与しない〉という点を見抜いていたと考える。まして孫家政権はもともと有力者連合体というもろい政権なのだ。孫権は「意見を出させる」という手続きを踏むことで、政権の構成員全員が目的の達成に向けて最大限に関与するように仕向けたのである。

### ◆いろいろなアピールも忘れない

もっとも、孫権も自分がかつぐに足る御輿であることをアピールするパフォーマンスも行なっている。こんなエピソードがある。

孫権は呂壱《りょいつ》という人物の才能を見込み、校事《こうじ》という役職に任命しようとした。校事がいかなる役職かは不明だが、法律関係の役職であったようだ。しかし、孫権の決定に対して、息子の孫登《そんとう》は真っ向から異議を唱えた。

「呂壱は非寛容な男。およそ人の上に立てる器ではありません。私は父上の案に賛成することはできません」

孫権は孫登の意見を無視して人事を強行し、呂壱を校事に就任させた。孫登の危惧は的中した。呂壱の法律運用はやたらに厳しく、過剰な法律適用に呉の民衆の不平不満は一挙につのった。

だが、238年の夏、事態が一変する。孫権が呂壱を処刑したのだ。容疑は職権濫用。校事という要職にあるのを幸い、法律を私したというのが罪状だった。

ここまでなら普通の政変劇だが、孫権はこの後、意外な行動に出ている。呂壱の処刑後、孫権は中書令《ちゅうしょれい》の袁礼《えんれい》なる人物を使者に立てて各軍司令官の陣営を回らせ、軍司令官たちに陳謝の言葉を述べたのだ。

「呂壱のような小人物を信任した件、誠に不明であった。恥じ入るばかりである」さらに、「何か改善する点があったら何でも申し出てほしい」と伝えさせた。呉の人民たちは、「さすが我等が皇帝陛下。いつまでたっても反省と自戒を怠らない」と、その姿勢をたたえた。



歴史メモ　魯粛は鼻もちならないほどに生意気な男だったらしいが、孫権は決して嫌うことなく、有能者として遇した。

# 至誠vs現実主義――
# 積極策に出た孔明と機を待った司馬懿

## 劉備の遺志をついだ『出師表』

530年ごろに成立した『文《もん》選《ぜん》』（新釈漢大系　明治書院）から、蜀漢帝国丞相《じょうしょう》の諸葛孔明《しょかつこうめい》が著した『出師表《すいしのひょう》』の冒頭を紹介する。

「臣亮言す。先帝業を創めて未だ半ならずして、中道にして崩《ほう》殂《そ》す。今天下三分して、益州疲弊せり。此れ、誠に危急存亡《ききゅうそんぼう》の秋《とき》なり」

「出師」とは〝軍隊を出す〟という意味だ。「表」とは、上位の者に申す文章をいう。丞相である孔明にとって上位の者といえば、皇帝のみである。孔明は227年、この『出師表』を皇帝の劉禅《りゅうぜん》に奉り、魏帝国討伐のための北伐《ほくばつ》軍を起こした。

『出師表』は古今の名文だ。先帝の劉備《りゅうび》に対する忠義の思いと、国の未来への憂慮と、乏しい国力を百も承知しながらも、〝北の巨人〟魏帝国に挑む悲壮感と覚悟が切々とつづられている。以来、「『出師表』を読んで泣かない者は忠臣にあらず」とまでいわれた。

諸葛孔明は、小説『三国志演義』では、神出鬼没の用兵を行なう天才軍略家である。しかし、正史『三国志』の著者・陳寿《ちんじゅ》は、孔明の才能について、「軍隊の統治には長じていたが、奇策の点では劣り、人民を統治する才幹

のほうが将軍としての才略よりも優れている」と述べている。『出師表』を読む限りにおいても、孔明は「誠実な政治家」である。

孔明が劉備軍団の中で果たした役割は、121ページで述べるように、主に企画と管理。企画は「天下三分の計」が好例だ。管理は全体的にいえば軍隊の力で行なう政治であり、軍事行動に限れば、後方支援と兵站《へいたん》（前線部隊の後方で軍事物資・食糧などの補給や輸送をする機関）の安定や軍隊の統括などだ。

要するに「軍政」が孔明の本領であり、軍略は専門外だったのだろう。ところが軍略専門の龐統《ほうとう》が成都《せいと》制圧戦で死に（74ページ）、劉備も先立つ。

そのため、孔明は自ら出陣せざるを得なくなったのである。軍人でも軍略家でもない孔明が、強大な敵・魏帝国を脅かし続けることができたのは『出師表』に表わされた、打算を排した、純粋なる至誠の心ゆえだろう。

## ある意味無謀だった孔明の北伐

だが、きわめて皮肉な見方をすれば、この至誠が蜀漢帝国の命運を決したともいえる。

戦争は経済・人口などに異常な負担を強いる。蜀漢帝国はただでさえ国力が乏しい。内治をさらに充実させ、2代・3代と時を待つ覚悟が孔明にあったら、三国時代の歴史ももう少し変わっていたに違いない。

孔明を五丈原《ごじょうげん》で陣没に追い込んだ司馬懿《しばい》は、孔明の北伐に対し、徹底した持久戦で勝利を手にした。

また、後に魏帝国を完全に牛耳《ぎゅうじ》りつつも、新王朝樹立を急がず雌伏して機をうかがっていた現実主義者である（194ページ）。

そして彼は、ついに中国を統一した晋《しん》帝国の初代皇帝・司馬《しば》炎《えん》の祖父である。

# 無数にいた一旗組の一人だった劉備

なぜ、ほとんど力のなかった劉備が、三国の一角を占めるほどの力を持つことができたのか。

## ◆家柄も力もなかった劉備の唯一の武器とは

動乱の時代は、秩序再編の時代でもある。既成の価値観・序列などがすべて否定されて、新たなスタイルが形成される過渡期である。問われるのは実力のみだ。前漢帝国を樹立した劉邦《りゅうほう》（高祖《こうそ》）。日本の戦国時代を終わらせた豊臣秀吉、いずれも低い身分から、実力だけを武器に成功した男である。

後漢末の動乱期も、無数の一旗組《ひとはたぐみ》が出てきたはずだ。金もなく、コネもなく、家柄もなく…。既成の社会では出世の見込みはまったくない。しかし、動乱で国土が焦土と化せば話は別だ。

〈灰の中からなら、いま一度やり直せる〉

無数にうごめいていた、一旗揚げようともくろむ輩たち。そんな中でただ一人、貧民から皇帝の座まで上りつめたのが劉備《りゅうび》だった。

劉備の成功を考える時、彼の人間性と同時に次の売り込み文句は見逃せない。

「中山靖王劉勝《ちゅうざんせいおうりゅうしょう》の末裔《まつえい》。漢王室の血縁者として世に平和を取り戻す手助けをしたい」

中山靖王劉勝というのは、劉備より約270年前の人物だ。前漢の武帝《ぶてい》（位前141〜前87年）の異母兄だが、実にとんでもない男で中国史上「酒と女に狂った王」として特記されている。生涯になした子はなんと120人。すごい精力家であった。

ところで想像していただきたい。120人の子がいて270年後の血縁者の数を。おそらく万単位だろう。劉備が血縁者でなかったとは断言できない。しかし、たとえ血縁であったとしても、きわめて薄い血であったであろう。そこを「血縁者だ」で通し抜き、最後に「漢（蜀漢・蜀）」帝国の皇帝に収まってしまったところが実にすごい。

　もっとも、これは後世の人間だから感じることだろう。当時は、血縁者を自称する劉備に多くの人が感動したのだろう。だからこそ徐《じょ》州の陶謙《とうけん》は劉備に国（徐州）を託し、荊《けい》州の劉表《りゅうひょう》は曹操との戦いに負けて転がり込んできた劉備を迎え入れ、益《えき》州の劉璋《りゅうしょう》は国を乗っ取られるとも知らずに劉備を招き入れたのである。

■劉備の系図

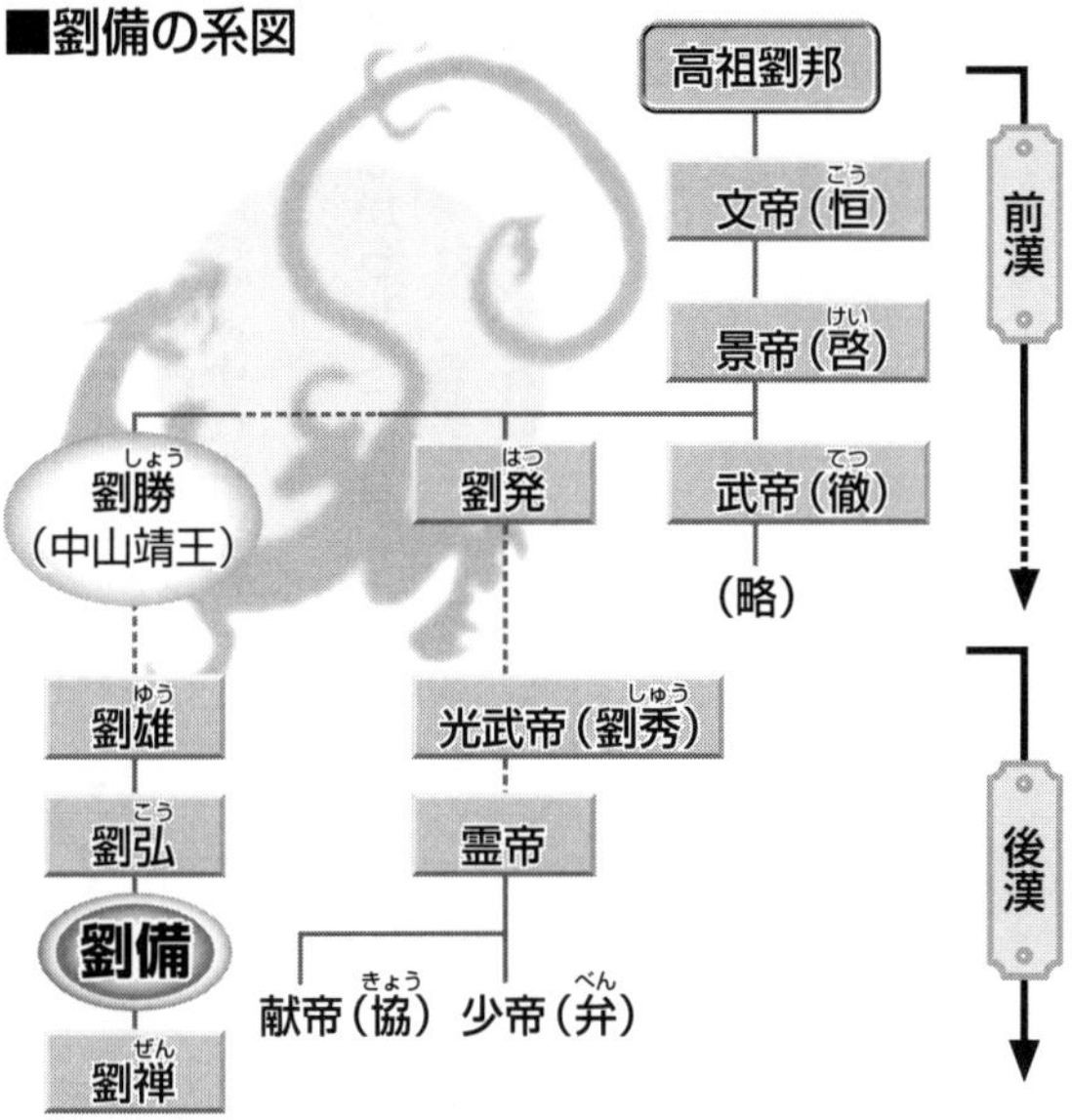


　劉備が登場してきたのが、「黄巾《こうきん》の乱」が勃発した184年。益州を奪うのが214年。その間、実に30年の歳月がかかっている。この30年間は同時に、無数にいた一旗組のサバイバルレースでもあったろう。そして最終的に劉備が生き残った。

### ◆多くの人を惹きつけた劉備

　そして、生き残りはしたものの、うだつの上がらなかった他の連中は、劉備に合流していったのではないか。一旗組には家柄などない。だからこそ動乱に乗じて踊り出た。他の群雄のところに行けば一兵卒程度にはなれるだろうが、野心と鬱屈感がある。とても一兵卒に甘んじられる連中ではないのだ。

〈群雄の下で兵卒になるよりは、劉備とともに行動していたほうが…〉

　将来の見込みがある、と考えた連中がかなりいたはずだ。実際、劉備には人を魅了する不思議な魅力が備わっていた。

**歴史メモ**　「金縷玉衣」は、玉片を金の糸でつづって人の形にした葬服で遺骸に着せた。王侯・貴族のみに許され、中山靖王劉勝の妻のものが有名。

◉劉備の人物像②

# 茫洋たる〝海〟のような巨大な器!?

**人物力が非常に優っていた? 波乱の人生を送りながらも人々が集まってきた理由を見てみよう。**

## ◆暴れながらも人に恵まれた劉備

劉備の字《あざな》は、玄徳《げんとく》だ。字とは20歳になった時、本名の他につけられる名だ。本名と関連づけたり、当人のイメージを反映させたものが多い。しかし、彼は字が示すような「徳」の人ではなかった。

黄巾《こうきん》賊討伐の功績で県の役人に任じられたさい、賄賂《わいろ》を要求する巡察使（朝廷派遣の職務監察官）をブン殴って職務を放棄しているくらいだ。

こんなのは序の口だ。たとえば196年、徐《じょ》州を呂布《りょふ》に乗っ取られた劉備は、曹操《そうそう》のもとに転がりこんだ。曹操は劉備を大歓迎した。

左《さ》将軍には推薦する、外出のさいには同じ輿《こし》に乗せる、対座のさいには同席させる、上にも下にも置かない厚遇ぶりだ。だが、劉備は曹操を裏切る。曹操暗殺計画に加担した挙げ句、曹操に反旗をひるがえし、曹操のライバル袁紹《えんしょう》を頼ったのである。

こんなこともあった。「赤壁《せきへき》の戦い」の後、劉備は益《えき》州の劉璋《りゅうしょう》から「漢中《かんちゅう》の張魯《ちょうろ》と五斗米道《ごとべいどう》教団を討伐してほしい」という要請を受けて益州に入り、劉璋の心からの歓待を受けた。

しかし、劉備陣営は、最初から「益州奪取」の方向で一致している。だから「いまこそ好機。劉璋を殺して益州を奪え」と進言する者もいた。劉備は「いまは信義に反する」と退けながらも、3年後、しっかり益州を奪い取っている。要するに恩知らず、かつ厚顔無恥な行為を結構行なっているのだ。

だが、人には恵まれている。盟友の関羽《かんう》・張飛《ちょうひ》をはじめ、劉備を「生涯の主」と敬愛した趙雲《ちょううん》、妹を側室に差し出してまで劉備一筋に尽くした糜竺《びじく》、そして諸葛孔明《しょかつこうめい》。いずれも劉備よりも武勇・知略に優れた者ばかりであり、彼らの尽力で劉備は蜀漢皇帝にまで上りつめた。

## ◆さっぱりわからない茫洋とした人物だった!?

さて、ここで改めて考えてみたいのが、「玄徳」の〝玄〟という文字だ。

この文字は本来、「奥深くてよくわからない微妙な道理」を意味している。要するに劉備は、「奥深すぎて何を考えているのだかサッパリ正体のわからない人物」だったといえよう。信義を口にしたかと思うと国を奪ったり、裏切ったりと、やることはめちゃくちゃだ。しかし、破滅せずに生きのびている。

いつの時代でも劉備のような人物はいる。人はこんな奴を嘆息しつつ、こう評価する。「人徳としか思えない」。

しかし、この茫洋とした〝怪人〟ぶりがまた、劉備の魅力だったのだろう。すべてを呑み込んで広がり、静かに構えていたかと思うと突然荒れ狂う海を連想させる。

劉備に接した人、とくに野心と鬱屈感を抱えていた輩は、劉備という人間のかもし出す雰囲気、何かしでかしそうな予感、大胆不敵な行動に未来を見い出したような気がしてならない。

### ■劉備の人生と集まった人々

| 年齢 | 年 | 出来事 |
|---|---|---|
| | 160 | |
| | 161年 | 誕生。涿郡涿県の人 |
| 10歳 | 170 | |
| 20歳 | 180 | 関羽・張飛と知り合う？ |
| | 184年 | 「黄巾の乱」制圧の義勇軍に参加 |
| 30歳 | 190 | |
| | 194年 | 陶謙より徐州の牧を任される　孫乾　糜竺 |
| 40歳 | 200 | |
| | 201年 | 荊州の劉表のもとへ　さすらっていた趙雲劉備軍へ |
| | 207年 | 諸葛孔明劉備陣営に参画 |
| | 208年 | 黄忠劉備のもとへ |
| | 209年 | 荊州の牧となる |
| 50歳 | 210 | |
| | 211年 | 法正・孟達劉璋から劉備のもとへ |
| | 214年 | 益州の牧となる　馬超、馬岱投降 |
| 60歳 | 220 | |
| | 221年 | 蜀漢皇帝になる |
| | 223年 | 没（63歳） |

**歴史メモ** 劉備の容姿はすごい。身長は7尺5寸。腕は膝にラクラク届くほど長く、耳は横目を使えば見えるほどに大きかったという。

◉劉備の人物像③

# 武力だけだった劉備を変えた諸葛孔明

**劉備の基本方針「天下三分の計」は諸葛孔明によってもたらされた。これによりはじめて天下取りへの羅針盤を得た。**

## ◆運命を変えた諸葛孔明との出会い

２０１年、劉備《りゅうび》は曹操《そうそう》との戦いに負けて荊《けい》州の劉表《りゅうひょう》のもとに転がりこんだ。それから6年後の２０７年、諸葛孔明《しょかつこうめい》という青年を陣営に迎えることに成功する（64ページ）。孔明がこの時、劉備に説いたのが有名な「天下三分の計」である。それは次のような内容だった。

「黄河流域は曹操が支配しています。長江の下流域での孫権《そんけん》の支配は動かないでしょう。問題は荊州と益《えき》州です。曹操と孫権のうち荊州と益州を取ったほうが天下を統一します。この二つの州を渡してはなりませぬ、絶対に。劉備殿。益州と荊州を奪い、天下三分割の態勢をまず作るのです。2州とも幸いにして豊かな土地。十分に底力を養うことができます。孫権を適当にいなし、曹操が失敗するのを待ち、敵の異変に乗じて一気に攻め上る。力を蓄え、牙を磨き、相手の隙をうかがいながら待ちましょう。我等の雄飛する日を」

劉備は大感激し、劉備が孔明に傾倒していくのを関羽《かんう》・張飛《ちょうひ》の2武将がとがめた時には、「弧（自分を指す言葉）に孔明あるは魚に水のあるが如きなり」と語った、と伝えられる。両者の密接な関係をいう「水魚の交わり」という語は、劉備と孔明の出会いからきている言葉だ。

劉備は合戦には強い。麾下《きか》には関羽・張飛・趙雲《ちょううん》といった猛将連中が控えている。しかし、ただ強いだけで、後が続かない。理由は明白で、明確な未来図がないからだ。天下統一にいたる長い道程を地図も持たずに全力疾走しているようなものである。

ボクシングに置き換えてみると、わかりやすいかもしれない。劉備は「勝っても負けてもＫＯ決着」を信条とするファイター。試合になると力任せにブンブンと拳を振り回す。曹操などの一流選手はそんな劉備を相手にジ

■劉備と諸葛孔明の関係年表

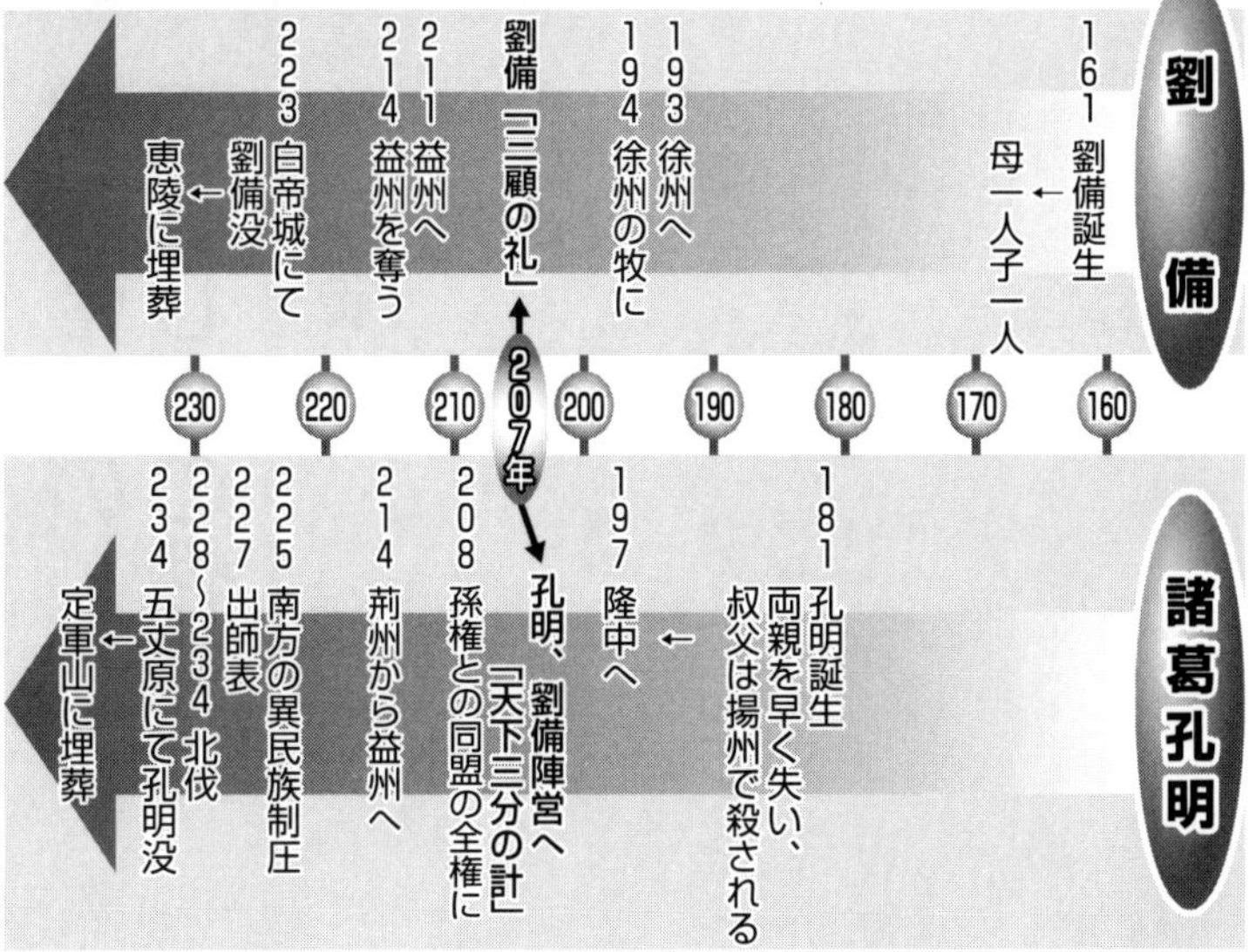


ヤブで突進を止め、時々ストレートを決めるがダウンは奪えない。しかし、ポイントは着実に稼いでおり、試合終了後の判定は相手の一流選手に上がる。結局、劉備は強いのに少しも勝率を上げることができない。

勝率が悪いからランキングには名前を連ねず、もちろん世界戦にもチャレンジさせてもらえない。

## ◆戦略を教えた孔明

劉備は孔明から「天下三分の計」を聞いて大変に喜んだ、と伝えられる。

「天下三分の計」は個々の合戦での勝ち方ではない。孔明は世界戦にいたるための未来図（戦略）を描いてみせたのだ。劉備と孔明の出会いは、強いだけのファイターと名マネージャーの出会いといえる。後に劉備陣営には龐統《ほうとう》という名軍師も加わる。

孔明が企画と管理担当ならば、こちらは現場担当。劉備とともに敵に当たり、戦術のアドバイスをする役目である。名コーチといってよい。

強いだけだった劉備は、諸葛孔明との出会い後、次第に勝率を上げていき、最終的には龐統の補佐を得て益州を掌握。三国鼎立の一角を占めることに成功するのだ。

**歴史メモ** 劉備の人柄は「口数少なく、腰が低く、常に相手を立て、感情を露わにしない。男同士のつきあいを重んじ年少者は争って交友を求めた」という。

# 蜀漢帝国の国としての性格は

**221年に劉備は蜀漢帝国を建国する。強力な軍事力や連合体もなかったこの国は、どのような目的があったのか。**

## ◆劉備が目指した国とは

劉備《りゅうび》は「中山靖王劉勝《ちゅうざんせいおうりゅうしょう》の末裔《まつえい》」を自称し、「漢皇室の復興による世直し」を全面に押し出して天下統一レースに参加した。

さて、では劉備は「皇室の血縁者」という名のもとにいったい何をしたのか。

裏切りや国の乗っ取り……。その程度のことしか思い浮かばない。「本拠地がなかなか得られなかったからだ」ということもある。放浪生活では何もやりようがない。

では、益州という本拠地を得た後はどうか。少なくとも足元から国をよくしていくような政策を打ち出しただろうか。曹操のように民衆に仕事と生活と未来を保障し、民を富ませる政策を何か実行しただろうか。

それはまったくない。劉備の活動を端的にいえば、裏切って、暴れて、自滅しただけである。

## ◆個人の魅力で天下を取ろうとしていた

ここで注目すべきは、劉備と配下になった人々との関係だ。

たとえば旗揚げ時からの盟友である関羽《かんう》と張飛《ちょうひ》。小説『三国志演義』では、漢朝の衰退と黄巾《こうきん》の乱を嘆いて意気投合した3人が桃園《とうえん》で宴を張り、「われら同年同月同日に生まれざるも、願わくば同年同月同日に死なん」と宣誓して義兄弟の契りを交わしたと記されている。この「桃園の誓い」がフィクションであることは明らかだが、完璧なでたらめというわけでもなかっただろう。

実際、家柄もコネもない彼ら一旗組が集団を形成するには、「友情」とか「絆」を最大の接着剤にするしかなかったからである。だからこそ関羽が荊《けい》州で孫権に殺されたとき、劉備は周囲の反対を押し切って孫権に向けて兵を進めたのである（80ページ）。

関羽と張飛ばかりではない。劉備の配下となった連中は皆、劉備の人間的魅力に魅かれて従っている。趙雲《ちょううん》もしかり、糜竺《びじく》もしかり、諸葛孔明《しょかつこうめい》も劉備が3度も草庵を訪れ、礼儀を尽くして面会を申し込んだ「三《さん》顧《こ》の礼」に感動し、幕僚になったとされている（異説もある）。

### ◆時代を否定する無政府主義者だったのか

要するに皆、個人的な感動から劉備の配下となったのであって、劉備の提唱する政策プラン、あるいは劉備の構想する未来図に賛同して配下となったわけではないのだ。劉備自身、時代の先頭に立ち、ひっくり返すことが目的で、そこから先は何も考えていなかったようだ。

劉備自身が貧民の出身である。黄巾の徒と同様、時代の否定という観念は強かったと思われる。

曹操ともそのあたりの気脈は通じている部分があったであろうが、曹操が「屯田制《とんでんせい》」「兵戸制《へいこせい》」などさまざまな政策プランで未来図を描いて民衆を救済したのに対し、劉備は未来図を提示することはなかった。曹操を「建設的」とするならば、劉備は「破壊的」だったように思える。

極言すれば、曹操が革命指導者であったのに対して、劉備はアナーキスト（無政府主義者）のリーダーであり、劉備の建てた蜀漢帝国はアナーキズムの信奉者たちが、時代破壊を目的に築き上げた「無頼の帝国」だったと考えられるのではないか。

■劉備の蜀漢帝国の性格

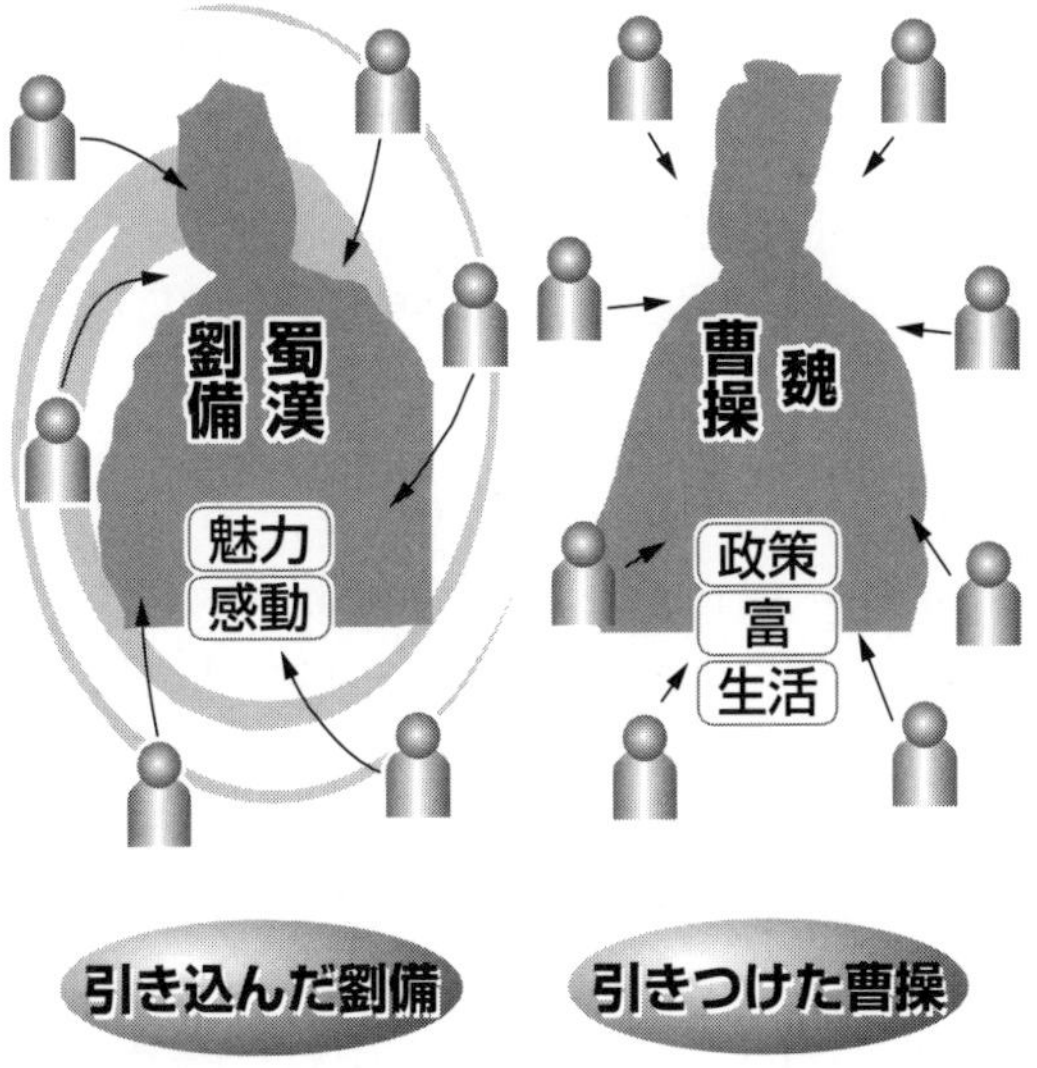


歴史メモ　陳寿は劉備評として「漢の高祖の風あり」と記している。高祖とは前漢の創始者・劉邦。彼もまた茫洋たる人物で、田舎から皇帝にのし上がった。

**column**

『三国志』から出た故事成語①

## 「三顧の礼」は知っていても「月旦評」は知らなかった?

・**登竜門《とうりゅうもん》**

「困難であるが、そこを通れば立身出世の道が開かれるという関門」という意味で使われる。清流派を自認する人々が李膺《りよう》の知遇を得たさい、「竜門を登った」と喜んだ故事に由来する。竜門とは、黄河が狭い峡谷を抜けて急に大河となる黄河上流の急流。急流を登りきった魚は竜に化すといわれた。

・**月旦評《げったんひょう》**

人物批評の意で今日でも使われる。許劭《きょしょう》と従兄弟《いとこ》の許靖《きょせい》が毎月の一日(月旦)に人物批評会を開いていた故事に由来する。ちなみに許劭は当代一級の人物批評家で、曹操《そうそう》を「治世《ちせい》の能臣《のうしん》、乱世《らんせい》の奸雄《かんゆう》」と評価したことでも知られる。

・**髀肉《ひにく》の嘆《たん》**

働き場所がなくて不遇をかこつ意味で使われる。荊《けい》州に転がりこんでいた劉備が、髀肉(ももの肉)が太くなったのを悲しんだ故事に由来する。

・**水魚《すいぎょ》の交わり**

「切っても切れない縁」をいうさいに使われる。劉備《りゅうび》が諸葛孔明《しょかつこうめい》との関係を評していった「弧に孔明あるは魚に水のあるが如し」という言葉に由来する。

・**三顧《さんこ》の礼**

「目上の人が、あるすぐれた人に仕事を引き受けてもらうために、何度も訪問して十分に礼儀をつくして頼むこと」の意味で使われる。劉備が諸葛孔明を訪ねたさい、3度訪問した故事に由来する。

・**危急存亡《ききゅうそんぼう》の秋《とき》**

「非常に危険な状態が間近に迫っていて生き延びるか滅びるか瀬戸際の時」を意味する言葉。「秋」を"とき"と読ませ重大時を表わす。出典は諸葛孔明が2代目皇帝劉禅《りゅうぜん》に贈った『出師表《すいしのひょう》』の一節。「今、天下は三分し、益州疲弊せり。これ危急存亡の秋」の部分。

# 第4章　地理から見た『三国志』

# 三国それぞれ割拠に有利な要因があった

### ◎舞台は広大な中国の大地

『三国志』の物語が躍動感に富み、かつ壮大なスケールを感じさせるのは、中国の広大な大地を舞台としているからだ。

『三国志』の登場人物たちは、程度の差こそあれ、皆この広大な舞台を東へ西へ、南に北へと動き回っている。馬や牛などの物資運搬用の動物と2本の足だけを頼りに……。そのタフネスぶりたるや、現代人の比ではなかろう。

第4章は、『三国志』の舞台となった中国の地形・風土を紹介する。

魏・呉・蜀漢の3国は、いったいどのような土地に割拠したのか？ なぜ中国大陸の一角に自身の天下を築くことができたのか？ を、それぞれの根拠地の特色を紹介することから理解していただきたい。

たとえば、劉備が建国した蜀漢帝国が領土とした「益州《えき》」という土地は、魏・呉の領地に比べると決して恵まれているとはいえず、そのため蜀漢の国力は他の2国に対して断然劣っていた。それでも天下の一角に食い込んだのだが、それはひとえに益州を囲むけわしい山岳地帯が、自然の城壁になっていたためであった。

孫権は江南地方に自身の天下を作った。これは、江南地方には未開発の地域が多くあり、開発の手を入れたことで経済力が飛躍的に向上したためである。また、この地の侵略のために南下してきた曹操軍団を撃退できたのも、「水に恵まれている」という江南地方独特の「地の利」によるものだった。

そして曹操は、古来からの農耕に適し、行き交う情報量も多く、人口の多い土地、つまり中華の中心地を掌握した。国力が盛んで強いのは当然のことだったのだ。

## ◎意外に重要な異民族との関係

『三国志』の世界を理解するうえで、案外見落としがちなのが異民族との関係だ。古来より中国は異民族の侵攻に悩まされており、時の権力者たちは異民族との戦いにも頭を悩ませた。三国時代も例外ではない。群雄たちは内なる敵（他の群雄）との戦いにしのぎを削る一方、外なる敵（異民族）との戦いにも心を砕かなければならなかった。烏丸《うがん》、西南夷《せいなんい》、山越《さんえつ》族、匈奴《きょうど》…。ただ、曹操《そうそう》・孫権《そんけん》・劉備《りゅうび》とも、異民族＝敵と決めつけるのではなく、時と場合に応じて味方にしている。第2章でも少し触れているが、劉備は孫権討伐戦のさいに異民族部隊を味方につけている。また、曹操と戦って敗れた袁紹《えんしょう》も、烏丸族に破格の厚遇を与えて味方につけた。

群雄と異民族との同盟と敵対も、『三国志』の躍動感を増し、スケールをアップさせている一つの要因なのである。

# この時代の行政は州・郡・県が単位

**後漢時代末期の中国では、「州」が最大の行政単位だった。群雄たちは、この州の確保を巡って争った。**

## ◆ほぼ州単位に争っていた

『三国志』の世界を理解するためには、どうしても当時の中国の地理と行政区域について知っておく必要がある。

この時代の最も大きな行政区分は「州《しゅう》」だ。三国志では、この州を単位に勢力争いが繰り広げられた。

まず、後漢の時代、州は次ページ図のように13州があった。そして三国時代に入ると、涼州の区域が二つに分けられ「雍《よう》州」が加わり14州になっている。

州をさらに細かい行政区域にしたのが「郡《ぐん》」であり、「郡」の下に「県《けん》・郷《ごう》」が置かれていた。

厳密にいえば異なるのだが、

〔三国時代〕＝〔現代日本〕
「州」……………「北陸・東海・関東」などに相当
「郡」……………「県」に相当
「県」……………「郡」に相当

と置き換えると理解しやすい。

## ◆「牧」ができたことで混乱の時代が現出した!?

行政区の長官の役職は、次のとおりだ。

◇州…「刺史《しし》」後に「牧《ぼく》」
◇郡…「太守《たいしゅ》」「都尉《とい》」
◇県…「県令《けんれい》」「県長《けんちょう》」

後漢政府が最初、州に置いたのは「刺史」だった。刺史は支配者というよりは郡の太守たちに対する監察官程度の権限しか持っていなかった。しかも、太守と刺史の収入は同格の2000石。おまけに地方軍の指揮権は太守が掌握していた。軍事権がなく、経済的にも優位でない刺史など、太守にとって少しも怖くない存在であった。

「牧」とは後漢時代末期、刺史に代わって新たに州の支配者となった長官のことである。こちらは刺史とは異

## ■後漢末は13州、三国時代には14州に

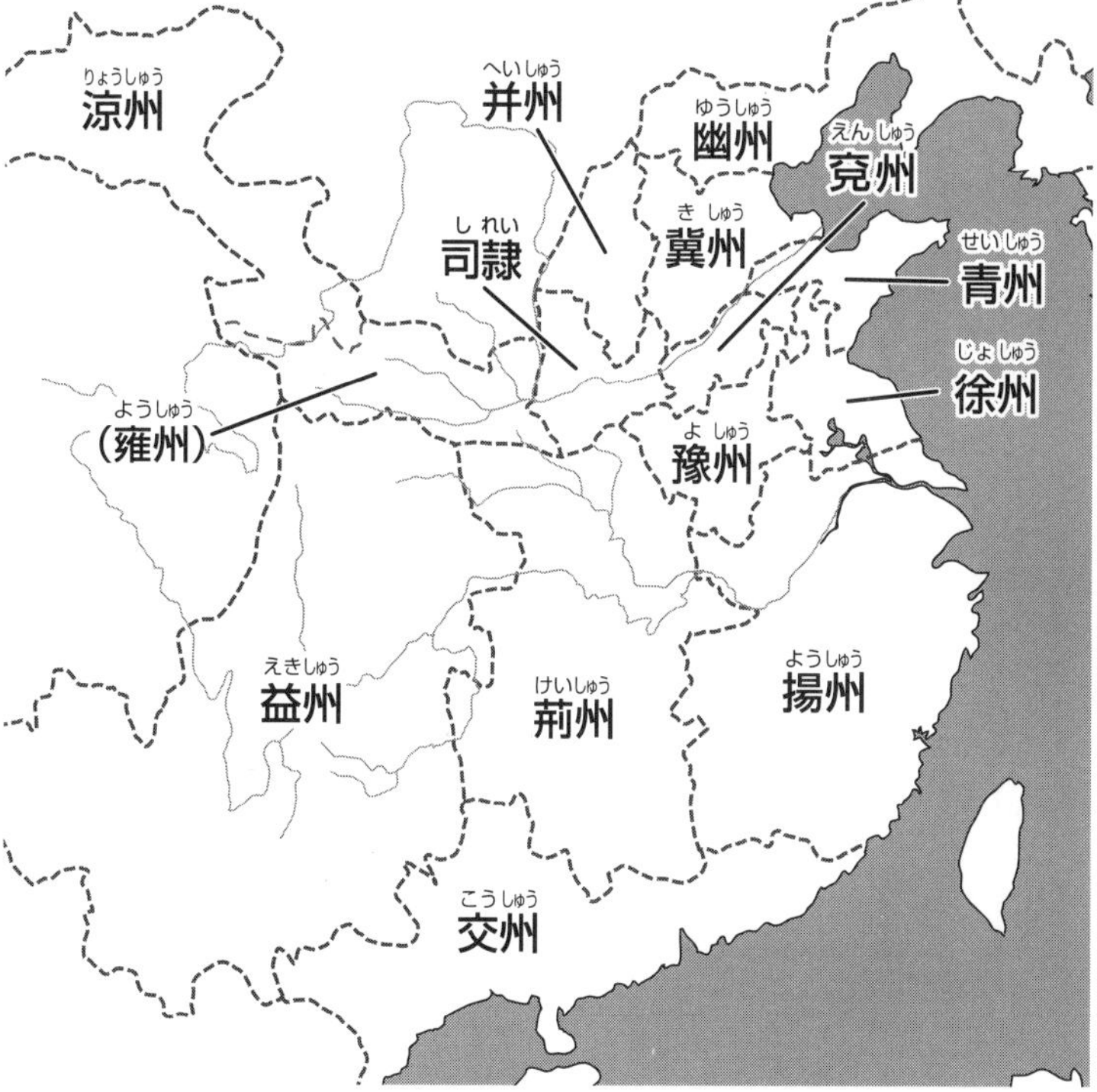


なり、軍事権・経済力・政治力などがより強化され、太守に対する支配力が強められていた。

税金を徴収する権限も持っていた。「牧」の設置は各地で起こる民衆叛乱の鎮圧などに効果をあげるものであった反面、各州の〝半独立国〟化に拍車をかけるものであった。

後漢時代末、群雄割拠という図式ができるのも、「牧」の設置によるところが大きかった。なお、州のうち「司隷《しれい》」は特別行政区域のため、司隷校尉《しれいこうい》という長官が管理にあたっている。

郡の中には「国」と呼ばれる行政区分もあった。これは、皇室と関係のある地域である。ここでは郡太守に替わって「国相」が派遣された。

**歴史メモ** 最初に「牧」に任命されたのは、「牧」の設置を進言した劉焉で、益州の「牧」に任命された。劉備に国を奪われる劉璋の父親だ。

# 情報と物資の集積地 中原を押さえ潤っていた

**経済的にも、軍事的にも、政治的にも、最も有利な地域が「中原」。この地は「魏」が掌握していた。**

## ◆中華帝国のヘソを押さえていた曹操

三国鼎立《ていりつ》の時代になってから曹操《そうそう》の「魏帝国」が領有したのは、次ページ図の11州だ（荊《けい》州は一部）。

蜀漢の諸葛孔明《しょかつこうめい》は劉備《りゅうび》の死後、北伐《ほくばつ》をはじめる前に第2代皇帝・劉禅《りゅうぜん》に差し出した『出師表《すいしのひょう》』の中で「北の方、中原《ちゅうげん》を定めん」という言い方をしている。

中原というのは中国の歴史を考えるうえで、非常に重要な地域だ。

古くは洛陽《らくよう》を中心とする黄河中流域を指したが、漢民族の生活範囲が拡大するに従って中原の範囲も広がっていった。黄河の中下流域や河北全体を含めて「中原」と呼ぶこともあった。

魏が支配した区域は、左図に見るように、広い意味での「中原」であったことになる。孔明が『出師表』で用いた「北の方、中原」は、中国大陸の北方全体を指していると考えてよさそうである。

## ◆農耕に適した肥沃な平原

まず、洛陽を中心とする黄河中流域を見てみよう。この一帯は古代より交通の要衝であり、道路は網の目のように走り、人・情報・物資は一度、この地域に集まってから東西南北に散っていった。つまり、中国大陸の経済・軍事・政治その他は、中原を中心として回っていたのである。だから、中原の掌握《しょうあく》＝天下の掌握に直結した。天下に志を持つ者にとって、「中原に覇《は》を唱える」ことは絶対の条件であり、古代より多くの英雄たちがこの地の覇権をかけて戦ってきた。

華北平原は、黄土の堆積によってできた沖積平野（流

■曹操の「魏」が支配した地域

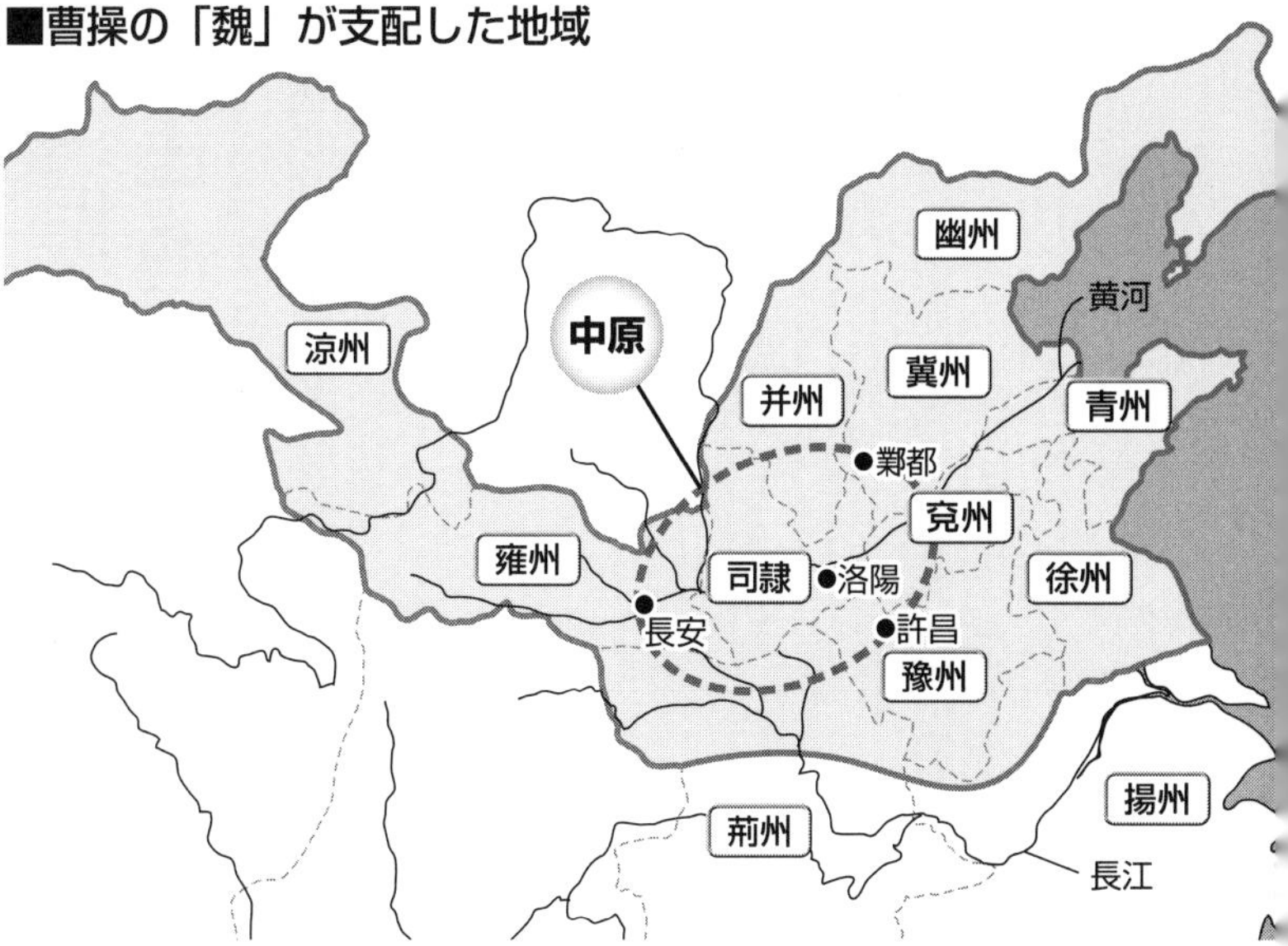


水によって河口や河岸などに土砂が運ばれ堆積してできた平野）だ。黄土とは黄河の浸食によって上流から運ばれてきた土のこと。通気性、水の浸透率とも良好で、植物育成に必要な元素をたっぷり含んでおり、農耕には最適の土である。だから、魏の国土ではライバル国の蜀漢・呉に比較して、実に多種多様な作物が栽培できた。

商工業が経済の中心となったのは、人類の歴史からすればごく最近のことだ。それまでは農業経済が中心だった。ましてや三国時代の紀元200年前後には、気候は寒冷化し（32ページ）、慢性的な食糧不足におちいっている。生産性を高めるにはより広い農耕地を獲得するしかない。この時期に魏は、中国最大の農業地域である華北平原を掌握し、「屯田制《とんでんせい》」という食糧自給システムを創造し、多様な農作物を栽培・流通させることができたのである。

魏が三国中、最も人口が多く、経済体制も充実していたのは当然のことといえよう。経済力、人口の多寡は軍事力の大きさに直結する。三国中、魏が最強だったのは地理的にも明らかである。

歴史メモ　黄河は過去に9回、流路の大変化があった。そのうち3回は大きく南にズレ、なんと淮河付近にまで近づいている。

# 洛陽、長安…歴代王朝の中心を押さえる魏

**魏が拠点としたのは、鄴都や洛陽、長安など。献帝を戴く曹操は、歴史のある中心都市を押さえていた。**

## ◆中華の中心都市はすべて魏に属していた

魏帝国の拠点となったのは、

・洛陽《らくよう》
・長安《ちょうあん》
・許昌《きょしょう》
・鄴都《ぎょうと》

の４ヶ所である。

「洛陽」は、後漢王朝の首都だった都市であり、古来より「中原《ちゅうげん》」の中心でもあった。黄河と洛水《らくすい》による肥沃な土壌はもちろん、東西南北に伸びる交通網の中心とあって、数多くの群雄が洛陽の制圧に奔走した。現在も河南省の主要都市である。１９０年に董卓《とうたく》が洛陽から長安へと強制遷都をするさい灰燼《かいじん》に帰したが（50ページ）、その後復興。２２０年には第2代魏帝・曹丕《そうひ》が鄴から都を移して魏帝国の首都になった。

「長安」は、現在では「西安」と呼ばれている。三国時代のころは雍《よう》州に属し、現在では陝西省の一大都市である。関中《かんちゅう》平野（関中は函谷関《かんこくかん》以西を指す名称）の中心に位置し、黄河最大の支流である渭水《いすい》の南岸に位置している。西域との交通の要衝にあり、中国の古都中、最も歴史のある都だ。西周《しゅう》（前11世紀〜前７７１年）の時代から唐《とう》（６１８〜９０７年）までの約２０００年の間に実に11もの王朝が首都にしている。三国時代には魏の西の要衝となり、蜀漢帝国の進出をくい止める前線基地になった。

「許昌」は、三国時代には豫《よ》州の一都市だ。歴史は意外と古く、周の時代には「許国」と呼ばれ、秦《しん》の時代（前２２１〜前２０６年）には、すでに許昌と呼ばれていたという。曹操《そうそう》は許昌を拠点とした後、１９６年には長安から洛陽に戻ってきて旧都のあまりの荒廃に落胆し

ていた献帝《けんてい》（後漢王朝最後の皇帝）をこの町に迎えている。許昌は後漢最後の首都になったわけだ。

ちなみに中国には三国時代に関する遺跡が約3000あるが、その約4分の1が許昌にあるそうだ。

■魏の中心都市

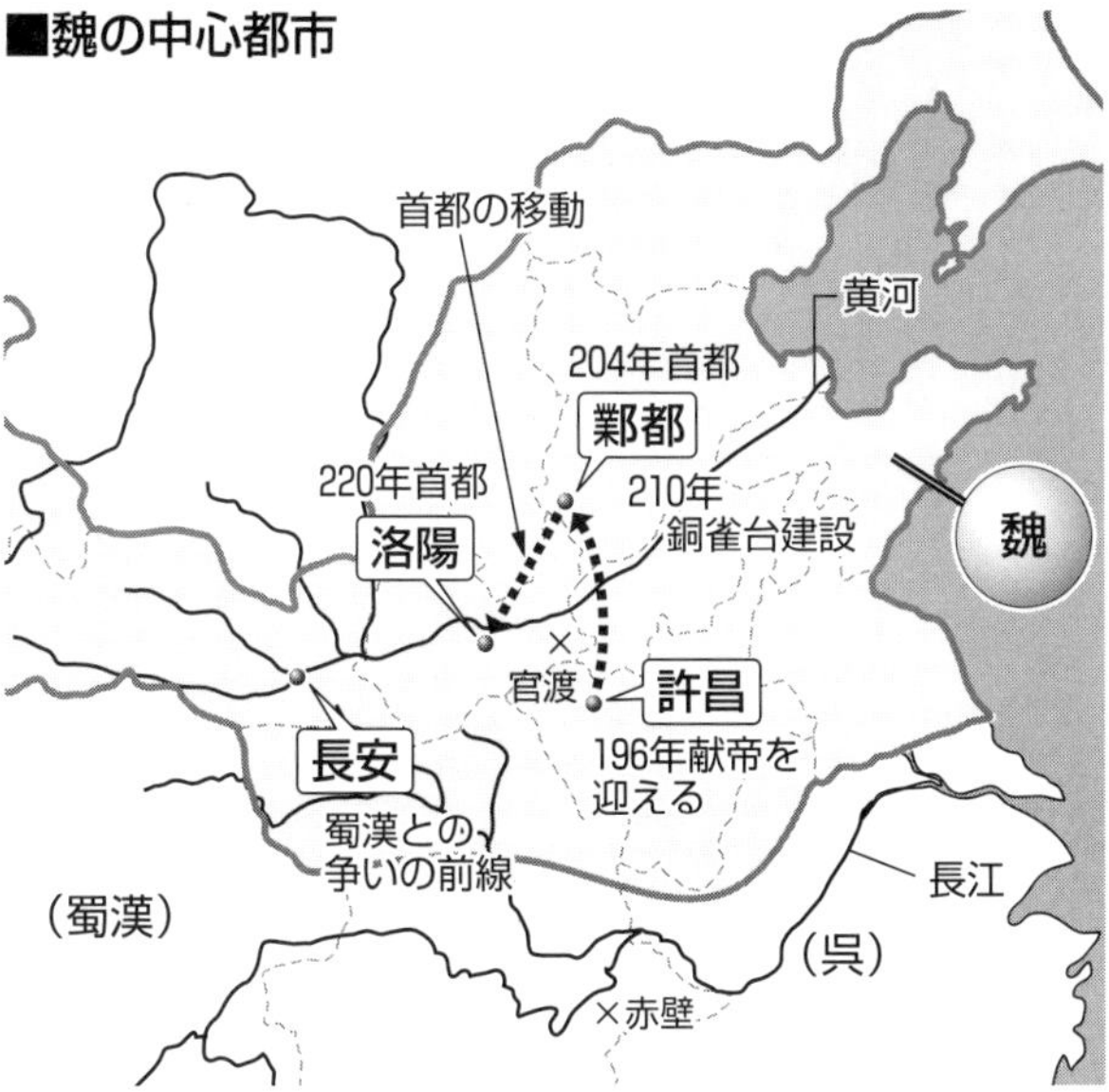


「鄴都」は、現在の河北省臨漳県と河南省安陽県の境に位置する都市である。三国時代には冀《き》州の州都として袁紹《えんしょう》陣営の中心拠点でもあった。200年、「官渡《かんと》の戦い」で袁紹を破った曹操は、その後、袁紹陣営に対して猛烈な圧力をかけていく。202年、袁紹は失意のまま病没。曹操は攻撃の手をゆるめず、袁紹の遺児たちを攻めまくり、204年には袁家一族を河北から追い払い、鄴都に都を移している。

ところで、鄴に近い河南章安陽市からは「殷墟《いんきょ》」が発見されている。実在が確認されている最古の王朝〝殷王朝〟の都跡だ。このことからも、鄴の付近にはかなり古い時代から人々の集団があったことが推察される。

春秋時代（前770〜前403年）に「春秋五覇」（春秋時代をリードした5人の覇者）の先頭を切った斉《せい》の桓公《かんこう》が鄴を都としたのも、この地が古代中国の先進地であったことを物語る。なお、三国時代終焉後も、前秦（351〜394年）、東魏（534〜550年）、北斉（550〜577年）といった王朝が鄴を首都としている。

**歴史メモ** 洛陽は「洛邑」→「雒陽」をへて洛陽に、長安は「鎬京」→「咸陽」をへて長安になった。洛陽・長安として定着するのは三国時代から。

# 「北馬」と対抗する水に恵まれた「南船」の地

**「呉」が支配したのは、広大な江南の土地。温暖かつ水の豊富な地域で、後漢末に多くの人が流入してきた。**

## ◆中国の南側を支配した呉

曹操《そうそう》が支配した黄河流域が古代から中国大陸の先進地であったのに対し、孫権《そんけん》が割拠した長江の下流域はかなり様子が異なる。

呉の領有地域は、左図のように揚《よう》州全体と荊《けい》州。後に南方の交《こう》州を支配している。長江以南の通常、「江南《こうなん》」と呼ばれる地帯だ。

江南地域と華北との生活様式の違いは「南船北馬《なんせんほくば》」という古代からの言葉によく表われている。中国大陸の南方には湖沼や河川が多いため、船に乗り、北方は広々とした陸地が続くので馬に乗って移動するという意であり、転じて「絶えず各地にせわしく旅行すること」（広辞苑）を言うさいに使われる。

孫権の支配した江南地域はまさに「南船」の地である。北には長江の流れ、東と南には海が広がり、内陸部には湖や大小の河川、沼沢地が点在する。このため、この地では古代から水運が発達したが、農耕地としては未発達だった。前漢時代の歴史家・司馬遷《しばせん》は、『史記』の貨殖《かしょく》列伝（資産家の伝）の中で、「地広く、人稀にして、火耕水耨《かこうすいどう》す」と記している。火耕水耨とは原始的な農耕法のことだ。江南地域は広いだけの土地であり、人口密度も稀薄、加えて原始的農耕法を続けている発展途上地域であったことがわかる。だから、古代中国の歴史は、黄河流域を中心として展開した。

## ◆気候の寒冷化で重要な地域に

江南が歴史の表舞台に登場してくるのは、三国時代以後、孫権が江南地方の開発に本格的に着手してからである。その意味では孫権が、江南地方を歴史の舞台に押し上げたといっても差し支えなかろう。

また、江南地域が重視されるようになったのは環境の変

■孫権の「呉」が支配した地域

化とも関係がある。『江表《こうひょう》伝』によれば202年、曹操が中原《ちゅうげん》と河北を制圧した余勢をかって孫権に人質を差し出すよう要求したさい、孫家政権の軍事最高責任者の周瑜《しゅうゆ》が断固、反対の意見を主張している。

「武器と食料には事欠かないし、軍勢の士気もきわめて高い。山からは銅、海からは塩が取れる。国は富み、民衆の支持も厚い。船を使えば往来も自由自在、気風も勇敢、なぜ曹操に人質など送る必要があるのですか。攻めてきたら戦うまで。戦う実力は十分にあるのです」

国の富を背景に曹操と対決できる点を強調しているのがポイントだ。32ページでも述べたように後漢時代中ごろから気候が寒冷化して天候不順が続いたため、飢饉が国中を襲っていた。この時期にあって〝食糧豊富〟とあえて周瑜が主張しているのはどういうことだろう。

結論をいえば、南の温暖な地域であったがゆえに気候寒冷化の被害が最小限にくい止められたのと同時に、開発が急ピッチで進められ、食糧の増産に成功したためである。江南地域は気候の寒冷化によって表舞台に押し上げられ、温暖な気候に支えられて人口・経済を増強し、魏・蜀漢と対抗したのである。

**歴史メモ** 紀元前期、長江下流域に北の黄河文明とは異質の「長江文明」が存在したことが明らかになっている。

# 呉の中心になったのは長江河口の建業

**長江の河口都市「建業」から、支配地が広がるにつれ、次第に内陸部へと拠点を移動させていく。**

## ◆建業は紀元前期から南の拠点に

呉の拠点となったのは、

・建業《けんぎょう》
・夏口《かこう》
・江陵《こうりょう》

の3都市である（前ページ図参照）。

「建業」は、現在の南京《なんきん》（江蘇省）のことだ。この一帯は古来より、「王城の地にふさわしい」とみられていたらしく、前473年（春秋時代）、呉《ご》王・夫差《ふさ》を倒して越《えつ》王・勾践《こうせん》がこの地に城を築き、戦国時代（前403～前221年）に楚《そ》が金陵邑《きんりょうゆう》を築いている。

孫権《そんけん》が建業に都を築いたのは211年の春のことだ。最初、会稽《かいけい》（現在の浙江省紹興あたり?）を拠点としていたが、208年、赤壁《せきへき》の曹操軍団迎撃を前に柴桑《さいそう》（現在の江西省。鄱陽湖の西）に移し、その後、建業を拠点とした。建業は、呉の滅亡後も江南地域の大都市として存在し続け、317年には東晋の都・建康《けんこう》となり、南北朝時代には南朝の宋《そう》・斉《せい》・梁《りょう》・陳《ちん》の首都となった。ちなみに南京と呼ばれるようになったのは、明（1368～1644年）の時代から。首都の北京に対する南の都という意味で副首都となり、首都となったこともある。

「夏口」は、現在の武漢市（湖北省の省都）のことである。漢水《かんすい》と長江が合流する地点にあり、三国時代は荊《けい》州の江夏《こうか》郡に属していた。孫堅《そんけん》（孫権の父親）を戦死させた黄祖《こうそ》が拠点としていた都市であり、208年に曹操《そうそう》軍団の追撃を受け江陵を目指した劉備《りゅうび》がやっとの思いでたどりついた場所でもある（66、152ページ）。100以上の湖沼が点在する風光明媚な地形のため、約3500年前から江南地方の拠点都市になっていた。

古代は「夏口」の名で呼ばれていたが、「漢口《かんこう》」「漢陽《かんよう》」

■中国の年間降水量（現代）

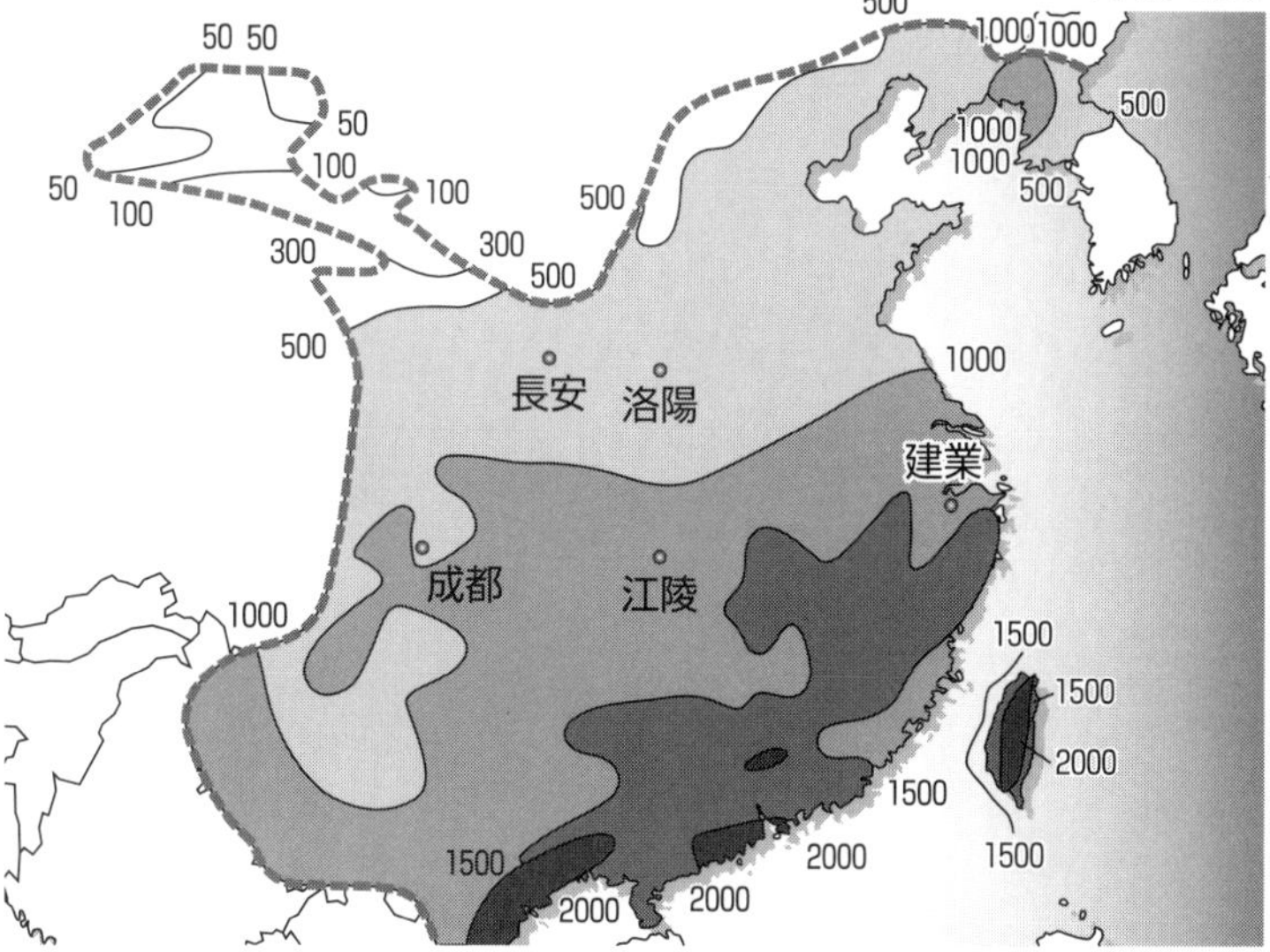


「武昌《ぶしょう》」の3都市があったことから、やがて「武漢三鎮《ぶかんさんちん》」と呼ばれ、1949年、武漢と呼ばれるようになった。

なお、221年、孫権は関羽《かんう》の仇討戦に燃える劉備の蜀漢軍に備えるため都を建業から武昌に遷都。229年、皇帝に即位して呉帝国を樹立したあと、再び建業に遷都した。また265年、孫晧《そんこう》（呉帝国最後の皇帝）が建業から武昌に遷都し、1年後、再び建業に遷都している。

「江陵」は現在の荊沙市（湖北省）のことで、三国時代には荊州の拠点都市の一つだった。この地は古来より、長江の水運の一大要衝であり、後漢時代には莫大な物資の集積基地となっていた。先に述べたように劉備が曹操軍団の南下を知って目指した都市である。豊富な物資を手にしてから曹操と対抗しようと考えたからだ。だが、曹操も猛追をかけ、劉備軍団に大打撃を与えた。三国史上に名高い「長坂坡《ちょうはんは》の戦い」（208年）である。

208年の「赤壁《せきへき》の戦い」の後、江陵は劉備の手に入る。214年、益《えき》州を奪取した劉備は関羽を荊州経営の総責任者とする。関羽は江陵を拠点に曹操・孫権の双方に睨みをきかせるが、219年、孫権に殺された（78ページ）。以後、江陵は呉の拠点都市となった。

**歴史メモ** 長江を“揚子江”と呼ぶこともあるが、これは長江の下流部分、本来は揚州と鎮江の間の部分を指す呼び方。

# 天然の要害に守られた現・四川盆地が中心

**益州のみが「蜀漢」の支配地。広大ではあるが、多くが山岳地帯。守りやすいが、攻め出しにくい地形でもあった。**

## ◆益州のみになった蜀漢帝国

劉備《りゅうび》は当初、荊《けい》州と益《えき》州の2州を獲得した後、曹操《そうそう》との対決を考えていた。

荊州は、南陽《なんよう》・江夏《こうか》・長沙《ちょうさ》などの十数郡からなる州である。長江の中流域に当たっており、古くから交通網が発達し、船で長江を下れば江東に出ることもできる。気候が温暖で農作物の育成にも適し、産業も振興している中国南方の要衝だ。もともと劉表《りゅうひょう》の支配地域だったが、劉表の死後、曹操に掌握された。「赤壁《せきへき》の戦い」の後は、劉備と孫権《そんけん》が所有権をめぐって抗争したが、最終的には孫権の支配下に入っている。したがって、三国時代における蜀漢帝国の所有地域は益州のみとなる。

益州は、現在の四川省ほぼ全域と、貴州《きしゅう》・雲南《うんなん》の両省の一部にまたがる広大な地域だ。

司馬遷《しばせん》（前145ごろ～前86年ごろ）の『史記《しき》』には、「巴蜀《はしょく》もまた肥沃の地である」と記され、班固《はんこ》（後32～92年）の『漢書《かんじょ》』地理誌には「巴・蜀・広漢の諸郡には……人々は皆、米と魚をふんだんに食べており、凶作の心配は皆無である」と記されている。

いかにも肥沃の地に見えるが、疑問を呈する声も紹介しておこう。評論家の田中重弘氏は「（蜀の中心となった四川盆地は）成都《せいと》平野を除いて起伏に富んだ赤い土層の丘陵地帯がその大部分を占めている。周囲の山地に較べて平らという盆地に過ぎ」ず、「その土地は大量の雨水が土中の栄養分をも流し去ってしまっている貧土の地」であり、加えて夏から秋にかけて濃い霧が常に発生し、日照時間がきわめて短いことを指摘している。気候区としては中亜熱帯（九州南部の気候に相当）に属し、冬も晴れ間が多く、霜が降りないことから野菜類の栽培には適していても、豊富な日光が必要な穀物の栽培に関

■山に囲まれた益州の中心地

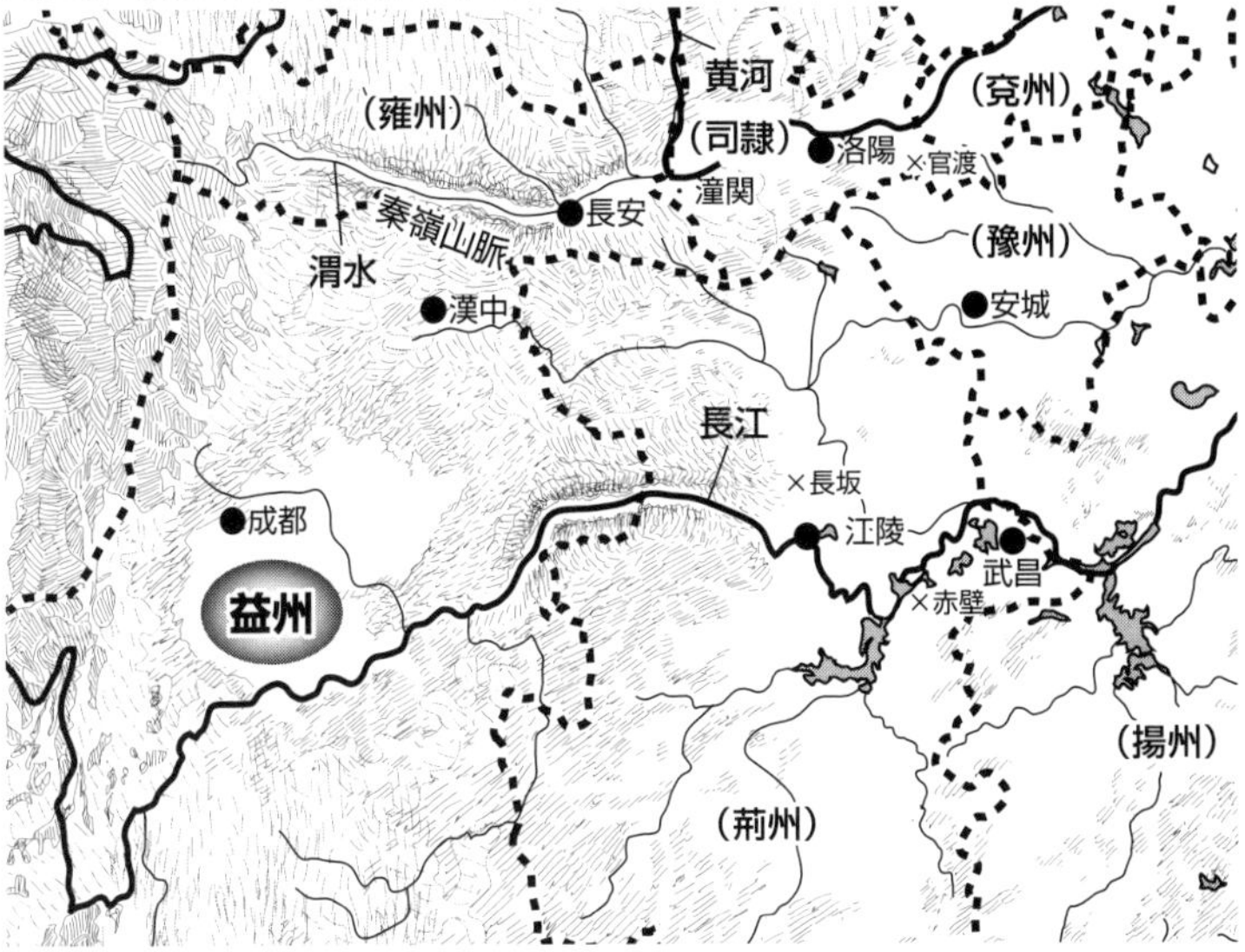


しては「米でも何でも作柄は今一つダメ」と指摘する（『三国志下巻』学習研究社　歴史群像シリーズ18）。

## ◆山に囲まれ守られた地域

首都・成都は盆地にあり、周囲はけわしい山岳地帯だ。北には秦嶺《しんれい》山脈が連なっている。太白《たいはく》山（標高3767メートル）を筆頭に2000メートル級の山々がそびえる山脈だ。この山脈のある地帯は侵食性の地形が多く、峡谷はとにかく深い。また東から長江沿いに入るにしても、三峡《さんきょう》（瞿塘峡《くとうきょう》、巫峡《ふきょう》、西陵峡《せいりょうきょう》の三峡谷の総称）という難所が控えている。南には五蓮峰、西の大雪山脈はチベット高原へと続いている。

益州に入る苦労を唐代の詩人・李白《りはく》は、『蜀道難《しょくどうなん》』の中で次のように詠んだ。

「蜀道の難《かた》きは青天に上がるよりも難し」

この地形は外敵の侵攻を阻むのには、実に都合がよい。諸葛孔明《しょかつこうめい》が劉備に「益州は青天然の要害」と説いたのもそのためだ。実際、魏は蜀の地形ゆえに攻めあぐんでいる。しかし、蜀から外に攻め出す障害にもなった。軍隊の進軍速度は遅く、かつ後方からの補給速度も遅くなった。蜀漢帝国にとって蜀の地形は、まさに諸刃《もろは》の剣であった。

**歴史メモ**　三峡では現在「三峡ダム」の建設が進んでいる。完成予定は2010年。完成の暁には長さ600km。貯水量390億㎥という巨大人造湖が誕生する。

# 蜀漢の拠点は成都と漢中の間に点在

**盆地内の都市が中心。後期は、「漢中」が中原（関中）進出への拠点となった。逆に魏もここを目指して侵攻してくる。**

## ◆盆地部に集中する拠点

蜀漢の拠点は、次の4都市だ。

・成都《せいと》
・漢中《かんちゅう》
・葭萌《かぼう》
・涪城《ふじょう》

「成都」は、三国時代には益《えき》州の州都であった。現在は四川省の省都であり、中国西南地方最大の古都である。四川省は面積的にはフランスと同じくらいだが、平野と呼べるのは成都周辺を含む5～6％のみ。あとは山岳地帯だ。そのため成都の空はどんより曇っていることが多く、晴天は夏に数日しかない。立ち上る水蒸気が成都の上空を覆ってしまうためだ。ただ、気候そのものは温暖で、冬でも氷点下まで下がる日は数日もないという。数少ない平野にある成都は、古代には異民族が住みついていたが、紀元前4世紀ごろ、秦《しん》の恵文王《けいぶんおう》に制圧されて漢民族の領土になった。益州は『三国志』中で「巴蜀《はしょく》の地」と呼ばれることがあるが、これはかつて成都を中心とする蜀《しょく》国と巴《は》国（中心は現在の重慶《じゅうけい》）の2王国があったことによる。

「漢中」は、三国時代には益州に属し「漢中郡」と呼ばれていた地域。中心都市の漢中は現在、陝西省西南端の拠点都市となっている。漢中は前漢を創始した劉邦《りゅうほう》（前247～前195年）が天下掌握の足がかりとした土地であり、漢王室の発祥の地ともなっている。また、益州の北東に位置しているため、益州と中原を結ぶ中継地点として三国時代には魏・蜀漢の争奪の地となった。

漢中郡の主の移り変わりは次のとおりだ。

張魯《ちょうろ》（五斗米道《ごとべいどう》教団の教祖）→曹操《そうそう》（215年、張魯から奪う）→劉備《りゅうび》（219年、曹操から奪う）

■蜀漢の中心となった都市

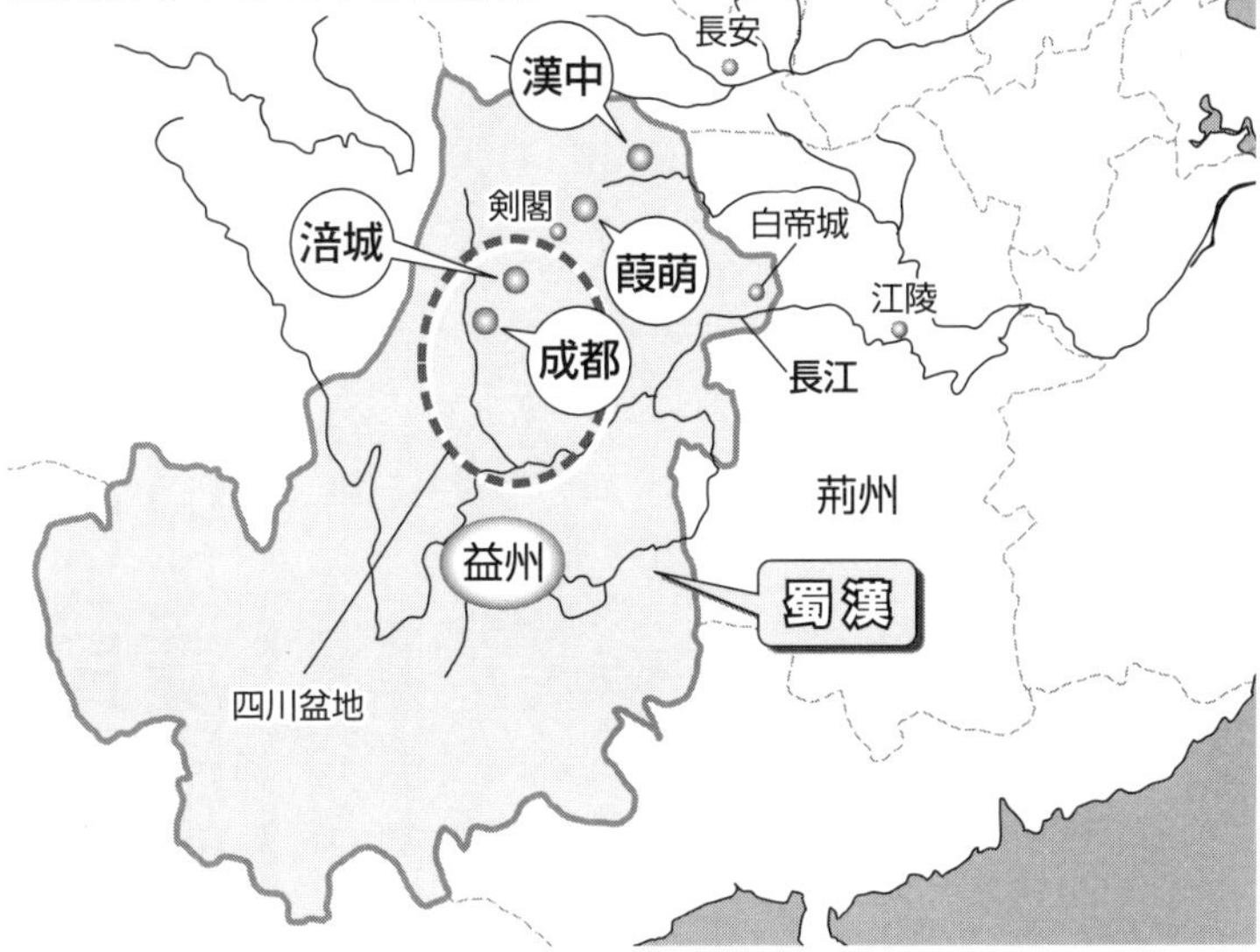


以後、蜀漢帝国の魏侵攻の前線基地となり、諸葛孔明《しょかつこうめい》も北伐のときに駐屯している。

「葭萌」は、漢中から成都に向かう全長約６００キロの「金牛道《きんぎゅうどう》」の途中に位置する拠点であり、現在の広元市（四川省）である。広元の明月峡には蜀漢帝国の将兵たちが四苦八苦して通った「桟道《さんどう》」が復元されている。諸葛孔明が北伐の準備と魏の侵攻を防ぐため、整備に腐心したと伝えられる人工道路だ。

また、葭萌からさらに成都よりに進むと剣閣《けんかく》と呼ばれる場所がある。ここは魏帝国軍が蜀漢討伐のために軍勢を進めたさい、蜀漢の武将で「孔明の直弟子」を自認する姜維《きょうい》が立てこもった要害でもある。

剣閣から１５０キロメートル南下すると、「涪城」だ。現在の綿陽市（四川省）である。２２１年、劉備は益州の牧《ぼく》（長官）である劉璋《りゅうしょう》の頼みに応じて漢中制圧のため益州に入る。そのとき劉璋が劉備を歓待するために出張ってきたのが「涪城」だ。劉備の本心は益州奪取で、その3年後に目的を果たす。しかし、因果はめぐる。２６３年の魏軍の蜀漢侵攻のさいの拠点になったのも「涪城」であった。



**歴史メモ** 「蜀犬、陽に吠ゆ」とは中国古代からの俗言だが、滅多に姿を見せない太陽におびえた犬が太陽に向かって盛んに吠えている様を表わす。

# さまざまな異民族に囲まれていた漢民族

**広大な中国大陸には、異民族も多く住んでいた。烏丸や鮮卑、匈奴、羌、氐などは中心部への進出を狙っていた。**

## ◆異民族に悩まされた漢民族

三国志は、漢民族同士の争いだが、中国の歴史においては、漢民族vs異民族という図式がはてしなく繰り返されている。これは歴史を動かす大きな要因となった。

たとえば前770年、犬戎《けんじゅう》（チベット系遊牧民族）が周《しゅう》王朝に激しい圧力をかけている。この圧迫に耐えかねた周は、都を鎬京《こうけい》（後の長安《ちょうあん》）から洛邑《らくゆう》（後の洛陽《らくよう》）に移して急場をしのぐしかなかった。後世、「周の東遷《とうせん》」と呼ばれる事件である。

周がただの王朝ならば、「都を移したんですね」で終わったはずだ。ところが周王朝は、前の殷《いん》王朝を武力で討伐した軍事政権だ。周が最も強大な軍事力を持っているからこそ、中国内の実力者たちは周王朝を盟主として仰ぎ見ている。周が政権を維持し続けるには、「周は強い」という事実を周囲にアピールし続けなければならないのだ。

ところが当の周王朝は異民族の圧迫に負けて本拠地を移したのである。実力者たちの心中に「周も衰えたな」という侮蔑が生じるのはきわめて自然なことであった。紀元前期の大動乱、春秋戦国時代がはじまるのはそれからである。各群雄たちは「衰えた周にかわって天下を治めるのは自分」と、攻防を繰り広げた。

犬戎の侵入は、ほんの一例だ。歴代の王朝は異民族対策に頭を悩ませた。前漢の武帝のように大攻勢をかけて打撃を与えたこともあれば、拉致《らち》された皇帝もあった。司馬炎《しばえん》（晋の初代皇帝）の25男で西晋の「懐帝《かいてい》」であった司馬熾《しばし》などは、311年に侵攻してきた匈奴《きょうど》に拉致され、正月の宴会の席上でボーイの役を強制され、嘲笑され、処刑されている。北宋《ほくそう》（960～1127年）の欽宗《きんそう》皇帝は、金《きん》（ツングース系女真《じょしん》族）に連れ去られて

■三国時代の異民族

いる（靖康《せいこう》の変）。また、漢民族にかわって中国本土に王朝を樹立した異民族もあった。北魏《ほくぎ》、金、元《げん》（モンゴル帝国）、清がそうだ。

## ◆広大な中国本土を狙っていた異民族

異民族たちが中国侵攻を繰り返した理由はやはり、豊かな土地を確保するためだろう。不安定な遊牧生活に比べると、農耕に適した土地の多い中国本土は別天地ともいうべき理想郷だったのだ。

もっとも異民族たちも、不断に侵攻してきたわけではない。中国王朝が強大な時はおとなしくしていた。彼らが中国との国境をうかがうのは、王朝の威勢が弱まってきたときだ。

後漢時代末から三国時代の動乱期は、異民族たちにとっては本土に侵入する絶好の機会だった。

この時期、中国の周辺にいた異民族の名と活動していた地域は上図のとおりだ。彼らは国境を虎視眈眈《こしたんたん》と狙った。『三国志』に登場する群雄たちは、本土内の敵ばかりでなく、外の敵とも戦いを強いられたのである。

次項で、異民族がどのように侵入してきたかを見てみよう。



歴史メモ　氐は351年「前秦」という王朝を中国内部に樹立。376年には黄河流域地域を統一。383年、天下統一をかけて東晋と戦った。滅亡は394年。

# 周辺だけでなく内部にも存在した異民族

**異民族は主に周辺部にいたが、内部にもいた。呉や蜀漢は、彼らの支配に乗り出している。**

## ◆袁家と結んで南下しようとした烏丸

北の烏丸《うがん》（烏桓）族は、曹操《そうそう》に徹底的に叩かれている。曹操の圧力に屈した袁尚《えんしょう》・袁熙《えんき》の兄弟が烏丸族のもとに逃げ込んだのは205年のことだ。烏丸族はかつて東胡《とうこ》と呼ばれていた騎馬民族の末裔《まつえい》である。匈奴《きょうど》との抗争で故国を滅ぼされた後、河北地域との国境地帯に住みつくようになった。

烏丸が袁家の遺児を保護したのは、かつて袁紹《えんしょう》が彼らを懐柔し、騎馬の精鋭部隊として組み入れて以来、袁家との関係が深かったためといわれている。だが、それだけではあるまい。このとき烏丸の単于《ぜんう》（王という意味）は蹋頓《とうとつ》。かつての冒頓単于《ぼくとつぜんう》（位？～前174年。匈奴の大王として中国本土の人々に恐れられた）の再来ともいわれる武勇の持ち主だ。

おそらく「袁家の御曹司たちは有力な駒として使える」と考えたのだろう。

以前に袁紹が支配していた河北地域は、一応、曹操の支配下になっている。しかし、曹操に反感を抱く者も少なくない。名家として長い間河北に君臨してきた袁家を滅ぼしたからだ。

一方、烏丸は漢民族と対立する異民族である。もし、彼らが国境をおかして中国領内に侵入すれば河北の住人は一致団結して立ち上がってくるはずだ。「漢民族の土地を異民族の連中にとられるな」と。

だが、もし袁家の遺児たちを先頭に立て、「袁家の土地と威信を回復するための援軍」という立場を前面に押し出して侵攻したとしたらどうか。風当たりが弱まるばかりか、味方になる者も多いかもしれない。

烏丸族は袁家の遺児たちを保護することで、中国本土侵攻の大義名分を得たのである。

曹操は、蹋頓たちの狙いを見抜いていたのであろう。２０７年の夏、自ら軍勢を率いて出陣し、白狼山《はくろう》で戦い、烏丸の騎馬軍団を撃破し、蹋頓を処刑している。

## ◆漢の勢力と手を結んだ異民族

鮮卑《せんぴ》・匈奴についても、この時代の動向を簡単に紹介しておこう。

匈奴は、中原の勢力争いが袁紹と曹操の2人に絞られたとき、匈奴陣営も二つに割れた。単于の於扶羅《おふら》と後継者の呼厨泉《こちゅうせん》は袁紹支持を打ち出し、右賢王《うけんおう》の去卑《きょひ》は曹操に味方したのである。曹操は袁紹派の於扶羅と呼厨泉を攻める一方、去卑に匈奴を統制させようとしたが、最終的には匈奴を5部に分割して勢力を抑え込んだ。

鮮卑族は匈奴や烏丸よりさらに北方に位置し（143ページ図）、中国本土と国境を接していなかったため、曹操は懐柔策に出ている。彼らが一つにまとまるのを防ぐ保険の意味も込めて、有力部族の長たちに個別に王号を授けたのだ。

ところが軻比能《かひのう》という男だけは、曹操の誘いに決して乗らず王号を拒否し叛旗をひるがえした。２１８年には一度曹操に降伏するが、再び敵対。２２５年、魏軍と戦い敗北する。しかし軻比能はあきらめず、２３１年には諸葛孔明《しょかつこうめい》の北伐《ほくばつ》に呼応して挙兵し、魏と戦った。魏が軻比能を倒したのは２３５年だ。幽《ゆう》州刺史《しし》の王雄《おうゆう》によって暗殺されている。

異民族との共同戦線を考えたのは諸葛孔明ばかりではない。呉の孫権《そんけん》も同様だ。

２２３年、益州の南方にいる西南夷《せいなんい》（少数民族を一括した呼称）が蜀漢帝国に対して叛旗をひるがえす事件が起こる。裏で糸を引いていたのは孫権だった。北伐を計画中の諸葛孔明は後方を安全にするために、２２５年、西南夷の討伐に出陣している。この時も、孔明らしいやり方で、相手の指導者孟獲《もうかく》を味方に引き入れている（82ページ）。

## ◆漢民族と混在していた異民族も

また、異民族は辺境ばかりでなく、中国本土内にもいた。たとえば２２１年、劉備《りゅうび》は関羽《かんう》の仇討ちのため、孫権の陣営に向けて軍勢を進める。そのさい、劉備の幕僚・馬良《ばりょう》（馬謖《ばしょく》の実兄。英才で知られ「白眉《はくび》」という言葉の語源になった人物）の説得に応じて、異民族の部隊が援軍として合流した。

**歴史メモ** 鮮卑族は386〜534年にかけて「北魏」という王朝を起こしている。その後、西魏・東魏と分かれている。

大将の名は沙摩柯《しゃまか》。武陵郡《ぶりょう》（荊州の南方の郡。現在の湖南省洞庭湖以西）一帯に割拠していた「蛮《ばん》」と呼ばれる異民族の統括者だ。沙摩柯が率いる勇猛な異民族部隊は呉軍相手に大奮闘したようだ。しかし、夷陵《いりょう》で陸遜《りくそん》の反撃を受け、沙摩柯は戦死している。

## ◆呉の国内にいた異民族

「山越《さんえつ》」も中国本土内にいた異民族だ。

彼らが根拠地としていたのは、揚州《よう》丹陽郡《たんよう》（現在の安徽省と江蘇省の境あたり）だ。山越とは一説には、戦国時代（前403～前221年）に江南地方で威勢を誇っていた「越《えつ》」の末裔である百越《ひゃくえつ》の一枝族とされている。彼らは丹陽郡の山岳地帯を拠点に割拠していた。

後漢末から三国時代への移行期、山越は孫家政権と激しく対立した。両者の対立は孫家政権による江南地方の開発と関係がある。江南地方の開発は、孫家政権により急速に進められた。

しかし、山越側から見ればこんな迷惑な話はない。これまで自分たちが住んでいた環境・秩序などを漢民族の連中が遠慮なく破壊し切り拓くのである。利害の衝突が起こり、孫家政権と山越は激しく対立した。

孫家政権は山越に対して頻繁に攻勢をかけた。206年の春には、孫瑜《そんゆ》（孫権の従兄弟）を大将に、周瑜《しゅうゆ》を補佐役として山越を攻め、首領連中を殺し、1万を捕虜としている。

三国時代、群雄たちは天下掌握のために戦った。同時に異民族たちも戦った。本土内の異民族は自分たちの利益を守るために、辺境の異民族たちは中国本土に進出するために――。

異民族と漢民族の闘争は、『三国志』が描く、中国大陸におけるもう一つの戦いである。

# 第5章　三国時代を決めた10血戦

# それぞれの運命を決めた10の戦争

## ◎『三国志』のターニング・ポイント

動乱の引き金となるのは戦争であり、動乱期に時代の方向を決定づけるのもまた戦争である。

第5章では『三国志』に記されている戦争のうち、時代のターニング・ポイントとなった戦争を10選び出して紹介している。

選んだのは、次の争いだ。

「官渡《かんと》の戦い」「長坂坡《ちょうはんは》撤退戦」「赤壁《せきへき》の戦い」「潼関《とうかん》の謀略戦」「益州《えき》争奪戦」「荊州《けい》の抗争」「夷陵《いりょう》の大反撃」「新城《しんじょう》の陥落」「第一次北伐（祁山《きざん》の攻防）」「第五次北伐（五丈原《ごじょうげん》の対陣）」

いずれ劣らぬターニング・ポイントとなった戦いといえる。

とくに、200年に行なわれた「官渡の戦い」は、最も重要な地域である「中原《ちゅうげん》」の制覇をかけて、袁紹《えんしょう》と曹操《そうそう》が激突した。大方の予想は「袁紹有利」で一致していた。勢力に差がありすぎたからだ。しかし、曹操は粘りに粘り、袁紹陣営のわずかなスキを突いて逆転勝利した。この勝利により、曹操は最も豊かな「中原」を制圧したのである。

また、208年9月の「長坂坡撤退戦」は、荊州の民衆をつれて撤退する劉備《りゅうび》に曹操軍団が殺到し、劉備軍団を一方的に斬りまくった。しかし、ここで劉備は生き残り、曹操は劉備を葬り去る千載一遇のチャンスを逃がした。時代が3大実力者鼎立《ていりつ》へと流れを転換させた合戦であり、同じ年の末に起こる「赤壁の戦い」で、曹操の天下統一の志を事実上、挫折させ、曹操・孫権《そんけん》・劉備の鼎立を確実にした。

## ◎劉備・孔明の挫折から三国時代の終焉へ

その後、曹操は西へと進出し、涼《りょう》州に割拠している豪族連合軍と戦い、これを撃破する（潼関の戦い）。

その後の戦いは、主に劉備陣営が関わってくる戦いだ。劉璋《りゅうしょう》の支配する益州を武力制圧し、さらに荊州へと勢力を伸ばしていくが、その荊州で関羽《かんう》が殺害されてから、運命はまた大きく転換していく。荊州の回復と関羽の仇討ちのため孫権討伐軍を起こした劉備は、結局、夷陵で大敗北を喫してしまう。この敗北により劉備の天下統一計画は完全に挫折し、あわせて蜀漢帝国の国力も大幅に低下してしまうのだ。

そして、劉備から後事を託された丞相《じょうしょう》の諸葛孔明《しょかつこうめい》の北伐（魏への侵攻）も、『三国志』にとって非常に大きなポイントになる。5回行なった北伐《ほくばつ》軍も、ことごとく失敗。そして、5度目の北伐に出陣している途中、孔明は陣中で病没した。孔明の病没は、三国時代終焉の遠因となるのである。

● **200年** ◆官渡の戦い

# 至弱で至強に当たり至弱が勝利！

**河北と中原の支配をかけて袁紹と曹操が戦った「官渡の戦い」。圧倒的有利だったはずの袁紹が負けたのは、なぜか。**

## ◆ぶつかり合う華北の2大勢力

200年、袁紹《えんしょう》と曹操《そうそう》は中原《ちゅうげん》をかけて軍事衝突する。これが「官渡《かんと》の戦い」である（54ページ）。

官渡は、三国時代は河南地方の要衝だった。現在は河南省中牟郡官渡橋村だ。

戦いをはじめたのは、北の名門・袁紹だ。ライバル公《こう》孫瓚《そんさん》を前年に倒し、満を持しての曹操との対決であった。

両者のこの時期の勢力は次のとおりだ。

◎曹操の支配地…兗《えん》州、徐《じょ》州、司隷《しれい》・豫《よ》州・荊《けい》州・揚《よう》州の一部。実質的な支配は2州

◎袁紹の支配地…冀《き》州・并《へい》州・幽《ゆう》州・青《せい》州の4州

支配地域は袁紹のほうが圧倒的に広い。支配地域の広さ=人口の多さ=軍勢の多さである。袁紹軍の動員兵力は推定約10万。対する曹操の兵力については、正史『三国志』は「1万にも満たなかった」と記している（註をつけた裴松之《はいしょうし》は疑問を投げかけている）。

しかし、官渡で最初に戦闘を仕掛けたのは曹操だった。曹操は黄河を渡る袁紹軍の背後をつくと見せかけるや、不意に転身し、白馬《はくば》（曹操の前線基地）を包囲している袁紹軍を襲って猛将・顔良《がんりょう》を倒した。

その後、延津《えんしん》での攻防を経て官渡での対陣に入る。曹操は官渡城に籠城し、袁紹軍は城を包囲した。

最初の激突から約半年、移動しつつ攻防を繰り返した末の決戦だ。

袁紹は、人海戦術プラス奇略で攻めたてた。高層の櫓《やぐら》から城内に矢を射こんだかと思うと、地下から城内に潜入するためのトンネルまで掘った。曹操も負けてはいない。投石器（発石車、241ページ）を作って袁紹軍の高層櫓を壊し、トンネル攻撃に対しては反対側からトンネルを掘って対抗した。

## ◆天は曹操に味方した！

長期戦になり、食糧も残り少なくなると、さすがの曹操も弱気になり、本拠地の許《きょ》都を守る参謀・荀彧《じゅんいく》に講和を相談する手紙を出した。荀彧からの返信が来た。

「至弱を以て至強に当たっているのです。苦しいのは当然のこと。ここが正念場。転機は必ず訪れる」

同年10月、転機が訪れた。袁紹配下の参謀・許攸《きょゆう》が、自分に対する評価の低さに怒り、投降したのだ。しかも「袁紹軍の食糧輸送拠点の情報」という手土産を持って。

そこで曹操は、5000人の精鋭を選ぶと自ら指揮をして、敵の食糧集積地・烏巣《うそう》に奇襲をかけた。

曹操軍奇襲のしらせは袁紹陣営にも伝わった。しかし、袁紹は何を血迷ったか、高覧《こうらん》と張郃《ちょうこう》に官渡城の攻撃を命じる。2人は袁紹の考え違いにあきれ果てた。

〈食糧がなくて何が戦争か〉

自滅は必至ではないか。2人は袁紹の将器に見切りをつけ、攻撃と偽って官渡城に赴き、投降してしまった。烏巣陥落と2武将の投降のしらせに袁紹軍は大混乱におちいり、やがて総崩れとなって官渡より撤退していった。

■官渡の戦いの舞台

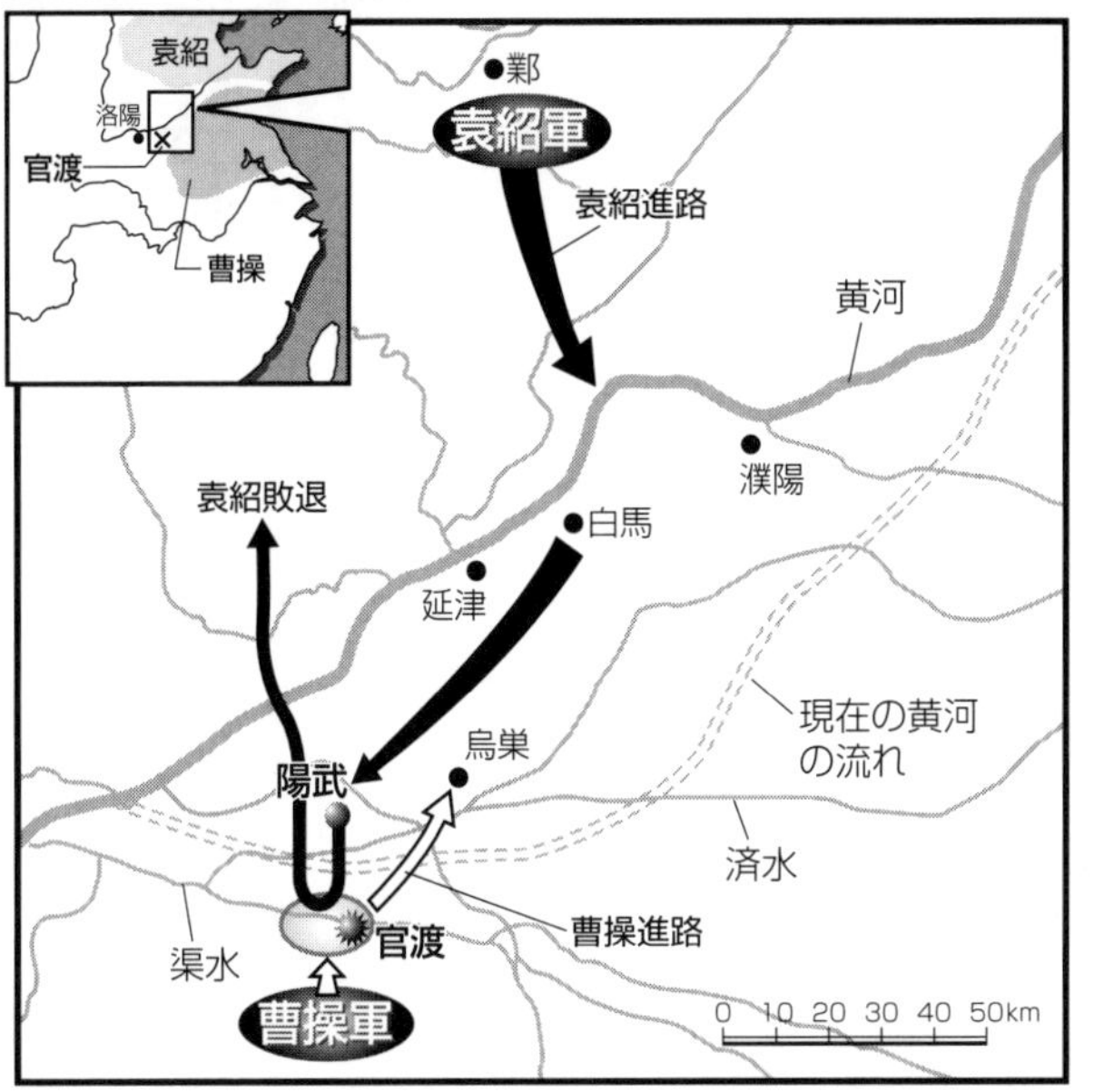


歴史メモ 袁紹は、延津の攻防では文醜を失った。緒戦で優秀な武将2人を欠いてしまったところにも、袁紹敗北の要因はあるようだ。

◉208年　◆長坂坡撤退戦

# 絶体絶命の劉備　張飛と趙雲の活躍で脱出

**曹操の南下により逃げる劉備。長坂坡で全滅しそうになるが、なんとか逃げ切った。これが「赤壁」への序章となる。**

## ◆逃げる劉備、猛追撃する曹操軍

長坂坡《ちょうはんは》は、現在の湖北省当陽市にある。三国時代の荊《けい》州南《なん》郡に含まれていた場所だ。「坡《は》」とは〝坂〟の意。長坂プラス坡という地名どおり、この場所は緩やかな坂が数里にわたって続く場所である。

袁紹《えんしょう》を倒して中原《ちゅうげん》（黄河中流域）と河北を制圧した曹操《そうそう》は２０８年、軍勢を南下させた。ターゲットは荊州と揚《よう》州である。曹操の南下に荊州は大いに揺れたが、結局、降伏派が主導権を握り、曹操に降伏した。

この時、荊州に客将として迎えられ、新野《しんや》に駐屯していた劉備《りゅうび》は、一目散に逃げ出した。かつて曹操の陣営に迎えられながら、曹操を裏切り、後に敵対した経緯がある。降伏したとしても曹操が自分を許す見込みはまったくない。

劉備の目指す先は、荊州の要衝で軍事物資の集積地である江陵《こうりょう》だ。まず江陵を占拠して豊富な軍事物資を背景に曹操と対抗する計画である。曹操は劉備の目的を見抜いた。劉備に軍事物資を渡したらややこしいことになる。曹操は精鋭の騎馬部隊５０００に追撃を命じた。劉備が江陵に到着する前に討ち取る腹だ（66ページ）。

この時の曹操軍騎馬部隊の追撃がすごい。正史『三国志』蜀書先主伝によれば、曹操の騎馬部隊は馬を駆り続けること丸一昼夜、約３００里ばかりを駆け続けて、長坂坡で追いついたとある。

ここでいう1里は日本とは違い約４００メートル（日本は約4キロ）。だが、それでも３００里で約１２０キロになる。当時としては驚異的な進撃速度である。曹操軍の猛追撃があることを察知しつつも、劉備の後退速度は遅かった。

無理もない。劉備軍には曹操の支配に服したくない荊州の人民たち十数万が従っていたのだ。劉備の幕僚たちは、「曹操の追撃が予想されるいま、人民の同行は後退速度を遅くする」と主張したようである。しかし、劉備は「大事業の基本は人。頼りにしてくれているのに見捨てられるか」と首脳陣の主張を却下した。

■長坂坡の撤退

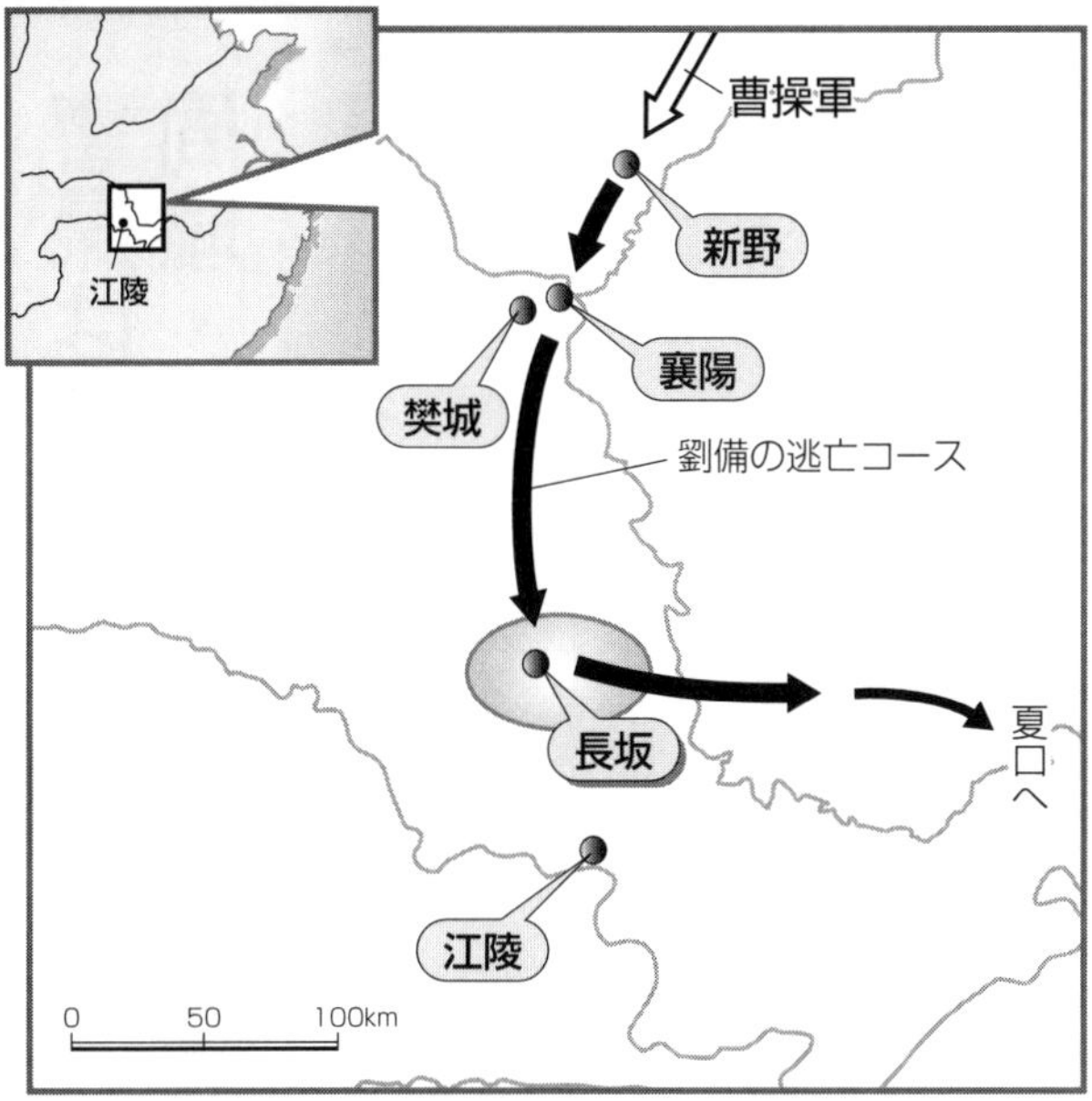


## ◆趙雲と張飛の大活躍で窮地を脱する

曹操軍追撃部隊の攻撃に、劉備軍は大混乱におちいった。荊州の人民はもちろん、劉備軍の将兵たちも次々と倒れていく。劉備は妻子（甘夫人《かんふじん》と阿斗《あと》）を敵中に残したまま逃げる。麾下の趙雲《ちょううん》が主君の妻子救出のため敵中に飛び込む。追撃部隊の勢いは衰えない。劉備の命も風前の灯かと思われた時、義弟の張飛《ちょうひ》が踏ん張った。

少数の部下を連れた張飛は長坂橋を落とし、仁王立ちになって叫んだ。

「我は張飛益徳《えきとく》。命のいらねえ奴はこっちに渡ってきやがれ」

追撃部隊の将兵たちは警戒心を強めた。

〈張飛は強いが、なぜ少数なのか？〉

彼らは伏兵を警戒し、後退を決めた。張飛の機転によって、劉備はなんとか窮地を脱することができた。妻子も趙雲の活躍で無事救出されたのである。

**歴史メモ** 趙雲の敵中突入を見た部下が「趙雲が投降した」と報告した時、劉備は「子龍（趙雲の字）が裏切るはずがない」と怒鳴りつけたという。

◉208年 ◆赤壁の戦い

# 曹操は江南の風土と周瑜・黄蓋の計略に惨敗

**長坂坡から脱出した劉備は、孫権と手を結んで曹操と激突する。同年12月、有名な赤壁の勝敗は「風向き」が決めた⁉**

### ◆曹操を待ちうけていたもう一つの敵

曹操《そうそう》軍と孫権《そんけん》&劉備《りゅうび》連合軍が激突した「赤壁《せきへき》の戦い」（68ページ）は、『三国志』の前半のクライマックスともいうべき合戦である。劉備は、長坂から命からがら逃げ出した時に、孫権と同盟を結んだのだ（66ページ）。両軍が激突したのは２０８年12月。軍勢数は曹操軍約20万（自称80万）と孫権&劉備の連合軍約5万である。

だが、曹操にとって赤壁の戦いは、孫権・劉備との戦い以前に、江南地方の風土との戦いでもあった。曹操は風土との戦いに敗れた結果、孫権&劉備に敗れたのである。

江南の風土は、当初から曹操の行く手を阻んだ。２０8年10月（劉備を長坂で追い散らしてから約1か月後）曹操軍団は、江陵から長江を下り、陸口《りくこう》へと向かう。

陸口に上陸し、精鋭騎馬部隊を上陸させ、一気に孫権軍を蹴散らすつもりだった。ところが連合軍のほうが動きが早かった。孫権&劉備連合軍は、いち早く陸口に軍勢を集結させ、曹操の上陸予定地点を占拠したのである。両軍は小競《こぜ》り合い程度の戦いをしたようだ。ここで勝ったのは連合軍だった。

軍勢を上陸させることができなければ、曹操は軍船同士による水戦で戦うしかない。孫権軍団は数の上では劣勢だが、水戦には自信がある。なにしろ江南の「水」に抱かれて育ってきたのだ。

軍勢の上陸地点を確保したい曹操は、陸口の対岸に近い烏林《うりん》という場所に艦隊を集結させて態勢の立て直しをはかった。しかし、この時、最も恐るべき敵が曹操軍団を侵食しつつあった。江南特有の風土病が軍団内に蔓延しはじめていたのだ。

風土病の正体はさまざまに推定されている。寄生虫が体内をむしばむ「住血吸虫病」かもしれないし、熱病のようなものかもしれない。また、曹操軍の兵士たちは皆、慣れない船上での生活で、肉体的にも精神的にも不調だった。長い行軍の疲れもある。

### ◆周瑜・黄蓋の計略で曹操の船団大炎上！

孫権軍の周瑜《しゅうゆ》は、曹操に対して「火攻めの計」で対した。まず、武将の一人黄蓋《こうがい》が偽りの投降を装う。曹操に投降する旨の密書を届け、「夜半、投降のために軍船を率いてそちらに向かう」と知らせたのだ。投降というのは真っ赤な嘘。怪しまれずに近づく方便にすぎない。指定の日時、黄蓋の船団は曹操の艦隊に向かった。人など乗っていない。柴や枯れ草などが満載されている。

曹操の艦隊の近くで点火された船団は、折からの東南の風に乗って上流の曹操艦隊に突入。巨大な曹操艦隊は炎上、壊滅した。

江南の風土病さえなければ、曹操は黄蓋の策には乗らなかったに違いない。しかし、曹操には現状打破への焦りがあった。そのためこの策にひっかかったのである。「急いては事をし損じる」という。彼自身気づかなかったかもしれない心の働きが、曹操にとって決定的な一敗をもたらした。

### ■長坂坡から赤壁へ

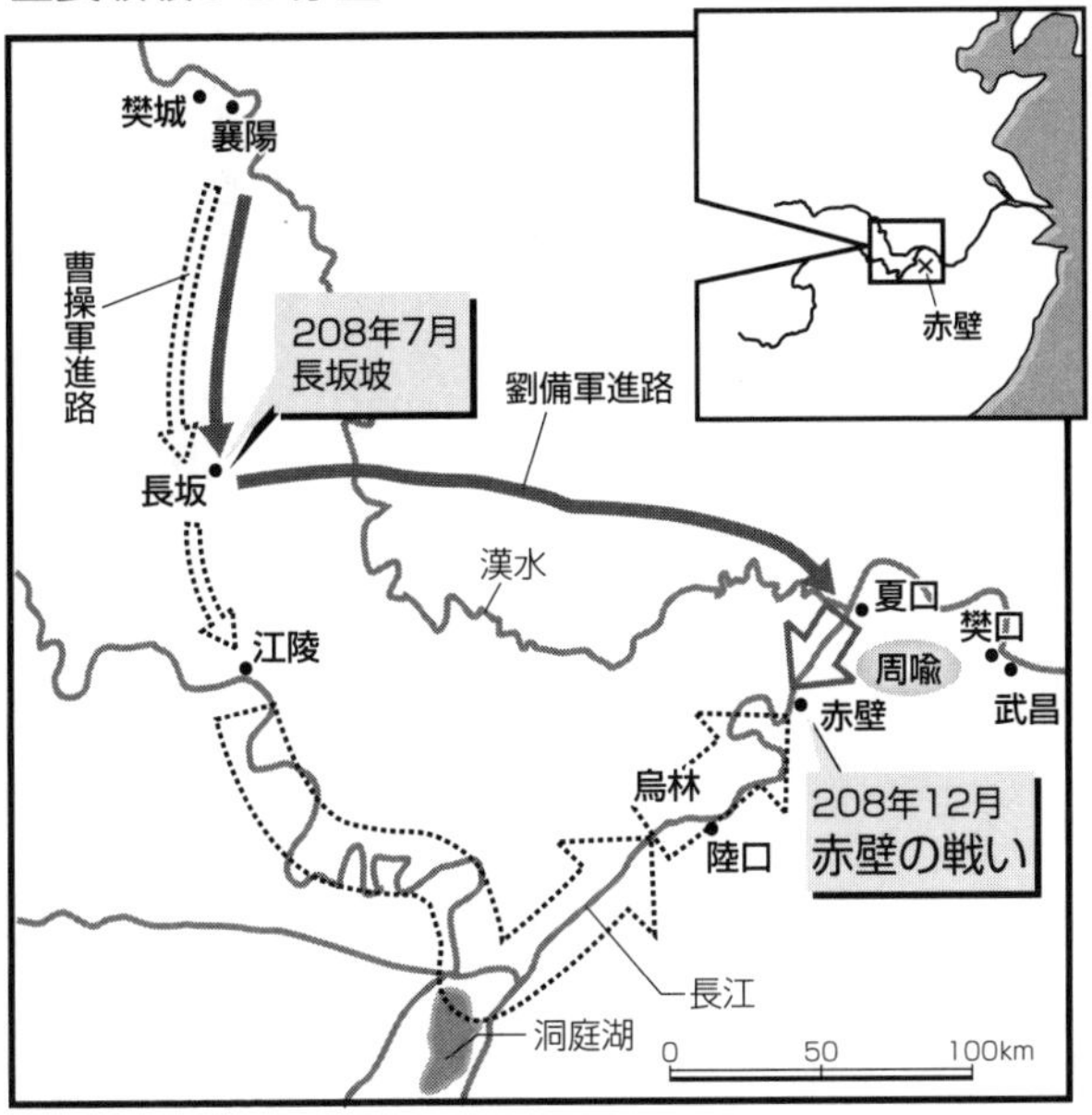


歴史メモ 「赤壁」古戦場の場所はハッキリしない。現在のところ湖北省嘉魚県と同省の蒲圻県が有力視されている。

●211年 ◆潼関の謀略戦

# 冴えわたる「離間の計」分裂する涼州豪族

**予想以上に強かった涼州豪族連合軍。リーダーの馬超と韓遂を引き離す、賈詡の巧妙な計略とは。**

## ◆曹操が『孫子』の計略に通じているワケは

三国時代、群雄たちは幾多の「計略」を武器に合戦を戦った。参考とされたのは「孫子《そんし》の兵法」である。孫子というのは春秋時代《しゅんじゅう》（前770〜前403年）の兵法家・孫武《そんぶ》のことだ。『孫子』13編は、計略のバイブルとして読みつがれてきた。

ところが古《いにしえ》の書物のため後漢時代の終わりごろともなると実に読みにくい書物になっていた。記述の散逸、後世の人の解釈の乱入、写し間違い…。不正確かつ不便になり、実用書として役立てるには散逸した部分を補足し、現存する記述を検討し、難解な箇所に註をつけるという作業が必要になる。この作業に挑んだのが後漢政府の官僚時代の曹操《そうそう》であった。曹操が編註を施した『孫子』13編は完成度が高く、原書に限りなく近いと評判になったという。

したがって、曹操は合戦での計略駆使はお手のものだ。また、参謀たちも荀彧《じゅんいく》を筆頭に荀攸《じゅんゆう》・郭嘉《かくか》・賈詡《かく》・程昱《ていいく》と一流の計略家が顔を揃えていた。

曹操の合戦中、計略の勝利ともいえるのが「潼関《とうかん》の戦い」だ。潼関は現在の陝西省潼関県にある、渭水《いすい》（黄河の一支流）沿いの要衝の地だ。洛陽方面から長安に入るのに通過しなければならない場所である。

211年7月。曹操軍は馬超《ばちょう》と韓遂《かんすい》をリーダーとする「涼《りょう》州豪族連合軍」と対した。彼らは曹操による涼州の武力制圧を危惧し、機先を制する作戦に出たのである。

緒戦は涼州連合軍が取った。騎馬戦にかけては無類の能力を持つ馬超が、曹操をあと一歩で討ち取るところま

■武力では制圧できない涼州連合軍

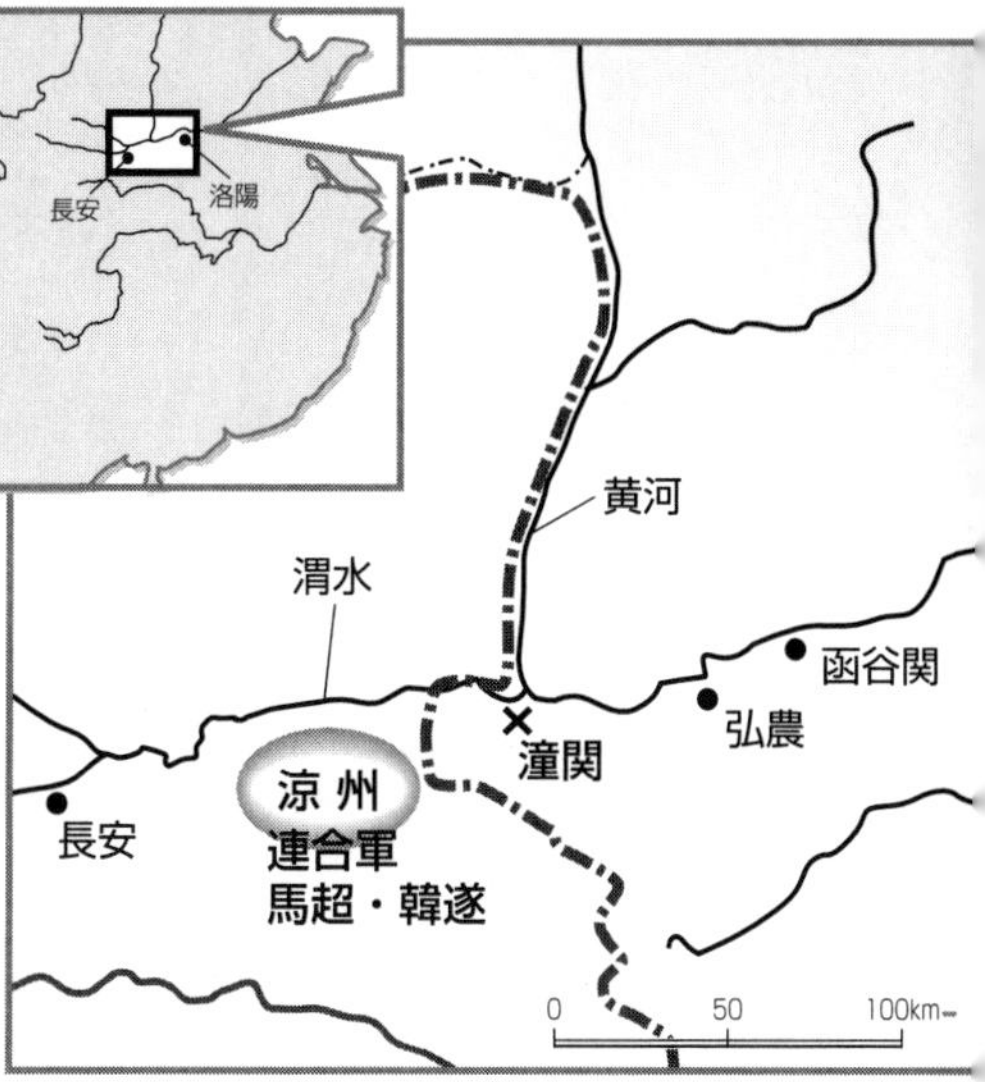


で追いつめている。

## ◆心のスキをついた「離間の計」とは

連合軍の力を侮れないとみた曹操は、ここで謀略戦に切り替え、賈詡に案を問うた。賈詡はかつて群雄の張《ちょう》繡《しゅう》に仕えていた参謀だ。１９７年の春に曹操と張繡が戦ったさいには、計略を駆使して曹操を追いつめている。賈詡は韓遂と馬超を仲間割れさせる作戦に出た。

「韓遂と馬超の父・馬騰《ばとう》は義兄弟でした」
「そのように聞いている」
「しかし、後に敵対し、馬超の母親は韓遂に殺されております。いまはご主君（曹操）への対抗上協力し合っておりますが…。人は簡単に心の中から憎しみを消せぬもの。そこを攻めます」

実は曹操と韓遂は旧知の間柄だ。旧交を温めると偽って城門の外に誘い出し、何やら楽しそうに語りあった。馬超が疑心暗鬼を起こすであろうことを計算のうえで、だ。さらに韓遂に手紙を送るさい、わざわざ消したり書き改めたりした箇所を数多く作った。まるで韓遂が文書改ざんをしたかのように…。

賈詡の目論見は的中した。馬超は韓遂を裏切り者と決めつけ殺害しようとした。小説『三国志演義』で「離間《りかん》の計」と名づけられる名計略である。

「離間の計」の成功を知った曹操は、直ちに連合軍に対して総攻撃をかけた。指揮系統が麻痺した連合軍はまともな抗戦ができずに総崩れとなった。馬超と韓遂は涼州に逃亡した。豪族中、主だった者は捕縛の後に処刑され、叛乱は鎮圧されたのである。

**歴史メモ** 韓遂はその後も曹操と敵対し続けたが、214年、曹操配下の猛将・夏侯淵との戦いに敗れて逃亡。215年、敗死した。

◉211～214年 ◆益州争奪戦

# 相手の裏切りに乗った劉備だが名軍師を失う

**最初から奪うつもりで益州に入った劉備。〝いいがかり〟をつけて強引に奪い、劉備の本拠地がついに誕生する。**

## ◆数年かかった益州の奪取

『三国志』の蜀書に次の記述がある。

「劉備《りゅうび》の軍は進撃を重ね雒城《らくじょう》を包囲した。城の守将は劉循《りゅうじゅん》。益《えき》州牧《ぼく》（長官）であった劉璋《りゅうしょう》の息子である。雒城劉循は激しく抵抗し、陥落するのに1年かかった。雒城をめぐる攻防戦で劉備は龐統《ほうとう》を失うという痛手をおった。彼は激しい戦いの最中、流れ矢に当たって戦死したのである。時に36歳だった。劉備は深く悲しみ、龐統の名を呼んではしばしば涙を流した」

龐統。字《あざな》は士元《しげん》。若いころから英才の誉れが高く、「臥龍《がりょう》」と呼ばれた諸葛孔明《しょかつこうめい》に対して「鳳雛《ほうすう》」と称賛された。孔明が軍政の実務に強かったのに対し、龐統は軍略の名手だったと推定される。

軍略とは、推移する戦況をにらみ、臨機応変の用兵で敵を破る能力だ。だからこそ劉備は激戦が予想される益州制圧戦に龐統をともなったのだろう。諸葛孔明が荊《けい》州に残ったのは、補給などの管理があったためと思われる。

荊州を本拠地としていた劉備は２１１年、軍勢を率いて益州に入る。益州の牧である劉璋から「北東の漢中《かんちゅう》郡に割拠している張魯《ちょうろ》の五斗米道《ごとべいどう》教団を討伐してほしい」との要請を受けたからだ。実はこの要請、カラクリがある。法正《ほうせい》・張松《ちょうしょう》をはじめとする反劉璋派が「器量に欠ける劉璋にかわって劉備に国を治めてほしい」との意図のもと裏工作をした結果、劉璋による劉備招聘《しょうへい》が決まったのである。もちろん劉備も事情を知ったうえでの出陣だ。

## ◆〝いいがかり〟をつけて益州を奪う劉備

劉備は軍資金と大量の軍事物資を受け取った後、漢中《かんちゅう》郡に向かった。もちろんポーズにすぎない。いつ攻撃に転じるか？　タイミングをはかるための行動である。しかし、ヘタに攻撃に出て益州の民衆を敵に回しては意味がない。「劉備が劉璋を攻めたのはやむなきこと」という大義名分がどうしても必要なのだ。龐統が進言した。
『荊州の情勢が怪しい。急ぎ救援に戻る』と使者を送りなさいませ。そしていかにも帰国するように見せかけるのです」

### ■3年かかった劉備の益州制圧

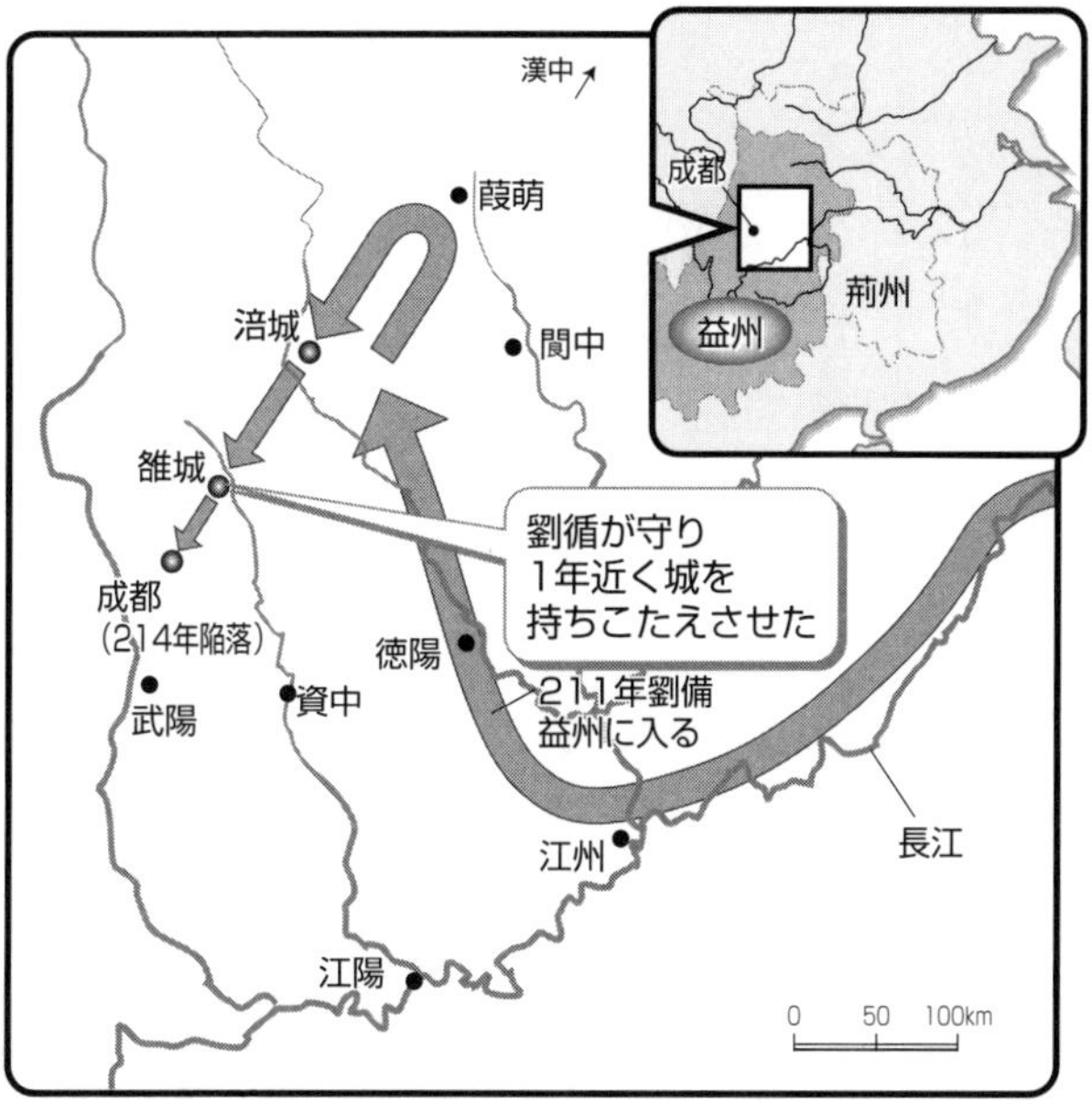


劉備は龐統のいう通りにした。しかも、劉璋に「兵1万と軍事物資の拝借」まで要求した。劉璋は400の兵と半分の軍事物資を送ってきた。何かおかしいと気づいたのだろう。やがて反劉璋グループの張松の動向が明らかになり、劉璋は劉備の本心を知る。劉璋は各地の武将に命じて劉備の動きを封じようとした。ここに大義名分ができた。

「賓客に対する礼儀を欠いた」

完璧ないいがかりだ。しかし、「礼」を尊重する儒学隆盛の時代には、これでも立派な大義名分になる。劉備は矛先《ほこさき》を益州の州都である成都《せいと》に転じた。そして先に述べたように龐統を失うのである。

益州の抵抗は意外に強く、劉備は張飛《ちょうひ》・趙雲《ちょううん》・諸葛孔明を援軍として呼び寄せた。さらに張魯のもとにいた馬超《ばちょう》が投降して、劉備軍に加わってきた。214年、劉璋は「馬超が加わったのでは勝てない」と観念して降伏し、益州は劉備の支配地となったのである（74ページ）。

**歴史メモ** 龐統について正史『三国志』は、「若いころは地味でもっさりしていたので、まだ評価する人がなかった」と記している。

◉219年 ◆荊州の抗争

# 猛虎・関羽も孫権のだまし討ちに死す

**大陸の中心にあり、常に焦点となっていた「荊州」。この地を任された蜀漢の関羽は、孫権の策にはまって討ち死に！**

## ◆孔明が荊州から離脱

益《えき》州争奪戦における龐統《ほうとう》の戦死は意外な形で響いた。龐統のかわりに諸葛孔明《しょかつこうめい》が益州に呼び寄せられたため、残された関羽《かんう》に荊《けい》州（西半分が劉備の支配地になっていた）の経営が一任されてしまったのだ。

荊州は、揚《よう》州と益州にはさまれた州である（左ページ図）。水陸の交通網が発達し、温暖な気候のため、物産がとても豊かだ。長江流域の〝中原《ちゅうげん》〟ともいえる州である。「天下三分の計」を基本プランとする劉備《りゅうび》にとって荊州は不可欠の土地だ。孫権《そんけん》も曹操《そうそう》との対抗上、国力の充実をはかるうえでも荊州は手放せない。荊州をめぐる覇権争いは当然、激しくならざるを得なかった。

２１４年に劉備が益州を獲得（158ページ）したあとの流れを簡単に記すと、次のようになる。

孫権が劉備に貸していた荊州の返還を要請→劉備、要請を拒否→荊州をめぐる軍事的緊張が高まる。関羽、孫権軍の迎撃態勢を固める→劉備、孫権に益州を東西分割して領有する案を提唱→孫権、劉備の案を渋々のむ。

ここまでは劉備が持ち前の怪人ぶりを発揮して孫権を煙に巻いた。しかし、その後、関羽が荊州の全権となったため、孫権につけ入るスキを与えることになった。

## ◆孫権に関羽殺害を決心させた事件とは

２１９年、関羽が魏（２１６年、曹操は魏王に昇格）の荊州における前線基地・樊城《はんじょう》の攻略に着手する。孫権は直ちに関羽のもとに使者を送った。

「我が息子と貴方の娘御の結婚はどうだろうか」

関羽は拒絶した。小説『三国志演義』では「虎の娘を犬コロ風情の所にはやれん」と使者を一喝したことになっているが、おそらく厳しい言葉でことわったに違いない。かつて劉備は、孫権から「自分の妹との結婚」を要

■215年頃の荊州勢力図

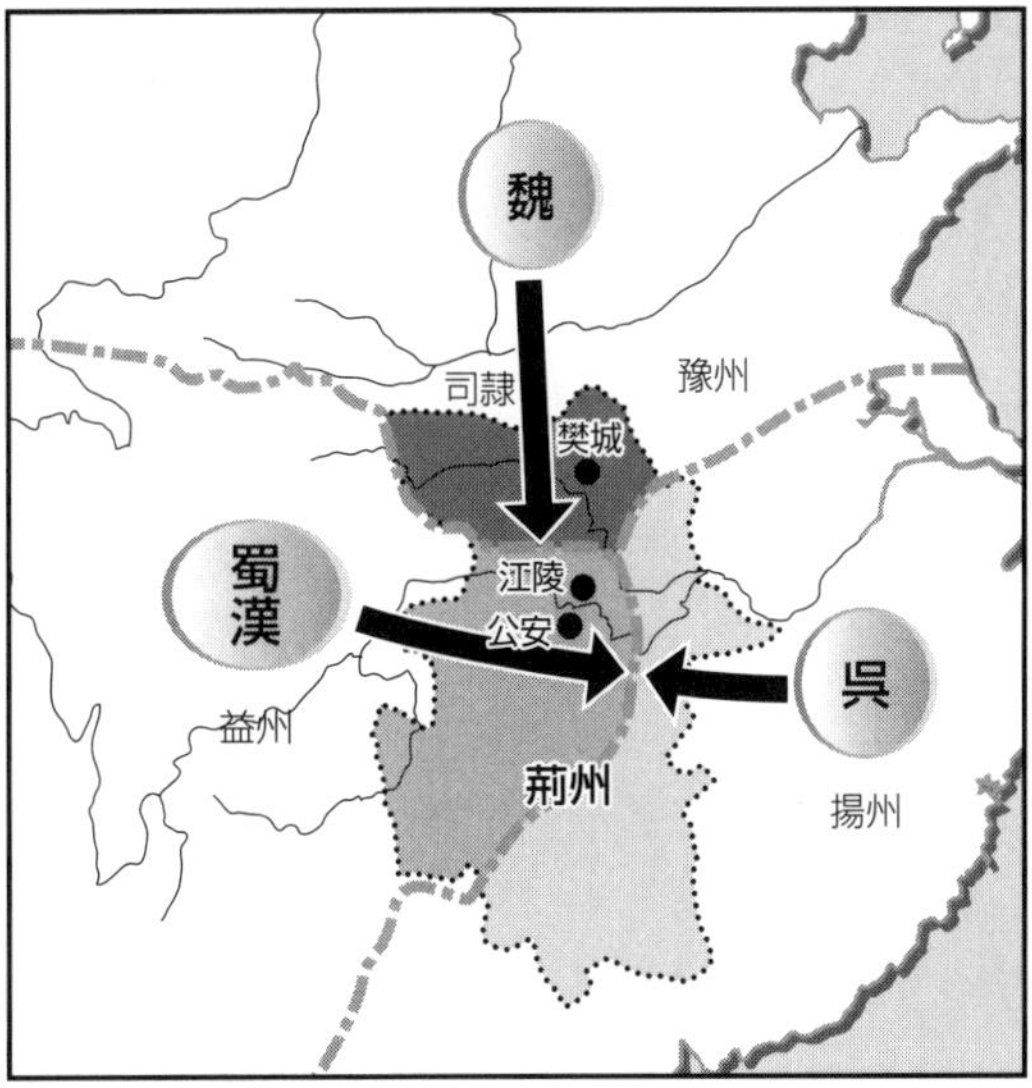


請されたさい、これを受諾している。孫権陣営に取り込まれる恐れはあったが、同盟強化という実利を重んじての判断だった。基本プランの「天下三分の計」実現のためには、どうしても孫権との同盟が必要だったからだ。

関羽が、このあたりのことをどこまでわかっていたか。劉備の今後の覇業を考えるならば荊州の安定は絶対条件である。あるいは樊城攻略がうまくいく気配が強かったので、同盟など不要、年内には曹操を倒せると見込んでいたのだろうか。

だが、関羽のこの態度が孫権に関羽殺害を決心させた。名誉でも実利でも飼い慣らせない野獣は、いつ牙を向けてくるかわからないからである。

孫権は、対関羽の最前線にいた呂蒙《りょもう》を病気を理由に引き下げ、無名の陸遜《りくそん》を後任とした。呂蒙は対劉備強硬派として知られた将軍だ。関羽も呂蒙を警戒し、江陵《こうりょう》・公安《こうあん》に呂蒙に対する軍勢を残していた。その呂蒙が下がったのだ。しかも、新人の陸遜は関羽に敬愛の念を込めた手紙を送ってきている。もちろんすべて策略だ。しかし、関羽は剛直だけが取り柄の武人。アッサリと信じ込み、呉に備えることなく予備軍をも樊城攻略に回してしまうのである。

そこに呂蒙が直ちに進撃し、江陵・公安を占拠する。関羽は樊城の攻略に失敗し、撤退に移っていたが、すでに帰るところはない。荊州を転々と逃げ回った末、子の関平《かんぺい》とともに孫権軍に殺されてしまう（78ページ）。

**歴史メモ** 『呉書』呂蒙伝によれば、江陵を目指した呂蒙とその軍勢は、商人に化け、隠密裡に行動したという。

◉221～222年 ◆夷陵の大反撃

# 関羽の仇討ち戦！だが陸遜の作戦に敗退

**「なんとしても関羽の仇を討つ！」。劉備は一気に呉の首都を目指す。だが、陸遜の持久戦に敗退してしまう。**

**◆必ずや関羽の仇を討つ！**

龐統《ほうとう》の死→関羽《かんう》の荊州《けい》残留→関羽の敗死、という一連の流れは、続いて「劉備《りゅうび》の関羽仇討ち戦」という事態を引き起こした（80ページ）。

麾下《きか》の武将で諫言《かんげん》する者が相次いだ。中でも宿将の趙《ちょう》雲《うん》は文武両道に優れた勇士らしく、堂々たる正論を吐いた。

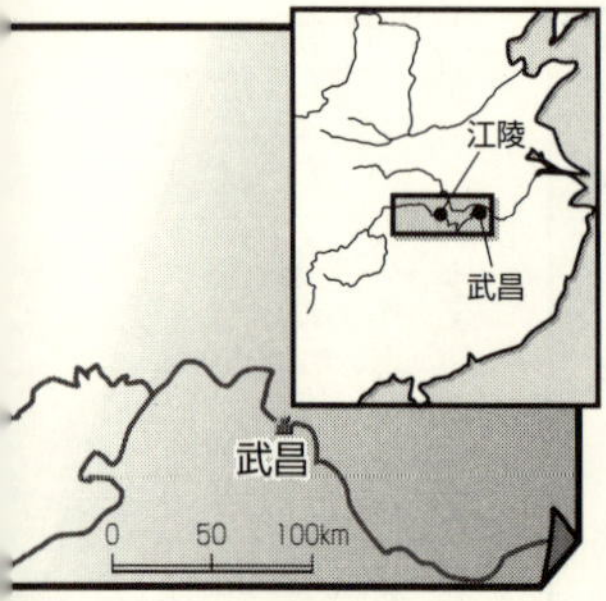


「国賊は魏。魏さえ滅ぼせば孫権などいかにでも料理できます。先年（220年）曹操は没しました。いまこそ魏帝国を倒し、漢王朝を復興する絶好の機会ではありませんか。孫権《そんけん》と事を構えるなどもってのほか」

しかし劉備は耳を貸さない。趙雲を後方任務に回すと着々と準備を進めた。

孫権は劉備のもとに使者を送って和平に努めようとした。また、孫権陣営の諸葛瑾《しょかつきん》も独自に使者を送り、劉備の慰撫《いぶ》を試みる。だが、劉備はすべて黙殺した。あくまでも出撃するつもりである。劉備が戦う気ならば、孫権としても受けて立たざるを得ない。

孫権はここで二つの決断を下す。

まず一つは、陸遜《りくそん》の総司令官任命だ。陸遜はこのとき42歳。英才の誉れは高いが、全権としての実力は未知数だ。もう一つは魏帝国への臣従である。「敵の敵は味方」という原則に従った決断だ。魏皇帝の臣となるわけだから、魏としてはもし孫権からの救援要請があれば、援軍を送らなければならなくなる。

## ■夷陵で止まってしまった関羽仇討ち

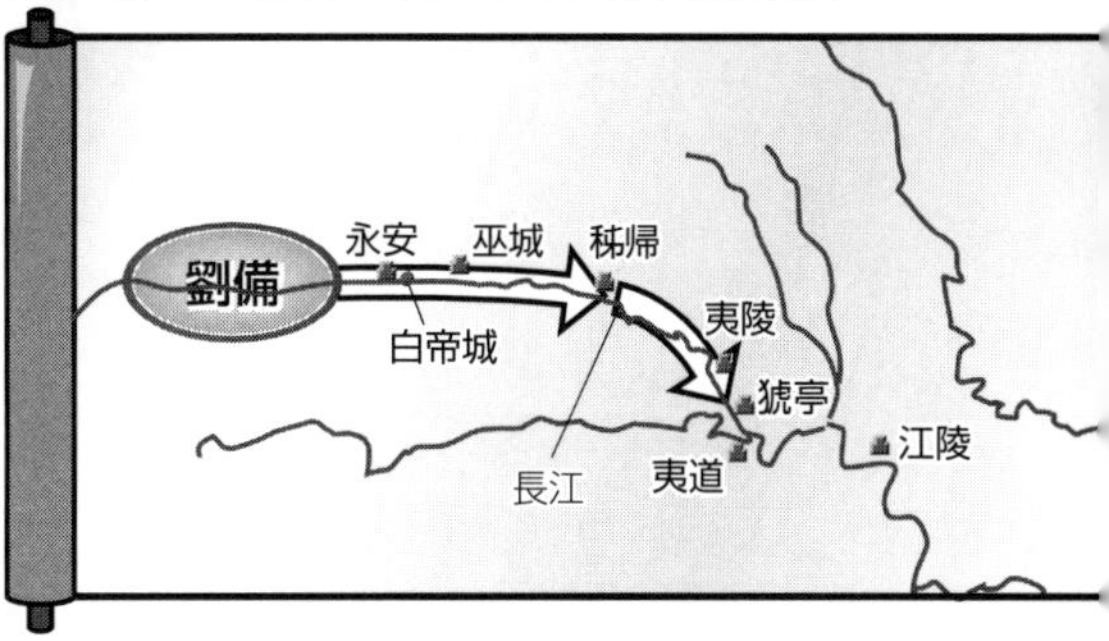


もっとも、魏もただでは臣従させず、孫権を「呉王」とする見返りに、非礼とも思えるほど莫大な朝貢《ちょうこう》品を要求した。

孫権陣営は激怒したが、当の孫権は「劉備の大軍が迫っているいま、我が領民の命は私の決断一つだ。魏の連中がほしがるものなど私にとってはがらくた同然」と周囲に語り、南方の珍奇な品々を送った。

### ◆長期戦で疲れていた劉備軍は一気に敗走

221年7月、劉備を総司令官とする蜀漢帝国軍は進撃を開始した。劉備の闘志そのままに軍勢の動きは激しい。呉軍は随所で撃破されて後退を繰り返し、ついに夷《い》陵《りょう》まで押し込まれた。夷陵は、荊州の平野部への出口にあたり、ここを抜ければ一気に武昌《ぶしょう》（呉の拠点）をうかがうこともできる。最初の交戦地が蜀と呉の国境に近い巫城《ふじょう》（呉の最前線基地）であるから、巫城から夷陵まで約200キロも後退してきたことになる。呉軍内部では、反撃しようともせず後退を繰り返す陸遜の指揮能力を疑う声も出たという。

怒濤の進撃をしてきた劉備は、222年2月、夷陵でなぜか急停止し、陸遜とにらみ合いに入る。このにらみ合いの状態は6月まで続いた。このグズグズが陸遜の反撃を許した。

陸遜が、兵に茅《かや》を持たせ火攻めの奇襲をかけると、蜀漢帝国軍はまともな反応ができず大パニックにおちいり総崩れとなった。劉備は「これも天命であろう」と悔しがりながらズルズルと後退していった。呉軍の反撃は蜀漢帝国軍の進撃よりもはるかに激烈であり、劉備を出発点の白帝城《はくていじょう》まで押し戻してしまった。

国運をかけた劉備の孫権討伐戦は大敗に終わり、これ以後、蜀漢帝国は敗北の後遺症に悩まされることになる。

**歴史メモ** 劉備が関羽仇討戦に邁進していた時の諸葛孔明の動向が謎。敗北のしらせを成都で受けて嘆息したとされるが、その前に諫めなかったのだろうか。

◉227年 ◆新城の陥落

# 「天下三分の計」はここに挫折する…

**劉備亡きあと、諸葛孔明は劉備の遺志を継ぐため再び荊州への進出を目指した。だが司馬懿によって挫折させられる。**

## ◆北伐の前に孔明が打っていた一手

諸葛孔明《しょかつこうめい》が劉備《りゅうび》に示した「天下三分の計」は、荊州《けい》と益州《えき》を獲得した後、この2州から軍勢を北上させ魏を粉砕するという戦略だが、夷陵《いりょう》での劉備の大敗北（162ページ）により、荊州は蜀漢帝国から分離されてしまった。「天下三分の計」は事実上挫折したのである。

しかし、孔明はあきらめない。劉備の遺志（劉備は223年に病没）に応えることを至上とする孔明は、あくまで魏討伐、漢皇室の復興を成そうとしていた。

227年、諸葛孔明は『出師表《すいしのひょう》』（114ページ）という文書を2代目皇帝・劉禅《りゅうぜん》に提出した後、魏帝国への遠征、すなわち「北伐《ほくばつ》」の軍勢を起こす。

夷陵での敗北が222年。それから5年の歳月をかけて軍備・経済・政治などを充実させ、帝国の南方で不穏な動きをみせる「西南夷《せいなんい》」（雲南《うんなん》・貴州《きしゅう》・広西《こうせい》にまたがる広大な地域に住む異民族。少数民族と漢民族の混交地帯）の叛乱を鎮圧したうえでの北伐であった。

実は孔明は、魏に対して手を打っている。裏切りのすすめだ。目をつけたのは漢中《かんちゅう》平野（219年に劉備が曹操から奪取）と境を接する新城《しんじょう》郡の太守《たいしゅ》・孟達《もうたつ》である。

孟達は、もともと蜀漢の家臣だった男だ。関羽《かんう》が敗戦したさい、救援軍を送らなかったことを糾弾されるのをおそれて魏に投降した。魏の皇帝・曹丕《そうひ》は孟達の投降を大いに歓迎し、房陵《ぼうりょう》・西城《せいじょう》・上庸《じょうよう》の3郡を合わせて新たに新城郡を作り、孟達に任せた。蜀漢に対する押さえとして抜擢したのである。降伏したばかりの武将に対する処遇としては破格だ。だが226年、曹丕が没する。

最大の庇護者を失うと、孟達は不安に駆られた。

〈投降の将なのに、亡き帝の寵愛を受けすぎたせいか、群臣の反感を買っているように感じられて仕方がない。

危険だ。いつ何時、適当な理由をつけて引きずりおろされるかわかったものではない〉

### ◆わずかな差で変わった運命

孟達の動揺に孔明がつけ込んだ。

■孟達の裏切りを誘った孔明だったが…

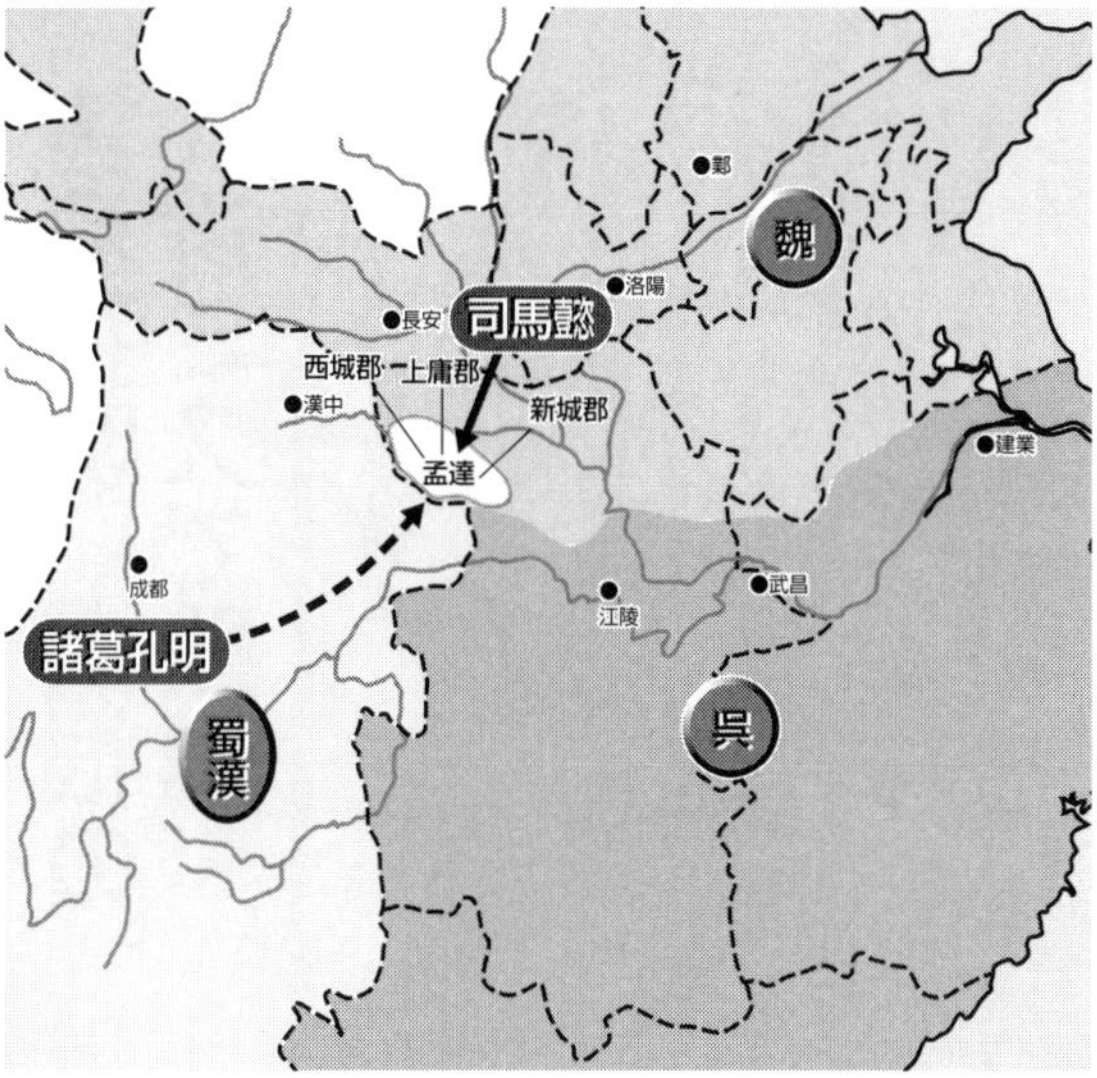


孔明は、孟達に手紙を送ると、蜀漢への復帰を促した。何度も催促し、孟達も返事を出した。しかし、なかなか決断できない。そこで孔明は非常手段に出た。部下の郭模《かくぼ》を魏興《ぎこう》太守申儀《しんぎ》のもとに差し向け、「孟達に謀反の動きあり」と告げさせたのだ。

孔明が孟達に目をつけたのは、「天下三分の計」の変形バージョンのためだ。孟達を味方に引き込めば、労せずして魏帝国の領内に前線基地を作ることができる。荊州を失って2州からの同時侵攻は挫折した。しかし、新城郡を得れば益州と新城郡からの侵攻が可能になる。

孟達はついに寝返りを決意した。だが、かねてから孟達の動向を警戒していた魏の司馬懿《しばい》が孟達の裏切りを察知し、上庸（現在の湖北省房県）の新城に軍勢を向け、孟達を攻め殺したのである。

孟達は司馬懿に気づかれることは覚悟していたが、「いったん洛陽に行き、皇帝にその旨を報告してから討伐軍を繰り出すだろう」と踏んでいたようだ。しかし、司馬懿は新城に直行してきた。孟達は十分な迎撃態勢を整えないうちに敗北したのである。

**歴史メモ** 孟達は踏み込んできた魏軍に捕縛され、首を切られた。首は早馬で洛陽に送られている。降伏した兵士は1万にもなったという。

◉228年 ◆第一次北伐（祁山の攻防）

# 諸葛孔明、痛恨の人選ミスで敗退

**ついにはじまった孔明の北への侵攻。第一陣は成功したが、馬謖を出撃させたことが原因で敗退してしまう。**

## ◆西側から少しずつ攻める戦法

孟達《もうたつ》の敗北により、諸葛孔明《しょかつこうめい》の北伐《ほくばつ》は益州から軍勢を進めるしかなくなった。

北伐に先立って蜀漢帝国軍内部では、戦略をめぐって意見が対立した。総司令官である孔明は、漸進《ぜんしん》戦法を提唱した。これは魏領の一角を少しずつ軍事制圧して善政により蜀漢の領土としたうえで、それを東へ東へと進めていく戦法だ、魏の手強《てごわ》い抵抗にあってもじっくりと対処することができるし、もし、敗北しても少し後退すれば態勢を立て直すことができる。

幕僚たちは皆、孔明の漸進戦法を是とした。ただ魏延《ぎえん》のみは真っ向から反対した。魏延が主張したのは漢中《かんちゅう》から子午道《しごどう》を通って一気に長安《ちょうあん》を制圧するという奇襲作戦だ。

孔明は魏延の案を退けた。理由は補給の困難さだ。一時的には長安を制圧できるかもしれない。しかし、秦嶺《しんれい》山脈を越え、子午道を通っての軍事物資・食糧・兵員の補給はきわめて困難だ。魏軍側も長安奪取に必死になるだろう。補給困難のまま籠城を続けていたら全滅は必至だ。魏延は渋々、孔明の案に従った。

孔明が狙ったのは祁山《きざん》だ。古代、周（前11世紀～前256年）の文《ぶん》王が拠点にした歴史ある土地であった。祁山占領の利点は次の二つある。

①涼州と長安をつなぐ街道の掌握（軍勢を東に向けるのに適している）、②拠点確保後の防備（北に渭水《いすい》の流れがあり、南には険しい山々が控えている）。

228年春、孔明は「郿《び》を奪う」と宣言すると、趙雲《ちょううん》に一隊を授けて斜谷道《やこくどう》を関中《かんちゅう》に向けて進ませた。注意を引きつけるための陽動作戦だ。魏軍は孔明の策にひっかかった。大将軍の曹真《そうしん》が趙雲の迎撃に向かったのだ。

■成功しかけた孔明の第一次北伐

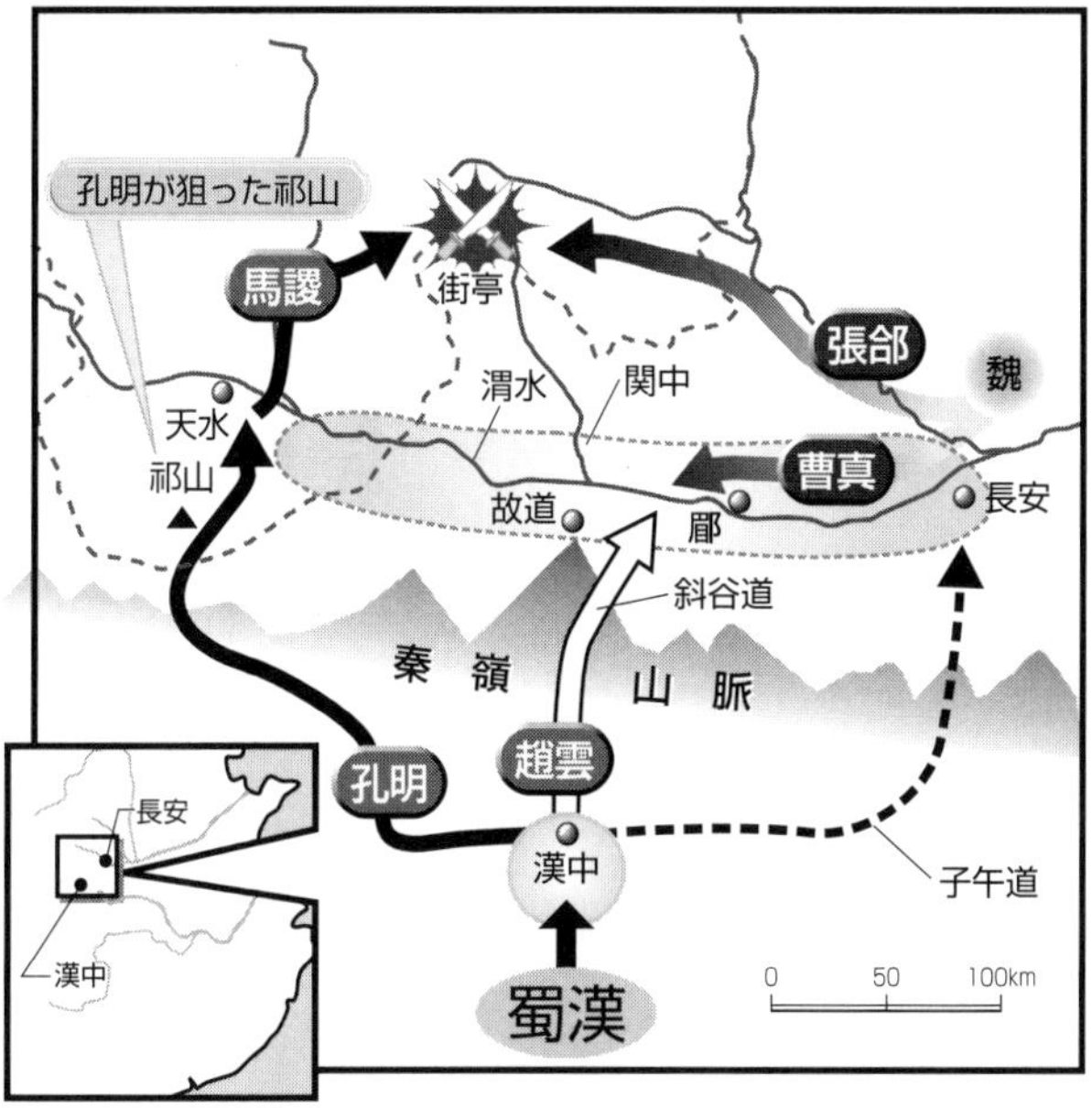


この機に孔明は漢中から軍勢を動かし、祁山に向けて進撃を開始した。

蜀漢軍の動きに関中の人々は仰天した。「劉備が死んだ後、蜀漢にはたいした人材はいまい」とタカをくくっていたから心の準備ができていない。関中の西部に位置する南安《なんあん》・天水《てんすい》・安定《あんてい》の3郡は、動揺のあまり戦うことなく降伏してしまった。

## ◆愛弟子・馬謖の失策で第一次北伐失敗

魏の宮廷は激震したが、皇帝曹叡《そうえい》はひるまない。慌てふためく朝臣連中の動揺を抑えると、5万の軍勢を率いて洛陽《らくよう》を出陣した。皇帝の親征《しんせい》である。

皇帝親征は魏軍の動揺をピタリと抑える効果があったようだ。魏軍は本腰を入れて孔明との対決にかかる。

魏では祁山の占領に成功した孔明の背後をつくために、名将・張部《ちょうこう》を出陣させた。孔明は愛弟子の馬《ば》謖《しょく》に迎撃を命じる。しかし、馬謖は「山の上に布陣するな」という孔明のアドバイスを無視して、街亭《がいてい》で張部の前に敗退してしまう（222ページ）。

背と腹に敵を受けては全滅必至である。孔明はせっかく占領した祁山を放棄せざるを得なくなった。第一次北伐はこうして失敗したのである。

**歴史メモ** 小説『三国志演義』では、諸葛孔明は魏延に「反骨の相」（謀反を企む相）があると殺そうとしたが、劉備のとりなしで思い止まった、とある。

# ●234年 ◆第五次北伐（五丈原の対陣）

## 無理がたたったのか…巨星、ついに堕つ

**全軍をあげて出撃し、食糧まで確保する策を講じた。だが、司馬懿の持久戦に思わぬ展開になってしまう。**

### ◆布陣先で「屯田」を実施

諸葛孔明《しょかつこうめい》は追いつめられている。4回行なった北伐《ほくばつ》も確固たる成果をあげていない。第四次では名将・張郃《ちょうこう》を討ち取るという大戦果もあったが、「魏帝国の打倒」という北伐本来の目的からみれば微々たる成果である。

北伐が失敗に終わる理由はわかっている。補給の途絶えだ。これは主に領内から前線へと抜ける道の悪さ、険しさが原因である。とくに益《えき》州から魏領へと抜ける道は険しいことこのうえなく、道すらない場所もある。益州の人々は断崖の岩肌に路を穿《うが》ったり、木製の通路を敷設したりして通った。「蜀の桟道《さんどう》」と呼ばれる難路である。〈食糧の運搬が問題だ〉孔明はこの点に気づいていた。

234年春、諸葛孔明は5回目の北伐の途についた。孔明は漢中《かんちゅう》平野から斜谷道《やこくどう》を抜けて関中に出ると軍勢を左に向け、五丈原《ごじょうげん》に布陣した。五丈原は現在の陝西省郿県の西南にある「台地」である。形は平らなヒョウタン型。最も細いヒョウタンの首の部分の幅が5丈（約12メートル）しかないことから五丈原という名前がつけられた。

五丈原に進出した孔明は、ここで意外な行動をとる。屯田《とんでん》を実行したのだ。屯田による戦地での食糧自給こそ、孔明が考えに考えてはじき出した打開策だった。これなら長期戦でも十分に戦うことができる。

孔明の進出に対して魏では、司馬懿《しばい》が迎撃の最高司令官として出張ってきた。司馬懿が孔明の屯田実施を見て、いかなる反応をしたかはわからない。しかし、腹をくくったことはたしかではなかろうか。食糧不足による撤退はもうありえないのだ。

### ◆過労でついに倒れる孔明

しかし、蜀漢軍にとっての強敵は思わぬところにい

た。孔明の過労である。劉備の死後、孔明は蜀漢の屋台骨をたった一人で支え続けてきた。肉体的・精神的疲労がすでに心身を蝕んでいる。孔明は至誠の人だけあって責任感も強く、北伐のさいには遠征軍の政務を一人でこなしていた。五丈原での対陣中、司馬懿は蜀漢軍の使者から孔明の陣中での様子を聞き、「過労で間もなく倒れる」と武将たちにもらしたと伝えられる。たしかに常軌を逸していた。起床は早朝。就寝は真夜中。杖打ちの刑20回以上になりそうな罪は自身で裁決し、刑罰にも立ち会う。食事は少なめ…。

■長期戦になった五丈原の戦い

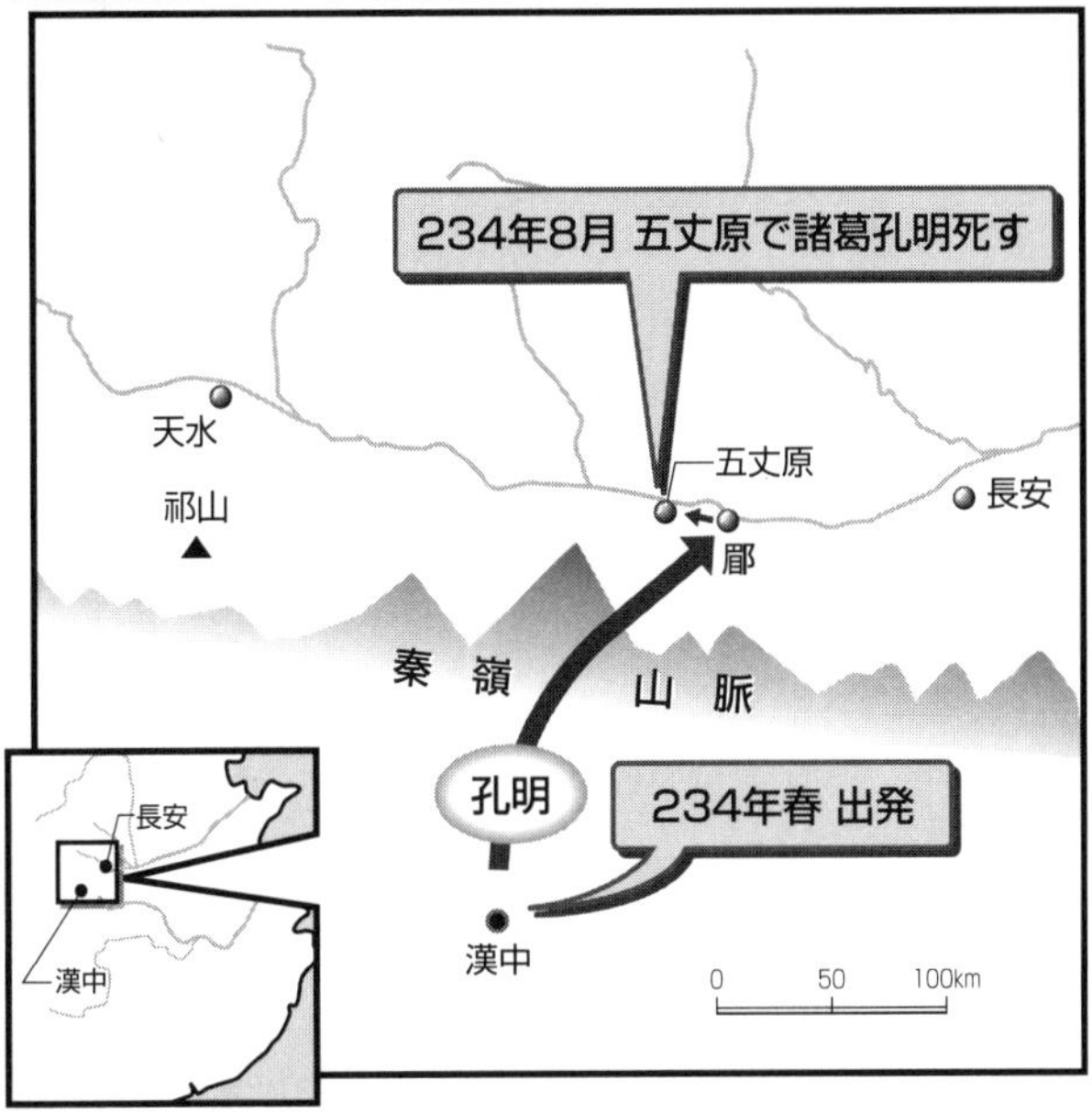


　孔明も自身の生命の枯渇は自覚していたようだ。だから、魏軍に対して再三、挑発行為を行なった。司馬懿を撃破し、一気に長安・洛陽をつき、魏帝国を打倒するためだ。だが、孔明が挑発すればするほど司馬懿はほくそ笑んだ。間もなくだ、間もなく孔明は死ぬ、と。

　234年8月、蜀漢帝国の丞相《じょうしょう》・諸葛孔明は五丈原で没した。司馬懿は撤退する蜀軍を追撃した。しかし、すでに孔明の指示を受けていた姜維《きょうい》が迎撃態勢を固めたため、司馬懿は孔明はまだ存命なのかもしれぬ、と用心して兵を引いた。この逸話は「死せる孔明、生ける仲達《ちゅうたつ》（司馬懿の字《あざな》）を走らす」という言葉で知られている。

歴史メモ　『魏氏春秋』によれば、孔明は司馬懿に女性用の服と装飾品を届けた、とある。司馬懿を怒らせて決戦に持ち込もうとしたようだ。

## 世の大勢vs強靱な精神――
# 落日の蜀漢で北伐を主張した姜維

### 魏の武将から孔明に臣従した姜維

日本の戦国時代中、最強と目された甲斐の武田信玄と甲州軍団。信玄の言行を中心に武田家の歴史をつづった軍学書に『甲陽《こうよう》軍鑑《ぐんかん》』がある。その中に次のような記述がある。

「人は元来みな、犬のような臆病者である。猛虎の如き将が、ただ一人敵の中に突入して死んでしまう、ということになりかねない。強すぎのは、弱すぎるのと同様に悪である」

「強すぎる」というのは肉体ではなく、精神のことだろう。精神の強靱さは美徳とされるが、実際には死に直結することのほうが多いようだ。

姜維《きょうい》――落日の蜀漢帝国の中で一人気を吐き続けたこの武将もまた、強靱なる精神ゆえに終わりをまっとうすることができなかった。

姜維はもともと、魏の武将だった男だ。蜀漢にくら替えしたのは、孔明《こうめい》の第一次北伐《ほくばつ》のころだ。降伏した姜維の手並みを孔明が称賛し、「我が後継者ともなれる逸材」と評したことに感動して臣従を誓った、とされている。以後、孔明の弟子をもって自らを任じていたようだ。

### 孔明の遺志を強引に継いだ姜維

２３４年に諸葛孔明が死んだ後、蜀漢は蔣琬《しょうえん》と費禕《ひい》が最高責任者として政治をとり仕切る。彼ら2人は蜀漢の国力の衰えを自覚していた。孔明の進めた積極策を控え、国力の充実をはかる路線にシフトした。

姜維はそれが不満でたまらない。「なぜ、亡き師父の路線を継承しないのか。蜀漢はそのための国ではないのか」と。費禕はそんな姜維をたしなめている。

「あの丞相《じょうしょう》でさえ魏帝国打倒は成しとげられなかった。我等の才能は亡き丞相には遠くおよばない。無理な話である。いまは国力の充実に努めるべき時。時を待てば亡き丞相のごとき英才も現われるかもしれない」

だが、費禕は魏の刺客に暗殺されてしまう。その後、姜維は蜀漢の軍事権をほぼ全面的に掌握し、孔明の進めていた積極路線を継承して、盛んに北伐の軍勢を繰り出した。

姜維が北伐を再開したころ、魏では司馬政権に対する叛乱が相次ぎ、司馬師《しばし》・司馬昭《しばしょう》兄弟が鎮圧に躍起になっている。それなりの勝算はあったのかもしれない。しかし多少の動揺を与える程度のことしかできなかった。

### 最後の最後までこだわった者の最期は…

内乱の頻発する魏帝国を倒せない、という現実に大勢を見るべきであったろう。しかし、姜維は現実に対して眼をつぶり続けたようだ。「亡き師・諸葛孔明の遺志を継ごう」とする意志が、路線変更を不可能にしたのである。このあたり孔明に見い出されただけあって、劉備の遺志に殉じた孔明と実によく似ている。

姜維の北伐は、ただでさえ国力の乏しい蜀漢をさらに貧しくさせ、蜀漢政府から弾劾《だんがい》され孤立した。そして263年に魏軍が侵攻してきたさい、皇帝劉禅《りゅうぜん》は、剣閣の要害に立てこもり徹底抗戦を続ける姜維を見捨てるかたちで無条件降伏をした。姜維は剣を叩き折って悔しがったという。

これを潔しとしない姜維は、魏の武将で独立心旺盛な鐘会《しょうかい》をそそのかし、2人で組んで魏に独立戦争を仕掛け、鐘会もろとも鎮圧部隊に殺された。蜀漢の大将軍としては、実に惨めな最期だった。

**column**

『三国志』から出た故事成語②

## 呉、蜀…三国志に登場する国が出てくる成語もある

**・隴《ろう》を得て蜀《しょく》を望む**

「人間は一つの望みがかなうと、さらにその上を望む。欲望には際限がない」という意味で使われる。

後漢王朝を起こした光武帝《こうぶてい》は隴（益州にあった国）を攻略後、「蜀もほしくなった」といって軍勢を起こした。三国時代、張魯《ちょうろ》と五斗米道《ごとべいどう》教団を降伏させて漢中《かんちゅう》郡を制圧した曹操《そうそう》は、蜀漢攻略を進言されたが、「すでに隴を得る。また蜀を得んと欲せんや」といい、進言を却下した。「隴を得て蜀を望む」を逆の意味で使ったわけだ。

**・呉下《ごか》の阿蒙《あもう》**

「昔のままでまったく進歩のない人」を意味する場合に使われる。蒙は孫権《そんけん》の幕僚であった呂蒙《りょもう》のこと。呂蒙は、若いころは武辺者《ぶへんしゃ》で学問にはまったく関心がなかったため、孫権は学問をするようさとした。呂蒙は軍務の多忙を理由にごねる。孫権は「学問を怠らず、己を磨くことも忠義なり」と重ねてさとした。

その後、呂蒙の陣営を訪ねた重臣の魯粛《ろしゅく》は仰天した。呂蒙はもうただの武辺者ではなかった。深い学問に裏打ちされた理論をとうとうと述べるではないか。魯粛は「呉下の阿蒙にあらず」（武力だけの男だと思っていたが大した進歩だ。あのころの君とは大違いだ。もう気安く呼べないな）と感嘆した。阿は「～ちゃん」の意。

**・士、別れて三日、刮目《かつもく》してあい待つべし**

現代の言葉に直せば「男子たる者、3日会わなければよくよく目をこすって見なければならない」となる。真の男子はその気になればいくらでも自己革新が可能、という意味になる。「士、別れて…」の言葉はそのまま名言として使われる。

# 第6章 『三国志』に見る〝計略〟の研究

# 戦略・謀略は『三国志』の醍醐味の一つ

## ◎兵は詭道なり

春秋時代（紀元前770～前403年）の兵法家・孫武《そんぶ》は、著書の『孫子《そんし》』で次のように喝破している。

「兵は詭道《きどう》なり」

兵とは戦いの意。詭道とは謀略だ。戦いはただ力勝負をするだけでは勝てない。権謀術策を弄してこそ、戦争に勝利を呼び込めることを説いた。そして、三国時代を生きた数多い群雄の中で、孫子の兵法に最も精通していたのが曹操《そうそう》だ。

曹操は188年、『孫子』全13編に注釈をつけて世に出した。『孫子』は孫武が著わして以来、さまざまな人々の解釈が入り込み、また、散逸した部分も多く、後漢時代の中ごろには原書とはまったく異なる書物になっていた。曹操は孫武の記述と思われる部分だけを抜粋、また散逸した部分を新たに編集。さらに難解と思われる個所には注釈をつけた。

曹操が編著した『孫子』は完成度がとても高く、敵味方を問わず、軍事関係者の幅広い支持を得たという。

### ◎正史だけでなく『三国志演義』の計略も紹介

動乱の後漢末から三国時代、多くの群雄が「兵は詭道なり」という原則に従って、知謀の限りを尽くして戦った。『孫子』の計略にのっとった者もいれば、オリジナルの計略を用いた者もいた。

計略の種類は実に多彩だ。スパイを用いた計略、相手の意表をつく計略、相手の疑心暗鬼をかき立てる計略、相手を自分の土俵に乗せてしまう計略、相手に主導権を取らせないための計略、相手を油断させるための計略…。

「お見事」と感心するような名計略もあれば、「どうして成功したんだ?」と首を傾げたくなる珍作戦もある。本章ではそんな『三国志』の名計略・珍作戦を取り上げて紹介している。

ただ、計略の例としては、陳寿《ちんじゅ》の『三国志』(正史)に記された計略より、小説『三国志演義』に記されている計略のほうが多いうえに、面白みのあるものが多い。

そこで、この章では、正史にこだわらず、『三国志演義』に書かれている計略も数多く取り上げた。

「苦肉《くにく》の計」「虎駆呑狼《くこどんろう》の計」「二虎競食《にこきょうしょく》の計」など、演義中でもポピュラーと思われる計略を抜粋して紹介している。本書は、正史『三国志』をベースにしているが、三国志をより魅力ある読み物にしている『三国志演義』の一端を感じていただけるだろう。

●色仕掛け

# いつの世も男は女に弱い最高の計略の一つ

**最も有名な色仕掛けは、『三国志演義』において貂蟬と王允が、呂布と董卓にしかけた「連環の計」だ。**

### ◆動乱期の美女の運命

西洋史家の会田雄次氏は『敗者の条件―戦国時代を考える―』(中央公論社)の中で、動乱期の美女について次のように述べている。

「はげしい闘争の世界に生きた美女は、とくに暗い運命を背負っている。とくに、と私がここにわざわざ断ったのは、美女はいつの時代でも幸福になれないものだからである。美しくても、頭が弱くて、自分が持たねばならぬ運命が美貌ゆえの不幸であることに自覚の乏しい女性はまだ救われる。美しいことを自慢するな、などと説教しているのではない。自覚や自省とは無関係に、美女には美女の運命が待っているのだ」

会田氏の指摘は、動乱が支配した三国時代にも当てはまろう。あまりの美貌ゆえに曹操《そうそう》に見そめられ、強制的に夜を共にさせられた張済《ちょうせい》の妻(182ページ)も、美女の運命を受け入れさせられた一人だろう。

動乱期の美女はまた、さらに過酷な運命を強制されることもある。権力者から横恋慕されることなどかわいいほうだ。美貌が敵をひっかける道具にされることもあった。すなわち、色仕掛けである。

### ◆呂布に董卓を殺害させた美女と計略

正史『三国志』にはそのあたりのことは記されていないが、小説『三国志演義』には記載がある。貂蟬《ちょうせん》の物語だ。

貂蟬は司徒《しと》(総理大臣役職)の王允《おういん》が抱えていた歌姫の美少女という設定になっている。董卓《とうたく》の暴政の嵐が吹き荒れて、王允が憂鬱な日々を過ごしていた時、貂蟬が訴えた。「殿様のお役に立ちたいのです」と。

王允は、貂蟬を「連環《れんかん》の計」に使うことを決意する。王允と貂蟬が最初に目をつけたのが呂布《りょふ》だ。貂蟬は偶然を装って呂布と出会う。貂蟬の美貌に呂布は一目惚れした。貂蟬もまた意味ありげな流し目を呂布に使う。ころ合いを見計らい、王允が「お気に召しましたか?」と話しかける。うなずく呂布。王允は「側室として将軍のもとに」と持ちかけた。

■政略に利用された貂蝉

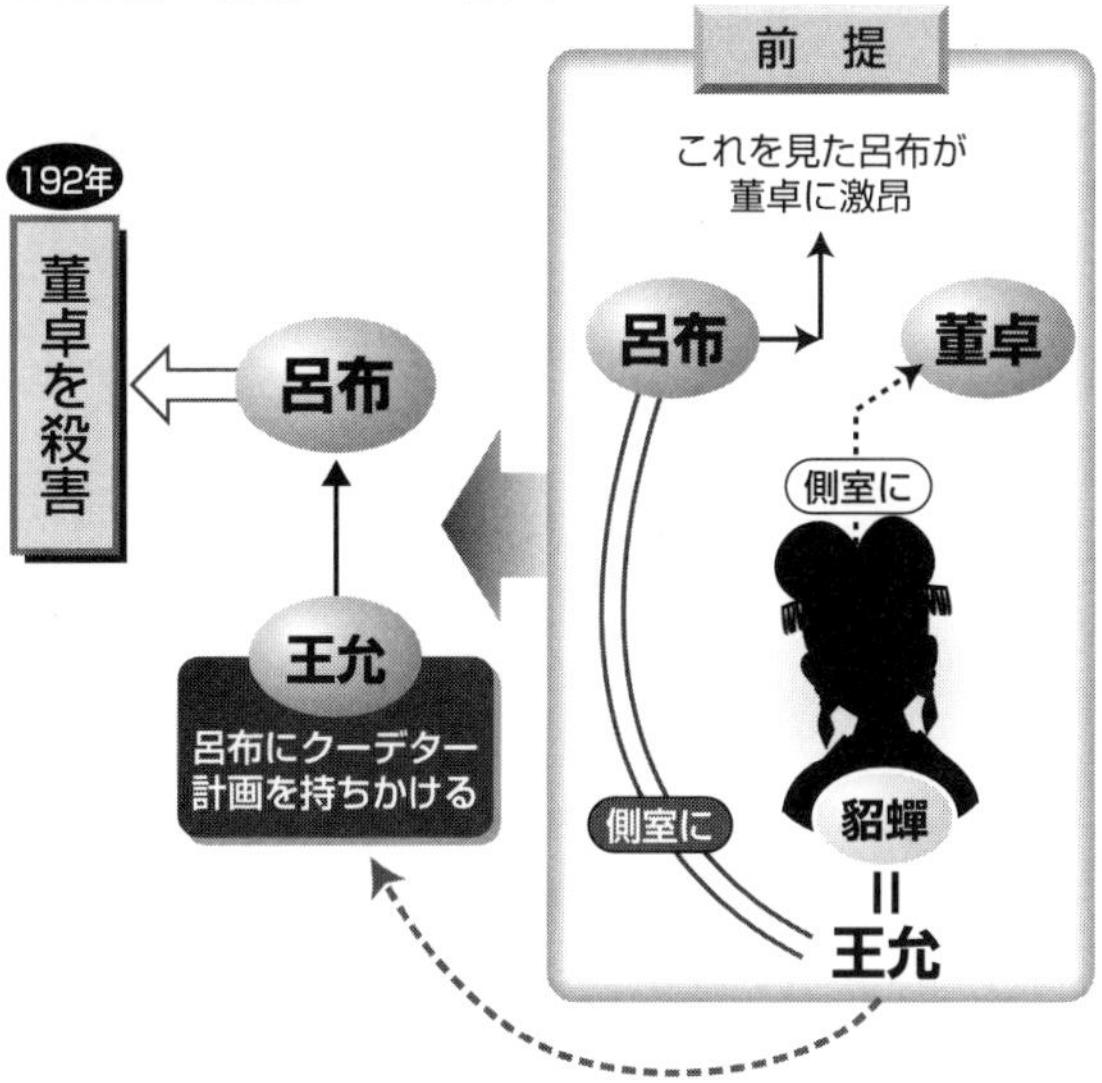


呂布は欣喜雀躍《きんきじゃくやく》して待った。しかし、待てど暮らせど貂蟬は来ない。調べてみると何と董卓の側室になっているではないか。呂布は、「貂蟬がむりやり連れていかれた」という王允の言葉を信じ、董卓の寝所に忍びこんだ。貂蟬は泣きじゃくり、死んで本当の心を見せると訴える。呂布は激昂し、董卓を激しく憎む。

その直後、すかさず王允が「将軍（呂布のこと）、実はあなたを見込んで大事な話が」とささやく。呂布はクーデターへの加担を承諾。反董卓陣営の急先鋒として董卓殺害の手を下す——。

貂蟬と呂布の物語は創作上のことだが、モデルになった話はあったとされる。何でも呂布が董卓の侍女に手をつけてしまい、董卓の報復を恐れているところに、王允がクーデター計画の誘いをかけたという話だ。

真偽のほどはわからないが、男と女が互いにひかれあう関係にある以上、男女関係のもつれは必ずあったであろうし、大問題への発展、ひいては策略として積極的に利用されることもあったに違いない。



**歴史メモ** 貂蝉は『三国志演義』では呂布が死ぬまで寄り添ったことになっているが、吉川英治の『三国志』では董卓の死後、自害している。

●スパイ戦

# 裏切りが横行した時代 スパイはもちろん常套手段

**呂布と袁術が手を結ぶのはまずい…。曹操が送り込んでいた間者は、両者の縁組みに反対する。**

### ◆なぜか反対する2人の参謀

古今東西、スパイのいなかった時代・場所はない。最もポピュラーな計略の一つだ。

当然、三国時代にもスパイ作戦はよく使われた。最も成功したのは、曹操《そうそう》が呂布《りょふ》にしかけた例だ。

話は、劉備《りゅうび》から徐《じょ》州を奪って「牧《ぼく》」（政治・軍事・経済を統括する責任者）の地位に収まっていた呂布（49ページ図）のもとに、長江と淮河《わいが》の間に割拠する袁術《えんじゅつ》から使者がやってきたことからはじまる。

「そろそろ結婚を考えませんか」

「結婚？……」

よく聞くと、自分の娘と袁術の息子の話だった。

実は呂布と袁術の間には因縁がある。董卓《とうたく》殺害後（177ページ）の暫定政権が旧董卓派の武将連中の乱入で崩壊したさい、長安をいち早く脱出した呂布は中原《ちゅうげん》の各群雄たちの間を点々として売り込み工作をしていた。最初に頼ったのが袁術だったが、袁術は呂布を警戒して門前払い同様の扱いをしたのである。

呂布は掌を返したような今回の話をいぶかった。しかし、袁家といえば音に聞こえた名家だ。徐州の牧となったいま、袁家と縁を結べば一層の箔《はく》がつくに違いない。

呂布は縁談話を承諾した。すると参謀の陳珪《ちんけい》・陳登《ちんとう》の父子が猛然と反対した。

「ご主君。頭がどうかなさってしまわれましたか。袁術が春にしたことをお忘れですか？」

知らないわけではない。袁術は１９７年の春、拠点の寿春（現在の安徽省）で皇帝への即位を勝手に宣言している（204ページ）。

「漢の皇帝陛下がいまだ御健在でおわすに、勝手に皇帝を称した大悪人ですぞ。御主君。私はあなたを心から

■呂布のもとにいた曹操のスパイ

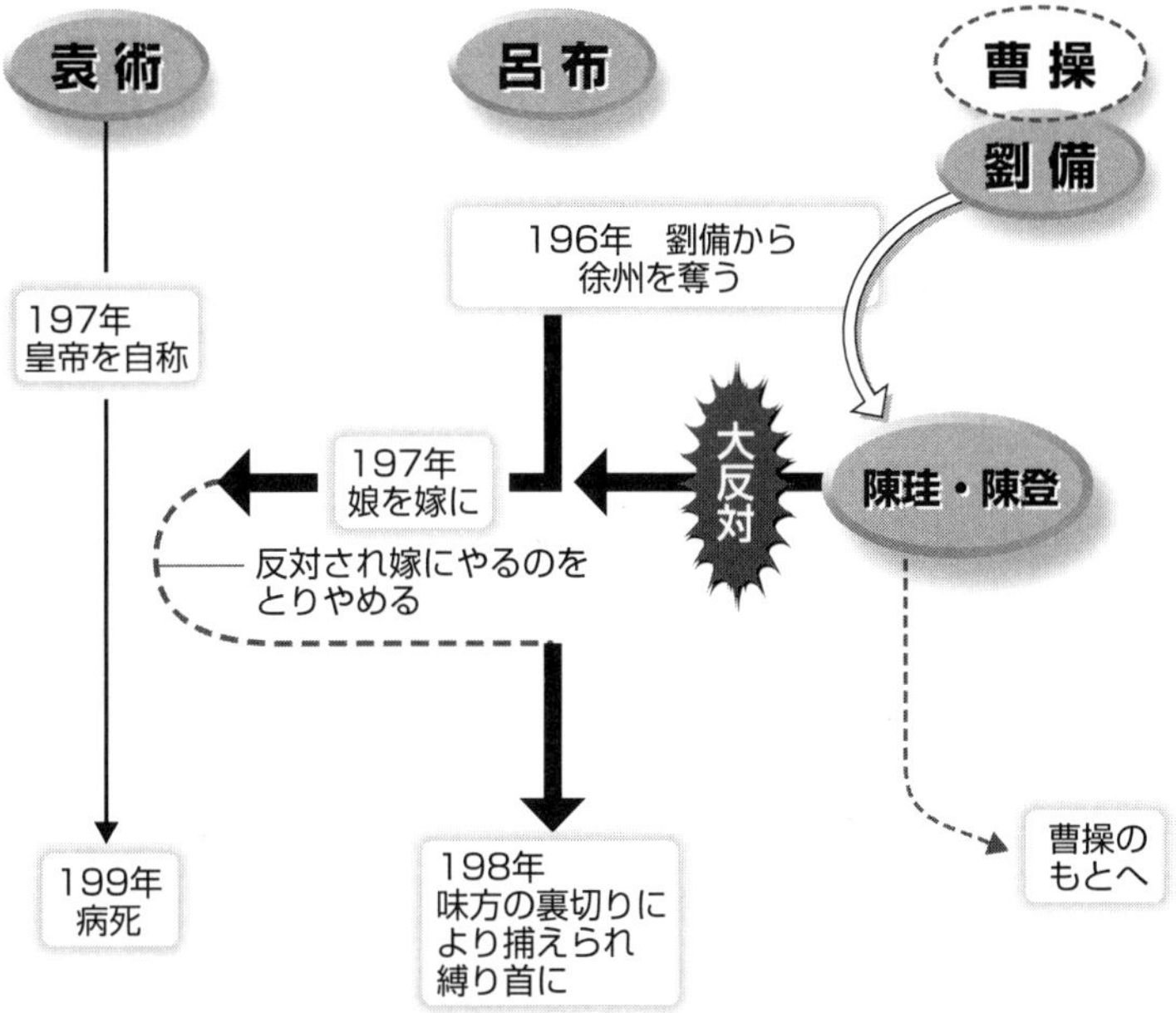


案じて申し上げておるのです。私の真心と忠誠がなぜわからぬ」

彼らは呂布の娘が出発した後も説き続けた。説いて嘆いて、ついに呂布を説得してしまった。呂布は軍勢に後を追わせると娘を取り戻し、婚約を破棄したのである。

## ◆曹操のスパイ陳珪・陳登

実は陳珪・陳登の2人は、ひそかに曹操と気脈を通じ、スパイ役を買って出ていた。呂布と袁術の縁談を聞いたとき、2人は青くなった。呂布は常軌を逸した男だが、強いことは強い。袁術も普通ではないが、家柄はよい。「異常」も個々ならば叩きやすい。しかし、二つ合わさったとなると、手におえなくなる可能性がある。

曹操にとって強敵の出現は、実に都合が悪い話である。2人は曹操のために必死で呂布への説得工作を展開したのだった。

陳珪・陳登父子は、その工作により呂布を滅亡させた後、曹操のもとで重用されている。



歴史メモ　『三国志演義』では呂布の武器は「方天画戟」になっているが、これはあくまでも後世の武具。実際に使用していた武器は不明。

◉得意手封じ

# 得意な戦法をすばやく封じるのが勝利への方程式

**相手の得意戦法を封じるための計略や奇策は、自分の有利なほうに相手を誘い込むために有効な作戦だ。**

## ◆得意手を封じる曹操の「水攻め」

得手《えて》・不得手は誰にでもある。「得手に帆を揚げる」という言葉がある。得意な手（得手）でガンガン押しまくる、という意味だろう。得手に帆をあげると勢いが増す。勢いが増せば、当然、存在するはずの短所をカバーできてしまうのだ。

しかし、不得手を強いられるとその逆になる。勢いも長所もなく、短所や欠点ばかりが目立つ。攻めるほうとしては楽だろう。短所・欠点を刺激すればよいのだから。

「不得手を強いる」

三国時代にもそんな計略が多用された。

代表的なのは198年冬、曹操《そうそう》が呂布《りょふ》を破った攻防戦である。呂布は196年に劉備《りゅうび》から徐州《じょ》を奪った後、曹操と戦い続けていたが、198年、曹操との戦闘に敗れて縛り首にされた。この時、曹操がとったのが「水攻め」作戦だった。呂布が籠城する下邳城《かひじょう》に近い泗水《しすい》と沂水《きすい》の流れを下邳城に引き込んだのである。

この作戦は二つの意味で成功した。一つは呂布と呂布陣営の将兵を動揺させること。これにより、部下の裏切りを誘った。そして、もう一つが呂布の得意手、すなわち騎馬戦術を封じることである。

呂布は并州《へい》の北の五原郡《ごげん》の出だ。現在の中国の「内モンゴル自治区」にあたる。古代から漢民族と匈奴《きょうど》と呼ばれる遊牧騎馬民族が混じって住んでいる地帯だ。呂布は赤兎馬《せきとば》（董卓が呂布に与えた名馬）を駆って戦場をかけめぐり、騎馬戦にかけては名手であったという。遊牧騎馬民族の遺伝子を受け継いでいたのかもしれない。

余談だが、暴政で後漢王朝を破滅に導いた董卓《とうたく》と、2度の主殺し（2度目は董卓自身）を行ない「裏切り常習犯」とされた呂布が、最初はうまくいっていたというのも面白い話である。

董卓は後漢の西の外れ、涼《りょう》州の出身。この地も古代から遊牧騎馬民族と漢民族の攻防と交流が繰り返されてきた地域である。時代はもっと下がるが、世界帝国を築いたチンギス・ハンが董卓のような蛮行ともいえる政治を、支配地に対して行なっている。もしかすると董卓も、遊牧騎馬民族流の政治を行なったために、漢民族の恐怖心と憎しみを煽《あお》ったのかもしれない。

話を戻そう。呂布は曹操の水攻めで、得意手を完全に封じられ、敗北する。

## ◆『演義』に見られる「氷城の計」とは

同様の観点からすれば、小説『三国志演義』中の「氷城の計」も得意手封じの作戦だろう。

曹操の相手は馬超《ばちょう》と韓遂《かんすい》をリーダーとする涼州豪族連合軍。『演義』では一進一退の攻防を続ける曹操軍が涼州の寒気に苦しんでいた時、夢梅《むばい》と名乗る老人がどこからともなく現われ、「川土で土塁を築き水をかけておけば、一夜で堅固な城になる」と進言したので、曹操は直ちに兵を動員して氷の城郭を作った、という計略だ。

真偽のほどは不明だ。しかし、小説『三国志演義』のもとになったと思われる話が裴松之《はいしょうし》（19ページ）の註にも引かれていることを考えると、曹操が即席の防御壁で、騎馬戦術をとる豪族軍の得意手を封じた史実があったのではないか、とも推察される。

### 『三国志演義』に見るその他の計略

### しつこい？「二虎競食」と「駆虎呑狼」の計

196年、劉備が支配する徐州に呂布が逃げ込んだ時、2人の連合を警戒した曹操が群臣に対抗策を問うた。参謀の荀彧《じゅんいく》は「二虎競食《にこきょうしょく》の計」を献策する。これは奉戴《ほうたい》する献帝《けんてい》の名のもとに劉備を徐州の「牧《ぼく》」に任命し、あわせて密書を送って「呂布討伐」を命ずる作戦だ。双方が戦って一方が倒れるのもよし、双方とも傷つくのもよし、いずれにしても曹操陣営にとっては後の仕事がやりやすくなる。しかし、劉備は曹操陣営のたくらみを見抜き、呂布と協議のうえ、何の行動も起こさなかった。すると荀彧は「駆虎呑狼《くこどんろう》の計」を提案。劉備に徐州を狙う袁術《えんじゅつ》の密書を送って戦うように仕向け、呂布の野心をくすぐるという作戦だ。

作戦は見事に成功した。劉備が袁術との戦いに出ると呂布はスキを逃さず、徐州を乗っとったのである。

**歴史メモ** 『三国志演義』では赤兎馬は呂布の死後、関羽の乗馬になっている。関羽が死んだあとは飼い葉を食べず数日後に主人のあとを追った、という。

# 簡単なようで実はタイミングがむずかしい大技

**相手の懐に飛び込んで味方になる——。このタイミングと決断を間違えると、逆に命取りに。**

### ◆一度は降伏したものの…

「窮鳥《きゅうちょう》、懐に入れば、猟師もこれを撃たず」という言葉がある。窮鳥＝追いつめられて逃げ場を失った鳥のことだ。転じて「追いつめられて二進《にっち》も三進《さっち》も行かなくなった人が救いを求めてきたら見殺しにはできない」という意味で使われる。

しかし、救いを求めた相手が人情をわきまえた人間である、という保証はどこにもない。生殺与奪《せいさつよだつ》の権を握ることに酔うタイプの人間は、弱った相手を見るとさらに苛《いじ》め、酔いしれる。また、両者の間に因縁や利害関係がある場合もわからない。弱りきった相手は労せずして討てるからだ。

『三国志』では呂布《りょふ》などが討たれた例だ。１９８年、曹操《そうそう》との戦いに敗れて自ら降伏したさい、慈悲を求めたにもかかわらず殺された（202ページ）。

しかし、成功した例もある。張繍《ちょうしゅう》だ。

張繍は旧董卓系の武将・張済《ちょうせい》のおいである。張済の戦死後、軍団の指揮者となった。１９７年春、張繍は曹操と敵対する。とても太刀打ちできないと確信した張繍は、参謀の賈詡《かく》と相談のうえ降伏した。ところが曹操が張繍のおば（張済の未亡人で絶世の美女とされる）に一目惚れし、床をともにしたから話がややこしくなった。張繍も美しい叔母を愛していたのである。

ともかく怒り狂った張繍は、曹操軍に夜襲をかけた。一度は降伏してきた相手である。曹操軍団は完全に油断しており、大混乱におちいった。曹操は命からがら戦場を離脱した。この時、長男の曹昂《そうこう》、親衛隊長の典韋《てんい》などが戦死している。

### ◆絶妙のタイミングで再び曹操に降伏

張繍はその後も曹操と戦い続けるが、２００年の「官《かん》渡《と》の戦い」（54、150ページ）の直前、曹操に降伏した。『三国志』によれば袁紹《えんしょう》陣営から、「味方になるように」と催促がきていたが、それを参謀の賈詡が一蹴《いっしゅう》し、曹操への帰属を説得した。「弱いほうについたほうが歓迎される」というのが理由だった。

曹操か？　袁紹か？　勝ったほうが中原《ちゅうげん》と河北の支配者になることは確実だ。そうなると張繍の出番はどこにもなくなってしまう。いまのうちに態度をはっきりさせておかなければ、生き残った勢力に討伐されることは必至なのだ。張繍もまた一羽の「窮鳥」だった。

降伏のタイミングは絶妙だった。もし、袁紹との抗争が激化する前に降伏していたとしたら、曹操は許さなかっただろう。また、仮に袁紹と曹操のどちらにも与《くみ》せず、大勢が決した後に降伏を申し出ても許されなかったであろう。「いまごろ、何をしに来た」と罵声を浴びせかけられて処刑されたに違いない。

曹操にとって袁紹との大激突を控えている時期、敵は1人でも少なく、味方は1人でも多いほうがよかったはずだ。張繍と賈詡の2人は、決定的瞬間を見逃さなかった。好機さえとらえることができれば、窮鳥たることは立派な作戦になる好例である。張繍は以後、曹操陣営の武将として活躍し、賈詡は希代《きたい》の軍師として曹操の覇業に貢献した。

**『三国志演義』に見るその他の計略**

## 相手の裏をかいた賈詡の「虚誘掩殺の計」

張繍が、夜襲で曹操を蹴散らした後の話だ。

曹操が軍勢を率いて押し寄せてくると、張繍たちは南陽《なんよう》城に籠城した。曹操は高見から城を検分すると、城の西門の角に薪《まき》を積み重ねて攻略の準備を整えはじめた。しかし参謀の賈詡は曹操の真意を見破り、張繍に進言した。「曹操の真の狙いは城の西門ではなく東南の角でございましょう。東南の城壁はもろくなっているうえに防備も手薄。西北に我らの関心を集中させたうえで、東南から城に侵入する腹づもりかと」

ここで賈詡は「虚誘掩殺《きょゆうえんさつ》の計」に出た。敵を誘い込んで一気に蹴散らす作戦である、賈詡は伏兵を東南の城壁近くに潜ませたうえで、わざと西門の防備を強化する動きを見せた。曹操は「しめた！」とばかり、東南の城壁に攻めかかったが、撃退されている。





**歴史メモ** 賈詡は224年に没している。曹操の死後、重鎮として尊敬され、大尉（国防大臣）にまで出世した。

# 一度引き、伸びたところを叩く「十面埋伏の計」

**一気に攻撃を仕掛けられ、攻撃が極限点に達したところを叩くと、防衛側のほうが有利になる？**

## ◆島津氏の「釣り野伏」とは？

まず、日本の戦国時代に使われた戦術を紹介したい。九州の島津《しまづ》氏（現在の鹿児島県を拠点とした戦国大名）が得意とした戦法だ。その名も、「釣り野伏《のぶせ》」である。

「釣り野伏」は囮《おとり》の部隊と伏兵からなる。敵部隊が攻めてきたとしよう。敵に遭遇した囮部隊は、いかにも敗走するように後退する。敵は奮い起つ。

「島津軍は算《さん》を乱して後退しておる。いまこそ勝利の時。追撃をかけよ」

軍勢が一気に追撃戦にかかる。そして、ある箇所にくると伏兵が一気に追撃軍を襲う。まさかの伏兵に敵は大パニックになり、やがて囮部隊が反転して攻撃に加わり、一気に総崩れに追い込むのである。

■島津の釣り野伏

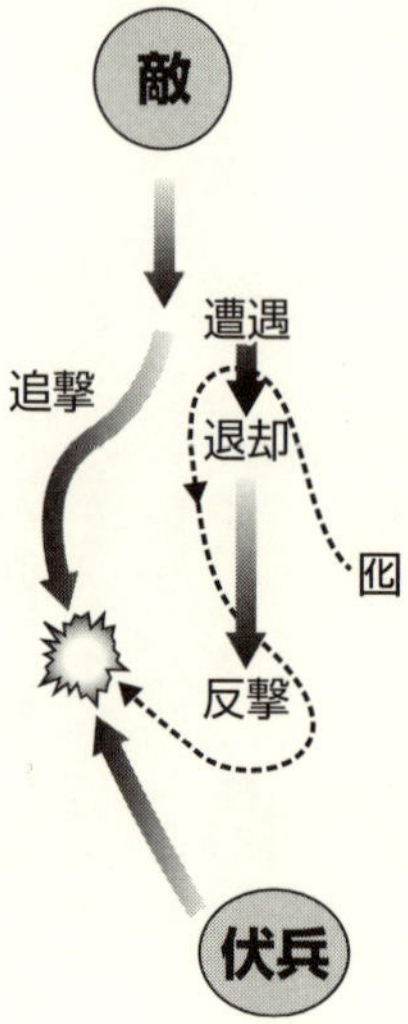


## ◆待ち伏せて一気に殲滅する「十面埋伏の計」

これとほぼ同じ形の計略が、小説『三国志演義』にある「十面埋伏《じゅうめんまいふく》の計」だ。この計略は、曹操《そうそう》が袁紹《えんしょう》との戦い（倉亭《そうてい》の戦い）で使っている。

201年、袁紹軍と激突した曹操はジリジリと後退して黄河を背にして陣を敷く。

袁紹陣営から見れば、曹操はまさに追いつめられた形だ。袁紹軍は一気に殲滅《せんめつ》しようと猛烈な突撃をかけたため、陣形が長く伸びてしまう。指揮は十分に伝わらないから組織的な動きができない。各部隊がてんでバラバラに戦うだけだ。しかも夜半である、視界も悪い。

この時、あらかじめ10の地点に分けて伏せておいた伏兵が袁紹軍に襲いかかった。バラバラの軍隊vs組織された軍隊では絶対に後者のほうが強い。結果、袁紹は前年の「官渡《かんと》の戦い」についで大敗北を喫し、勢力は転がり落ちるように衰退した。

以上が「十面埋伏の計」の概要だ。

伏兵を有効に利用することは古今普遍の戦術である。ここであげた「十面埋伏の計」は小説上での計略だが、島津氏が「釣り野伏」という戦術を実際に使っていたように、「十面埋伏の計」と同様の戦法は三国時代にも使われていたと断言してよいだろう。ちなみに諸葛孔明《しょかつこうめい》が第四次北伐のさい、伏兵を巧みに使って、追撃してきた魏の名将・張郃《ちょうこう》を戦死に追い込んでいる。

ドイツの兵学家クラウゼヴィッツ（1780～1831年）は、「攻撃力はついに極限点に達する、そして攻者はこれを超えやすい。攻者がこの点を超えると、事態は一変して、断然防者に有利になる。この時以後の防者の反攻は攻者の突進力よりも、はるかに激烈である」と語っている。

攻撃力の極限点とは攻勢終末点のことだ。「釣り野伏」も「十面埋伏の計」も要は、わざと攻勢終末点を超えさせる作戦なのかもしれない。

『三国志演義』に見るその他の計略

### 赤壁での大勝を呼び込んだ「苦肉の計」とは？

赤壁《せきへき》の戦いのさい、黄蓋《こうがい》（孫権《そんけん》の武将）が偽りの投降を申し込んで曹操を油断させ、「火攻めの計」を敢行したことは正史『三国志』にもあるとおりだが（155ページ）、小説『三国志演義』ともなると「苦肉《くにく》の計」という計略も使ったことになっている。

周瑜《しゅうゆ》と黄蓋は相談のうえ、軍議の席上でひと芝居うった。黄蓋がわざと「降参」をほのめかす発言をし、これに周瑜が激怒したふりをして棒打ちの刑に処したのだ。両者の迫真の演技に孫権陣営にまぎれ込んでいた曹操のスパイは完全にだまされた。黄蓋からの投降願いを曹操は当初疑っていたが、スパイからの報告が届くと完全に信じ込んだ。この「苦肉の計」のおかげで決戦当日、柴を満載した船が近づいても曹操は「黄蓋が来た」と安心し、火攻めが成功したのである。

歴史メモ　河川を背にして自ら退路を断つ「背水の陣」もよく使用される軍略だ。韓信（前漢創始者の劉邦とともに戦った群雄）の戦いが有名である。

◉まず愛する所を奪う

# 相手のキモチの急所を衝くべし！

相手が愛しているところ、いやがるところを叩くのは、戦いの基本。三国志でも多くの計略に使われている。

## ◆重要な所を叩け！

『孫子《そんし》』（九地編《きゅうちへん》）に次の一文がある。

「まずその愛する所を奪わば、すなわち聴かん。兵の情は速なるを主とす」

（戦闘のさいには相手の愛する所、すなわち、相手が大事にしている所を叩けばよい。食糧基地、武器の集積庫、兵站の補給路など、相手には「ここを攻められたら厄介だぞ」という箇所がある。そこを衝けば戦いの主導権は取れるし、味方のペースで戦うことができる）

司馬懿《しばい》と諸葛孔明《しょかつこうめい》の戦いなど、まさに典型的な例だろう。孔明の攻勢に対して司馬懿は、常に守りを固めて対処している。孔明の再三の挑発にも乗らなかった（168ページ）。専守防衛策に徹したからそうなったのではない。守りを固め、持久戦術に出ることで、蜀漢帝国軍の「補給」を攻めていたのである。益州から魏領内へ抜ける補給路がけわしく、補給が途絶えがちになるのを見越したうえでの作戦であった。

## ◆劉備にとっての〝愛する所〟だった徐庶

『三国志』を見ると「愛する所を奪う」という戦術は、実際の戦闘行為以外の場面でも使われたことがわかる。

徐庶《じょしょ》は、諸葛孔明を劉備《りゅうび》に推薦した人物である。この人物は、「愛する所」を曹操《そうそう》に押さえられたため、劉備陣営を去らなければならなかった。

徐庶は、豫州《よ》の潁川《えいせん》郡の人。元来の名前は徐福《じょふく》。若いころは任侠の道を貴んだ。剣術の稽古に励み、相当な使い手であったらしい。友人の仇討ちのために殺人を犯して役人に捕縛された後、仲間の助けにより故郷から逃亡。その後、名前を「福」から「庶」にあらためて、学問の道を志すようになった。

徐庶が学問をしたのは荊州《けい》である。荊州は支配者・劉《りゅう》表《ひょう》の政治手腕もあり、黄河流域の動乱とは比較的無縁だった。戦乱に乗じて一旗揚げたい輩にとっては退屈な土地だが、文化人にとっては別天地である。ために当時の荊州には各地から動乱を避けた文化人たちが集まり、さながら〝文化サロン〟的な様相を呈していた。徐庶はここで劉備と出会い、参謀として陣営に加わった。

小説『三国志演義』では、劉備の乗馬（名は的盧《てきろ》）が主人に仇をなす凶馬と知り、劉備に「敵に与えて厄払いをしてから乗ればＯＫ」とアドバイスしたところ、「人をおとしいれるような真似ができるか！」と一喝されたことで劉備に惚れ込み、以後、臣従を誓ったことになっている。

徐庶が劉備陣営を去ったのは、母親を人質に取られたためとされる。親孝行の徐庶は、涙を飲んで曹操の幕僚となったのである。母親を捕虜とするあたり、徐庶が当時、名を知られた知者であったことが推察される。

参謀不足という劉備の弱点を心得ている曹操は、劉備陣営に優秀な参謀が増えることを警戒し、徐庶の「愛する所」を奪い、劉備陣営から切り離した。徐庶は、この別れぎわに、諸葛孔明を推薦したのである。

小説『三国志演義』には、息子の行為を恥じた母親は自害し、徐庶も「劉備への恩義から曹操に一度も策を講じなかった」と記されるが、実際には右中郎将《うちゅうろうしょう》、御史中丞《ぎょしちゅうじょう》などの役職を歴任している。

**『三国志演義』に見るその他の計略**

### 船と船を繋いだもう一つの「連環の計」

小説『三国志演義』では「連環《れんかん》の計」が二つ登場する。一つは王允《おういん》が貂蟬《ちょうせん》を使って董卓《とうたく》と呂布《りょふ》に仕掛けた計略（176ページ）で、もう一つは龐統《ほうとう》が曹操に仕掛けた計略である。

赤壁《せきへき》の戦いの直前、孫権《そんけん》陣営から味方を装って送り込まれた龐統は、曹操に「船と船を太い鎖で数珠《じゅず》つなぎにつなげれば、たとえ長江の水が大揺れしようとも船は揺れずにすみます」と進言した。曹操軍団では兵士たちが慣れない船上生活に苦しみ、船酔いが高じて死者も出る始末だった。船酔いによる戦力低下に悩んでいただけに曹操は大喜びし、さっそく龐統の進言どおりにした。これが「連環の計」である。このため火攻めをかけられた時、曹操船隊は退避行動ができず、次々と炎上していったのである。

**歴史メモ** 的盧は『三国志演義』では龐統の死の要因になった。つまり、的盧に乗っていたため劉備と間違えられて殺されたのである。

◉人を致して人に致されず

# 先手を打って相手を自分の土俵にあげよ

**自分の土俵に相手をあげることが、勝つための秘訣。たとえば、先手を打って自分のペースに持っていく。**

## ◆「善く戦う」にはどうすればよいのか

孫武《そんぶ》なる兵法家が著わしたとされる『孫子』には、次の文句がある。

「善く戦う者は、人を致して人に致されず」

現代風にいえば、「イニシアティブを握って相手をコントロールし、自分の土俵で戦う」ということだろう。大切なことだ。よく「何事も経験のうち」というが、不利な態勢、苦手な仕事を強いられ、自滅したのでは話にならない。相手にペースを握られると往々にしてそんな事態が起こるようだ。要するに、自分の長所・持ち味での勝負ができなくなるのだ。

たとえば相撲を考えてみよう。相撲は立会いが勝負。力士たちはぶつかりあった瞬間に有利な態勢をとろうとする。主導権を握り、相手を自在にコントロールし、自分の長所・得意技で勝負するためだ。

もちろん、イニシアティブを取られたからといって即、敗北するわけではない。攻撃には必ず攻勢終末点がある。攻め手にそのラインを越えさせれば、あとに挽回のチャンスはいくらでもある。しかし、持ちこたえられないとズルズルと敗北に追い込まれてしまう。

そのための作戦の一つが先手だ。先手先手と打っていくことで常に主導権を握り、相手を防御のみの態勢に追い込むのである。『三国志』に先手必勝の好例がある。

## ◆相手が来る前に攻撃せよ！

２１５年8月、孫権《そんけん》は10万の大軍勢で、合肥《がっぴ》を攻めた。合肥は長江の北側にある要衝であり、魏の対孫権戦略の最前線基地だ。合肥の守将は張遼《ちょうりょう》。軍勢は約７００である。

この時、張遼は曹操から授けられていた命令書を開いた。漢中《かんちゅう》遠征の予定があった曹操は出発前、張遼ら合肥の守将たちに、「敵が来たら、これを開けよ」と指示していたのだ。

命令書には積極策に出る旨の指示があった。

張遼は決断した。相手は大軍ゆえに包囲網完成には時間がかかる。包囲網を完成されたら、イニシアティブは孫権側に握られ、孫権のペースで合戦が進められてしまう。指示どおり強力な先制攻撃をかけて相手の出鼻をくじき、戦いの主導権を最初に握ろう、と。

張遼は、かつて呂布《りょふ》の部下だった男だから合戦は強い。

先手必勝作戦は成功した。態勢が整う前に猛攻を受けた孫権軍は、十分な対応ができないままに戦闘意欲を喪失するのである。

あとは楽な展開だった。孫権軍は合肥城に攻めかかるが、守備軍の抵抗の前に死者が続出。結局、10日ばかりの攻防の末、撤退せざるを得なくなった。

7000の兵で10万を退けた張遼の武名は天下に鳴り響いた。呉では泣き騒ぐ子に、「張遼！」と叫ぶとピタリと泣きやんだ、という。

**『三国志演義』に見るその他の計略**

## 夏侯淵を倒した「逸をもって労を待つ」の計略

219年、劉備《りゅうび》と曹操の漢中《かんちゅう》郡争奪戦の天王山となったのが、「定軍山《ていぐんざん》の戦い」だ。しかし、小説『三国志演義』では、法正《ほうせい》と黄忠《こうちゅう》のコンビが「逸《いつ》をもって労《ろう》を待つ」という計略を使ったことになっている。この計略の内容はこうだ。

まず、夏侯淵《かこうえん》のいる定軍山《ていぐんざん》の向かいにある険しい山の中腹に黄忠隊が陣取り、夏侯淵隊の突出を待つ。

急な山を上りながら攻めるのは不利だから、夏侯淵隊はありとあらゆる手を使って黄忠隊を誘い出そうとするはずだ。

しかし、ここはジッと我慢を決めこんで動かず、夏侯淵隊の鋭気が衰えたころを見はからって突撃を開始し、山の斜面をかけ下る勢いを利用して一気に夏侯淵隊を粉砕するというもの。

作戦は見事に筋書きどおりに運び、黄忠隊は名将・夏侯淵を討ち取り、漢中郡は劉備が制圧したのである。

**歴史メモ** 孫権軍が撤退するさい、張遼は猛烈な追撃をかけた。不意をつかれた孫権軍は大パニックになり、孫権は危機一髪の状態まで追い込まれた。

# 「まさか！」と思わせ相手の意欲をそぐ

**相手に「びっくり」させ、気勢をそぐことで、相手を自分の思う方向にコントロールすることもできる。**

非常に驚くことを「たまげた」という。漢字では「魂消た」と書く。仰天のあまり、一瞬抜け殻のようになったことはないだろうか。それが「魂消た」状態だ。

相手を「魂消げ」させる。あるいは相手の「度肝《どぎも》を抜く」ことは戦いを進めるうえで非常に大切なことだろう。相手は抜け殻なのだから簡単にコントロールできる。

以前、純金の名刺を持ち歩き、相手を仰天させてから商談に移るビジネスマンの話を聞いたことがある。純金の名刺は「1枚しかないので」とその度ごとに回収し、普通の名刺を渡していたそうだが…。

## ◆海千山千の孫権

三国時代にも「魂消た」戦法は使われた。224年9月の魏と呉の戦いがそれだ。

魏帝・曹丕《そうひ》は、孫権《そんけん》の態度に激怒していた。221年ごろ、劉備《りゅうび》が関羽《かんう》の仇討ち戦のため、呉への侵攻準備を着々と進めていた時、孫権は曹丕に泣きつき、「魏の臣下になります」と誓っている（162ページ）。

曹丕は周囲の反対を押し切って孫権の臣従を許した。ここで知らんぷりを決め込んだり、処罰したりすれば天下の信用を失うと考えたからだ。もちろん劉備相手に一戦交える覚悟もしている。

ところが劉備を追い払うと、孫権は突然、掌を返した。「息子の孫登《そんとう》を人質に送ります」と誓っていたのに送ってこない。おまけに呉と魏の国境の防備を固めている。

しかも、223年に劉備が死ぬと、すぐに蜀漢帝国との関係を改善して、軍事同盟を結んでしまった。

蜀漢と呉との軍事同盟は、魏にとっては大きな脅威だ。曹丕は孫権のたび重なる裏切り行為に激怒し、224年9月、自ら皇帝親征を決意した。

## ◆見せかけだけの防壁で魏軍を退ける

曹丕の親征に呉帝国は揺れた。孫権は直ちに緊急軍事会議を開いた。もちろん迎撃しかない。しかし、いかにして迎撃するかだ。この時、安東《あんとう》将軍の徐盛《じょせい》が「偽城作戦」を提案した。

「防御のために壁を作ります。いや、そんなに堅固なものではありません。簾《すだれ》をかけ渡した簡単なものですよ。櫓《やぐら》は仮設しましょう。城壁らしく見せるために。あとは水軍を長江に多数浮かべて近寄れないようにするのです。近寄られなければ絶対に見破れませんよ」

居並ぶ諸将たちは猛反対した。しかし、徐盛は引き下がらない。意見の応酬を聞いていた孫権は決断した。

「偽城作戦、始動せよ」

作戦は成功した。進出してきた魏軍は、長江対岸に防壁が長々と築かれているのを見て「たまげた」のである。

「聞いてねえな。あんなの…」

おまけに軍船も多数浮かんでいる。魏軍の長所は陸戦だ。しかし、城壁があれほど長々と続いていては陸戦部隊を上陸させることができない。曹丕も魏軍将兵も戦意を喪失。何もしないまま撤退していった。

『三国志演義』に見るその他の計略

### 「戦死を装って敵を欺く」計略

「確実に戦死」と知らされていた相手が健在だったら、誰だって「まさか!」と思うだろう。小説『三国志演義』でも、そんな計略が散見される。

曹操は、濮陽城《ぼくようじょう》をめぐる呂布《りょふ》との戦いでこの計略を使った。

曹操は濮陽城制圧に向かったところ、城内で呂布の焼き討ちにあい、危機一髪のところを典韋《てんい》（曹操のボディガード）に救われる。曹操は帰陣すると郭嘉《かくか》に、「曹操は火傷で死んだといいふらせば、呂布は確実に攻めてくる。伏兵をおいて待ち伏せして、迎撃せよ」と命令した。

はたして「曹操死亡」の噂が伝わると呂布は攻撃に転じるが、曹操軍の前に敗退した。

戦死を装って敵を欺く計略は、孫策《そんさく》が揚《よう》州刺《し》史《し》の劉繇《りゅうゆう》の部下、薛礼《せつれい》との戦いで、また周瑜《しゅうゆ》が曹仁《そうじん》（曹操の武将）との戦いで使ったことになっている。





歴史メモ 曹丕は戦争は不得手だったようだ。自ら出陣した合戦では、まったくよいところを見せていない。

# 「不気味だ…」と警戒させる「空城の計」とは？

**『三国志演義』に見られた「空城の計」。相手の疑心暗鬼を誘い、ひとまずやめておこう、と思わせれば勝ちだ。**

### ◆15万VS2000で孔明は…

『孫子《そんし》』には「空城の計《くうじょうのけい》」という計略がある。簡単にいえば、城を道具にして相手に疑心暗鬼を起こさせ、撤退させる計略である。

小説『三国志演義』では、諸葛孔明《しょかつこうめい》が司馬懿《しばい》を撃退したさいに、この「空城の計」を用いている。以下、概要を紹介しよう。

228年の第一次北伐《ほくばつ》は、馬謖《ばしょく》の致命的なミスにより失敗する（222ページ）。これにより蜀漢帝国軍は、後退を余儀なくされる。

孔明は、撤退の前に西城《せいじょう》に行った。蓄えてある食料を漢中に移すためだ。

そこに伝令が飛び込んできた。

「司馬懿が率いる軍勢15万。西城に接近中」

15万とは大軍勢だ。西城にいる軍勢はわずかに2000。話にならない。攻められたら瞬時に全滅だ。将兵たちは動揺した。

「騒いではいけません」

孔明は落ち着き払って命令を下した。

### ◆一か八か!? 「空城の計」の大胆さ

さて、司馬懿。軍勢を率いて西城の前まで来たものの、ハタと軍勢を止めた。門が、大きく開け放たれている。門前には、水がまかれている。かがり火は、皓々《こうこう》と燃えている。司馬懿は、

「これを何と思う」と部下に尋ねる。

「ハテ、何とも」

皆、首を傾げるばかりだ。

おまけに琴の妙《たえ》なる調べまで聞こえてくる。見ると諸葛孔明が高楼の上で悠然と弾いているではないか。

城門前の様子といい、諸葛孔明といい、まるで「本日

はようこそお越しくださいました。存分におもてなしいたします」と誘っているかのようだ。

〈不気味だ〉

司馬懿と将兵の間に疑心暗鬼が生じ、司馬懿は軍勢を撤退させた。

以上が「空城の計」の概要だ。

「あくまで小説上の話。そんなにうまくいくはずがない」と思う人もいよう。実際にやってはみたものの、待ってましたとばかり敵に踏み込まれて自滅した例も、案外多かったのではなかろうか。もちろん成功した例もあったとは思うが、裴松之《はいしょうし》（19ページ）が註として引く『趙雲《ちょううん》別伝』では、漢中《かんちゅう》の攻防戦で趙雲がこの「空城の計」を使ったことになっている。

同伝によれば、漢中争奪戦のさいに曹操軍主力部隊の追撃を受けた趙雲は、砦《とりで》に逃げ込むと門をすべて開け放ち、自身1人が門前に仁王立ちになった。伏兵を警戒した曹操《そうそう》が後退をはじめるや、突然、城から大量の矢を射かけさせ曹操部隊を撃退している。趙雲の働きを知った劉備は、「子龍《しりゅう》（趙雲の字《あざな》）は身体すべてが肝っ玉だわい」と激賞したとある。

### 偶然成功していた？ 日本の「空城の計」

実は記録に残っている「空城の計」成功例が日本にある。時は戦国時代。場所は浜松城だ。

元亀3年（1572）12月22日。徳川家康は1万1000の軍勢を指揮して、三方ケ原《みかたがはら》（静岡県浜松市の北方）で甲斐の武田信玄が率いる甲州軍団約2万5000と激突する。多数の騎馬武者を擁する甲州軍団は日本最強。家康は甲州軍団の波状攻撃の前に敗退。身一つで命からがら浜松城へと逃げ込んだ。

家康を追撃して浜松城までたどり着いた甲州軍団の将兵は、進撃をストップさせた。

どうも様子がおかしい。城門は開かれ、門の内外に大きなかがり火がたかれている。どう見ても敵を迎撃する構えではない

〈罠か。城中に仕掛けがあるのか？〉

罠も仕掛けもない。続いて逃げてくる兵士のための措置だ。しかし、一度生じた疑いは消えず、武田軍は城前から撤退した。もし、甲州軍団が浜松城内に殺到していたら家康の命はなかったろう。元来、人間は臆病であり、戦場ではさらに臆病になる。「空城の計」はそこをつく作戦だ。



**歴史メモ** 史実では、司馬懿はこの時期、孫権の動きに備えて荊州の南陽郡に駐屯している。魏軍の総司令官は曹真だった。

# あまりの賢者は疎まれる 愚者になって機をうかがう

**時には愚者を装うことも大事。時を待つことができなければ、滅ぼされるか、自滅してしまう。**

## ◆酒と女に溺れたふりをして待つ

才幹《さいかん》（才智、気力、体力など人間能力の総称）に富んだ者は、どの組織にもいる。トップが人間的に優秀ならば、彼らは自在に能力を発揮することができる。

しかし、トップが愚劣にして権力欲の塊で、下の連中もドングリの背比べ、というような組織となると話は別だ。きらめくような才幹の持ち主は言動とは無関係に、その存在自体が周囲に脅威を感じさせ、警戒心を引き起こすことが多い。

「賢者が何か行動を起こす前には愚者に見える」という言葉があるが、これは周囲の警戒心を解くための策なのだろう。

前漢（前202～後8年）時代にもそんな例がある。知恵者として知られた左丞相《さじょうしょう》・陳平《ちんぺい》という男は、建国者の劉邦《りゅうほう》（高祖《こうそ》）の死後、呂后《りょこう》（劉邦の正室）の専制がはじまると、ひたすら酒と女に溺れた。

周囲の連中は最初半信半疑であったが、あまりに本気で楽しんでいるので結論した。「陳平はもう使い物にならなくなったのだ」と。しかし、呂后が死ぬと陳平は直ちに決起。残った呂氏一族を皆殺しにして、権力を劉氏一門に取り返している。

## ◆痴呆老人になったふりをして待つ

司馬懿《しばい》――。魏王朝を牛耳《ぎゅうじ》り、孫の司馬炎《しばえん》による晋《しん》王朝樹立の基礎を固めたこの男も、愚者を演じて相手を油断させたことがある。だました相手は曹爽《そうそう》をリーダーとする反司馬懿の一派だ。

239年、司馬懿は曹爽一派の策謀により、太傅《たいふ》という役職につかされる。これは幼い新皇帝の養育係だ。名誉職だが政治的実権はない。司馬懿は棚上げ状態にされたのである。この時から司馬懿の雌伏《しふく》がはじまった。

〈何か反動的な言動があったら、即座に刑に処せられるかもしれない〉

実際は、そんな度胸も策も、人間の甘い曹爽にはなかったのだが、司馬懿は曹爽の実力をあえて過大評価し、慎重にふるまった。病気療養中と偽って家にこもり、チャンスをうかがうことまでした。

司馬懿のやり方は念が入っている。曹爽一派の人間に「司馬懿はもうダメ」と強烈に印象づけることを忘れていない。

248年の冬、曹爽一派の有力者で李勝《りしょう》という男が司馬懿の屋敷を訪れた。刺史《しし》（政治の監察官）として荊州《けいしゅう》に赴任することになったので挨拶をかねて、偵察にきたのである。

司馬懿は李勝の前で完璧な演技をしてみせた。ヨロヨロとした歩き方。前がダラリとはだけた着物。うわの空の表情。耳が遠いのかなんだか話もまったく通じない。重湯を飲んでも口もとからダラダラとこぼす始末。司馬懿は若いころ、中風を理由に曹操からの仕官要請を断った過去がある。李勝も最初は疑っていたが、71歳という司馬懿の年齢も考えて信じ込んだのである。

その話を聞いた曹爽は安心し、安心が油断を生じさせた。249年1月、曹爽一派は皇帝（曹芳《そうほう》）をつれて宮廷を留守にした。司馬懿は電光石火のごとくクーデターを決行。曹爽一派を一網打尽にしたのである。

『三国志演義』に見るその他の計略

## 超能力に近い諸葛孔明の計略

小説『三国志演義』では、諸葛孔明《しょかつこうめい》は神出鬼没の用兵を行なう軍師として描かれているが、この孔明の使う計略というのが何ともすごい。計略を通りこしてほとんど超能力者の領域である。

たとえば赤壁《せきへき》の戦いでは、「奇門遁甲天書《きもんとんこうてんしょ》」に記された秘術を駆使して、北東の風を東南の風に変えている。この風向きの変化が周瑜《しゅうゆ》の「火攻めの計」を成功させたことは演義にあるとおりだ。「八陣図《はちじんず》の計」は巨石を巧みに配置しただけの実にシンプルな計略だ。しかし、この石は遁甲の秘術を用いて配置されており、一度迷い込んだら二度と抜け出せなくなり、出口を求めて走り回った挙げ句、力尽きて死ぬという実に恐ろしい陣だ。演義中では呉の陸遜《りくそん》をこの「八陣図の計」で危機一髪のところまで追いつめている。

歴史メモ　司馬懿も妻には勝てなかった。「ババァは引っ込んでおれ」と怒鳴った時には、ハンストを強行され2人の息子まで同調。必死で詫びを入れている。

column

『三国志』から出た故事成語③

## 人に由来する成語もある「馬謖」は人の名だと知っていた？

**・白眉《はくび》**

「応募作品中の白眉」というように、同類の中で一番優れている人やモノを意味する場合に使われる言葉。『三国志』馬良《ばりょう》伝中の「馬氏の兄弟５人はみな文武両道に優れた逸材であったが、眉の白い長男の馬良が最も有能だった」という記事に由来している。ちなみに馬良は「夷陵《いりょう》の戦い」で戦死している。

**・泣いて馬謖《ばしょく》を斬る**

「愛している者、信頼している者をやむにやまれず処断する」場合に使われる言葉。諸葛孔明《しょかつこうめい》が第一次北伐《ほくばつ》のさい、命令違反をおかして大敗の要因を作った馬謖を、軍律どおり処断した故事に由来している。ちなみに馬謖は“白眉”こと馬良の実弟。

**・臥龍《がりょう》・鳳雛《ほうすう》**

「世間に知られていない大人物」を意味する言葉として今日でも使われる。参謀を探している劉備《りゅうび》に対して、荊《けい》州で“水鏡先生”と呼ばれて尊敬されていた司馬徽《しばき》なる人物が、諸葛孔明と龐統《ほうとう》を評していった言葉に由来する。

**・白眼視《はくがんし》**

竹林の七賢（阮籍《げんせき》・阮咸《げんかん》・嵆康《けいこう》・向秀《しょうしゅう》・劉伶《りゅうれい》・山濤《さんとう》・王戎《おうじゅう》の7人。現実とは関係のない理論を語り合うことで、現実政治のむごさを批判）の中心的人物であった阮籍は、魏王朝乗っ取りを着々と進める司馬一族に反発していた。そこで酒に溺れたふりをして政治の世界からわざと遠ざかった。白眼《しろめ》をむく特技があり、司馬一族の肩を持つ人が訪問してくると白眼を向いたまま対した。その故事から現在では「人を冷淡な目で見ること」の意味で使われる。

**・破竹《はちく》の勢い**

猛烈な勢いを表現するさいに使われる語。晋帝国の鎮南大将軍・杜預《とよ》が279年の呉帝国への攻略を目前に控え、「あとは竹を割るようなものだ」と発言した故事に由来する。

# 第7章 『三国志』における失敗学

# 少数の勝者と膨大な敗者。その違いは？

## ◎少数の勝者と膨大な敗者の物語

勝者がいれば敗者がいる。古今東西、この事実は変わらない。

だが、敗者は敗者としての役割を果たすことで、時代の進展の中での役割を果たしているのだ。彼らは自らの運命に従って戦い、その結果がたまたま敗北だったにすぎない。決して敗者＝悪ではない。敗者の人生もまたドラマであり、学ぶべき教訓を多く含んでいるのである。

後漢末からの動乱期に勝ち残り、三国鼎立《ていりつ》の礎を築いたのは曹操《そうそう》・孫権《そんけん》・劉備《りゅうび》の3人である。しかし、彼らは同時に、数多くのライバルたちを蹴落としてきた生臭い存在でもある。彼らの歩いてきた道は、莫大な数の敗者の上に敷かれているのである。

## ◎『三国志』の中の敗者たち

この章では、多くの群雄、知恵者たちの、敗北の要因を紹介している。いずれの人物も激動の三国時代に大なり小なり名前を残すほどの人物だから、それなりの人々ではあった。しかし、いずれも終わりはまっとうできず、消えていった。

たとえば王允《おういん》は、董卓《とうたく》の粛清にも成功して絶頂期にありながら、急転直下で転落し処刑された。

袁術《えんじゅつ》は名門の出にもかかわらず、結果的には各地を放浪した挙げ句、のたれ死んだ。董紹《とうしょう》は皇帝の信任は厚かったのに、時勢を読み違えて曹操に殺された。楊脩《ようしゅう》・関羽《かんう》・張飛《ちょうひ》は、それぞれ一芸に秀でていたにもかかわらず、自分自身に起因する理由で味方に倒された。

とにかく各人それぞれ、時代の流れによっては一時代を築いた可能性があるにもかかわらず、失敗・敗北しているのだ。

## ◎なぜ失敗したのか

問題は、彼らがなぜ失敗者になったのか？　という点だ。本章でとりあげた人物は、先にも述べたように、ひとかどの人物ばかりである。

失敗の要因は実にさまざまだが、各人が消えていった理由は、どんな時代にあっても通ずるものがあるように感じられる。王允は誠実すぎる対応が命取りになり、楊脩は〝切れモノ〟すぎたために曹操の警戒心を刺激した。

孔子の子孫である孔融《こうゆう》は、自分の環境に適応できず屁理屈ばかりをいう人物になってしまったがために殺された。司馬懿《しばい》に処刑された曹爽《そうそう》は、人間が甘すぎた…。

人間、誰もが勝利者となれるわけではない。しかし、「勝てなくとも負けない」ということは可能だ。本章では、多くの人々が交錯する世界の中で、〝負けない〟ための教訓を『三国志』から読み取っていただくことも可能かもしれない。

# あまりに誠実な心が判断を遅らせた

**誠実すぎるのも考えもの。杓子定規に考えて対応が遅くなる。王允が殺されたのも、そこに原因があった。**

## ◆優秀かつ誠実な人物だった王允

司徒《しと》の王允《おういん》は、呂布《りょふ》を抱き込み、董卓《とうたく》を倒した男だ（48、176ページ）。優秀な頭脳の持ち主で、董卓も彼の頭脳を黙殺せず政務を命じている。誠実な人物でもあった。

しかし、この誠実な心と優秀な頭脳が皮肉にも、王允を失敗へと導いた。

董卓暗殺の成功直後、王允は、「蔡邕《さいよう》の処刑」を命令した。周囲は仰天した。

蔡邕といえば、董卓に重用されてはいたものの、時代を代表する大学者ではないか。暫定政府の発足に必要な人材でもある。皆、処刑の理由を尋ねずにはいられない。

「我々が董卓を殺した時、奴はどうしたと思う。『嗚呼《ああ》』と嘆息したのだ。『嗚呼』と。逆賊の死を嘆いていいのか？　奴も逆賊と同罪だ」

蔡邕への助命嘆願は山のように届いたが、王允は処刑を強行した（最後には後悔して助けようとしたともいう）。クーデターに携わった者の中には、あまりの出来事に動転し、王允と袂を分かつ者が出ている。

そのうち、暫定政府が発足した。やるべきことは山積みだ。新体制の発足、治安の維持、経済の安定…。最も急を要するのは、長安の外でウロウロしている董卓残党軍の処置だ。親玉を失ったとはいえ、彼らは巨大な武力を持っている。処置を一歩間違えると大変なことになる。

こんな場合、必要なのは残党軍の心から「殺されるかもしれない」という恐怖心を拭い、疑心暗鬼を起こさせないことだ。疑心暗鬼は憎しみを生み、攻撃を誘発する。

## ◆誠実さあふれる最期の言葉

しかし、残党軍への特赦はいつまでたっても出ない。やがて李傕《りかく》ら董卓の残党軍が長安を包囲し、城内に殺到してきた。官僚や民衆たちが次々と刃に倒れていく。暫定政府では、呂布が抵抗したが、さすがの呂布も残党軍の勢いの前には歯が立たない。呂布は敗北を予感すると王允のもとに駆けつけ、一緒に逃亡するよう促した。

だが王允は、「国家を安定させるのが、私の最大の願いである。もし、それが無理ならば、この身を捧げて死ぬまでのことだ。宮廷も皇帝陛下も私のみを頼りにしておられるのだ。だから、危険を前にして逃げることなどできようか。東の諸侯たちに『国家を忘れるな』と伝えてくれ」といって逃げるのを拒み、王允と彼の妻子一族10名あまりはことごとく董卓残党軍に殺された。

■王允の失敗は…

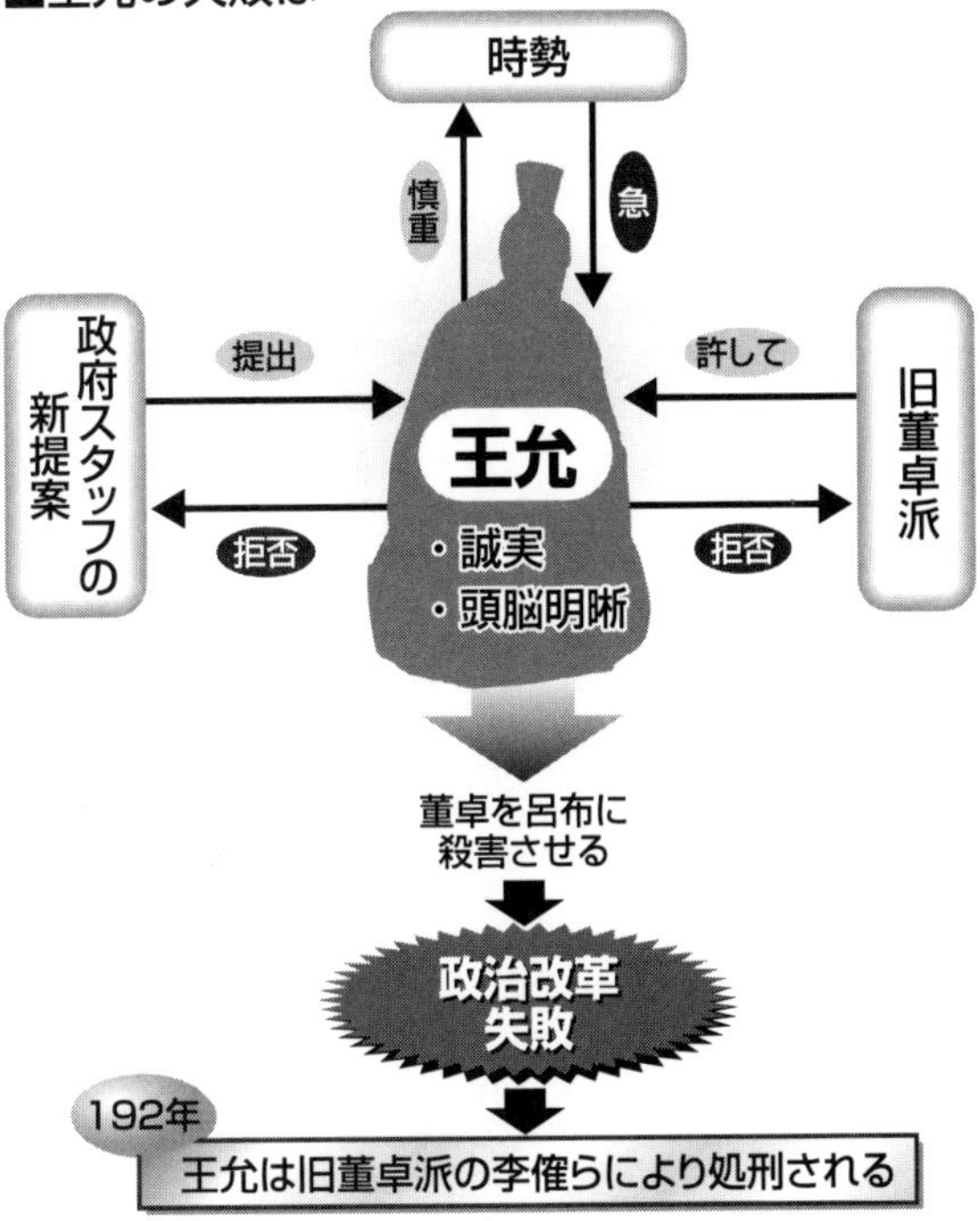


　王允の言葉からは、彼の誠実さがにじみ出ている。しかし、誠実であることと、官僚・民衆・家族を死なせたことは別問題だろう。いま少し早く手を打てば、皆死なずにすんだかもしれない。王允がなぜ特赦を出さなかったのか、その理由はよくわからない。しかし、王允の愚直なまでの誠実さが一つの要因になったことは、彼の最期の言葉から明らかだろう。

　誠実さは人間の美徳である。しかし、時に誠実さは人の動きを鈍くさせる。王允は、誠実で優秀であったがゆえに董卓を倒し、同様の理由で失敗するのである。

歴史メモ　王允は董卓の家族をも皆殺しにした。90歳になる董卓の母親は城外に転がり出て命乞いをしたが許されなかった。

# そそのかされ2度の主殺しをしたバカ正直

**腕の立つ武将ではあるが、2度も主を裏切っていては安心できない。これが呂布自身の首を絞めることに。**

## ◆人にそそのかされ主を殺害

呂布《りょふ》は2度、主を殺した男だ。

・189年…并《へい》州刺史《しし》の丁原《ていげん》を殺害
・192年…董卓《とうたく》を殺害

丁原殺害は、董卓がそそのかした。何進《かしん》将軍亡き後、宮廷に乗り込んできた董卓は、権力の強化をはかるため、憲兵隊司令として長安の治安維持にあたる并州刺史の丁原の殺害を画策する。丁原が厚く信頼している呂布を抱き込んで丁原を殺害させたのである（44ページ）。董卓は呂布の寝返りを大いに喜び、天下の名馬〝赤兎馬《せきとば》〟を与え、近衛騎兵隊司に昇格させている。

そして、董卓殺害は王允《おういん》がそそのかした（48ページ）。正史『三国志』によれば呂布が董卓の侍女と密通し、かつ董卓の人使いの荒さに怒りを感じていたところに、王允が「董卓を殺す手伝いを」ともちかけ呂布を決心させたという。董卓殺害後、暫定政府の発足にたずさわるが、董卓残党軍が長安《ちょうあん》に侵攻してくると逃げ出した。その後の呂布の動向を並べると、次ページ図のようになる。

呂布は結局、198年、下邳城《かひじょう》において曹操《そうそう》に殺される。城の攻防戦に敗れた末の処刑だった。呂布はこの時、曹操に訴えかけている。

「君の目的は、この呂布を負かして下邳城を奪回すること。目的は達せられたうえに私を得た。騎馬戦の心得がある私と、歩兵戦のスペシャリストの君とが手を組めば天下無敵。天下統一は成しとげられたも同然ではないか」

曹操は一瞬、迷いの表情を見せたが、客将として来ていた劉備《りゅうび》が曹操に警告を発し、処刑を決意させた。

## ◆曹操に決意させた劉備の一言とは

呂布の最後の訴えは、呂布の本心を知るうえで重要だ

## ■呂布の波乱の人生

| | |
|---|---|
| 189年 | 主である丁原を殺害。丁原殺害後、董卓のもとへ |
| 192年4月 | 董卓殺害 |
| 193年6月 | 旧董卓軍の攻撃に逃げ出し、袁術のもとへ向かうも、袁術陣営に拒否されると袁紹のもとに |
| 194年 | 袁紹陣営から逃亡。張邈と意気投合し、兗州の牧となる。陳宮（曹操の参謀）が進める“反曹操クーデター”の盟主に収まり、クーデターを実行。曹操との戦いに入る |
| 196年 | 劉備が牧を勤める徐州に転がり込み、後に劉備から徐州を奪い取る |
| 196年 | 袁術から縁談を持ちかけられるが、結局断る |
| 198年 | 袁術の味方をして曹操に叛旗。下邳城において捕縛され、曹操に殺される |

ろう。彼もまた群雄として天下統一レースに加わりたかったのだ。2度にわたる主殺しも欲望の表われだったと考えられる。しかし、これが結果として呂布の首を絞めた。誰が3番目になりたいものか。

呂布はたしかに強かった。しかし、ありあまる武力を内包しつつ、裏切ったり、同盟したりしながら群雄たちの間を転々とするしかなかった。このあたり、劉備に似ているともいえる。劉備も天下掌握の欲望を胸に、裏切りと同盟を繰り返していく男だ。ただ、劉備の場合、不思議な魅力があり、最後は蜀漢帝国の皇帝にまでたどりついた。

かつて呂布が徐《じょ》州に転がりこんできた時、劉備は呂布を追い返すことなく歓待している。だが、曹操が呂布処刑のさいに迷いを見せた時、「丁原と董卓の末路をお忘れなく」と主張したのも劉備だった。呂布は処刑場に引き立てられる寸前、劉備に向かい「貴様が一番の食わせ者だ」と叫ぶのである。

呂布には劉備の持つずる賢さが欠けていた、とみるべきであろう。「信義」「仁義」など耳に心地よい言葉を普段から口にして、本心を悟られなくするような…。

**歴史メモ** 丁原について『三国志』は「武勇に富み」と評価しているが、「文字はわずかしか知らず、役人としての能力はなかった」と酷評している。

# 現実逃避に近い皇帝即位に誰もついてこず

**突然、九江において皇帝を自称した袁術。だが、力の衰えた袁術についてくる人は誰一人いなかった…。**

## ◆突然皇帝を僭称した袁術

淮南《わいなん》の袁術《えんじゅつ》。この男は『三国志』の中では愚か者の代名詞のように描かれる男だ。

袁紹《えんしょう》の従兄弟で、一説には異母弟ともされる。詳細は不明だが、名門袁家に連なる人物であったことはたしかだろう。人望は家柄につくのが当時の社会的な風潮だ。群雄として割拠できたのも名家の出身ゆえだ。

189年ごろから孫堅《そんけん》も袁術の配下であったし、192年に孫堅が死んだ後、孫策《そんさく》の後見役も務めている。おそらく今日、考えられる以上に有名な人物であったのであろう。

曹操《そうそう》台頭後の袁術はまったくパッとしない。彼は、コテンパンにやっつけられ、長江と淮水《わいすい》の間に押し込められてしまう（49ページ図）。焦ったのだろうか、197年、袁術は一発逆転を狙った奇策を試みたのである。

「我はここに皇帝となり、仲氏を新たな年号とする」

袁術が皇帝即位の根拠としたのは、予言書に皇帝即位が暗示されていたからだとする。

「予言書にはこう書いてある。『代漢者当塗高』（漢に代わる者は塗に当たって高し）。偽物ではない。いまから200年ほど前の記録にもこの文句は出てくる。そんな昔から、私が皇帝になることが決められていたのだ。解釈してみせよう。『塗』は〝路〟の意。我れ袁術の字《あざな》は公路《こうろ》。塗＝公路で我のことになる。我が名の『術』。真中の『朮』を除けば『行』の字になる。これ『塗＝路』と関係の深い文字である、しかも、袁家の祖先の名に『塗』がある。だから私が皇帝になるのだ」

要するにこじつけのきわみである。曹操の庇護下にあるとはいえ、漢王室は存続し、皇帝も健在だ。加えて袁術は、淮南に押し込められた状態である。群雄たちを従えるだけの威勢もない。予言書についても論理はめちゃくちゃである。群雄たちは最初はあきれ、次いで怒り出した。なかんずく名目上の配下である孫策は激怒した。衰えたりとはいえ後漢皇室は存続しているし、皇帝も健在なのだ。勝手に建国を宣言しては逆賊扱いされてしまう。関係者というだけで白い目で見られるのはご免だ。

「皇帝を名乗るとは情けない。あなたが狂人とははじめて知った。己の不明を恥じる。つき合いはご免だ。さようなら」

絶縁状を叩きつけた。

■理想を求めた袁術だったが…

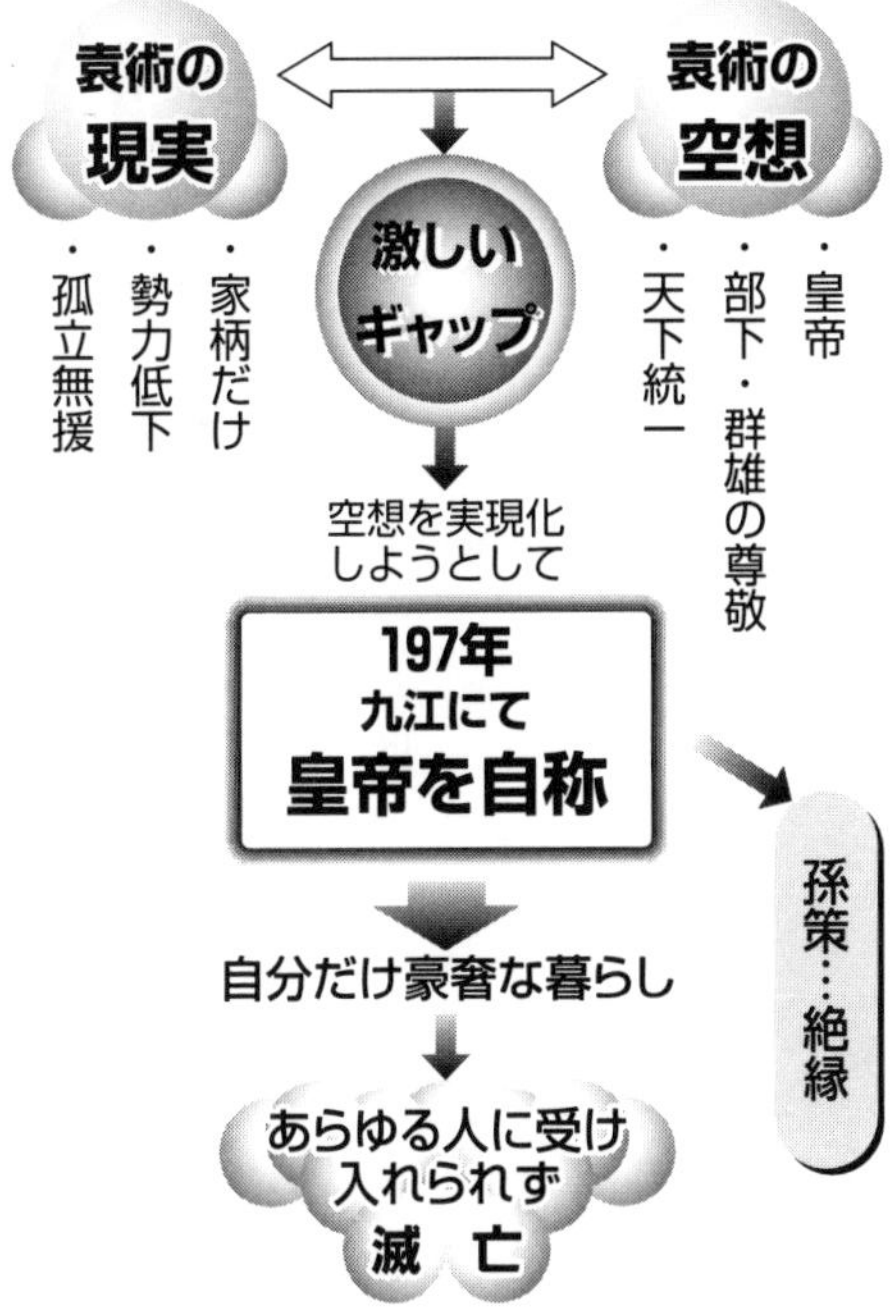


## ◆力もなく人望もない袁術には無理だった

袁術の末路はみじめだった。皇帝に即位した後、後宮（ハーレム）を作り贅沢三昧をした。形だけを整えたのである。しかし、誰もついてこない。ついにはあちこち放浪した挙げ句、青州《せい》の袁譚《えんたん》（袁紹の子）を頼る途中で悶死している。

袁術の考え方は的外れではない。王室の衰えは誰の目にも明らかだ。変わり時である。しかし、時期がある。移行への手順もある。群雄と一般民衆を納得させる時期・手順がないと新王朝の樹立は無理だ。

後漢王朝の滅亡と魏王朝の樹立は２２０年である。１９７年の段階では、新王朝樹立までは機が熟していなかったし、第一、袁術には力もなかった。袁術は満たされない現実を空想で埋めようとして失敗したのである。

歴史メモ 小説『三国志演義』では、袁術が「蜂蜜が飲みたい」と所望したところ、「ありません」と側近にいわれ悶え死んでいる。

# 時代が読めないのでは安定政権は望めない

**献帝は、董紹らと諮ってクーデターを画策する。曹操に見破られ未遂に終わったが、はたして成功していたかどうか。**

### ◆突然、大粛清が行なわれたそのワケは

200年の1月。許昌《きょしょう》（献帝《けんてい》のいる都）で大検挙が行なわれた。

捕縛されたのは車騎《しゃき》将軍の董紹《とうしょう》ら宮廷の重鎮連中だ。彼らは次々と処刑された。突然の出来事に天下の人々は唖然とし、罪状を聞いて飛び上がった。

クーデター未遂――。曹操《そうそう》が袁紹《えんしょう》戦に備えて忙殺されている最中を狙って、決起する予定だったらしい。

しかし、曹操は宮廷の不穏な動きを事前に察知して一網打尽にした。実は、このクーデター計画には劉備《りゅうび》も加わっていた。劉備は、董紹ら主要メンバーとともに決起の機会をうかがっていた。しかし、曹操から「袁術討伐」の命令が下った。クーデター計画は、その間に発覚したのだ。

このクーデター未遂劇には黒幕がいた。献帝《けんてい》である。

献帝が曹操の庇護《ひご》下に入ったのは196年のことだ。最初は忠臣の出現を喜んだ。しかし、思いはすぐに変わった。

〈董卓《とうたく》のところにいた時と同じだ……〉

曹操の言葉にハイハイと返事をし、いわれたとおりのことをしている日々。思いは次第に憎しみに転じた。気をつけて見ると曹操が皇帝や王室を傀儡《かいらい》としていることに不満を抱く者が意外に多いようだ。

中でも皇帝の舅《しゅうと》になる董紹は、曹操への怒りを募らせているようだ。

〈董紹に曹操打倒の勅書を渡したら……〉

反曹操派は一気に決起するだろう。だが、曹操も用心深い。宮廷内に実に緻密なスパイ網を張り巡らせている。皇帝が董紹を内密に呼んだとしても、たちまちバレる。

献帝は苦心の末、董紹に勅書を渡すことに成功する。

反曹操派は勇躍した。しかし、曹操の情報網はこれを敏感に察知し、クーデターは未発のうちに抑えこまれるのである。

■曹操の支配と後漢王朝の支配の違い

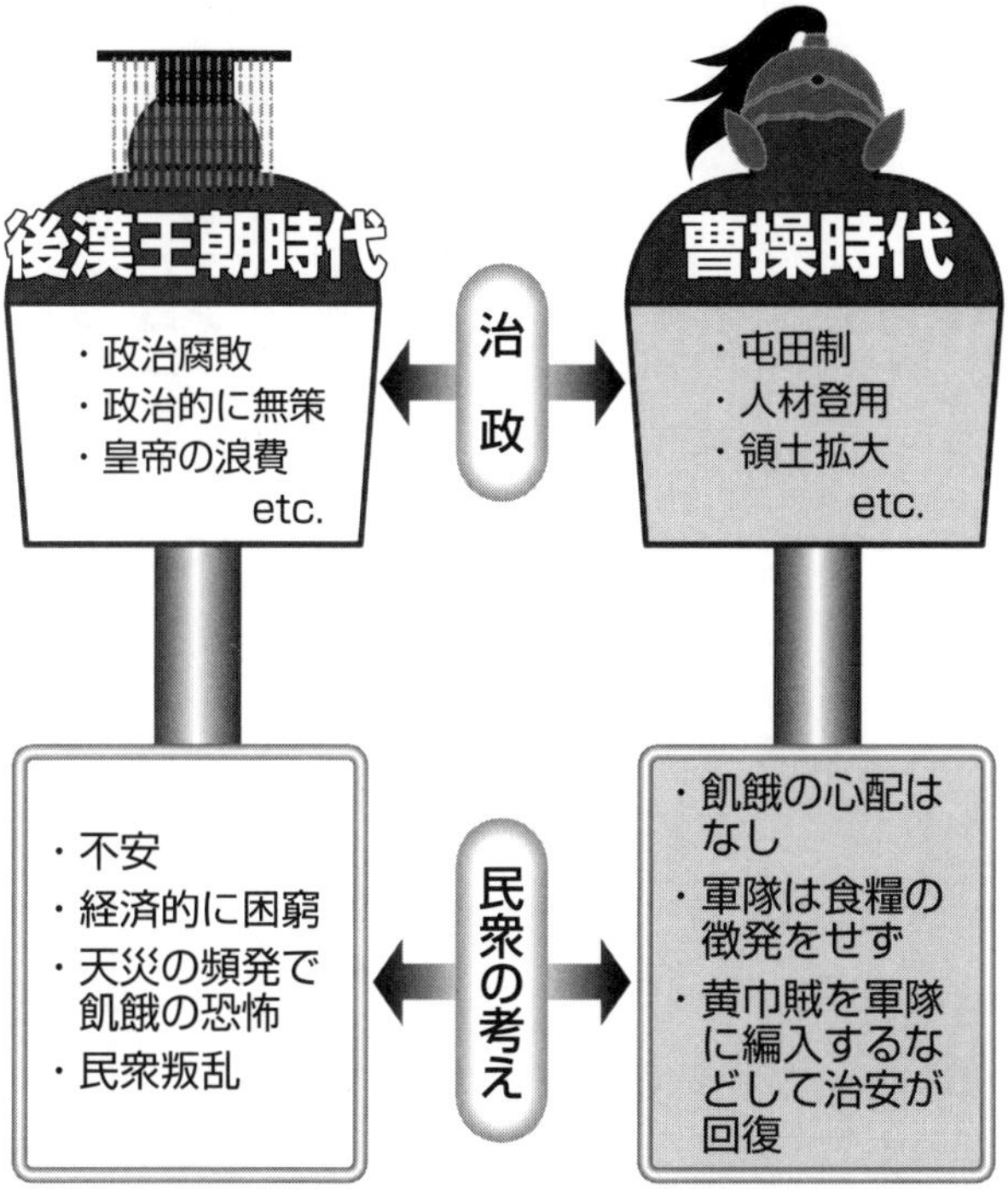


## ◆民意を反映していなかったクーデター

以上がクーデター未遂事件の概要だが、この時、宮廷が決起したとしても、成功した確率はきわめて低かっただろう。

曹操は、戦乱の続く中原《ちゅうげん》に、不安定ながら秩序を回復させつつある。屯田制《とんでんせい》の成功によって食糧不足も次第に解消されている。野盗連中の横行もない。無秩序と慢性的な飢餓にさらされていた民衆は、曹操という指導者を仰ぐことによって、ようやく安定した生活を保障されたのである。

しかも人材を積極的に登用するから、働き場所もある。要するに民衆にとって、曹操は実に頼りがいのある指導者であった。

「打倒！　曹操」は民意ではなく、皇帝と一部の関係者だけの私利私欲の叫びだったといえる。民意の裏付けのないクーデターが成功するはずがない。



**歴史メモ** 220年、献帝は曹丕に皇帝の位を譲り、後漢王朝は滅亡する。彼はその後、山陽公劉協（献帝の姓名）として余生を送り、234年に没した。

◉199年 ◆公孫瓚の失敗学

# 十分すぎる備えの防衛策は逆に死を招く

**守るだけでは絶対に勝てない。守りつつ、どこかで仕掛ける機会をうかがわない限り、必ず敗れるのだ。**

## ◆豊富な物量で籠城に徹したが…

公孫瓚《こうそんさん》。字《あざな》は伯珪《はくけい》。後漢末期の群雄で、生来、偉丈夫にして容姿は抜群。あまりの男ぶりに惚れ込んだ遼西《りょうせい》郡太守《たいしゅ》が、娘の婿にと郡役所から引き抜いたというエピソードの持ち主だ。

若い時、郡派遣の学生として儒学者・盧植《ろしょく》のもとで学問に励んでいる。この時、同門の弟弟子に劉備《りゅうび》がいた。

合戦も強かった。白馬のみで編成した精鋭騎馬部隊「白馬義従《はくばぎじゅう》」は、北方異民族との戦いや、黄巾軍《こうきんぐん》との戦いで無敵の強さを発揮している。

公孫瓚のライバルは、河北の巨人・袁紹《えんしょう》だ。「界橋《かいきょう》の戦い」（192年）を皮切りに、河北の覇権をめぐって袁紹と戦った。袁紹との戦いが一進一退になると、公孫瓚は易京城《えきけいじょう》籠城による防衛策に作戦を切り換える。

この易京城は天下一の堅城だ。

塹壕は十重。内側には土堤を築いた。堤の高さは5～6丈。それぞれの堤の上に櫓《やぐら》が立てられた。一番内側の堤は10丈。備蓄食料は300万石もあったという。籠城の態勢は万全だ。

しかし結果として、防衛策をとったことが公孫瓚の運命を決定づけた。

防衛作戦についてクラウゼヴィッツ（1780～1831年、ドイツの兵学家）は次のように語っている。

「防御は、攻撃よりも容易で強力な戦闘方式である。しかし、その目的は現状維持で、消極的である。攻撃は防御よりも敗れやすい戦闘方式であるが、それだけに大きな成功を収めることができる」

「戦争の最終目的は防御では達成できない。攻撃のないところには勝利はないからだ。防者が滅亡を免れようと思えば、防御によって得た利益を活用して、反攻に出

■守りのみでは事態を打開することはできない

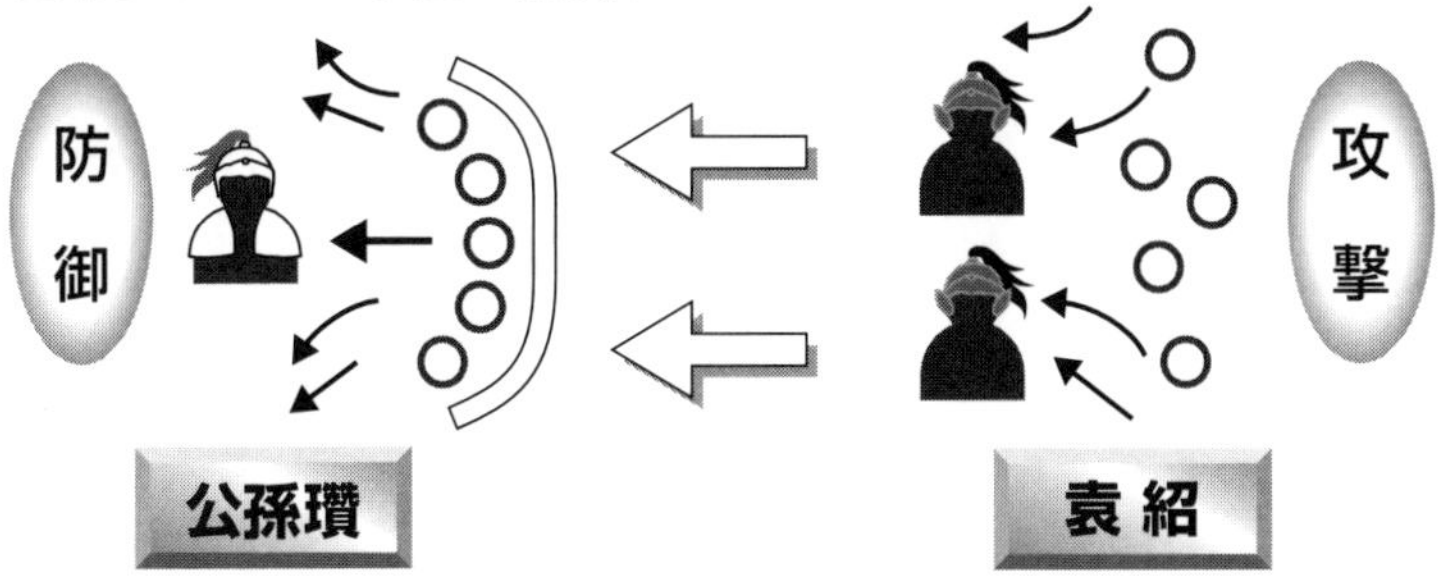


なくてはならない」

しかも公孫瓚は、食糧豊富で難攻不落の易京城に籠城することで将兵の必死の力を封じ込めてしまったともいえる。

結果、何年間も持ちこたえはしたが、ついに袁紹に総攻撃をかけられ、199年に敗北するのである。

そのうえ、敗北の前には、どうしても出撃したいという部下を城の外に出し、見殺しにしてしまうという失態も演じている。防御に徹して敗北した見本といえよう。

### ◆籠城するも後がない曹操は守りつつ攻めた

同じ籠城作戦でも、やはり同じ袁紹と戦った曹操《そうそう》の「官渡《かんと》の戦い」（200年、150ページ）における籠城は、公孫瓚とはだいぶ違うようだ。

袁紹軍はこの時、実にしつこく攻め続けている。地下を掘り進み、櫓を立てて城内に矢を射こむなど手をかえ品をかえ、攻め続けた。しかし、曹操軍も負けてはいなかった。「発石車《はっせきしゃ》」なる投石器を作って袁紹軍の櫓を壊し、敵のモグラ作戦にはモグラ作戦で対抗した。攻められながらも防衛のみにはまらず、袁紹軍を攻めているのである。なぜか。城も粗末なうえに食料も少ない。とにかく必死で対抗しなければ敗北は確実だったからだ。

クラウゼヴィッツはこうも語っている。

「攻撃力はついに極限点に達する。そして攻者はこれを超えやすい。攻者がこの点を超えると、事態は一変して、断然防者に有利になる。この時以後の防者の反攻は攻撃の突進力よりも、はるかに激烈である」

曹操と将兵の必死の頑張りが袁紹軍に攻勢終末点を超えさせ、ついに形成逆転につながったのが「官渡の戦い」であった。



**歴史メモ** 異民族たちは公孫瓚を「白馬将軍」と呼んで恐れた。公孫瓚の肖像画に矢を突き立てては、うっ憤を晴らしていたという。

◉200年　◆袁紹の失敗学

# 名門出ゆえに民衆の心理を見抜けず

**袁紹は家柄も軍事力もあったが、肝心の人々の心理がわかっていなかった。一国を治めるには器不足だった。**

### ◆袁紹《えんしょう》はあまり幅の広くない人物だった？

袁紹と曹操《そうそう》の実力を比較すると、袁紹は横綱、曹操は関脇、ということになろう。

袁紹はとにかく家柄がよい。後漢政府に「三公《さんこう》」（司空《しくう》・司徒《しと》・大尉《たいい》）という重職者を4代にわたって出したというから、相当な名門であったに違いない。

人望は家柄につくのが当時の社会だ。袁紹は、190年に反董卓《とうたく》連合軍が結成されたさいには、家柄のよさを最大の理由として連合軍の盟主に推されている。諸侯たちも袁家の御曹司ならば納得したのだろう。ただ、よいのは家柄のみであったようだ。正史『三国志』の著者・陳寿《ちんじゅ》は、袁紹の人間性に対して酷評している。いわく、

「風貌は貫禄タップリで名将のようだ。人柄も実に寛大に見える。しかし、内心では部下の功績や能力をねたんでいる。権謀は好きだがイザとなると尻込みする」

要するに了見の狭い人物だった。田豊《でんほう》・沮授《そじゅ》などの優れた家臣を使いこなせなかったのも、当然だろう。

### ◆名門出ゆえ皇帝を軽んじた？

いま一つの失敗の要因は、彼が河北の名門出という権威に浴していたことだ。献帝《けんてい》の問題を考えてみよう。

袁紹は献帝が長安《ちょうあん》から洛陽《らくよう》に戻ったさい、参謀の沮授から「献帝を奉戴《ほうたい》なさいませ」との進言を受けている。しかし、袁紹はこれを拒否した。威勢の衰えた王室をバカにしたのかもしれないし、皇帝の受入れ＝政治の面倒な制度の受入れを嫌ったのかもしれない。

あるいは献帝が長安に連れ去られた時、幽《ゆう》州牧《ぼく》の劉虞《りゅうぐ》を新皇帝に立てようとしたことを考えると、「あんな権威は取替え可能だ」と考えていたのかもしれない。

しかし、それは「三公四代」の名門家の御曹司だからできた発想だ。民衆にとって皇帝はやはり皇帝。尊崇の

気持ちは強く、冒しがたい権威であった。袁紹は名門家の出身であるがゆえに、威勢の衰えた権威にも使い道があることがわからなかったのである。

## ◆名門出ゆえ食糧の重要さがわからなかった？

袁紹の不明は曹操との〝天下分け目〟の戦いになった200年の「官渡《かんと》の戦い」でもよく出ている（150ページ）。

この戦の勝敗を分けたのは、曹操の烏巣《うそう》攻撃だ。烏巣は袁紹軍団の食糧基地である。だが、「烏巣が奇襲を受けている」と報告を受けた時、袁紹がしたのは曹操の留守部隊が立てこもる官渡城への攻撃だった。

慢性的な食糧不足に苦しみ、家族を養うために危険な戦場に身をさらしている兵士たちは仰天したろう。戦に勝っても飢える恐れがあるのだ。官渡城の攻撃を命じられた高覧《こうらん》と張郃《ちょうこう》は攻撃と偽って出撃し、あっさり投降している。袁紹がこの時にしなければならなかったのは、兵士たちの食い扶持を守ることであった。

だが、彼は河北の名門家の出だ。飢えの恐怖を知らない。「民衆の大多数はパンのみのために生きる」という民衆心理がわからなかったのである。曹操はその点に敏感であった。

■民衆の心がわからなかった袁紹

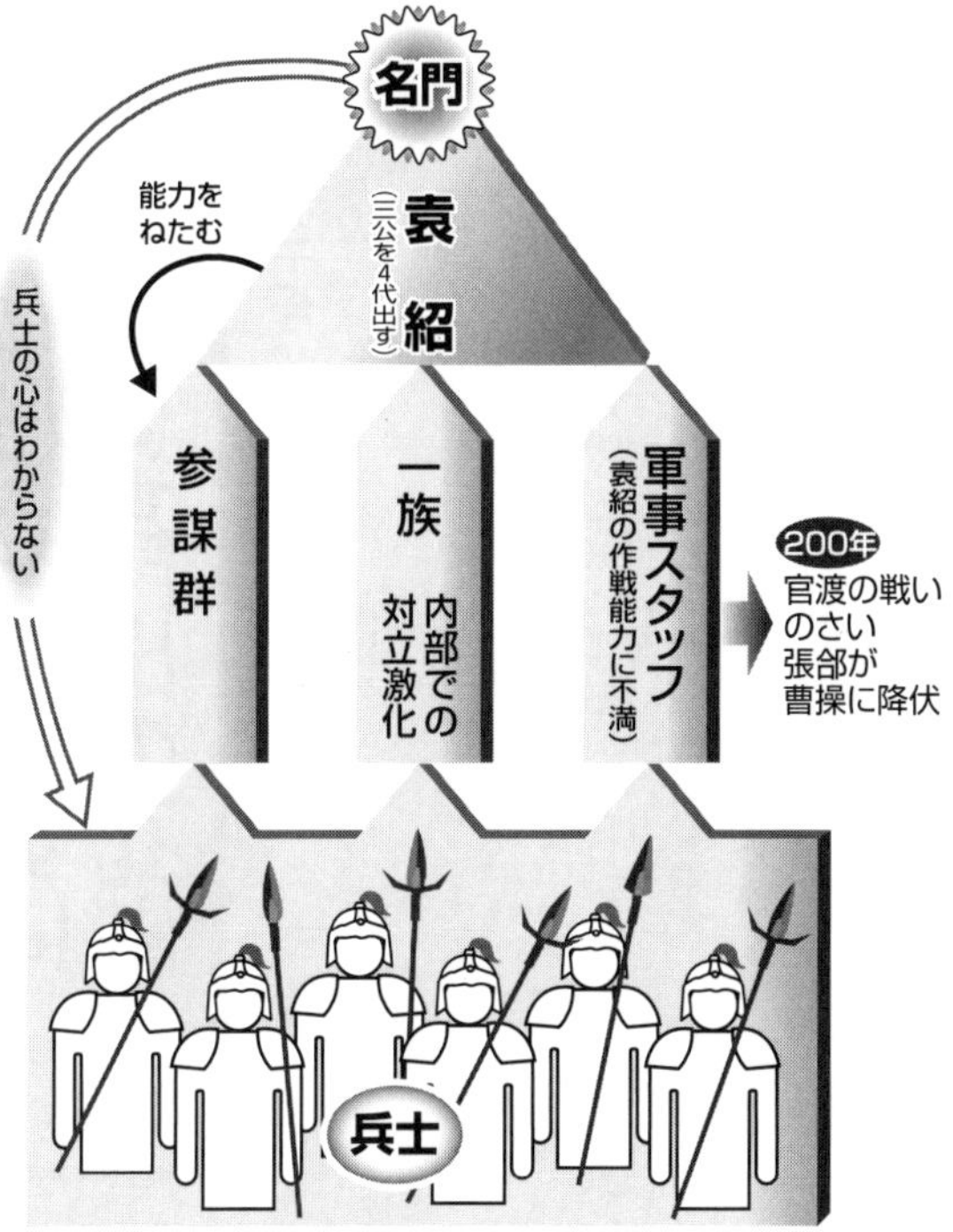




歴史メモ 田豊と沮授は必勝のため袁紹に数々の進言をした。しかし袁紹はこれを一つも用いなかった。

◉208年 ◆孔融の失敗学

# 自分の適性を知らずに夢を見た名門出の孔融

**孔子の20代目子孫・孔融。なまじ才があるだけに、屁理屈人間になり、曹操に処刑されてしまう。**

## ◆孔子20代目の子孫

孔子《こうし》は、日本人に最もなじみ深い中国の思想家であろう。

前551ごろ～前479年の人物であり、名は丘《きゅう》。字《あざな》は仲尼《ちゅうじ》。そして「子」は「先生」という意味なので、孔子は「孔先生」となる。春秋時代の動乱期に「仁」(他を思いやり慈しむ心)を中心とする儒家思想を説いた。孔子の教えはその後、孟子《もうし》へと受け継がれ、やがて政治思想として重視されるようになった。政治の世界に出るためには儒学を学ぶことが必須条件であり、若き日の曹操《そうそう》や劉備《りゅうび》も儒学は学んでいる。孔融《こうゆう》は、孔子20代目の子孫にあたる人物だ。

彼の人生を端的にいえば「急転直下」という言葉が最も妥当だろう。孔融の前半生は高貴な家柄、当人の豊かな教養もあって眩しいほどの栄光に包まれている。まさに次代のホープとして将来を嘱望されていた。孔融自身も自分の可能性に絶大な自信を持っており、北海国(青《せい》州)の太守《たいしゅ》にあった時、

「いつかは天下の覇者に」

と自身にいい聞かせていた。

しかし、彼は文化人ではあっても政治家ではなかった。学んだことそのままに政治をやろうとした。議論・訓令・法…。制定を告げる文章はいずれも文学作品のごとく気品を備えたでき栄えであったが、現実の運用になるとさっぱり非実用的だった。北海国は混乱し、やがて孔融は国を失うはめになる。北海国を逃げ出したあとは何とか群雄として割拠しようと四苦八苦した。

## ◆自分の枠から出られなかった孔融

孔融はやがて曹操に召し出される。献帝《けんてい》を許昌《きょしょう》に迎えていた曹操は、朝廷との折衝役に孔融の才能を頼もうと

したのである。古《いにしえ》からの儀式などにも通じた孔融はうってつけの人材のはずだった。

　ところが曹操と孔融の間はギクシャクし通しだった。曹操は新しい時代の創出を考え「屯田制《とんでんせい》」「兵戸制《へいこせい》」「能力重視の人材登用」など革新的政治システムを次々と施行した。しかし、孔融はこれが気に入らない。

　あくまで「昔はよかった」式の考えだ。だから、何かにつけて曹操に反対した。しかもその反対の仕方が「これこれこのやり方のほうが効果的だから」という建設的なものではない。完全な屁理屈なのだ。

■なぜ文化人・孔融が処刑されたのか

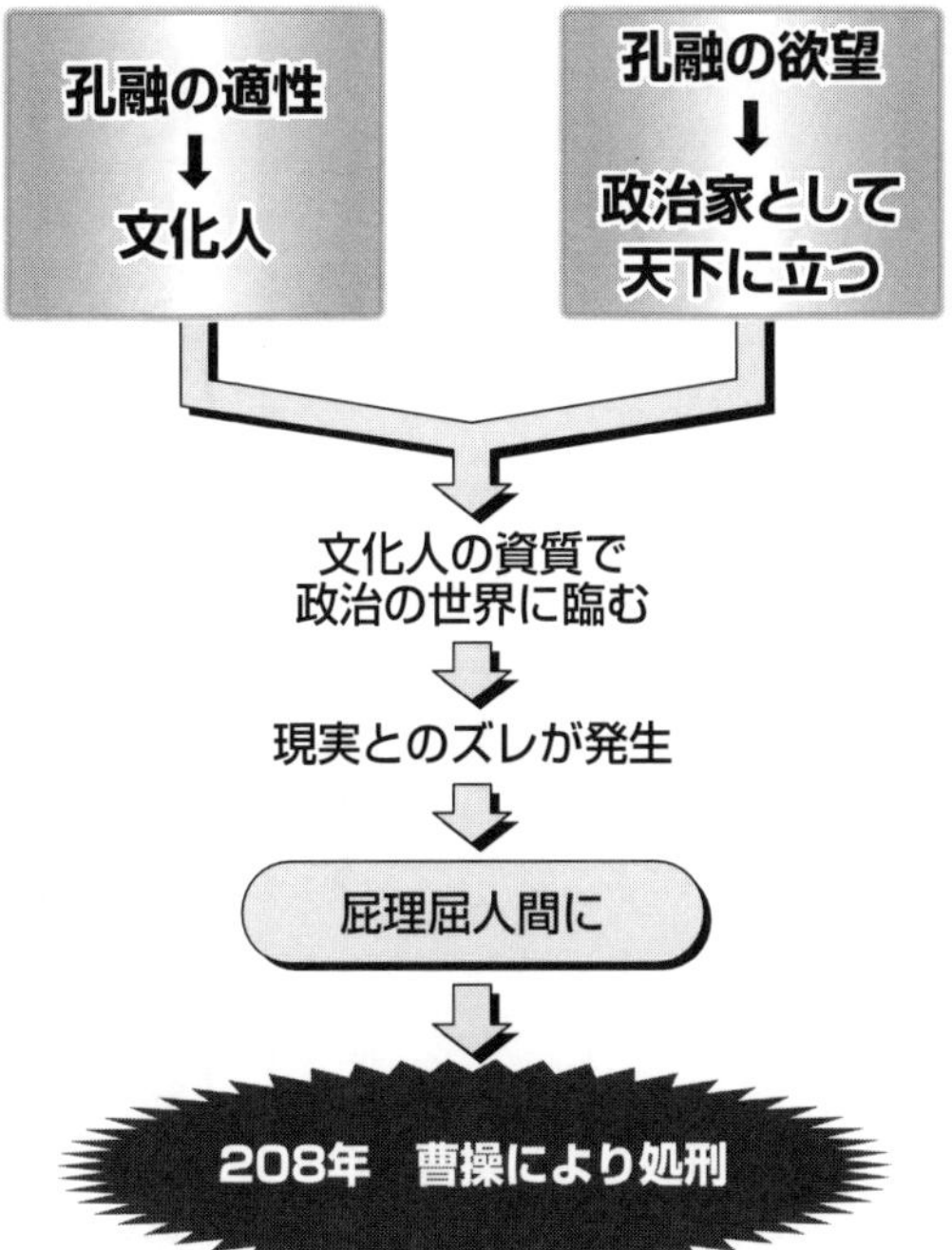


　たとえば曹操が戦争による物資の消耗と飢饉を理由に酒造を禁じた時、「人には美酒の徳がある。古の聖人も千杯の酒を飲まなかったら聖徳を完成できなかった。酒作りが国の害になるというなら女色はどうなるのです。酒作りを禁じて結婚を禁じないのはおかしいのではないか」と皮肉をいった。孔融の名は天下に知られているため、曹操も最初は我慢していた。しかし、あまりにも態度を改めないので208年、獄に下したうえで処刑している。

　政治家が文化人になった曹操とは異なり、孔融はあくまで文化人でしかなかった。そんな孔融が分不相応にも政治で立とうとしたことに失敗の要因があった。

歴史メモ　孔融が評価した禰衡も偏屈者だった。無礼きわまりない言動で曹操を怒らせ、次いで劉表を怒らせ、最後に夏口太守の黄祖を怒らせ殺されている。

●219年 ◆楊脩の失敗学

# あまりに優秀で支配者に敬遠された楊脩

**動乱の時代、あまりに優秀すぎても支配者にとっては危険だった。まして権力者の敵になったときは警戒された。**

## ◆曹操の発した「鶏肋」という命令の意味は？

あまりにも〝切れ〟すぎる部下は警戒される。

楊脩《ようしゅう》。字《あざな》は徳祖《とくそ》。この人物は切れすぎる頭脳ゆえ、曹操《そうそう》に殺されている。

楊脩の頭脳の冴えは、次のエピソードが示している。219年、曹操は漢中《かんちゅう》に向けて出陣する。この時、漢中は曹操の領土である。しかし、益州《えき》を根城《ねじろ》としてる劉備《りゅうび》が盛んに軍勢を送り込んで奪い取ろうとしている。勢いは強く、先陣の夏侯淵《かこうえん》も殺された。

曹操と劉備の戦いは熾烈をきわめた。数か月たって戦死者は増すばかりだ。曹操は命令を発した。「鶏肋《けいろく》」と。妙な命令だ。鶏肋とは鶏のガラのこと。皆、首を傾げた。まさか「鶏ガラのスープが飲みたい」といっているわけでもあるまい…。ところが事務次官の楊脩はサッサと撤退の準備をはじめた。皆「なぜ、撤退とわかる」と尋ねる。楊脩は次のように答えた。

「鶏ガラというのは捨てるには惜しいが、かといって食べるほどの肉はついていない。漢中という土地は、鶏ガラのようなもので無理してまで保つことはない、という意味さ。撤退命令だとすぐにわかった」

撤退なら「撤退」と命令すればよいようなものだが、こうした謎かけと謎解きは当時、知識人たちの間でよく行なわれていたらしい。

こんな話もある。宴会の席上、ある人が曹操に一椀の酪《らく》（現在のヨーグルト）を贈った。曹操は一口すすると宴会の出席者に椀を回した。椀を受け取った者は皆オヤッという顔をした。蓋《ふた》に一文字「合」と書いてある。意味がわからない。呪いの類だろうか。楊脩のところに椀が回ってきた。楊脩は蓋を取ると一口すすって、

「〝一人一口〟という意味での『合』の字だ。遠慮す

ることはない」と一同に向かっていった。

### ◆反後継者派で切れ者ゆえに殺された楊脩

才能を愛する曹操である。楊脩の才能を高く評価していたことは事実だ。しかし、楊脩もそのことにあぐらをかいていたともいえる。有能な家臣は権力者にとって、頼りになる存在であると同時に危険な存在でもある。

〈わし（曹操）が生きているうちはよいが…〉

問題は没した後だ。曹操の晩年、魏王室内部では曹丕《そうひ》と曹植《そうしょく（そうち）》による後継者争いが起こっている。

曹丕は冷酷な政治家。曹植は天才詩人だ。後継者争いは両者の取り巻き連中も加わり熾烈だったようだ。曹操自身、曹丕か曹植かで後継者指名をかなり迷ったが、最終的に曹丕を後継者に任命した。

楊脩は曹植派だった。楊脩の切れすぎる頭脳が曹操の心に疑心暗鬼を生じさせる。

〈あのやり手は放っておけば何をするかわからぬ。曹植を擁して…。生かしておくことは国の乱れにつながるかもしれぬ〉

曹操は楊脩の殺害を決意。220年、楊脩は45歳という脂の乗った働き盛りの時期に殺された。

切れる頭脳の持ち主は権力者にとって存在自体が脅威になる。楊脩の頭脳をもってしてもそのことはわからなかったのだろうか。

■変わっていく曹操と楊脩の関係

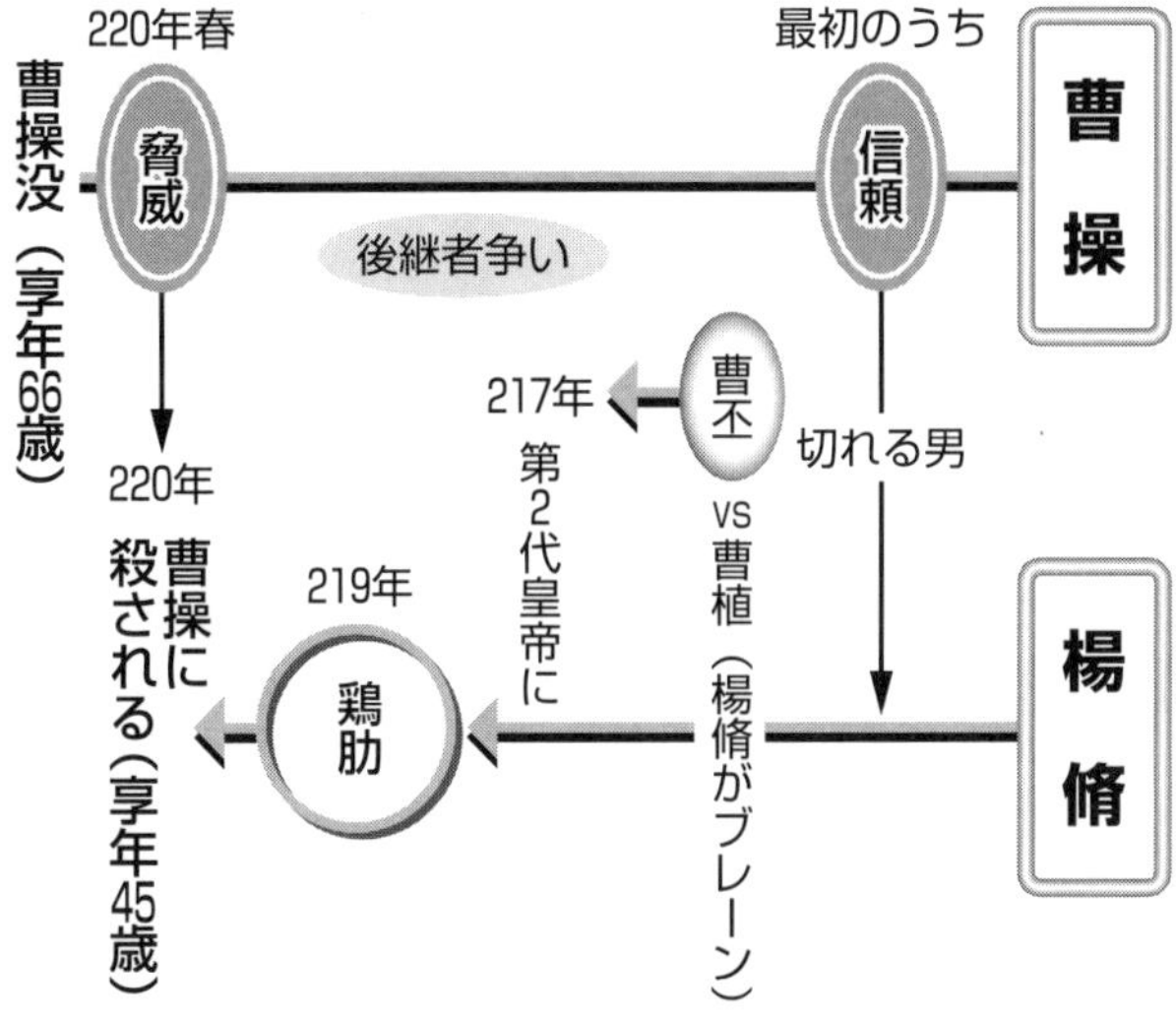




歴史メモ 楊脩がかつての敵対者袁術の甥であったことも、曹操に警戒心を生じさせる要因になったと考えられる。

# 勢いのある暗愚vs自暴自棄の英才――
# ラッキーな司馬炎、ついてない孫晧

### 司馬一族の勢いで皇帝になった司馬炎

「勢い」というのは実におそろしい。当人の能力とは無関係に、勢いがすべてを決してしまう場合がある。三国時代最後の対決などはまさにそれだ。

呉を併合し、三国時代を終結させる晋《しん》皇帝の司馬炎《しばえん》。この男は本来、色好みの鈍才である。後宮（皇帝専用のハーレム）に1万人以上もの美女を囲い、顔を覚えるのが面倒なので羊（牛との説も）に車を引かせ、羊が止まった部屋の前で車を降り、その部屋の女と夜を共にした。

頭のよい女が羊の好物の笹を部屋の前に飾り、塩を地面にまいたのは有名な話だ。日本でも水商売関係の店舗の前にある「盛り塩」は、この司馬炎と後宮の女にまつわるエピソードが習慣として定着したことによる。

また、並み外れた浪費家でもあった。

司馬炎が皇帝になれたのは、司馬懿《しばい》（祖父）→司馬師《しばし》（伯父）→司馬昭《しばしょう》（父）の3代にわたる勢いと、司馬一族派の人々が作り出した〝勢い〟があったためだ。

### 帝国を食い枯らした暴君・孫晧

一方、呉の最後の皇帝となった孫晧《そんこう》も負けてはいない。孫権《そんけん》が皇帝に即位して呉帝国の樹立を宣言したのが229年。以後、2代孫亮《そんりょう》→3代孫休《そんきゅう》と代を継ぎ、孫晧で4代目である。

孫晧は、三国時代における最悪の皇帝とされている。突然の遷都《せんと》強行はする、酒と女にはおぼれる、これに諫言《かんげん》する家臣たちは片っ端から殺した。
贅沢《ぜいたく》もしたい放題で、財政難の呉の経済をひっ迫させた。「何て皇帝だ」とつぶやいた者も見逃さない。無意味に殺された者は数知れず、家族を奪われた者は無数にいた。呉の人々の心が離れるのは当然の結果だった。

## 時勢は最初から孫晧にはなかった?

ただ孫晧は、最初からこんな暴君ではなかった。皇帝即位以前の孫晧は、文学的才能にあふれる有能な人物であったようだ。また皇帝即位直後も、貧民の救済、宮女の解放と妻を失った男への降嫁、宮廷に飼われている鳥獣の解放と、実に善政を行なっている。孫晧は呉帝国復興の期待をになって皇帝となった、しかし、孫晧の前にはいかんともしがたい、時代の趨勢《すうせい》があった。

孫権の治世の後半から、呉帝国は斜陽期に入っていた。原因は、人口の北への流出だ。かつて北から移住してきた人々が、北の安定を理由に帰りはじめたのである。

人口の多寡は経済力・軍事力に影響する。呉政府は人口の流出に歯止めをかけようと努力したが空しかった。時勢はすでに呉から離れつつあったのだ。孫晧が皇帝になった時、呉の国力は回復しがたいまでに落ち込んでおり、すでに皇帝個人の能力でどうにかできる段階ではなかった。孫晧は即位当初から、時勢に見放されていたのである。

孫晧は英才であったがゆえに落胆も大きかった。時を得ることができず能力を腐らせた人間は、往々にして180度豹変することがある。孫晧もまた、時勢に負けた哀れな男であった。

280年、晋帝国軍は呉帝国に侵攻した。孫晧は降伏し、呉は滅亡する。

ここに、三国時代は終焉するのである。

◉219年 ◆関羽の失敗学

# 過剰な競争心ゆえに扱いにくく味方も敵に！

**劉備の第一の武将・関羽。強く、剛胆な武将だったが、同輩の動向が気になり、寛容さに欠けていた？**

## ◆部下に優しく同輩以上にはきつい性格

関羽《かんう》。字《あざな》は雲長《うんちょう》。劉備《りゅうび》の旗揚げ時からの同志である。

小説『三国志演義』では、劉備・関羽・張飛《ちょうひ》の3人が桃園《とうえん》に集《つど》い、義兄弟の契りを交わしたことになっている。劉備が長兄、関羽が次兄、張飛が末弟という具合だ。

彼は張飛とともに劉備に従い、劉備が敗残を重ねても見捨てることはなかった。一時、曹操《そうそう》に厚待遇で迎えられているが、「行方不明になっている劉備の居所が判明するまで」と条件をつけ、劉備の所在が確認されると約束どおり曹操のもとを去り、曹操を感動させている。

関羽の人間性について正史『三国志』の著者・陳寿《ちんじゅ》は、

「部下たちに対しては優しく接するが、同輩や上位者たちに対しては傲慢な態度を取る」

と記している。気位が非常に高い人物であったのだろう。清濁あわせ呑める劉備にしてはじめて、従えさせることのできた男かもしれない。

## ◆孔明でさえ一目置いていた

だが、関羽は劉備の一の子分である。扱いはとてもむずかしかったに違いない。劉備の信頼が厚い諸葛孔明《しょかつこうめい》ですら、非常に気をつかっている。これは馬超《ばちょう》が劉備陣営に加わったころ（75ページ）、孔明が関羽に宛てた手紙からわかる。

「馬超殿は、文武の道に通じたなかなかの人物です。古《いにしえ》の人物に例えるならば黥布《げいふ》や彭越《ほうえつ》となりましょうか。私の見たところ張飛殿とはよいライバルになるでしょう。しかし、髯殿《ひげどの》にはかないません。髯殿はもう別格のお方ですから」

馬超は、劉備が成都攻略中に配下に加わった武将だ。西涼の雄・馬騰《ばとう》の息子。「潼関《とうかん》の戦い」（211年、156ページ）では、曹操をあと一歩まで追いつめた武勇の持ち

## ■関羽自身の性格がわざわいして自滅

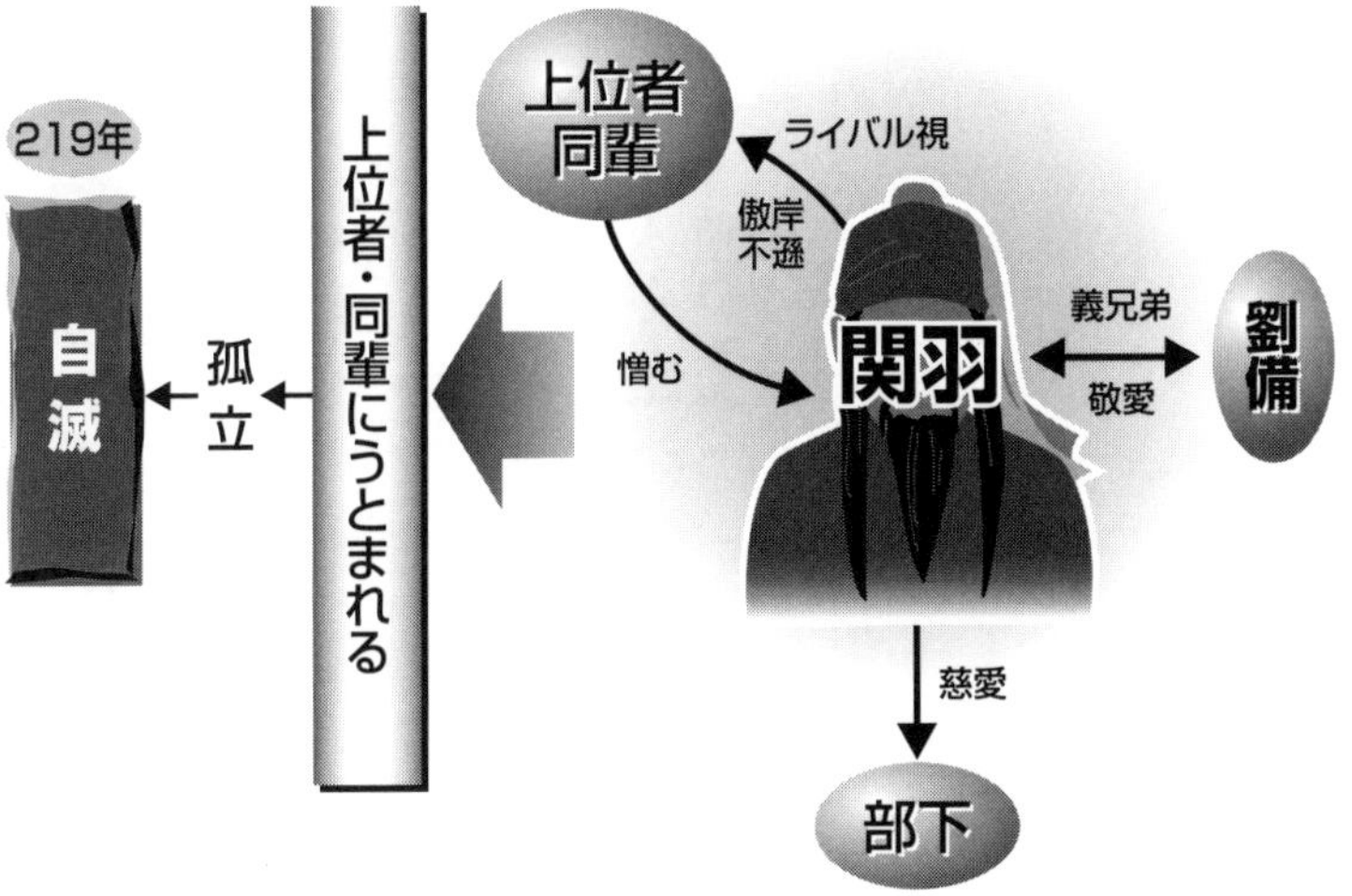


主だ。

劉備は馬超に惚れ込み、上へも下へもおかぬ厚遇をした。荊《けい》州の経営責任者として残っていた関羽は、成都《せいと》から聞こえてくる噂に気が気ではなかったようだ。そこで諸葛孔明に書状を送り、たしかめたのである。

手紙中で関羽を別格としたのも、関羽のプライドの高さをくすぐったのだろう。逆にそうでもしなければ機嫌を損ねることは目に見えていたに違いない。

関羽はこの手紙を周囲に見せびらかし、無邪気に喜んだという。

なお、黥布・彭越というのは、前漢帝国を樹立した劉《りゅう》邦《ほう》（高祖《こうそ》）の家臣であり、地方の大親分から群雄にのし上がった輩だ。また、関羽は見事な鬚《ひげ》を蓄えていたので「美髯公《びぜんこう》」「鬚殿」などと呼ばれていた。

だが結局、関羽の異常な競争心とプライドは味方も敵に回してしまう。その結果、219年に樊城《はんじょう》を攻撃したさい、荊州内で後方任務にあたっていた同輩連中から「ご自分一人でどうぞ」と見捨てられ、孫権に捕らえられて自滅したのである（78ページ）。



**歴史メモ** 関羽に対する信仰は朝鮮半島でも盛んであり、後に「関聖教」として流布した。日本では足利尊氏、水戸光圀らが関羽を崇拝している。

◉221年 ◆張飛の失敗学

# 自己中心の厳しい基準が裏切りを呼んだ

**暴にして恩なし――。自分より下の者に厳しい姿勢が、部下の裏切りを誘い、破滅してしまう。**

## ◆張飛は思いやりに欠けていた？

張飛《ちょうひ》。字《あざな》は益徳《えきとく》。小説『三国志演義』では、翼徳《よくとく》になっている。

強いことは本当に強かった。曹操陣営の参謀であった程昱《ていいく》が関羽と張飛の武勇を称して「兵1万人に匹敵する」といったのは有名な話だ。長坂坡《ちょうはんは》での活躍はすでに記したとおりである。しかし、どうも人間としての張飛の評価はもう一つだったようだ。正史『三国志』の著者・陳寿《ちんじゅ》は、張飛の人間性について、

「飛は暴にして恩なし」

と評している。粗暴で思いやりに欠けているということらしい。ただ、対象があくまで自分よりも下位者の場合に限られていたようだ。

「君子を愛敬して小人を恤《あわれ》まず」

君子は「身分の高い者、徳のある者、立派な人物」の意である。小人は通常、度量の狭い人間を意味するが、「君子」と対応していることを考えると「普通の人々」を指すのだろう。組織ならば、肩書上「部下」に分類される人々もここに入ると思われる。

こういう上司に当たった部下は悲惨だ。張飛の部隊では死刑・重罰が非常に多かったようだ。軍規が必要以上に徹底していたのである。劉備は張飛のやり方を危惧《きぐ》し、注意を促している。

「益徳。お前の陣中では死刑が多いと聞く。しかも毎日兵士を鞭打ちながら、その兵士を身辺に置いているそうではないか。気をつけろ。いつか取りかえしのつかない事態を招くことになるぞ」

## ◆味方に裏切られ、死んだ張飛

張飛は気にもとめなかった。

だが、悲劇は２２１年に起こった。劉備は２１９年に

討たれた関羽《かんう》の仇討軍を指揮して巴《は》郡の江《こう》州にいた。敵は孫権《そんけん》である。張飛軍1万の合流を待っていた劉備のもとに「張飛軍、都督（司令官）」からの使者が飛び込んでくる。張飛が部下の名で使者を出してきたことは一度もない。劉備は使者からの報告を聞く前に、

「張飛が殺された」

とわかったという。殺害者は張飛の幕僚であった張達《ちょうたつ》と范彊《はんきょう》だったようだ。彼らは張飛の首を手土産に孫権陣営に投降したのである。

張飛は、なぜ殺されたのか。その要因はやはり「君子を愛敬して小人を恤まず」という点にあったと思われる。

うがった見方をすれば、張飛は「自分より優れている」と確信できる人物に対しては敬意を表し、愛想もよいが、「自分以下。学ぶべきところなし」と烙印を押した人物に対しては容赦なくふるまったのかもしれない。

要するに人物判定の基準が、「自分以上か、以下か」という基準しかなかったのだ。そんなことは一概にいえることではないし、そうした判断基準も実に偏っている。しかし、張飛はそこがわからなかったようだ。いずれにしても張飛が自らの人間性ゆえに失敗したことは確実である。

■部下を把握できなかった張飛

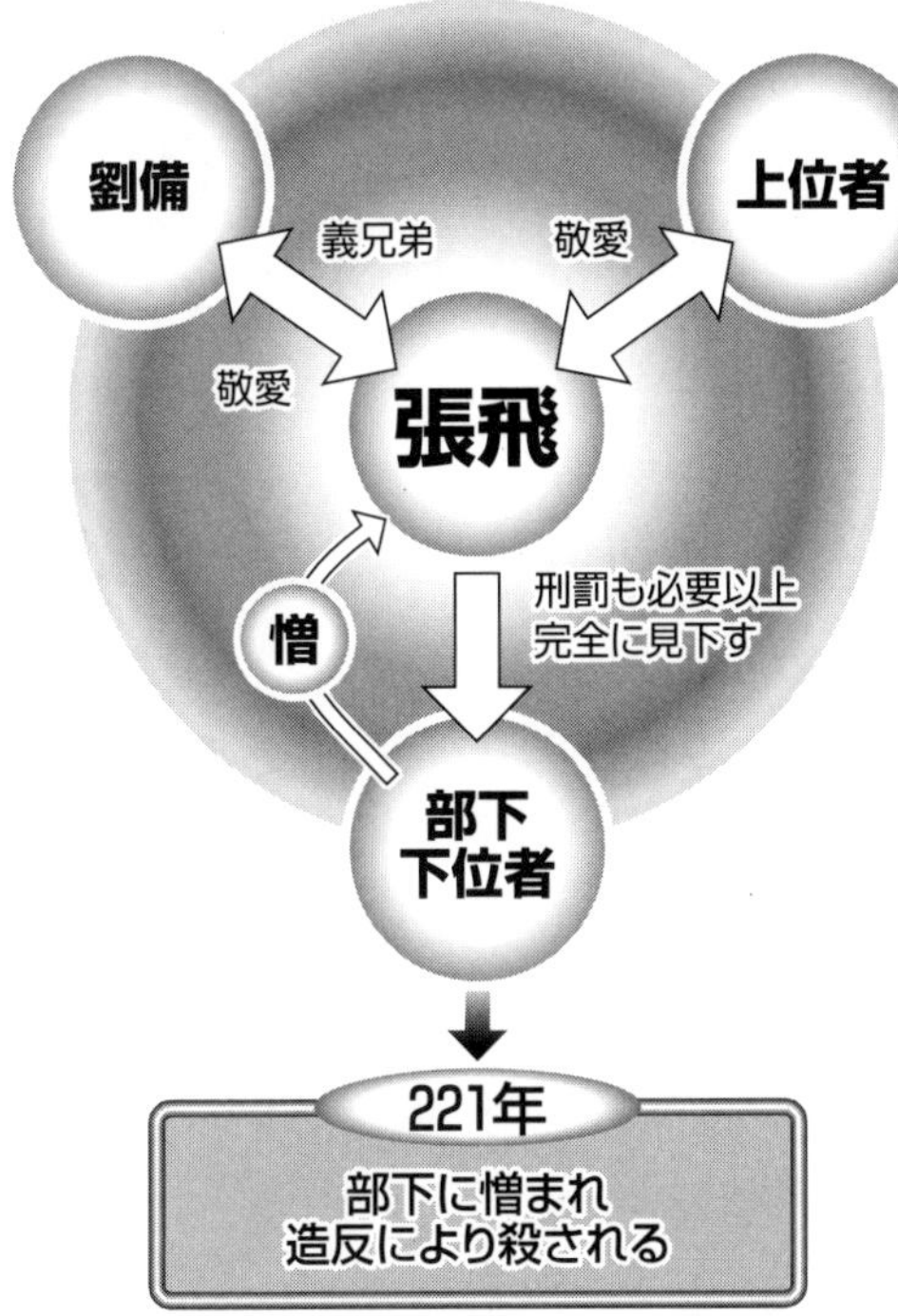




歴史メモ　劉禅の妻となっていた張飛の娘2人は、蜀漢滅亡後、劉禅とともに洛陽に移された。

◉228年　◆馬謖の失敗学

# 自分の力を過信し見栄を張って失敗

**優秀といわれていた馬謖だが、初陣に失敗して刑死させられてしまう。彼は、どこで誤ちを犯したのか。**

## ◆見栄っ張りに注意せよ

「あいつは…」

病床の劉備《りゅうび》は言葉を切った。言葉を発するにも疲れを感じる。しかし、死後の人事を考えると人物批評をしておく必要がある。傍らには丞相《じょうしょう》の諸葛孔明《しょかつこうめい》がいる。劉備はいま、孔明が「いずれは自分の後継者に」と見込んでいる馬謖《ばしょく》について語ろうとしていた。

「あいつは…幼常《ようじょう》は才能はある」

幼常というのは馬謖の字《あざな》だ。孔明はうなずく。

「まぶしいほどの才能だ。だが、自分を実際よりも大きく見せようとする点がよくない。孔明、よくよく注意しな」

劉備は馬謖の才智は認めつつも、人間性はあまり評価していなかったようだ。劉備の危惧は現実となった。

228年、諸葛孔明は蜀漢帝国軍を率いて、魏帝国討伐を実行に移す。第一次北伐《ほくばつ》だ。最初の攻略目標は「祁《き》山《ざん》」。ここを橋頭堡《きょうとうほ》（拠点）にして軍勢を東に進め、魏を侵食するつもりだ。一気に敵の西の拠点長安《ちょうあん》を奪うのではなく、一区画ずつ取っていく長期戦の構えだ。

魏軍も黙ってはいない。名将の張部《ちょうこう》が軍勢を率いて迂回。背後を突く構えを見せる。かねて予想していたところだ。孔明は直ちに迎撃軍派遣の準備にかかった。

## ◆孔明のいいつけを守らぬばかりに…

ここで問題がある。総大将を誰にするかだ。

孔明は馬謖を抜擢した。将兵は飛び上がって仰天した。〈実戦経験のない馬謖をいきなり！　しかも…〉百戦錬磨の張部相手に投入するとは。

孔明は馬謖に「山の上に布陣するな」という注文だけをつけた。高い場所への布陣は敵の動きを知るうえで好都合だが、あくまで戦闘用に構築された砦などがあり、食料・飲料水の備蓄が十分であればの話である。何の準備もなしに山の上に陣を敷いて敵に囲まれたら、全軍たちまち干上がってしまう。

しかし、馬謖は孔明のいいつけに背いた。

■奇策のみでは勝てない

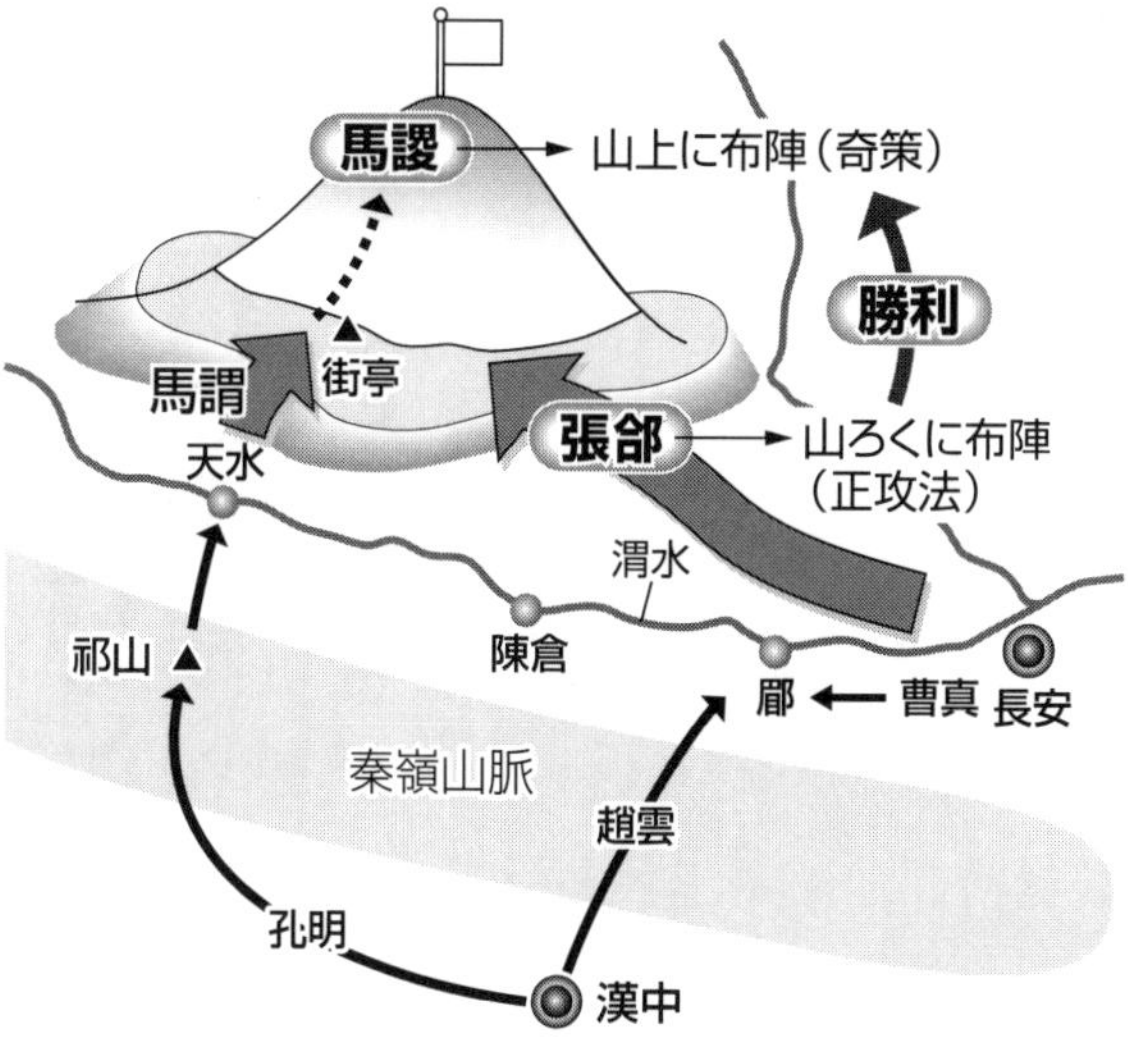


〈敵の意表をつくことこそ兵法の極意。敵は山上に我が陣があるのを見て『策あり』とみるに違いない〉

馬謖は街亭《がいてい》の山の上に陣を置くのである。山の上に陣取る敵を見て、最初は張郃も動揺したようだ。しかし、物見を放っても別に伏兵を配している気配はない。

〈誘いではなさそうだ。ひょっとすると…〉

素人に違いない。張郃は迷うことなく街亭山を包囲した。正攻法で対したのである。

水の手を断たれた馬謖軍はたちまち戦意を喪失し、散々な目にあわされて大敗した。この馬謖の敗北により蜀漢帝国軍本隊は背と腹に敵を受ける格好になり、諸葛孔明はやむなく撤退を命令した。馬謖のミスで第一次北伐は失敗に終わったのだ。

馬謖は才能はあったが現場は未経験だ。それが大事な場面で大任を与えられた。そこで自分を大きく見せようとする見栄が出て敗北したのである。

諸葛孔明は撤退後、馬謖を軍令違反の罪で泣く泣く処刑した。「泣いて馬謖を斬る」という言葉で知られるエピソードだ。そして馬謖を抜擢した自分に対して「丞相《じょうしょう》（総理大臣）罷免《ひめん》」という罰を与えた。

**歴史メモ** 王平は張郃軍の追撃を遅らせて馬謖部隊の撤退を手伝い、趙雲も殿軍を引き受けて本隊を無事撤退させ、蜀漢軍の壊滅を救った。

◉237年 ◆公孫淵の失敗学

# 自領の自立にこだわり一旗揚げたが…

**北（遼東半島）の有力な群雄として割拠していた公孫家。時代の流れを見誤り自ら国家を立て、殲滅されてしまう。**

## ◆中国の東の端を治めていた公孫家

237年秋、魏・呉・蜀漢の3帝国が鼎立《ていりつ》する中国に四つ目の国家が誕生した。場所は遼東半島。国名は、「燕《えん》」だ。国王は公孫淵《こうそんえん》である。

遼東半島は後漢末から、中原での動乱を避ける人たちの避難場所になっていた。遼東の長官・公孫度《こうそんたく》は人口が急激に増えたことで勢いづいて群雄として割拠し、烏丸《うがん》族（北方の遊牧騎馬民族）と高句麗《こうくり》を武力制圧して従属させた。曹操《そうそう》は公孫度に「武威《ぶい》将軍」という称号を与え、永寧侯《えいねいこう》とした。

公孫度は、「侯とは失礼な。俺は王だ」といいつつも魏に臣従し、公孫度→公孫康《こうそんこう》→公孫恭《こうそんきょう》→公孫淵と代を重ねてきた。国境を接している以上、魏を怒らせるのは面倒なことになるからだ。

一方、魏サイドでも、この半独立国の機嫌を損ねることは、呉・蜀漢という難敵に対峙するうえで得策ではないと考えた。だから、車騎《しゃき》将軍に任命するなどだいぶ気をつかってきた。ところが公孫淵は一方的に「燕」の建国を宣言したのである。魏は激怒した。

## ◆なぜ公孫淵はわざわざ国を建てたのか

公孫淵が「燕」建国に走ったのは、〈独立が保てるか否か？〉という問題ゆえだ。

公孫勢力が遼東半島で好き勝手にやっていられるのも、魏・呉・蜀漢という三国鼎立の形あればこそだ。ところが最近、呉・蜀漢の形勢があまりよくない。

呉は人口の不足で四苦八苦している。もともと呉の人口が急激に増えたのは、中原の動乱で避難民が急増したためだ。北の騒乱が静まり、曹家政権の魏が安定してくると北へと引き上げる人間が急増した。

〈人間がいないのでは、戦争もできんし、生産もでき

ないではないか〉
呉の軍事力と経済力の低下は著しいのだ。
もう一方の蜀漢は、諸葛孔明《しょかつこうめい》が頑張ってはいるが、魏を脅かすまでにはいたっていない。

■公孫淵の建てた「燕」

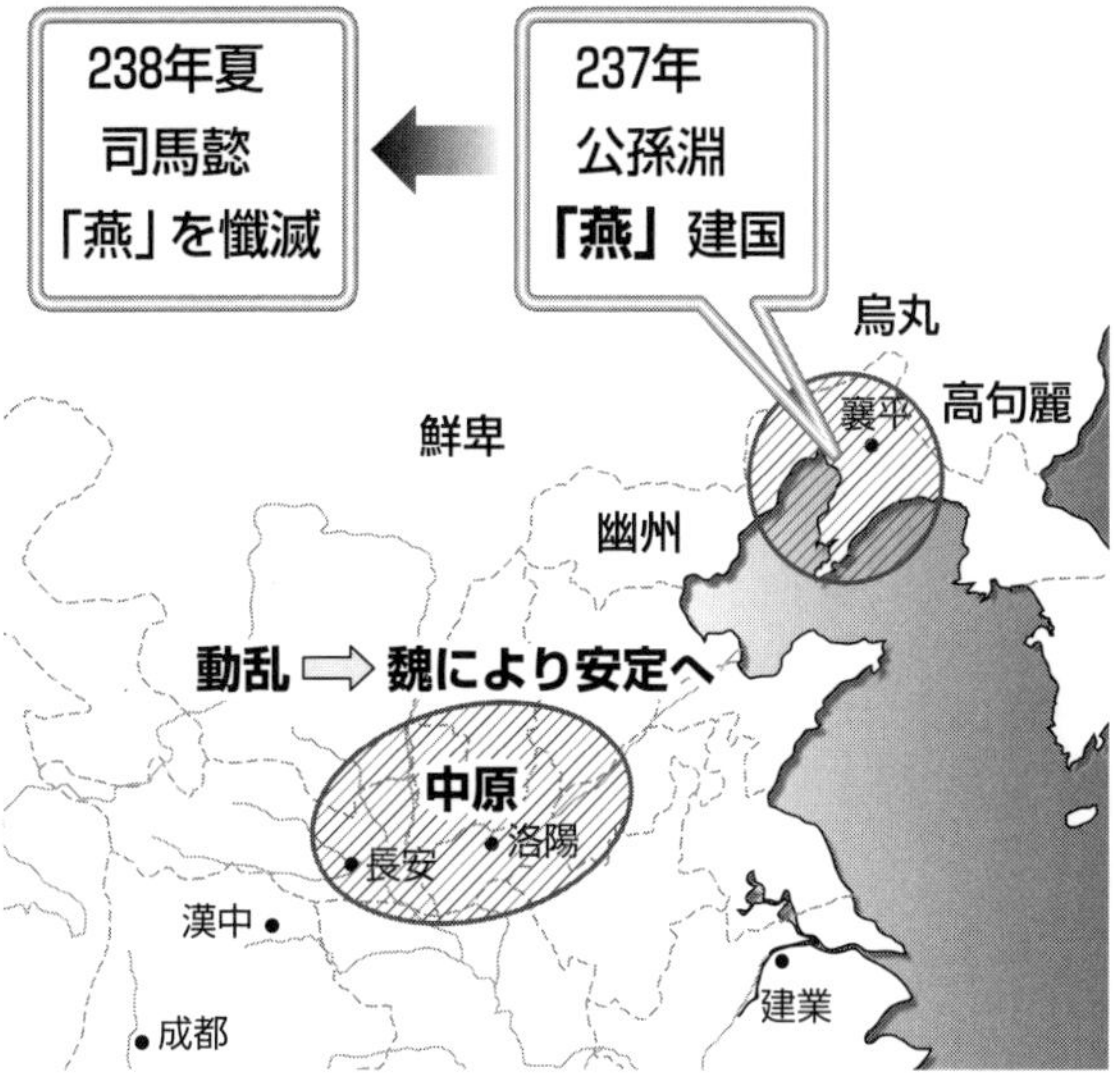


232年春、公孫淵は孫権に使者を送り、「臣従したい」との意を告げた。おそらく、「味方になってやるから頑張れ」との意味があったのだろう。孫権は大喜びし、翌年返礼の使者を送った。大量の財宝と1万人の兵をつけて。公孫淵は仰天した。魏にばれたら申し開きができない。使者の首を切って魏に送った。突然、送られてきた首に魏政府も困惑したが、とりあえず賞した。

それからも公孫淵の不穏な動きが続いたため、魏では詰問の使者を送ることになる。ここにいたって公孫淵も観念し、ついに独立をはかったのだ。

魏では司馬懿《しばい》を「燕」討伐の総司令官に任命した。百戦錬磨の司馬懿の魏軍の前に公孫淵は敵ではなく、またたく間に敗北した。司馬懿は大臣・役人・武官たちを含め、数千人の首を斬った（87ページ）。

公孫淵は遼東半島の自立にこだわりすぎたのだ。時代を機敏に読み、一刻も早く魏政権内部において確固たる地位を築くように方向転換すべきだった。転機に変われない者は滅びるしかないのである。

歴史メモ 「燕」滅亡の2か月後、魏の都の洛陽に倭国（日本列島）からの使者が到着する。邪馬台国の女王とされる卑弥呼からの使節だ。

● 249年 ◆曹爽の失敗学

# 政敵を信用する〝甘さ〟が招いた破滅

**敵対するならば、確実に処断しておかなければ寝首をかかれる。曹爽の育ちのよさが、破滅を招いた！**

## ◆政敵の実権を奪ってひと安心していたが…

「もうダメだ。女房、子ども、親類も皆殺されちまう」

桓範《かんはん》が叫び、慟哭《どうこく》する。泣かせたのは曹爽《そうそう》だが、なぜ泣いているのかわからないようだ――。

曹爽。魏の第2代皇帝・曹叡《そうえい》の病没後、司馬懿《しばい》と権力闘争を繰り広げた男だ。

司馬懿は、蜀漢帝国の諸葛孔明《しょかつこうめい》の魏侵攻を防ぎきり、遼東半島の公孫淵《こうそんえん》討伐も果たした（87、225ページ）。政治・軍事ともNO1の実績を持つ魏王朝の重鎮だ。対して曹爽は、前年没した曹真《そうしん》（大司馬《だいしば》。曹操《そうそう》のおい）の息子。いわばエリートだ。

抗争の先手をとったのは曹爽だった。曹爽は当初、司馬懿を敬愛し、何事も相談していたようだ。しかし、取り巻き連中に、「あんな爺さん、気にしなさんな。あなたはエリートでしょ。才能もある。司馬懿なんぞよりもすごい人間なんだから」といわれるうちに政治の独占を考えはじめ、司馬懿を「太傅《たいふ》」という役職につけてしまった。

「太傅」とは皇帝の教育係だ。3代目の皇帝・曹芳《そうほう》はまだ少年だった。教育係だから栄職である。しかし政治的権限は何もない。曹爽は司馬懿を棚上げにしたのである。

対する司馬懿は、「私はもう役に立たない爺です。皆さん、ご安心ください」と内外に宣言する戦術に出た。痴呆老人の芝居をして曹爽一派の警戒心をやわらげたのである。そして249年、曹爽たちが皇帝曹芳をともない大石山の先帝墓（高平陵《こうへいりょう》）に詣でた間隙をついてクーデターに出たのだ（194ページ）。

## ◆最後まで甘かった曹爽

この時、洛陽《らくよう》城を脱出して曹爽のもとに駆けつけたのが冒頭の桓範だったのだ。桓範は、

「許昌《きょしょう》に行きましょう。あそこには曹家贔屓《ひいき》の豪族連

中がたくさんおります。司馬懿打倒！　を叫んでごらんなさい。味方はいくらでも集まります。必ず勝てます。皇帝という錦の御旗がいるんですから。食料？　見てみ

■曹爽派の主な人々

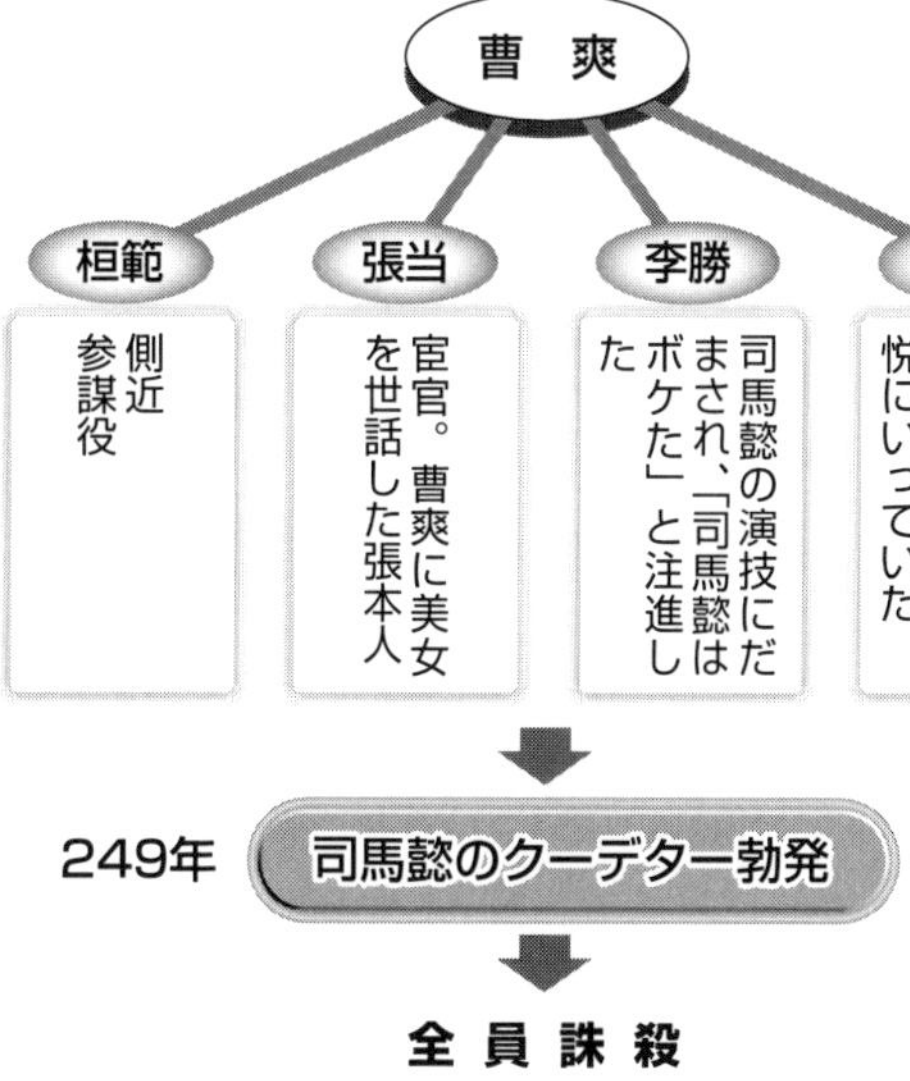
何晏
中国史上屈指のナルシスト。自分の影をかえりみては悦にいっていた


なさい。大司農《だいしのう》の印章は、私が持ち出しました。これがあれば食料徴発は思いのままです」

　と力説した。しかし、曹爽は司馬懿の使者が告げた「免官程度ですますつもり」という言葉を信じており、「政治はやめた。免官で済むそうだし、悠々自適の生活は保障してくれるようでもあるし」と戦いを放棄する。結果、最初の桓範の慟哭へとつながっていく。

　桓範の予想は的中した。司馬懿は、まず宦官の張当《ちょうとう》が宮廷に入るはずの美女を曹爽に贈ったことを罪として捕らえ、張当から「曹爽にはクーデター計画がありました」という自白を引き出す（強制？）ことに成功する。そして、曹爽一派を三族（父母・妻子・兄弟）皆殺しに処するのである。

　政治の独占を考えるならば、曹爽は初期の段階で司馬懿を倒しておくべきであった。司馬懿は皇帝の教育係だ。「皇帝に下劣な言葉を教えた」とか「皇帝への忠誠心がないからボケたんだ」とか理由はいくらでもでっち上げられたはずだ。棚上げにしたことで安心し、演技にまんまとだまされた曹爽はやはり、苦労知らずのお坊ちゃんであったといえよう。人間が「甘かった」のである。

**歴史メモ**　曹爽は処刑される前、司馬懿に「曹真の功績に免じて、家の断絶だけは」と懇願したが、司馬懿は聞き入れなかった。

**column**

### 医師・華佗の治療法
## 変わった治療もしていた
## 科学的なものも、そうでないものも…

『三国志』では怪しい術を使う名医として描かれる華佗《かた》だが（242ページ）、次のように、他にも変わった治療方法が記されている。

**・脚の蛇を殺す**

河内郡劉勲《りゅうくん》の娘が左膝の内側に腫物ができる奇病にかかった。痒くも痛くもないが、いったん治ってもすぐ再発する。

華佗は患者を診察すると、元気な馬を２頭と赤犬１匹を用意させ、馬に交代で犬を引っぱって走らせて気絶させ、刃物で犬の後足に近い腹部を切断。麻酔薬を飲ませた娘の患部に近づけた。すると腫物の中から奇怪な生物が出てきた。蛇だ。華佗が殺してひきずり出してみると長さは３尺、目には瞳がなく、全身が逆鱗で覆われていた。傷口に軟膏をすりこんで処置をすると約１週間で完治した。

**・激怒させて治す荒療治**

華佗は某郡太守《たいしゅ》の診察を頼まれた。患者を一目見た華佗はべらぼうな診察料を要求した。相手は名医である。太守はいわれたとおりにした。すると華佗は「さようなら」と帰ってしまう。ご丁寧に病人を愚弄《ぐろう》する置き手紙まである。

太守は激怒のあまり、息子に追っ手を命じた。「華佗を捕縛し、殺せ」と。ところが息子も太守を無視する。太守は怒り狂った。怒りが頂点に達した時、真っ黒な血を数升も吐いた。途端、病はケロリと治った。華佗は「激怒させれば治る」と見立て、太守の息子は華佗の治療法に気付いたからこそ、父親の命令を無視して追っ手を出さなかったのである。

『三国志』の記述を読む限り、華佗の医術が総合医療であったことがうかがえる。242ページに記した麻酔薬を使った外科手術や鍼灸による物理療法を行なっている。ここでは紹介していないが薬物療法もあれば、相手の顔を一目見ただけで病気をいい当てた（漢方医学では『望診』と呼ぶ診察法）こともあるし、呪いのような方法で難病を治したこともあったようだ。

# 第8章 『三国志』のテクノロジー&サイエンス

# 科学技術は意外に発達していた!?

### ◎古代は技術未発達の時代か?

古代は、はたして科学技術未発達の時代だったのだろうか。

たとえば、エジプトのクフ王の大ピラミッド。とにかく大きい。あの巨大石の建造物は、現在でも容易には建築できないだろう。また、古代ギリシアの石組みの巨大な神殿の数々や日本の法隆寺五重塔、東大寺の大仏殿など、いずれも現在の建築技術の粋を集めても、再建は至難の建造物ばかりである。

要するに、それぞれの時代にそれぞれの最先端技術が存在していたのであり、単純に「昔は遅れていた。いまは発達している」と考えるべきではないだろう。

### ◎三国時代は発明の時代?

本章では「『三国志』のテクノロジー&サイエンス」と題して、三国時代の技術を取り上げている。『三国志』における科学技術といえるものは、おおむね次のとおりだ。

・兵器作成技術
・地図作成技術
・方術《ほうじゅつ》

中でも兵器については、意外と発明品が多い。とくに諸葛孔明はなかなかの発明家だったようで、正史『三国志』は、孔明を次のように評している。

「諸葛亮《しょかつりょう》（孔明《こうめい》の名）は生まれつき創造力があって、連発式の弩《ど》を工夫し、木牛《もくぎゅう》・流馬《りゅうば》などは、みな彼の創意によるものであった」

弩とは、現在のボウガンのことだ。ボウガンは現在でも武器として存在しているが、軍隊の特殊部隊などが使用するものでない限り、連発式というのは滅多にない。もっとも、「10本の一斉発射」機能もあるので、連発と斉射が一緒になっていたのかもしれない。それにしても画期的な新兵器であったことはたしかだろう。木牛・流馬は、文章で見る限り、自動運搬具ともいうべき不思議なモノだったようである。

曹操《そうそう》も、袁紹《えんしょう》との戦いで「発石車《はっしゃせき》」という新兵器を開発し、袁紹軍の兵士たちを大いに恐れさせた。

また、地図の作成技術も発達したようだ。地形の正確な把握は、戦争のさいの勝利にも直結する。現在でも、時に「戦争は科学技術を発達させる」といわれる。この言葉は本当なのかもしれない。

また、『三国志』には左慈《さじ》・于吉《うきつ》という怪しい方術使いたちも登場する。一見迷信の塊のような連中だが、古代は迷信と科学が未分化の時代ということを考慮して、ここで取り上げることにした。あまり肩肘を張らず、雑学として読んでいただければ幸いである。

◉戦車軍団登場

# 諸葛孔明が発明した10人乗りの火を噴く戦車

『三国志演義』には、孔明が発明した火を噴く戦車100台も登場する。いったい、どんなモノだったのか。

「三国時代に戦車があった。しかも火炎放射器付き」信じる人はいないだろう。以下の話を含め、これはあくまで小説『三国志演義』の中での話である。

この戦車は、諸葛孔明《しょかつこうめい》が西南夷《せいなんい》を軍事制圧した時に登場する新兵器だ。登場までの経緯は次のようだ。

## ◆南方の怪しい民族との戦い

225年、諸葛孔明は不穏な動きを続ける西南夷（小説中では「南蛮《なんばん》」と記されている）を制圧するため、自ら軍勢を率いて南下する。

西南夷を現代中国の地図上におさめると、雲南《うんなん》・貴《き》州・四川《しせん》の三省と広西壮族自治区にまたがる広大な地域に相当する。現在でもそうだが、この地域には多くの少数民族たちが住んでおり、三国時代にはすでに漢民族と少数民族たちの混交地帯になっていた。

西南夷の連中は、「反・蜀漢帝国」をスローガンに割拠している。魏への北伐《ほくばつ》という大事を控えたいま、南が何かと騒がしいのは由々しき事態だ。孔明の出陣は「後顧の憂いを断つ」ためのものであった。

孔明と蜀漢帝国軍に対して、孟獲《もうかく》をリーダーとする西南夷の叛乱軍は、

・唖泉《あせん》…飲むと声が出なくなり死ぬ
・滅泉《めっせん》…浴びると肉体が溶けて死ぬ
・黒泉《こくせん》…浴びると肌が黒くなって死ぬ
・柔泉《じゅうせん》…飲むとグニャグニャになって死ぬ

という「四つの毒泉」などの過酷な風土を利用して戦うが、神仏の助けもあり、孔明を阻むことができない。孔明も「屈服させるよりも心服させる」を基本方針としているから、孟獲を捕らえては放している（82ページ）。

孟獲の要請に応じて援軍に駆けつけたのが、「八納洞《はちのうどう》」の洞主・木鹿大王《ぼくろくだいおう》だ。この木鹿大王との最初の戦いで、

趙雲《ちょううん》と魏延《ぎえん》に率いられた軍勢は大いに破られる。木鹿大王が呪文を唱えるとトラ・ヒョウ・オオカミといった猛獣と毒ヘビの大群が押し寄せてきたからだ。

◆孔明も負けずに繰り出す新兵器

対して孔明が用いたのが、先に述べた「火を吹く戦車団」である。小説『三国志演義』では「五色の手糸の縫い包みに鋼の牙や爪を施してあり〔原注―今の獅子である〕」とあるから、どうやらライオンを思わせるような戦車だったようだ。

大きさは、兵士が10人ほど入れるというから結構大きい。孔明はそんな戦車を200台も持参していた。木鹿大王との戦闘で出撃させたのは100台。あとの100台は予備である。

さて戦闘は、木鹿大王が最初に仕掛けた。例のごとく呪文を唱えて猛獣、爬虫類軍団を蜀漢帝国軍の陣へと殺到させる。対する蜀漢帝国軍からは孔明の怪獣戦車軍団が一気に突出した。しかも、口から火を吐き、鼻から黒煙を出し、下げている鈴をガランガランと鳴らしながら……。獣どもは吠えながら味方（異民族）の陣に逃げ込む。木鹿大王の陣が今度は大パニックになった。獣に殺される兵士が続出し、木鹿大王も命を落としたという。

ちなみに、怪獣戦車の腹に火薬が仕込んであるという設定になっているが、これはあくまでも小説の話。火薬が作られるのは7世紀の唐の時代なので、三国時代にはまだない。

■広大な領域だった西南夷

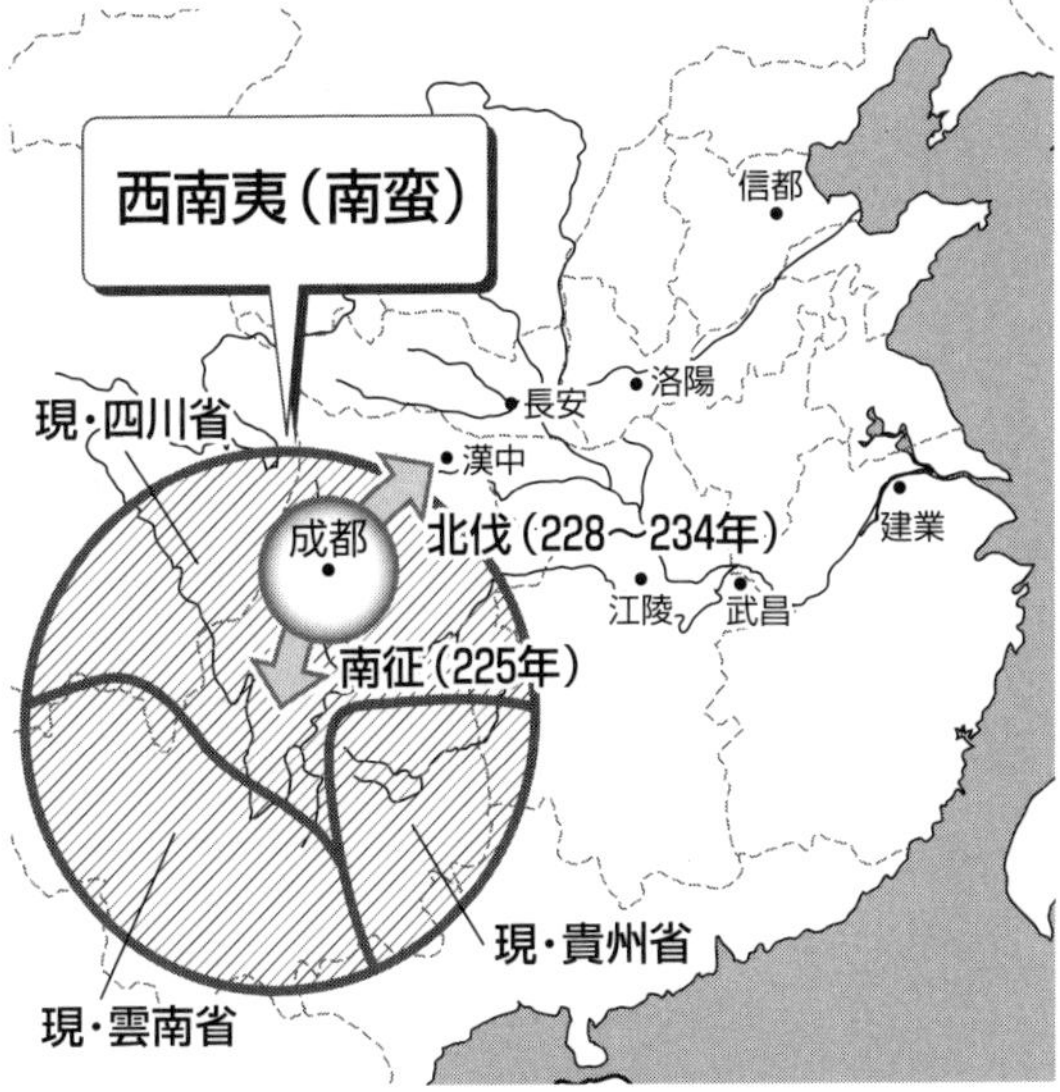




歴史メモ 『三国志演義』中には祝融夫人という女戦士が登場する。孟獲の妻。手裏剣の名手で大酒呑み。亭主を完全に尻に引いている女傑だ。

# 輸送に使われた「木牛」「流馬」って何だ

**実際に北伐のさいに輸送手段として使われた「木牛」と「流馬」。これらを文章から推測するのは、非常にむずかしい。**

## ◆木牛、流馬とはいったい何だったのか？

232ページの怪獣戦車は、小説『三国志演義』の作者・羅貫中《らかんちゅう》の空想の産物だが、

・木牛《もくぎゅう》

・流馬《りゅうば》

という運搬道具はどう考えるべきだろうか。『三国志』蜀書注記の「諸葛亮《しょかつりょう》集」にしっかり記されている。

木牛・流馬は孔明《こうめい》が魏を攻めた時に発明した輸送兵器だ。木牛は第四次北伐《ほくばつ》（231年）時に、流馬は第五次北伐の時に使用された。では、どんなものかというと、実はよくわかっていない。

たとえば、木牛については、

「腹部は四角、頭部は曲線形、一本の脚に四つの足、頭部はうなじの中に入り込み、舌は腹についている。多量のものを載せうるが、走行距離は短く、大きな用途に適し、小まわりに使ってはいけない。単独で走行するときは数十里、多数で走行するときは二十里行く。曲線部が牛の頭部をなし、ならんでいるのが牛の脚、横になっているのが牛のうなじ、転がるのが牛の足、上を覆っているのが牛の背、四角いところが牛の腹、垂れているのが牛の舌、曲線になっているのが牛の肋骨、細かくきざまれている部分が牛の歯、立っているのが牛の角、細かいのが牛のむながい（牛馬の首につける皮ひも）、手にとるようになっているのが牛のしりがいである。」（井波律子訳『正史三国志5　蜀書』ちくま学芸文庫より引用）

とある。これが、2本のかじ棒により、人が6尺（約1・4メートル）進むと4歩歩くという。

流馬となると「肋の長さ3尺5寸」とか「頭を去ること四寸」と寸法ばかりが並んでいて、さらに意味が不明だ。

◆鉄のカラクリ付きの模型だったのか

ところが小説『三国志演義』では、同様のことを記した設計図を孔明から示された蜀漢の武将連中は、「丞相《じょうしょう》（ここでは孔明のこと）はまことに神にあらせられます」と一同感心してしまう。しかも、木牛・流馬の動きについては「あたかも生ける物のごとく、山を登り、峰を下って便利このうえもない」と記されている。

かつて、中国で木牛・流馬の復元がされたことがあった。4本の脚・首・胴体もあるポニーの大きさ程度の木の動物模型だった。胴体と脚部に細かい鉄のカラクリが施され、人が押すのに従ってユッタリユッタリと前に歩いていた。

カラクリ部分の鉄を見て、当時の製鉄技術の観点から疑問視する指摘もあった。ただ、その点については、孔明が蒲元《ほげん》という男に作らせた刀3000本が「神刀《しんとう》」と呼ばれるほどに精巧で強度のある刀であった点から、蜀漢の製鉄技術はかなり高かったことがうかがえる。

木牛・流馬の正体については、木牛＝四輪車、流馬＝一輪車というのが近年の定説とされている。漢代に、すでに四輪車・一輪車とも実用化されていたから可能性は最も高いが、木牛・流馬の実際の姿はやはりベールの向こうであろう。

■木牛・流馬の想像図

〈木牛〉

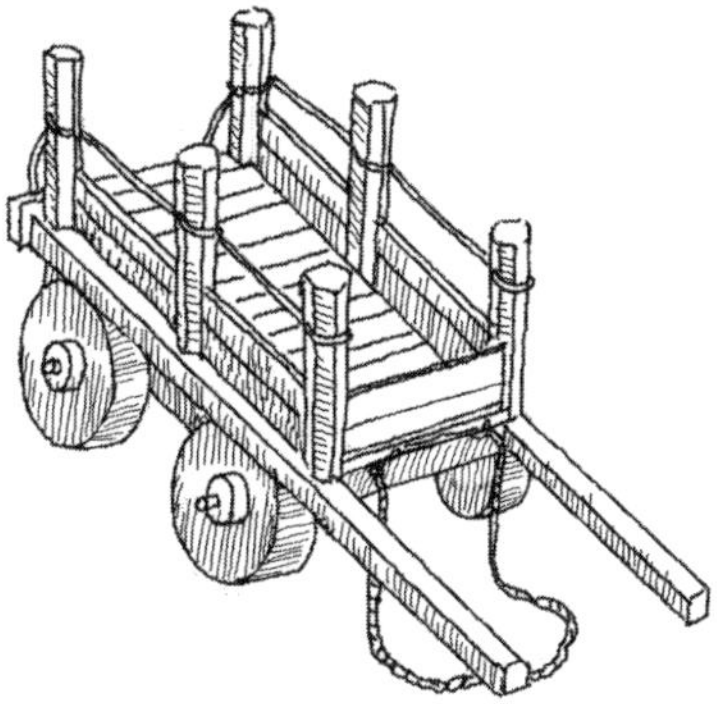

〈流馬〉

歴史メモ 「剣」は刀身に握り部をくっつけたモノ。対して「刀」は握り部と刀身が一体化したモノ。三国時代には刀が主流になりはじめていた。

# 実際に使われた？梯子車や10連装の大弓

**より大がかりな戦闘用新兵器もあった。どのくらいの効果があったかはわからないが、戦果があった武器もある。**

## ◆攻城のためのさまざまな新兵器

木牛《もくぎゅう》・流馬《りゅうば》以外にも、諸葛孔明《しょかつこうめい》発明の新兵器はいくつかある。新兵器のオンパレードともいえるのが228年の第二次北伐《ほくばつ》である。

孔明《こうめい》と蜀漢帝国軍は関中《かんちゅう》（函谷関《かんこくかん》から西の地帯を漠然と指す名称）の西端にある陳倉城《ちんそうじょう》に攻めかかった。「関中の西方に拠点を確保してから東に軍勢を進める」という基本戦略にのっとったうえでの陳倉城攻めだ。

陳倉城の守将は弓の名手・郝昭《かくしょう》だが、守る兵隊は1000人程度。孔明は郝昭に投降をすすめたが、彼が拒否したため力攻めに出た。

この時、孔明は続々と新兵器を投入している。『魏略』という書物から引用すると、次のとおりだ。

・雲梯《うんてい》…高い梯子を乗せた戦車
・衝車《しょうしゃ》…城壁や城門を破るための戦車。振り子式の巨大な槌を搭載している
・井欄《せいらん》…移動式の櫓《やぐら》。細身の木組みビルのような形。各階にスペースがあり、弓矢を持った兵隊を乗せることができる

しかし、これらの新兵器には思わぬ弱点があった。素材が木材、という点だ。

最初は新兵器にとまどった郝昭も、すぐに反撃策を思いついている。「火矢で燃やせ」と、たちまち燃え上がり何人もが死んだ。

城壁に近づいてきた衝車に対しては、「石臼《うす》で壊せ」という命令を発し、再び引っ張りあげるための縄をつけた石臼を落下させて破壊した。

攻防は20日ばかり続いた。魏の援軍の接近と食糧不足のため、蜀漢帝国軍は陳倉城から撤退。第二次北伐も失敗した。

## ■諸葛孔明のさまざまな新兵器

〈雲梯〉

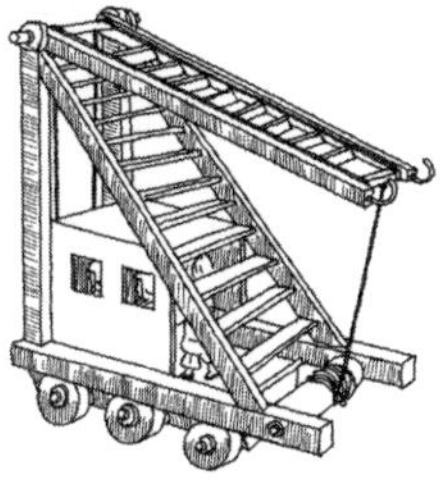

〈衝車〉

〈井欄〉

〈弩〉

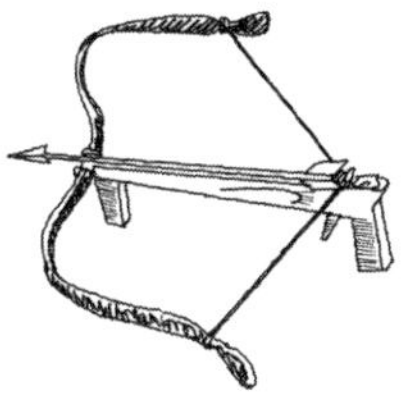

※弩自体は孔明の発明ではない。

### ◆ものすごい成果をあげた元戎弩

もっとも、かなりの戦果をあげた新兵器もある。「元戎弩《げんじゅうど》」と呼ばれる武器がそれだ。「弩《ど》」とはボウガンのことだ。弩の歴史はとても古く、すでに春秋時代（前770〜前403年）には使われていた。

矢をつがえるのに時間がかかるのが少々難点だが、命中率・威力とも普通の弓矢をはるかにしのいでいる。「元戎弩」は10本の矢を一斉射できる巨大弩のことだ。

孔明は、第四次北伐のさい、元戎弩を実戦投入して3000余の首、5000領の鎧、3100の弩を戦利品とする大勝利をあげた。

また撤退の時には、魏軍の追撃を予想して後退路に元戎弩と弩兵を中心とする部隊を配置し、魏の名将・張郃《ちょうこう》を討ち取っている。

なお、正史三国志の著者・陳寿《ちんじゅ》は。同書で孔明の創造力を称賛している。

**歴史メモ** 蜀漢帝国軍の猛攻をしのぎきった郝昭は、皇帝曹叡から激賞され、列侯に封じられている。

# 伝説の「指南車」を作成した発明家・馬鈞

魏の発明家・馬鈞。方位を示す車や、水を汲み上げる機械、測距機能のついた車、カラクリ人形などを作っている。

### ◆魏の発明王・馬鈞

諸葛孔明《しょかつこうめい》が発明した「元戎弩《げんじゅうど》」を観察し、「非常によくできているが、まだまだ改良する余地がある…」とつぶやいた男がいた。

馬鈞《ばきん》である。

馬鈞は魏朝の博士を務めた男だ。博士といっても官位的には低く、したがって生活はとても苦しかったようだ。この馬鈞は生来、発明の才能があった。第2代皇帝の曹《そう》叡《えい》が皇帝の位にある時、「指南車《しなんしゃ》」を復元している。

指南車の「指南」とは、歯車などの仕掛けで、いつどのような場所においても、指す指の方向が真南になるという木像で、その人形を乗せた箱車が指南車である。

今日でいう「磁石」のような役割を果たしたと思ってもらえればよい。ちなみに現代の日本語でも使われる「指南」という言葉はこの指南車から来ている。

### ◆常に南を示す仕組みとは

指南車の最初の作成者は、伝説上の皇帝・黄帝《こうてい》とされている。

黄帝は、蚩尤《しゆう》が率いる怪物軍団と戦争をしたが、敵軍の中に妖しい術の使い手がいて、濃い霧を戦場に出して黄帝軍団を幻惑した。戦いたくても方向がわからないのでは話にならない。そこで黄帝が部下に命じて作らせたのが指南車だ。指南車は濃い霧の中でも常に南を指し、黄帝軍を勝利に導いた。

馬鈞が指南車を復元するにいたったのは、宮廷内での指南車実在論争がきっかけだったようだ。

馬鈞の指南車製作について、作家の佐藤鉄章氏は『古代中国驚異の知恵と技術』（徳間書店）の中で次のように指摘する。

「磁石が鉄片を吸いあげる力を持つ事実は、方士らによってすでに発見されていた。また歯車のかみ合わせによる動力の効率化も、古代においてすでに実用化されていた。しかし磁針が常に極地を指す事実を突き止めたのは、二、三世紀ごろと考えられている。しかしともかく馬鈞はこのときにはもうそれを実験し、確信していたのだ」

完成した指南車は「水平器を取り付けた自動調整装置

■馬鈞の指南車

が働く仕掛けだったから、たとえ坂道でも池に浮かべた舟の上でも、人形の指は正確に南を指していた」（佐藤前掲書）という。

## ◆他にもいろいろなものを考案していた馬鈞

馬鈞が作成したのは、ここに記した指南車ばかりではない。

彼は他に、

・翻車《ほんしゃ》…足踏み式の水汲み上げ器
・記里鼓車《きりこしゃ》…1里（約400メートル）進むごとに太鼓が鳴って距離を計測する車

なども作ったとされている。

また、曹操《そうそう》が発明した発石車《はっせきしゃ》（241ページ）の改良も考案している。発石車は単射しかできなかったが、これを連射できるような仕組みを実験している。

さらには、水力を利用して動くカラクリ人形（水転百戯《すいてんひゃくぎ》）まで作っている。これは、太鼓を叩く楽隊や舞を踊る女性の人形、剣の曲芸をする人形、臼《うす》を挽《ひ》く人形など、さまざまな人形が動き回る壮観なものだったという。



歴史メモ 「博士」というのは、祭祀や礼楽を司る「太常」に付属する役職。学問を司っている。

# 精度の高い「地図」がすでに作られていた!?

**地図については、魏の時代に非常に精度の高い地図が作られていたという。地図は、最も重要な戦略資料といえた。**

## ◆精度の高い地図も作られていた!?

前項の馬鈞《ばきん》とほぼ同時代、魏に裴秀《はいしゅう》という天才が現われている。

裴秀、字《あざな》は季彦《きげん》。司隷《しれい》河東郡（現在の山西省）の人である。祖父・父親とも後漢王朝内で尚書令《しょうしょれい》（尚書僕射《ぼくや》とも。一般行政を担当する官僚）を勤めたというから、よい家柄の出身だったようだ。

最初、曹爽《そうそう》に仕えたが、曹爽が司馬懿《しばい》との政争に敗れて誅殺されると（89ページ）、司馬懿に重用された。処世術に富んだ人物だったようだ。あるいは家柄のよさが気に入られたのかもしれない。この裴秀が取り組んだのが測地法。つまり、地図の作成だ。

地図は周《しゅう》の時代、すでに「禹貢九州図《うこうきゅうしゅうず》」という地図があったと伝えられるが、地図というよりはスケッチ程度の大ざっぱなものであったようだ。戦国時代に入ると主要地点間の距離は一応、正確に認識され、漢の時代に入ると「地理誌」「郡国誌」といった測地図が作成されている。しかし、測地学自体がまだ未完成であったため、中国大陸全土にわたる測量はとても無理な話だったようだ。裴秀はそこに着目し、

・分率…縮尺のこと。1里＝434メートルを一寸（約2・4センチメートル）に縮尺
・準望…各地域ごとの縮尺図を正確につなぎあわせ、位置を確定する製図技術
・道里…距離測定法の一種
・高下…高低測量術
・方邪…測量法の一種。角度測定による二地点の距離の正確な把握
・迂直…曲がった道を距離線に直した場合の距離測定法

という「六体」の技術を駆使し、地図を完成させた。

裴秀が作成した地図は現物が残っていない。しかし、賈耽《かたん》（唐時代の学者）の「海内華夷図《かいだいかいいず》」というきわめて精度に優れた地図が裴秀作成の地図をもとに作られているという。裴秀が作った地図の精度も推して知るべしだろう。もっとも、この地図も現存せず、禹跡図《うせきず》という石版が海内華夷図をもとに作られたという。

裴秀の地図作成の動機について、238ページの佐藤氏は前掲書中で「時は魏・呉・蜀三国がしのぎを削り、天下一統に全智全能を傾けている折りである。だから測地法をいちはやく確立し、より精度の高い地理図を先に手中に収めるが側が終局的に勝利を得ることになる。これは大局的にみれば戦術・戦闘研究以上に有効な戦略である」と指摘している。

時に「戦争が科学の発達を促す」というが、裴秀の地図はその見本と考えてよいかもしれない。

## ◆曹操の発明は発石車！

馬鈞・裴秀と魏帝国の発明が続いたついでに、曹操《そうそう》の発明も紹介しておこう。

200年の「官渡《かんと》の戦い」（曹操と袁紹《えんしょう》が雌雄を決した。150ページ）で実戦投入された「発石車《はっせきしゃ》」がそれだ。

発石車は文字どおり、石を発射する戦車である。江戸時代に日本で刊行された『絵本通俗三国志』中の挿画（葛飾戴斗）には、3連装の大砲が描かれているが、あくまで人力による投石器と考えられる。ただ、曹操の官渡城から風をきって飛んでくる石は破壊力と恐怖感満点であったらしく、袁紹軍の兵士たちは発石車を「霹靂《へきれき》車」（雷の意）と呼んでおののいた、とされている。

■発石車の想像図

**歴史メモ** 発石車は単に石を飛ばす以外にも、藁で包んで火をつけた石を飛ばすなど使い方にバリエーションがある。

# 現代医学に近かった？ 類い希な華佗の医術

**1800年前、すでに全身麻酔による外科手術を行なっていた!? 華佗の医術には怪しいモノもあるが…。**

## ◆不思議な医術を使った異邦人？

発石車《はっせきしゃ》を作り、屯田制《とんでんせい》・兵戸制《へいこせい》というシステムを作った曹操《そうそう》も、痛恨の行為をなしている。曹操自身にとっても、あるいは人類にとっても不幸なことかもしれない。名医・華佗《かだ》の殺害だ。

華佗。字《あざな》は元化《げんか》。沛《はい》国譙《しょう》県の人（？）とされる。「？」マークをつけたのには理由がある。実は華佗の出身は古来より謎であり、「華佗はペルシア人」という説もあるからだ。これは華佗という名前が「医術に長じた先生」を意味する中世ペルシア語の「Xwaday」の音訳と推定されることからきているようだ（佐藤実「玄妙なる術を駆使した名医・華佗」『幻術「三国志」』新人物往来社）。

たしかに前漢の武帝《ぶてい》（位前141～前87年）の時代、西域諸国（現在のタクラマカン砂漠に点在していたオアシス国家）は漢に臣従している。

後漢時代になっても漢の影響力は大きく、シルクロード（長安と西欧を結ぶ交易路）による交易は盛んだった。ペルシア人が中国に流れ込んでも不思議はない。また、正史『三国志』魏書華佗伝に記述があるから、実在はまずたしかである。ちなみに彼は、当時すでに100歳ぐらいになっていたのでは、と推測されている。

## ◆外科手術まで行なっていた!?

華佗の医術法について、正史『三国志』は次のように伝えている。

「華佗は薬の処方に精通していた。症状に応じて数種類の生薬を取り合わせて煎じる。その調剤は目分量で行ない、煎じ終わると患者に飲ませ、2、3の注意を与えてあとは何もしない。それだけで病気がよくなった」

「病巣が内臓にあって、鍼《はり》や薬で治療ができないときは切開手術を施した。麻沸散《まふつさん》という麻酔薬を飲ませると患者は死んだように眠ってしまう。そこですばやく身体を切開し、患部を摘出した。病巣が腸にあれば切り開いて洗浄し、腹部を縫い合わせて軟膏をすり込んでおく。こうすれば4日か5日で傷口は塞がって痛みも引き、1か月も安静にしていれば完全に治癒した」

全身麻酔による外科手術の成功は、日本の江戸時代、漢方医学とオランダ医学を学んだ華岡清洲《はなおかせいしゅう》による乳癌手術の成功が世界初とされる。清洲がこの時使った麻酔薬は曼陀羅花《まんだらげ》（朝鮮朝顔）を主成分とした全身麻酔薬で「麻沸湯《まふつとう》」という薬だ。華佗の「麻沸散」を念頭においての命名だったに違いない。

華岡清洲の生きた年代が1760〜1835年。華佗が生きたのが200年代（華佗の生没年は不明）。正史『三国志』の記述を全面的に信頼するならば、華岡清洲の1600年前には、全身麻酔による外科手術の技術が発明されていたことになる。

## ◆医者など天下にたくさんいる！

曹操が華佗を殺したのは診察が原因だ。小説『三国志演義』では、頭痛に悩む曹操を診察した後、「頭を割っての手術が必要」との治療法を聞いた曹操が、「貴様は関羽《かんう》を治療したこともある。さては劉備《りゅうび》の回しものに違いない」と邪推して牢屋に閉じこめて獄死させたことになっている。

が、実際はもちろん異なる。曹操の持病の頭痛を治療したことはたしかだが、華佗はその後、理由をつけて郷里に引きあげてしまい、曹操からの再三の再出仕要請を無視し続けたためだ。華佗の帰郷理由を正史『三国志』は、「士人（儒学の素養を身につけた知識人）を自認する華佗を曹操が医者としてしか見なかったため」と記す。華々しい医療技術とは裏腹に、華佗は自身が医学のみの人間と見られることに不満だったようだ。

曹操が華佗を獄につないだとき、参謀の荀彧《じゅんいく》は「華佗の医術は世に並びなきもの。多くの人の命が彼の腕にかかっております。それを考えれば華佗は許すべきです」と曹操をいさめたが、曹操は「医者など天下に腐るほどいる」とタンカをきって、華佗を牢獄につないだまま獄死させたという。また、華佗自身、持てる医療技術を後世に残そうと医書を牢番にわたそうとしたが、牢番が後難を恐れて拒否したため、華佗は獄中で書を燃やしてしまったとも伝えられる。

**歴史メモ** 曹操は息子の曹沖（環夫人との間の子で天才といわれていた）が危篤になった時、「華佗を殺さなければ…」と後悔したと伝えられる。

◉道士の術

# 権力者に煙たがられた専門技術者

**曹操と道士・左慈は、ことごとく対立した。とても信じられない話が多いが、実際にはどんな人物だったのだろうか。**

### ◆存在自体が反体制的

『三国志』を読む限り、権力者たちはどうも華佗《かた》のように「～術」の使い手との対立が多いようだ。理由は当時の社会の仕組みと無縁ではないだろう。「～術」の使い手はつまり、一芸一能の技術者になる。

儒学偏重の当時にあっては、たとえ華佗のような抜群の腕を持つ「医術者」でも、医療技術を使う労働者であるがゆえに―民衆の支持、社会への貢献度とは無関係に―社会的地位は低かった。華佗が曹操《そうそう》から医療技術者としてしか見られないのを不満に思ったのはそのためだ。

反対に士太夫《したいふ》（役人）など〝頭脳労働者〟の地位は高かった。もろろん高度な頭脳を持っていた者もいたとは思うが、なにせ家柄万能の時代だ。〝家の七光り〟で頭脳の程度に関係なく〝頭脳労働者〟となり、権力を手中にする者も多かった。

後漢末期の腐敗ぶりを見るにつけ、愚かな頭脳労働者（官僚）が多かったのではないだろうか。

いずれにしても、こういう「～術」の使い手が権力者にとって煙たい存在であることは間違いない。権力者は武力や人徳、財力はあるかもしれないが、多くが専門技術に関しては素人だ。

権力者は常に自身の権威と器量で相手を圧迫しようとするが、「～術」の使い手は自分の土俵に乗せにくい。その技術においては確実に相手のほうが勝るからだ。つまり当時、専門技術者はその存在自体がすでに「反体制的」であったのだ。

### ◆道術を使った左慈

・左慈《さじ》 vs 曹操
・于吉《うきつ》 vs 孫策《そんさく》

は、権力者と術者の対立の典型だ。左慈・于吉とも中国古来の民衆宗教・道教の道士《どうし》（道術＝道教の秘術。方《ほう》術《じゅつ》とも）である。

まず、『後漢書』左慈伝から左慈と曹操の対立を紹介しよう。左慈は、長江北岸の盧江《ろこう》の人。最初、儒学（孔子《こうし》・孟子《もうし》の学問。政治の世界に入るには必須とされた）を志すが、後漢末の混乱のとき現世を虚しく思って天柱山《てんちゅうざん》で修業し、さまざまな方術を会得した。左慈は曹操のもとに出かけ、曹操を翻弄《ほんろう》している。内容を紹介しよう。

・曹操は左慈を牢屋に閉じこめて1年間食べ物を与えなかったが、牢から出てきたときは以前より血色がよくなっていた。

・曹操は左慈を殺すつもりでいた。市場で左慈を見つけたので捕らえようとすると市場の人間が皆、左慈になって捕縛できなかった。

・今度は陽城山《ようじょうざん》の頂で左慈に出くわした。曹操に追いかけられると、左慈は羊の群れの中に逃げ込んだ。曹操は「殺しはせぬ。お前の術を試したまで」と部下に叫ばせた。すると一頭の歳老いた牝羊が後足で立ち上がって「慌てて何をなさる」という。ソレッと部下が殺到すると数百頭の羊がすべて後足で立ち上がり「慌てて何をなさる」といった。結局、左慈を捕縛できなかった。

小説『三国志演義』になると首を切られた数百人の左慈が首を手に曹操に迫ったりとホラー映画顔負けだ。いずれにしても左慈vs曹操の対決は、左慈に軍配があがったようだ。

■道教成立の流れ

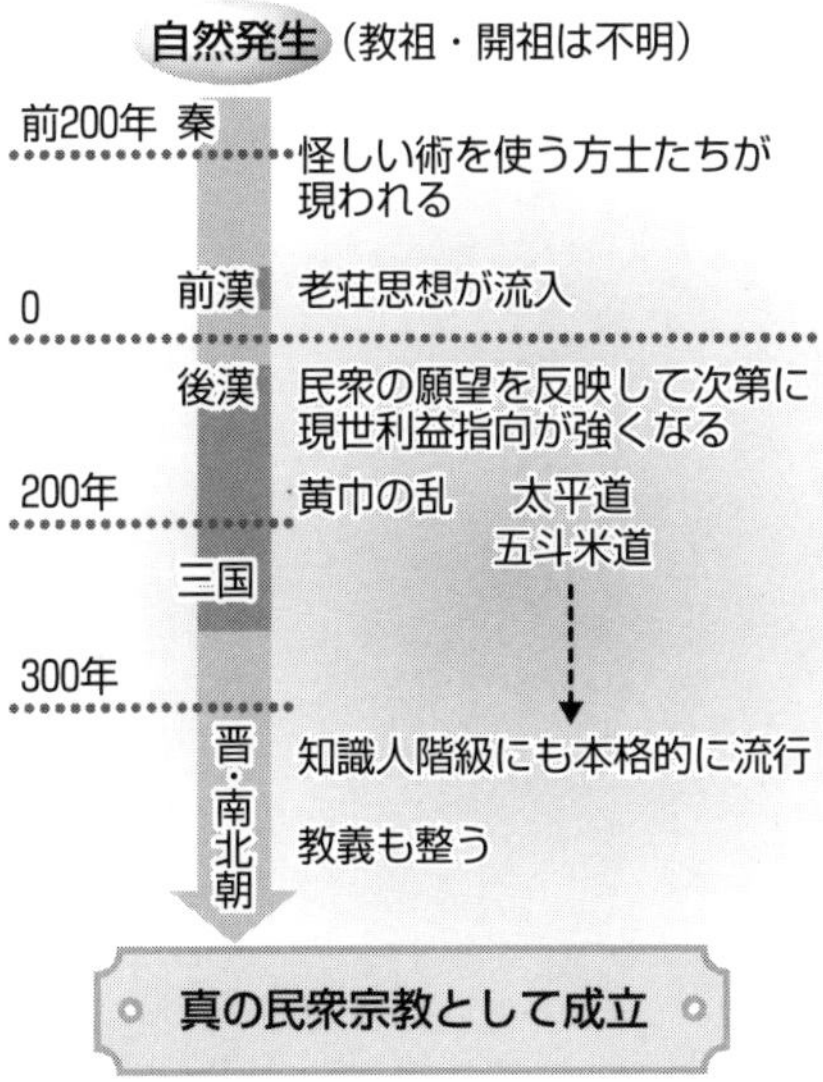






歴史メモ 華佗が考案したとされる「五禽戯」が現代にも伝わっている。健康体操の一種で虎・鹿・熊・猿・鳥の五つの動物の動作を真似て養生をはかる。

# 道術は当時の最先端の化学技術だった？

**後年、いくつかの化学的な貢献をした道教の「煉丹術」。彼らの持つ不思議な力は、権力者たちには警戒された。**

## ◆于吉を気に入らなかった孫策

続いて『捜神記《そうじんき》』（4世紀に成立）から、于吉《うきつ》と孫策《そんさく》の対立を見てみよう。

于吉は徐《じょ》州瑯邪《ろうや》郡（現在の山東半島の一部）の人だ。『太平経』（道教の経典の一つ）の著者とされている。真実かどうか不明だが、当時の道教界ではかなり有名な人物だったのかもしれない。

この于吉が呉の地を訪れ、数々の奇跡を行なって見せた。民衆はもちろん、軍人までが「于吉様、于吉様」と救世主扱い。孫策は面白くない。

「インチキ野郎め」とばかり、于吉を捕縛して縛り上げて、「いま、日照りで困っておる。得意の術とやらで雨を降らせてくれないか。できなければ殺す」と恫喝した。ところが脅し終わるか終わらないかのうち、一天にわかにかき曇り、雨が激しく落ちてきた。民衆は「これで于吉様も許される」と喜んだ。しかし、孫策にしてはメンツをつぶされたようなものだ。結局、于吉を殺したのである。

## ◆孫策が死んだのは于吉の術？

物語はここから意外な方面に展開する。夜な夜な于吉の亡霊が孫策の周囲に出没するようになり、孫策はひどいノイローゼになった。

その後、暗殺されかけて重傷を負う。傷口が塞がったようなので鏡を手に取ると、鏡の中に于吉がいて恨めしそうに見つめている。孫策は悲鳴とともに鏡を叩きつけた。途端、治りかけていた傷口が裂けて昏倒。間もなく息を引き取ってしまうのである。

亡霊の話は別として、于吉が民衆から救世主扱いされていたのはたしかだろう。存在自体が反体制的な専門技術者とその技術者を支持する民衆。曹操《そうそう》も孫策も彼ら民

■民衆の支持を得ていた道士たち

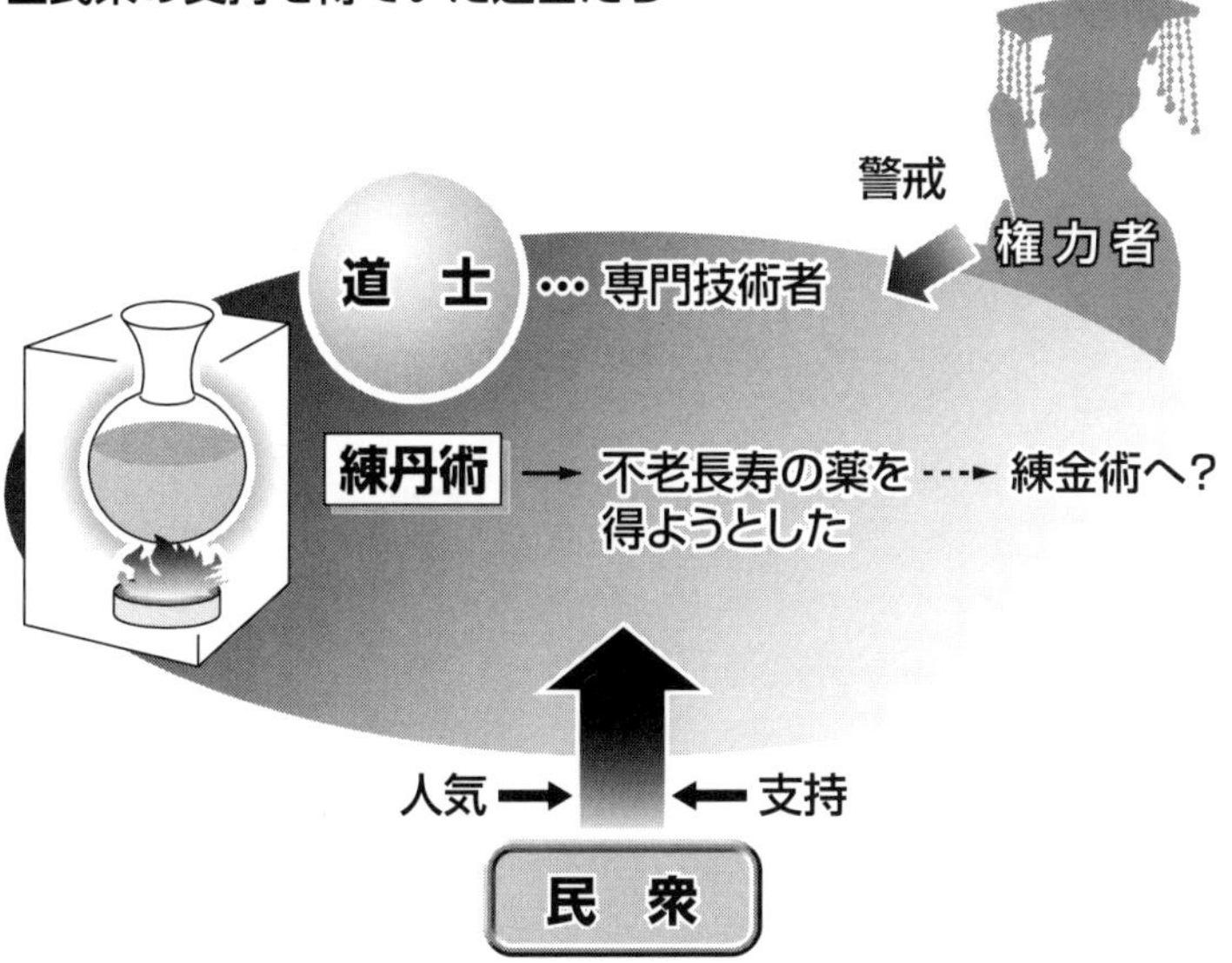




衆の中に宿る、反体制的なうごめきを嗅ぎ取ったのかもしれない。

### ◆煉丹術で不思議な力を持った道士

彼らが使った道術《どうじゅつ》（方術《ほうじゅつ》）は一般的には「宗教的呪術」と解釈されるが、そうとばかりは言い切れまい。

たとえば道教には「煉丹術《れんたんじゅつ》」という術がある。錬金術といえばよりわかりやすい。錬金術とは、銅・鉛・すずなどの卑金属を金・銀などの貴金属に変化させることや、不老長寿の薬を作ることを目的とした原始的な化学技術だ。

前漢の武帝の時代には、すでに行なわれていたことがわかっている。錬金術には多くの道士が取り組んだが、黄金を作ることはついにできなかった。

しかし、この錬金術の過程で火薬が発明され、イスラム世界を経てヨーロッパへと伝わった。つまり、道術は科学技術としての一面も持っていたのだ。

左慈・于吉の道術が『三国志』やその他の書物で妖術のように書かれているのも、当時、科学と呪術や宗教とが未分化であったためだろう。彼らの怪しい術の中には、当時の人たちには「不思議な出来事」としか思えない科学が含まれていたと思う。



**歴史メモ** 中国から世界各地に伝播した科学技術としては錬金術や火薬以外に「紙」と「羅針盤」もあげられる。

column

三国志の“官位”早わかり

## 基本的には皇帝の下に三公、九卿があり、その下が一般職

『三国志』を読んでいてオヤッと思うのは、多岐にわたる官位だ。司徒《しと》、司空《しくう》、大尉《たいい》のいわゆる“**三公**《さんこう》”はすでに本文中で説明しているから省くが、三公の下に「**九卿**《きゅうけい》」と呼ばれる官職があった、ここでは、この九卿について紹介しよう（105ページ図）。

- ・**太常**《たいじょう》…九卿筆頭。天子の祭祀・礼楽を担当。
- ・**光禄勲**《こうろくくん》…朝廷の朝会・宴席とともに警護を担当。
- ・**衛尉**《えいい》…宮城、宮門の警護を担当。
- ・**太僕**《たいぼく》…天子の車馬の番等を担当。
- ・**廷尉**《ていい》…司法を担当。
- ・**大鴻臚**《だいこうろ》…他国や朝貢《ちょうこう》国使者の接待など外交を担当。
- ・**宗正**《そうせい》…皇族の管理を担当。
- ・**司農**《しのう》…農政と財務を担当。
- ・**少府**《しょうふ》…皇室財政の管理を担当。

この九卿の下に、さらに太楽令《たいらくれい》（音楽担当。太常に付属する官）や家馬令《やばれい》（皇帝の乗馬の管理）などの官職があり、後漢王朝の政治は運用されていた。

つまり皇帝→三公→九卿→一般官職という官位になる。

ところで208年、曹操《そうそう》は従来の三公という官職を廃止し、前漢以来、途絶えていた「丞相《じょうしょう》」を復活させている。丞相は三公が分担していた政治・軍事・土木建築の権限を1人で果たす最高行政責任者ともいうべき役職だ。これにより曹操の権限は飛躍的に高まった。

なお、蜀漢帝国においては211年に諸葛孔明《しょかつこうめい》が丞相に、呉帝国では244年に陸遜《りくそん》が丞相に就任している。

column

三国志の“将軍位”早わかり

## 群雄は将軍に任ぜられることで強大な権力の元に集まった

『三国志』には、××将軍、といった将軍位が頻繁に登場する。ここでは、後漢から三国時代にかけて使われた将軍位を紹介しよう。

- **大将軍《だいしょうぐん》**…軍人中最高の位。常設はされず該当者がいた場合に任命される。夏侯惇《かこうとん》（魏）、朱然《しゅぜん》（呉）、姜維《きょうい》（蜀漢）など。
- **驃騎将軍《ひょうきしょうぐん》**…騎兵隊統括将軍の意がある。馬超《ばちょう》（蜀漢）など。
- **車騎将軍《しゃきしょうぐん》**…戦車隊統括将軍の意がある。張飛《ちょうひ》（蜀漢）など
- **衛将軍《えいしょうぐん》**…防衛軍総司令官の意。
- **四征将軍《しせいしょうぐん》**…各方面の遠征司令官の意。征東《せいとう》将軍、征西《せいせい》将軍、征南《せいなん》将軍、征北《せいほく》将軍。なお、征～大将軍というように大将軍になることもある。夏侯淵《かこうえん》（魏＝征西将軍）、張遼《ちょうりょう》（魏＝征東将軍）、魏延《ぎえん》（蜀漢＝征西大将軍）など。
- **四鎮将軍《しちんしょうぐん》**…各方面の防御司令官の意。鎮東《ちんとう》将軍、鎮南《ちんなん》将軍、鎮西《ちんせい》将軍、鎮北《ちんほく》将軍。趙雲《ちょううん》（蜀漢＝鎮東将軍）、王平《おうへい》（鎮北大将軍）、韓遂《かんすい》（涼州の豪族＝鎮西将軍）
- **四安将軍《しあんしょうぐん》、四平将軍《しへいしょうぐん》**…四征、四鎮の補佐。
- **四方将軍《しほうしょうぐん》**…家柄など関係なく実力本位で選ばれる将軍。方面軍ではなく、中央軍の将としての意味合いが強い。前《ぜん》将軍、後《こう》将軍、右《ゆう》将軍、左《さ》将軍。関羽《かんう》（蜀漢＝前将軍）、黄忠《こうちゅう》（蜀漢＝後将軍）、徐晃《じょこう》（魏＝右将軍）、楽進《がくしん》（魏＝右将軍）

このほかに征蜀《せいしょく》将軍、都護《とご》将軍、安遠《あんえん》将軍、征虜《せいりょ》将軍など功績に応じて与えられる将軍位や、合戦直後に活躍した部将に与える「雑号《ざつごう》」将軍などがある。

〈将軍位のランキング〉

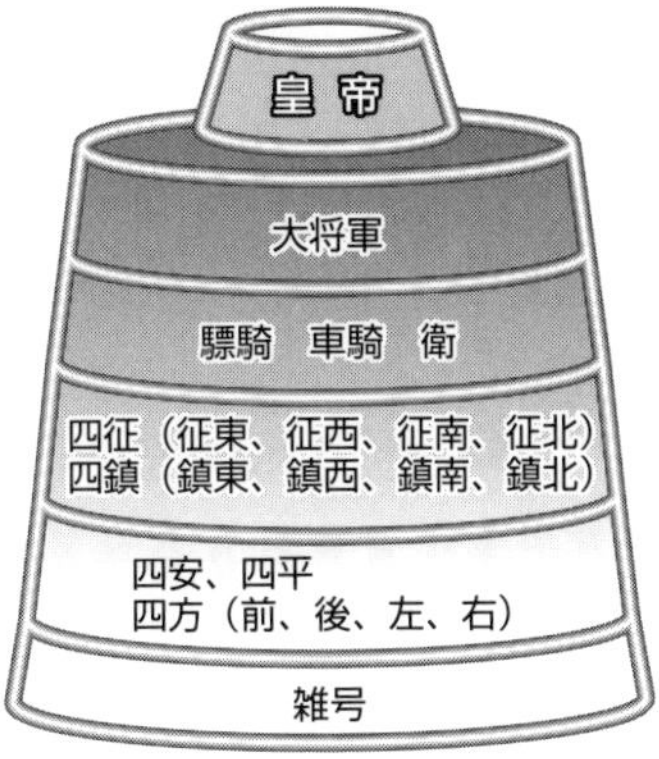

# 『三国志』の人物相関図

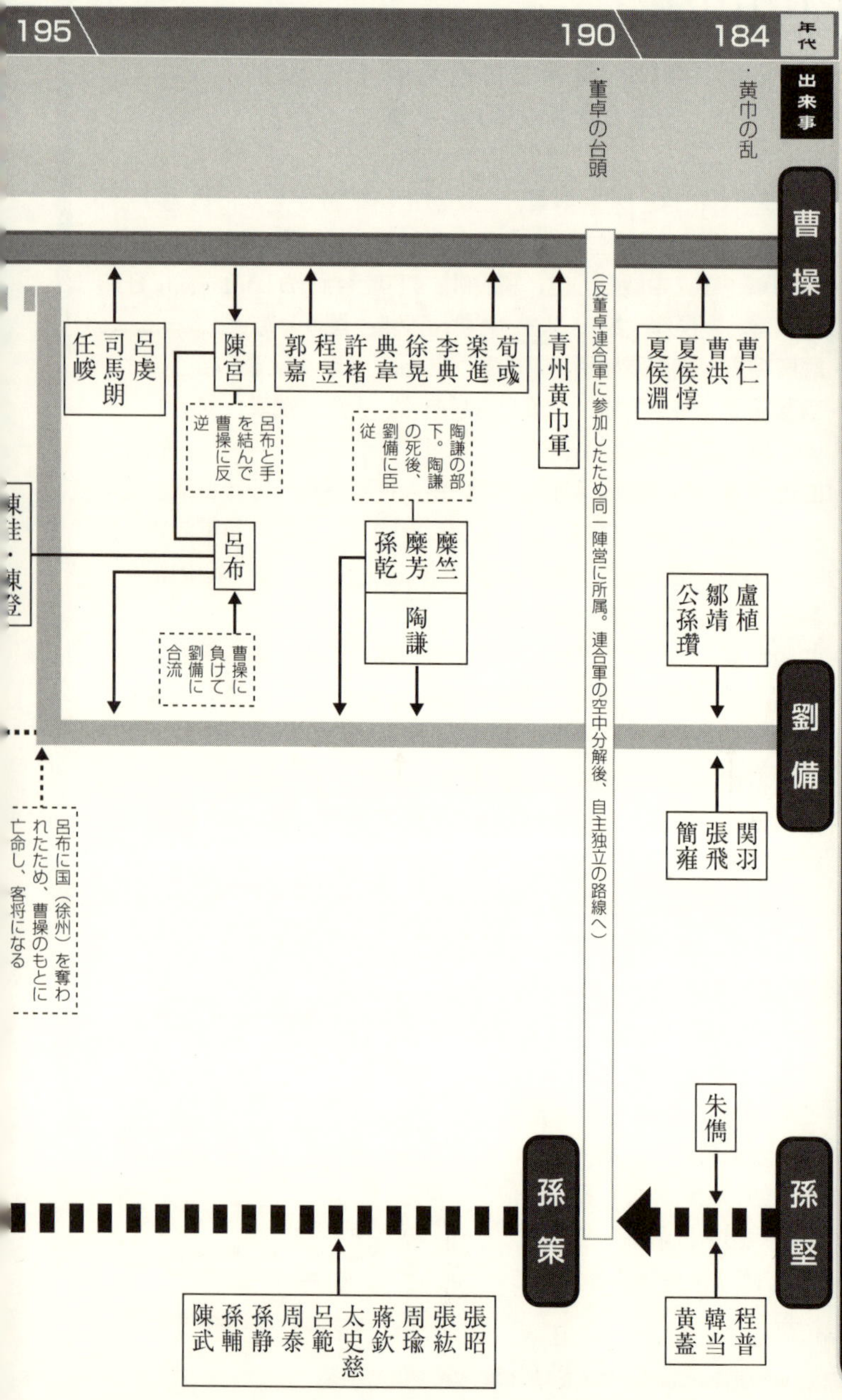

年代
184
190
195
出来事
・黄巾の乱
・董卓の台頭
曹操
曹仁
曹洪
夏侯惇
夏侯淵
青州黄巾軍
荀彧
楽進
李典
徐晃
典韋
許褚
程昱
郭嘉
陳宮
呂虔
司馬朗
任峻
呂布と手を結んで曹操に反逆
陶謙の部下。陶謙の死後、劉備に臣従
糜竺
糜芳
孫乾
陶謙
呂布
曹操に負けて劉備に合流
(反董卓連合軍に参加したため同一陣営に所属。連合軍の空中分解後、自主独立の路線へ)
盧植
鄒靖
公孫瓚
劉備
関羽
張飛
簡雍
呂布に国(徐州)を奪われたため、曹操のもとに亡命し、客将になる
朱儁
孫堅
程普
韓当
黄蓋
孫策
張昭
張紘
周瑜
蔣欽
太史慈
呂範
周泰
孫静
孫輔
陳武

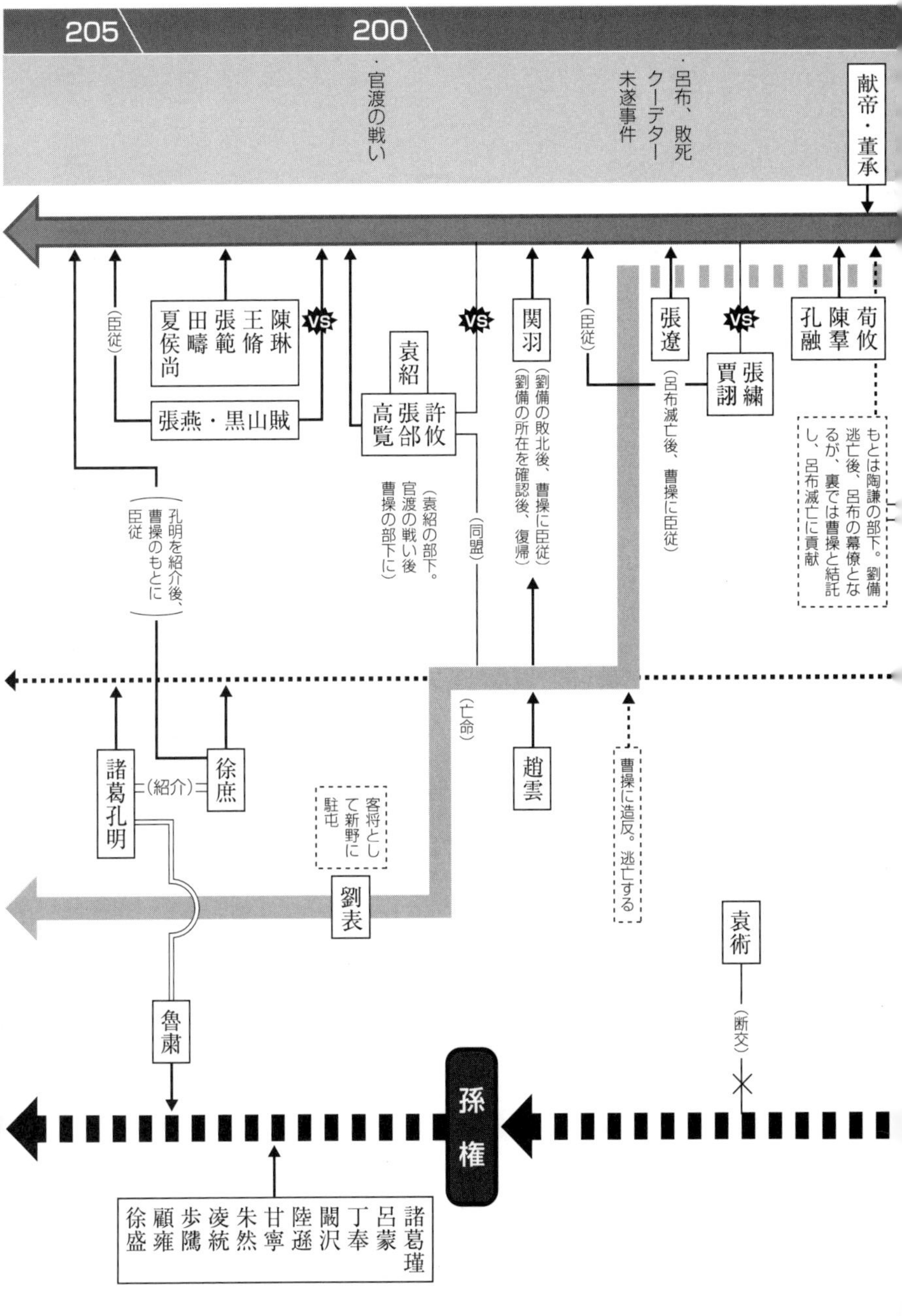

205
200
・官渡の戦い
・呂布、敗死
クーデター未遂事件
献帝・董承
荀攸
陳羣
孔融
もとは陶謙の部下。劉備逃亡後、呂布の幕僚となるが、裏では曹操と結託し、呂布滅亡に貢献
張遼
VS
張繡
賈詡
（呂布滅亡後、曹操に臣従）
（臣従）
関羽
（劉備の敗北後、曹操に臣従）
（劉備の所在を確認後、復帰）
VS
許攸
張郃
高覧
袁紹
（同盟）
（袁紹の部下。官渡の戦い後曹操の部下に）
VS
陳琳
王脩
張範
田疇
夏侯尚
張燕・黒山賊
（臣従）
（孔明を紹介後、曹操のもとに臣従）
趙雲
（亡命）
曹操に造反。逃亡する
客将として新野に駐屯
劉表
徐庶
（紹介）
諸葛孔明
魯粛
袁術
（断交）
孫権
諸葛瑾
呂蒙
丁奉
闞沢
陸遜
甘寧
朱然
凌統
歩騭
顧雍
徐盛

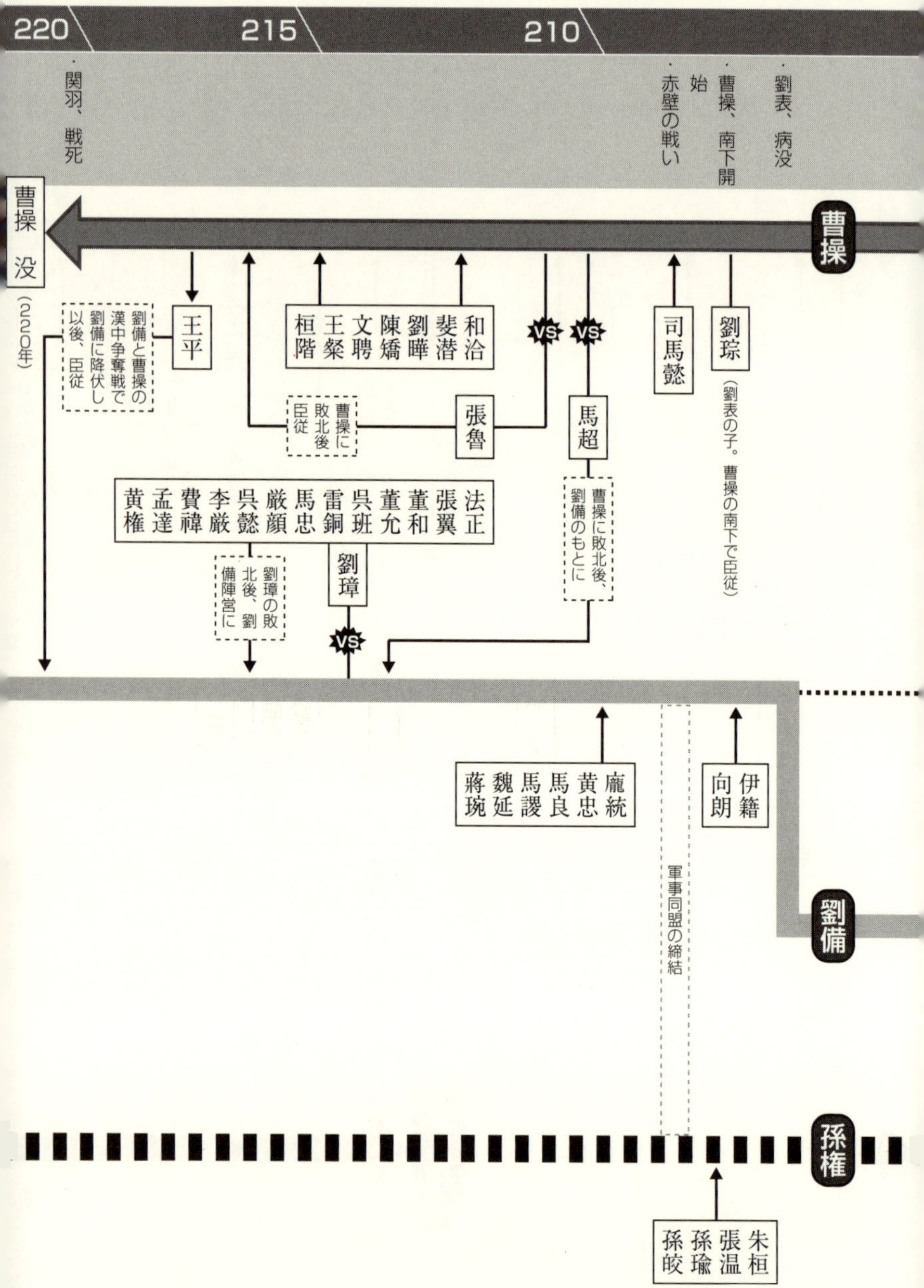

220
215
210
・劉表、病没
・曹操、南下開始
・赤壁の戦い
・関羽、戦死
曹操没
（220年）
曹操
劉琮
（劉表の子。曹操の南下で臣従）
司馬懿
VS
VS
馬超
曹操に敗北後、劉備のもとに
張魯
曹操に敗北後臣従
和洽 裴潜 劉曄 陳矯 文聘 王粲 桓階
王平
劉備と曹操の漢中争奪戦で劉備に降伏し以後、臣従
法正 張翼 董和 董允 呉班 雷銅 馬忠 厳顔 呉懿 李厳 費禕 孟達 黄権
劉璋
劉璋の敗北後、劉備陣営に
VS
伊籍 向朗
龐統 黄忠 馬良 馬謖 魏延 蔣琬
軍事同盟の締結
劉備
孫権
朱桓 張温 孫瑜 孫皎

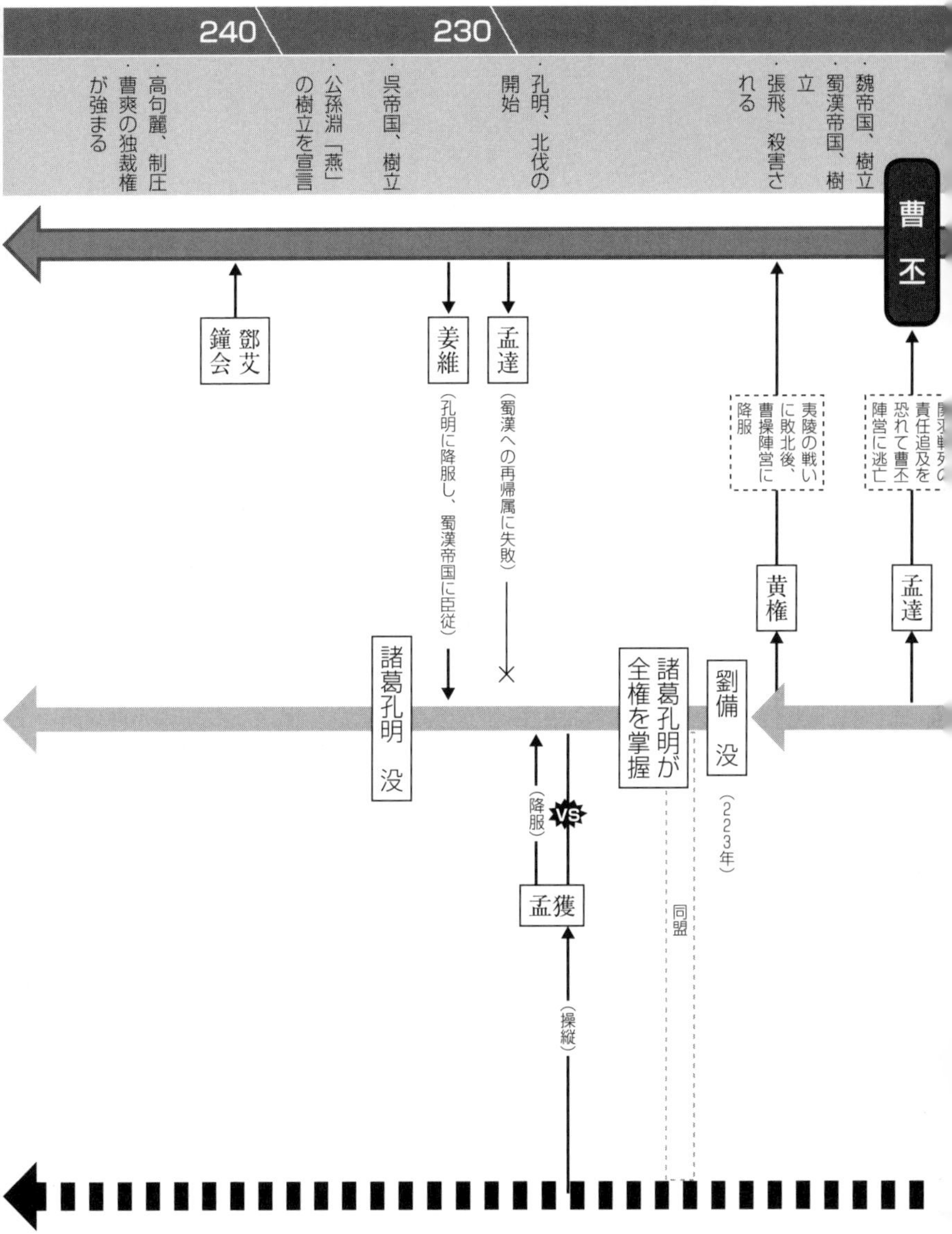

240
230
・魏帝国、樹立
・蜀漢帝国、樹立
・張飛、殺害される
・孔明、北伐の開始
・呉帝国、樹立
・公孫淵「燕」の樹立を宣言
・高句麗、制圧
・曹爽の独裁権が強まる
曹丕
孟達
関羽戦死の責任追及を恐れて曹丕陣営に逃亡
黄権
夷陵の戦いに敗北後、曹操陣営に降服
劉備 没
（223年）
諸葛孔明が全権を掌握
同盟
孟達
（蜀漢への再帰属に失敗）
姜維
（孔明に降服し、蜀漢帝国に臣従）
諸葛孔明 没
孟獲
（降服）
VS
（操縦）
鄧艾
鍾会

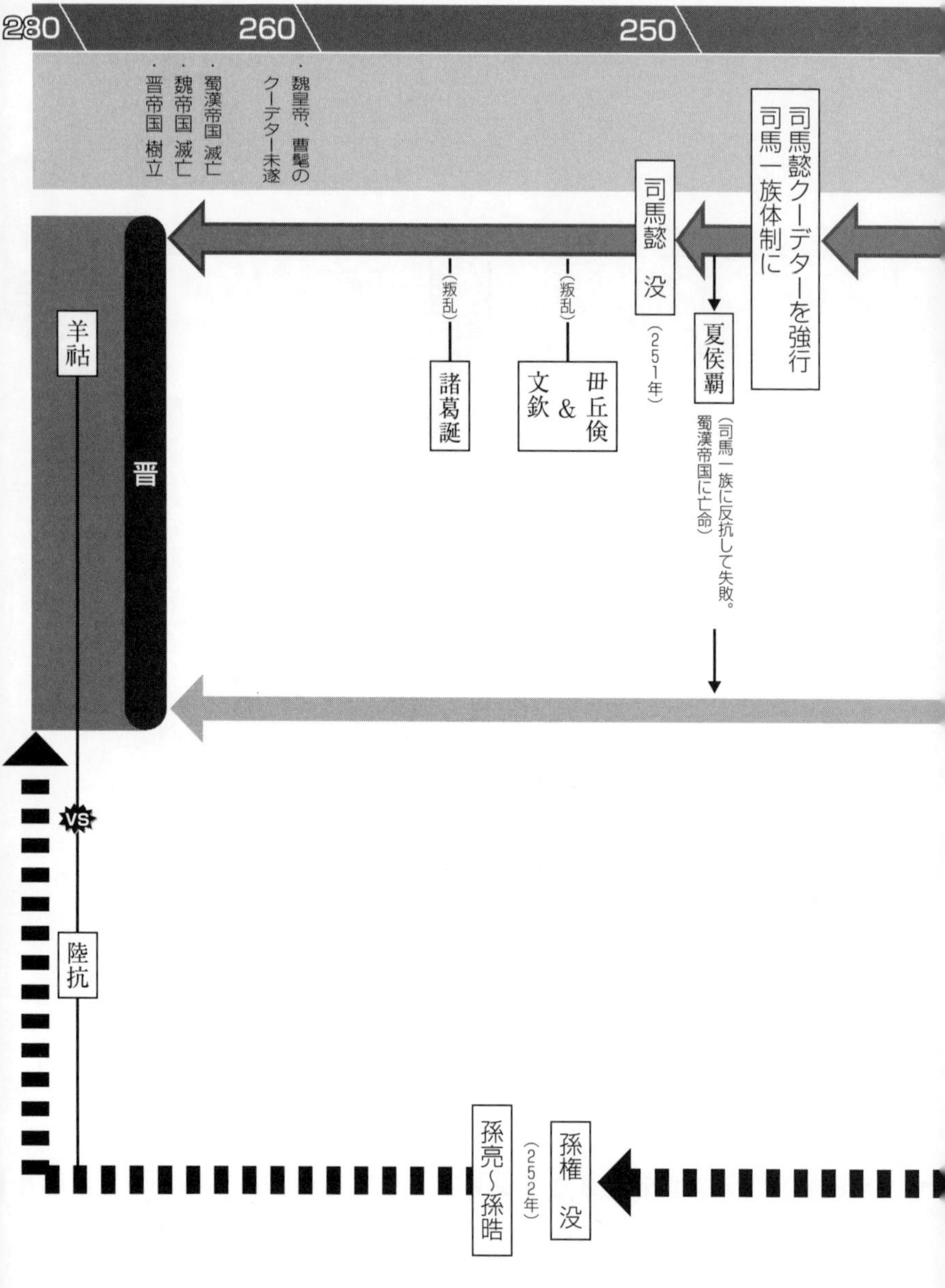

250
260
280
司馬懿クーデターを強行
司馬一族体制に
司馬懿　没
（251年）
夏侯覇
（司馬一族に反抗して失敗。蜀漢帝国に亡命）
（叛乱）
毌丘倹&文欽
（叛乱）
諸葛誕
・魏皇帝、曹髦のクーデター未遂
・蜀漢帝国 滅亡
・魏帝国 滅亡
・晋帝国 樹立
晋
羊祜
VS
陸抗
孫権　没
（252年）
孫亮～孫晧

■三国志の地理・地形（山脈などは現代名）

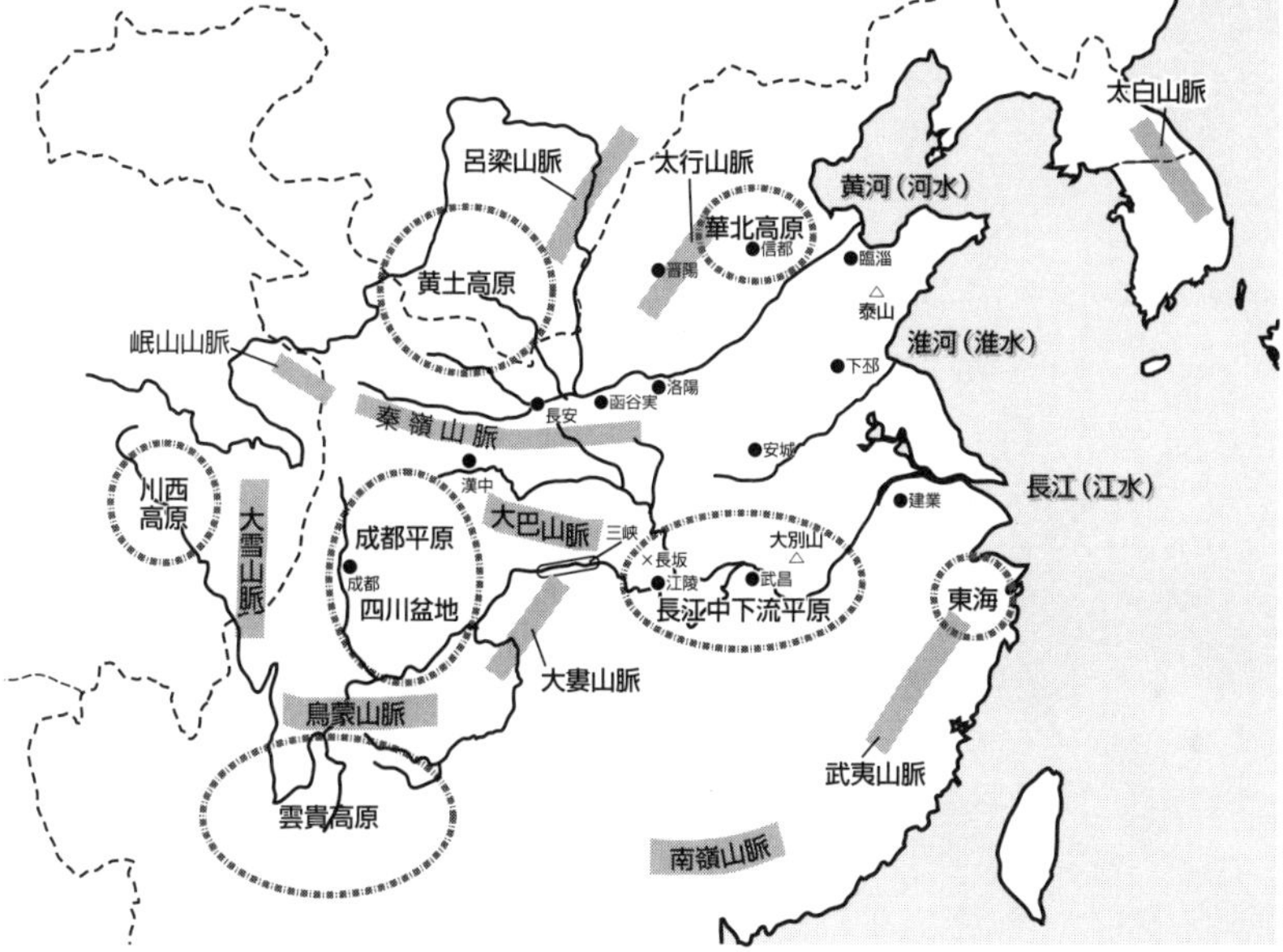


■当時の「地域」のだいたいの位置

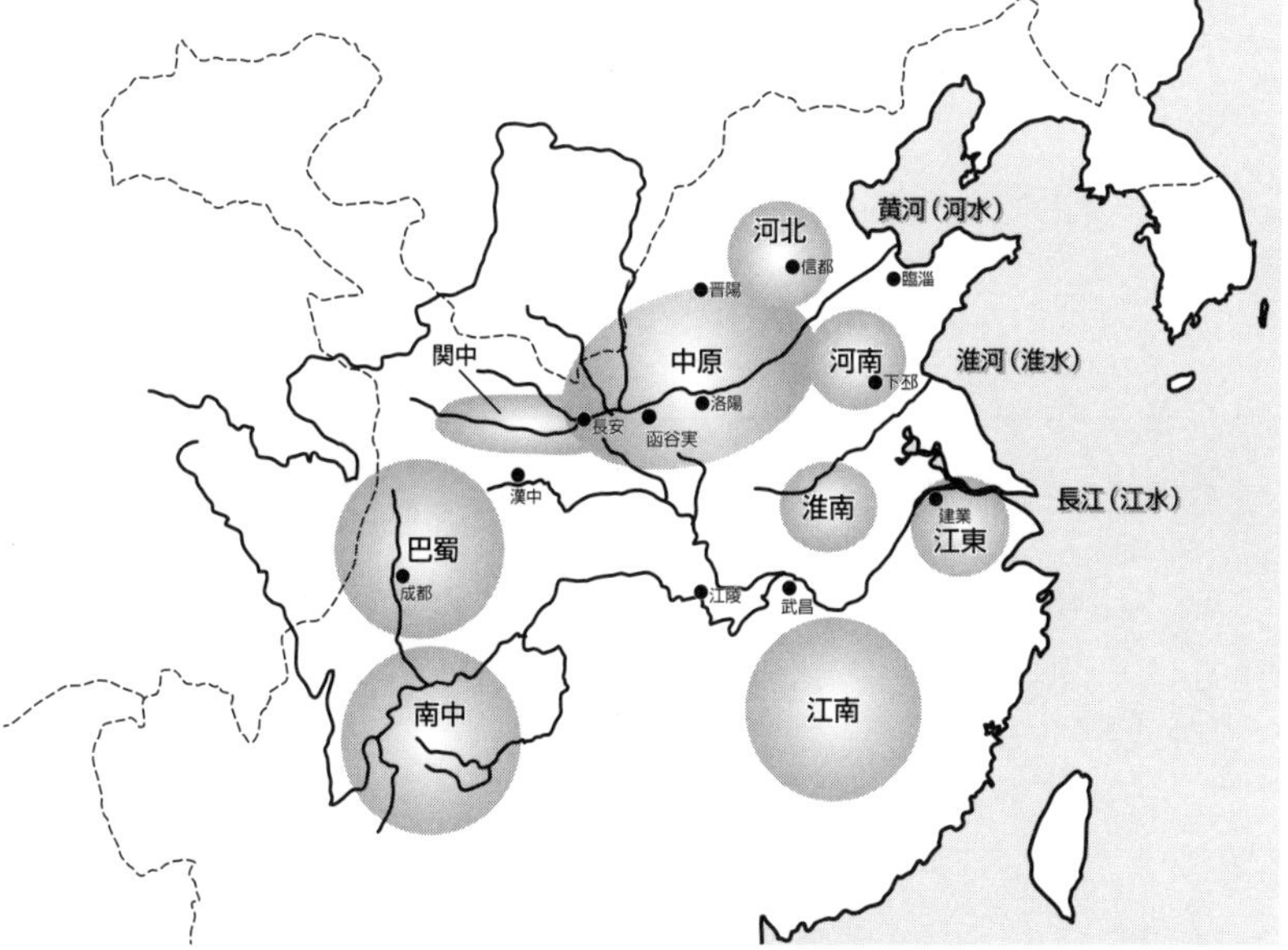

# 三国志年表

『三国志』関連年表の作成に当たっては、曹操・劉備・孫権の3大実力者を最初から分けて扱うこととしてある。なお、同年に複数の出来事が起きている場合には、早い月と思われる出来事から並べてある。一つの国で起こったことが他の二国にどのような影響を与えたかがわかり、『三国志』と三国時代をより立体的に把握できる。

| 西暦 | 曹操（魏） | 劉備（蜀漢） | 孫権（呉） | 社会情勢 |
|---|---|---|---|---|
| 155 | ・沛《はい》国譙《しょう》県に生まれる | | | |
| 161 | | ・涿《たく》郡涿《たく》県に生まれる | | |
| 182 | | | ・呉《ご》郡富春《ふしゅん》県に生まれる | |
| 184 | ・黄巾《こうきん》の乱勃発。騎都尉《きとい》として黄巾賊討伐軍に参加 | ・黄巾の乱勃発。校尉《こうい》の鄒靖《すうせい》の配下として黄巾賊討伐軍に参加 | ・黄巾の乱勃発。父の孫堅《そんけん》が、朱儁《しゅしゅん》将軍の配下として討伐軍に参加 | |
| 185 | | | | ・黄巾の乱、鎮圧 |
| 187 | | | ・孫堅、長沙の太守として区星の叛乱を平定 | |
| 188 | ・西園八校尉《せいえんはちこうい》の制定にともない、典軍《てんぐん》校尉に就任 | ・後漢政府派遣の督郵《とくゆう》（監察官）を殴り、安喜《あんき》県尉の職務を放棄 | | ・「刺史《しし》」にかえて「牧《ぼく》」を設置 |
| 189 | | | | ・霊帝《れいてい》、病没<br>・大将軍・何進《かしん》、宦官《かんがん》ともに消滅。涼《りょう》州の董卓《とうたく》が権力を掌握して少帝《しょうてい》を廃帝に追い込み劉協《りゅうきょう》を皇帝に |

155 161 182 184 185 187 188 189

| | 190 | 192 | 193 | 194 | 195 | 196 |
|---|---|---|---|---|---|---|
| | ・反董卓連合軍に参加。長安に向かう董卓に追撃をかけて大敗北。間もなく、連合軍から脱退 | ・青《せい》州黄巾軍を破り、自勢力の中に組み入れる | ・父の敵を討つため徐《じょ》州に進軍 | ・参謀の陳宮《ちんきゅう》の裏切りによるクーデター発生。陶謙討伐を断念して根拠地の兗《えん》州に戻る | | ・**献帝を受け入れ、**許昌《きょしょう》に都する<br>・**屯田制《とんでんせい》を実施** |
| | ・反董卓連合軍に参加 | | ・徐州・牧の陶謙《とうけん》の要請に応え、援軍に駆けつける | ・**陶謙の遺言により、徐州の牧に就任する** | | ・曹操との戦に敗れた呂布を受け入れるも後に乗っ取られ、徐州の牧の地位を追われ、曹操のもとに亡命する |
| | ・孫堅、反董卓連合軍に参加。陽人城の戦いで董卓配下の華雄《かゆう》を討ち取る。 | ・孫堅、荊《けい》州の劉表《りょうひょう》との戦いで戦死。**孫策《そんさく》（実兄）が後継者に** | | ・孫策、袁術《えんじゅつ》の庇護下に入る | ・孫策、自立を決意し江東平定に出陣する | ・江南の会稽郡を平定し、袁術から自立を果たす |
| ・呂布《りょふ》、董卓に臣従 | ・董卓、都を洛陽から長安に強制遷都 | ・董卓、王允《おういん》と呂布のクーデターにより倒れる | | | ・献帝、長安を脱出し、洛陽への帰途につく | |
| | 190 | 192 | 193 | 194 | 195 | 196 |

| | | | | |
|---|---|---|---|---|
| 197 | | | ・孫策《そんさく》、袁術《えんじゅつ》の下から去る | ・袁術、皇帝を称する |
| 198 | ・下邳《かひ》城の呂布と戦い勝利。呂布を絞首刑にする | | | |
| 199 | | ・曹操《そうそう》から逃亡する。徐州《じょ》を支配していた車冑《しゃちゅう》（曹操配下）を倒して徐州を制圧 | ・孫策、江南《こうなん》地方（長江以南）の制圧を完了 | ・袁紹《えんしょう》、公孫瓚《こうそんさん》を倒し、河北4州を完全制圧<br>・袁術、病没 |
| 200 | ・徐州の劉備を追い、劉備麾下の関羽《かんう》を配下に加える<br>・**官渡《かんと》の戦い**で袁紹を撃破。中原《ちゅうげん》の覇者となる | ・曹操に敗れ、**袁紹のもとに逃亡** | ・孫策、袁紹との戦いに集中している曹操の背後をつこうとするが軍勢を起こす直前、暗殺される<br>・実弟の**孫権《そんけん》が後継者に** | |
| 201 | ・倉亭《そうてい》で袁紹軍を再度、撃破 | ・荊州《けい》の**劉表《りゅうひょう》のもとに逃亡** | | |
| 202 | ・袁紹の遺児たちとの対立激化 | | | ・袁紹、病没 |
| 204 | ・鄴《ぎょう》を制圧。袁紹の遺児たちは皆四散する。袁家は事実上、滅亡 | | | |
| 205 | ・河北の黒山賊《こくざん》を制圧 | | | |
| 206 | ・青州《せい》の沿岸を荒らす海賊を討伐 | ・荊州でのんびりとした日を過ごしているため肥える**（髀肉《ひにく》の嘆）** | ・山越《さんえつ》族（少数民族）を攻める | |
| 207 | ・荊州進撃の準備に入る<br>・烏丸《うがん》族（北方の遊牧騎馬民族）を討伐。単于《ぜんう》（王）を処刑 | ・**諸葛孔明《しょかつこうめい》を参謀に迎える（三顧の礼）** | | |

197 198 199 200 201 202 204 205 206 207

| 208 | 209 | 210 | 211 |
|---|---|---|---|
| ・三公《さんこう》（司徒《しと》・司空《しくう》・大尉《たいい》）を廃し、丞相《じょうしょう》に就任。権力を集中させる ・軍勢を率いて南下を開始 | ・孔融《こうゆう》を処刑する ・**赤壁**《せきへき》で孫権・劉備連合軍に敗北 | ・能力重視の人材登用を布告する（求賢令） ・鄴に**銅雀台**を築く | ・**潼関**《とうかん》で馬超・韓遂率いる**涼**《りょう》**州豪族連合軍**と戦い、撃破、**関中を手中**にする |
| ・荊州より逃亡をはかるが、長坂坡《ちょうはんは》で追撃部隊に追いつかれ大敗北 ・**諸葛**孔明を孫権のもとに派遣 ・孫権と軍事同盟を締結 ・**赤壁**で曹操軍団を撃破 | ・荊州南部の4郡を武力制圧 ・孫権の妹と結婚。同盟の強化 ・龐統《ほうとう》、劉備陣営に加わる | ・荊州の数郡を孫権から借用 | ・**益州の劉璋**《りゅうしょう》**から招聘**を受ける |
| ・夏口《かこう》（江南の要衝）を制圧 ・曹操の南下に対し降伏派と抗戦派に陣営が割れる ・魯粛《ろしゅく》（抗戦派）劉備に接触 ・劉備と軍事同盟を締結 ・**赤壁**で曹操軍団を撃破 | | ・周瑜《しゅうゆ》（軍事の最高責任者）病没 | |
| ・公孫康《こうそんこう》、逃亡してきた袁《えん》尚《しょう》・袁煕《えんき》（袁紹の遺児）を斬り、首を曹操に差し出す ・荊州の劉表、病没 ・荊州では降伏派が主導権を握り、曹操に無条件降伏 | | | |

208 209 210 211

| | 魏 | | |
|---|---|---|---|
| 212 | | ・益州《えき》制圧のため成都《せいと》に進撃開始 | ・建業《けんぎょう》に都を定める |
| 213 | ・魏公に昇格し、「魏《ぎ》」建国 | | |
| 214 | | ・馬超《ばちょう》、劉備《りゅうび》の陣営に加わる<br>・成都の武力制圧完了。**益州の掌握に成功**する | |
| 215 | ・張遼《ちょうりょう》、**合肥《がっぴ》で孫権軍を撃破**<br>・張魯《ちょうろ》と五斗米道《ごとべいどう》教団を武力制圧し**漢中《かんちゅう》郡を掌握** | ・荊州の支配をめぐり孫権と対立<br>・荊州の西半分を獲得 | ・荊州の帰属をめぐり劉備と対立<br>・荊州の東半分を取り戻す |
| 216 | ・**魏王に昇格。**後継者は嫡男の曹丕《そうひ》に決定 | | |
| 217 | | | ・曹操に降伏し、臣従する<br>・魯粛《ろしゅく》、病没する |
| 219 | ・漢中郡より撤退 | ・夏侯淵《かこうえん》（曹操麾下の名将）を倒し**漢中郡の武力制圧に成功**<br>・**漢中王を称する**<br>・荊州の関羽《かんう》、樊城《はんじょう》（魏の荊州経営の前線基地）に進撃<br>・関羽、孫権の裏切りにより荊州に孤立。捕縛され殺される<br>・関羽の仇討戦を決意 | ・関羽に縁談を拒絶される<br>・呂蒙《りょもう》を更迭し、陸遜《りくそん》を後任に<br>・樊城攻略中の関羽を背後をつき、関羽を倒して荊州を全面掌握 |

212 213 214 215 216 217 219

| 年 | | 蜀漢 | 呉 | |
|---|---|---|---|---|
| 220 | ・**曹操、病没**<br>・**曹丕、魏王朝を樹立し皇帝即位** | ・孟達《もうたつ》、関羽敗死の責任追及をおそれ魏に降伏 | | ・後漢王朝は滅亡 |
| 221 | | ・**漢帝国復興を宣言し、皇帝に即位**する（蜀漢。あるいは蜀とも） | ・蜀漢との戦いに備え、都を建業《けんぎょう》から武昌《ぶしょう》に移す<br>・魏に再び臣従し、**「呉王」に任命される** | |
| 222 | | ・張飛《ちょうひ》、暗殺される<br>・孫権討伐軍、出撃<br>・**夷陵《いりょう》で大敗北**を喫する | ・夷陵で蜀漢帝国軍を破る<br>・孫権、年号を建て**「呉」建国** | |
| 223 | | ・**劉備、後事を丞相《じょうしょう》の諸葛《しょかつ》孔明《こうめい》に託し、白帝城《はくてい》で病没。劉禅《りゅうぜん》が2代目の皇帝に即位** | | |
| 224 | ・曹丕、呉討伐のため出陣 | ・呉との国交を回復 | ・蜀漢との国交を回復<br>・安東将軍の徐盛《じょせい》「偽城作戦」で魏軍を撤退させる | |
| 225 | ・曹丕、呉討伐のため出陣するが異常気象（大寒波）のため撤退 | ・諸葛孔明、南方の異民族たちを武力制圧。南方を自治領とする | | |
| 226 | ・曹丕、病没。**曹叡《そうえい》が2代皇帝に** | | | |
| 227 | | ・**諸葛**孔明、**「出師表《すいしのひょう》」**を記して北伐《ほくばつ》に立ち上がる | | |

220 221 222 223 224 225 226 227

| | | | | |
|---|---|---|---|---|
| 228 | ・司馬懿《しばい》、新城大守の孟達《もうたつ》の寝返りを見破って新城を攻略、孟達を斬る<br>・張郃《ちょうこう》、馬謖《ばしょく》を破る | ・諸葛孔明《しょかつこうめい》、祁山《きざん》を占領<br>・**街亭の戦い**で敗北。祁山を放棄して漢中郡に撤退する。命令に背いた馬謖を処刑する<br>・12月、**2度目の北伐《ほくばつ》**を敢行して**陳倉《ちんそう》**に進撃するが、食糧不足のため撤退 | | |
| 229 | | ・諸葛孔明、**3度目の北伐**。魏領の武都《ぶと》・陰平《いんぺい》の制圧に成功 | ・**呉王朝の樹立を宣言し、孫権《そんけん》が初代皇帝に即位する** | |
| 230 | ・曹真《そうしん》・司馬懿、蜀漢攻略に失敗 | | ・人口減少に歯止めをかけるため、夷州《い》（台湾）と亶州《たん》で「人狩り」を行なう | |
| 231 | ・司馬懿、蜀漢帝国軍迎撃の総司令官となる | ・諸葛孔明、**4度目の北伐**を敢行し魏の名将・張郃を討ち取る戦果をあげるが、食糧不足により軍勢を魏領内に進めることなく撤退 | | |
| 233 | ・魏軍、鮮卑《せんぴ》族を制圧 | | | ・遼東半島の公孫淵《こうそんえん》、呉からの使者を斬る |

233 231 230 229 228

| | | | | |
|---|---|---|---|---|
| 234 | ・司馬懿、蜀漢帝国軍迎撃の総司令官となる<br>・皇帝曹叡《そうえい》が親征。呉軍を破る | ・諸葛孔明、**5度目の北伐**に出撃**五丈原《ごじょうげん》に布陣**する<br>・**諸葛孔明、五丈原で病没。**蜀漢帝国軍、撤退を余儀なくされる | ・魏に宣戦布告。呉軍が魏領内に侵攻を開始する | ・山陽公（後漢の献帝《けんてい》）死去 |
| 237 | | | ・人口の流出がさらに深刻化 | ・遼東半島の公孫淵、「燕」の建国を宣言 |
| 238 | ・魏王朝、司馬懿を司令官に「燕《えん》」討伐軍を送る<br>・倭国から邪馬台国の卑弥呼の使者が首都洛陽に来朝。皇帝曹叡は「親魏倭王《しんぎわおう》」の金印を与え、銅鏡100枚などを下賜した | | | ・「燕」滅亡。公孫淵処刑される |
| 239 | ・2代皇帝・曹叡が病没。**曹芳《そうほう》が3代目皇帝に即位。**曹爽《そうそう》が司馬懿を中枢から遠ざけ、実権を掌握 | | | |
| 240 | | | ・国民優遇の布令を出す | |
| 244 | ・曹爽、蜀漢帝国に侵攻 | ・大将軍・費禕《ひい》、漢中郡に侵攻してきた魏軍を撃破する | | |

234 237 238 239 240 244

| | | | |
|---|---|---|---|
| 245 | | | ・孫権《そんけん》の後継者をめぐり、政治抗争が激化する |
| 246 | ・魏軍、毌丘倹《かんきゅうけん》を司令官として高句麗《こうくり》に遠征。高句麗を武力制圧 | | |
| 247 | | ・姜維《きょうい》、北伐の軍勢を起こす | |
| 249 | ・**司馬懿《しばい》、クーデターを敢行。**曹爽《そうそう》ら反司馬一族派を殲滅《せんめつ》する | | |
| 251 | ・司馬懿、病没。**司馬師《しばし》（嫡男）が後継者**となり、司馬《しば》昭《しょう》（次男）が補佐する体制に | | |
| 252 | | | ・**孫権、病没** |
| 253 | | ・費禕《ひい》、魏の刺客に暗殺される<br>・姜維、北伐 | ・大将軍・諸葛恪《しょかつかく》、合肥《がっぴ》新城（魏の前線基地）の攻略に失敗し、宴会の席上で誅殺される |
| 255 | ・毌丘倹と文欽《ぶんきん》の2将軍が「反司馬師」を叫んで決起。司馬師、鎮圧に出撃し、制圧する<br>・司馬師、病没。**司馬昭が司馬一族のトップに** | ・姜維、北伐 | ・呉軍、魏領内侵攻に失敗 |

255 253 252 251 249 247 246 245

| | | | |
|---|---|---|---|
| 257 | ・大将軍・諸葛誕《しょかつたん》、「反司馬昭」を叫んで決起（翌年敗北） | ・姜維、北伐 | ・魏の諸葛誕に援軍を送る |
| 260 | ・皇帝の曹髦《そうぼう》、司馬昭打倒に決起するも殺害される | | |
| 263 | ・魏軍、蜀漢帝国に侵攻 | ・**劉禅《りゅうぜん》、魏軍に無条件降伏し、蜀漢帝国は滅亡** | |
| 264 | ・蜀漢制圧の総司令官・鄧艾《とうがい》を叛乱容疑で処刑<br>・**司馬昭、晋王に昇格**する | ・姜維と鍾会《しょうかい》（魏の部将）、魏から分離独立するためのクーデターを画策して失敗。斬り死にする。 | ・**孫皓《そんこう》、呉の皇帝に即位する** |
| 265 | ・司馬昭、病没。司馬炎《しばえん》が後継者となる<br>・**司馬炎、魏帝・曹奐《そうかん》から帝位を譲り受け、皇帝に即位。晋王朝の樹立を宣言する。魏王朝は滅亡** | | ・孫皓、武昌への遷都を強行 |
| 268 | **晋** | | ・孫皓、晋の領内に侵攻を試みるも撃退される |
| 279 | ・晋帝国、全軍をあげて呉帝国に侵攻を開始 | | ・呉の南方で大規模な叛乱が勃発 |
| 280 | ・晋軍、呉帝国を完全制圧。三国時代を終わらせる | | ・**孫皓、無条件降伏** |

257 260 263 264 265 268 279 280

# 〈参考文献一覧〉


◎定本

『正史　三国志』１〜８　陳寿　裴松之注　今鷹真・井波律子・小南一郎訳（筑摩書房）

◎主要参考文献

『三国志』①「転形期の軌跡」松枝茂夫・立間祥介監修　丸山松幸・中村愿訳（徳間書店）
『三国志』②「覇者の行動学」松枝茂夫・立間祥介監修　和田武司・大石智良訳（徳間書店）
『三国志』③「自立への構想」松枝茂夫・立間祥介監修　市川宏・山谷弘之訳（徳間書店）
『三国志』④「完結なき世界」松枝茂夫・立間祥介監修　守屋洋・竹内良雄訳（徳間書店）
『三国志』⑤「不服従の思想」松枝茂夫・立間祥介監修　丹羽隼兵・花村豊生訳（徳間書店）
『三国志』別巻「競いあう個性」松枝茂夫・立間祥介監修　大石智良・竹内良雄訳（徳間書店）
『完訳　三国志』１〜８　羅貫中　小川環樹・金田純一郎訳（岩波書店）
『三国志』上巻「曹操・劉備・孫権　天下への大計」歴史群像シリーズ17（学習研究社）
『三国志』下巻「諸葛孔明、中原回復への冀望」歴史群像シリーズ18（学習研究社）
『三国志新聞』三国志新聞編纂委員会編（日本文芸社）
『図解雑学　三国志』渡邉義浩（ナツメ社）
『図説　三国志おもしろ事典』守屋洋監修（三笠書房）
『三国志誕生―真のヒーローは誰か』別冊歴史読本（新人物往来社）
『面白いほどよくわかる三国志』阿部幸夫監修　神保龍太著（日本文芸社）
『現代視点・中国の群像　曹操・劉備・孫権』（旺文社）
『三國志人物事典』渡辺精一（講談社）
『図解兵法―組織を率いる戦法と策略―』大橋武夫（ビジネス社）
『敗者の条件―戦国時代を考える―』会田雄次（中央公論社）
『気候と文明・気候と歴史』気候と人間シリーズ４　鈴木秀夫・山本武夫（朝倉書店）
『道教の本―不老不死をめざす仙道呪術の世界』（学習研究社）
『逆転の日本史―古代史編』（洋泉社）
『古代中国　驚異の知恵と技術』佐藤鉄章（徳間書店）
『幻術「三国志」』別冊歴史読本（新人物往来社）

# 人名・用語索引


【あ】

阿斗（あと）……153
安帝（あんてい）……32

【い】

逸（いつ）をもって労（ろう）を待つ …189
殷墟（いんきょ）……133

【う】

烏丸（うがん）……54,143,144
于吉（うきつ）……244,246
禹貢九州図（うこうきゅうしゅうず）…240
禹跡図（うせきず）……241
雲梯（うんてい）……236

【え】

衛尉（えいい）……248
衛将軍（えいしょうぐん）……249
燕（えん）……87,224
袁熙（えんき）……48,54
袁術（えんじゅつ）……32,46,178,204
袁尚（えんしょう）……54
袁紹（えんしょう） 32,48,51,150,184,210
袁譚（えんたん）……54

【お】

王允（おういん）……48,176,200
王匡（おうきょう）……46
王美人（おうびじん）……42,44
王莽（おうもう）……30
於扶羅（おふら）……145

【か】

何晏（かあん）……88
界橋（かいきょう）の戦い……208
外戚（がいせき）……31
海内華夷図（かいだいかいず）……241
懐帝（かいてい）……142
賈詡（かく）……73,156,182
郝昭（かくしょう）……236
郭沫若（かくまつじゃく）……57,102,106
夏侯淵（かこうえん）……77
何皇后（かこうごう）……42,45
何進（かしん）……42,44
華佗（かた）……228,242
合肥（がっぴ）の戦い……71
軻比能（かひのう）……145
華雄（かゆう）……46
臥龍（がりょう）……64,196
関羽（かんう）……78,122,160,218

宦官（かんがん）……………………………31
毌丘倹（かんきゅうけん）……………91
桓公（かんこう）…………………………133
『漢書』（かんじょ）……………………138
韓遂（かんすい）…………48,73,156,181
漢中王（かんちゅうおう）……………77
官渡（かんと）の戦い…………………
………………53,54,133,150,209,211,241
桓範（かんはん）…………………………226
韓馥（かんふく）…………………………46
甘夫人（かんふじん）…………………153
顔良（がんりょう）………………………150

【き】

魏（ぎ）…………………………………16,130
魏延（ぎえん）…………………73,86,166
危急存亡の秋（ききゅうそんぼうのとき）
…………………………………………124
魏公（ぎこう）……………………………75
『魏書』（ぎしょ）…………………………19
『魏志』倭人伝（ぎしわじんでん）…26,96
九卿（きゅうけい）………………………248
羌（きょう）………………………………143
姜維（きょうい）……………86,169,170
橋玄（きょうげん）………………………103
匈奴（きょうど）…………………143,145
許貢（きょこう）……………………………55
許劭（きょしょう）………………………103
去卑（きょひ）……………………………145
許攸（きょゆう）…………………………151
虚誘掩殺（きょゆうえんさつ）の計…183
記里鼓車（きりこしゃ）………………239
『魏略』（ぎりゃく）………………………88

【く】

空城（くうじょう）の計……………192
駆虎呑狼（くこどんろう）の計……181
苦肉（くにく）の計……………………185
クラウゼヴィッツ ……………185,208
軍屯（ぐんとん）…………………………100

【け】

羯（けつ）…………………………………143
闕宣（けっせん）…………………………41
月旦評（げったんひょう）…………124
犬戎（けんじゅう）……………………142
元戎弩（げんじゅうど）……………237
蹇碩（けんせき）…………………………42
県長（けんちょう）……………………128
献帝（けんてい）………45,50,59,79,133
県令（けんれい）………………………128

【こ】

呉（ご）…………………………………16,134
項羽（こうう）……………………………30
黄蓋（こうがい）…………………………155
高幹（こうかん）……………………………48
黄巾（こうきん）の乱…………20,35,40
孔子（こうし）……………………………212
黄祖（こうそ）……………………………49
高祖（こうそ）………………30,116,194
公孫淵（こうそんえん）……………87,224
公孫康（こうそんこう）…………………54
公孫瓚（こうそんさん）……39,48,53,208
孔伷（こうちゅう）………………………46
黄忠（こうちゅう）……………………73,77
黄帝（こうてい）…………………………238
『江表伝』（こうひょうでん）………135
光武帝（こうぶてい）…………………30
皇甫嵩（こうほすう）……………………36
孔明（こうめい）…………………………63
孔融（こうゆう）…………………………212

高覧（こうらん） ……………………151
光禄勲（こうろくくん） ……………248
呉王（ごおう）…………………………80
呉下の阿蒙（ごかのあもう） ………172
後漢（ごかん）…………………………30
『後漢書』（ごかんじょ）………………32
黒山賊（こくざんぞく）………………41
五言詩（ごごんし） …………………103
『呉書』（ごしょ）………………………19
胡軫（こしん）…………………………46
呼厨泉（こちゅうせん） ……………145
五斗米道（ごとべいどう） ……41,49,73

## 【さ】

崔寔（さいしょく）……………………33
蔡邕（さいよう） ……………………200
左慈（さじ） …………………………244
山越（さんえつ） ……………58,143,146
三公（さんこう） …………………46,248
『三国志』（さんごくし）………………18
『三国志演義』（さんごくしえんぎ）…18
三国時代（さんごくじだい）…………17
三顧の礼（さんこのれい） ………64,124
山陽公（さんようこう）………………79

## 【し】

四安将軍（しあんしょうぐん） ……249
『史記』（しき）…………………134,138
子午道（しごどう） …………………166
刺史（しし） …………………………39,128
四征将軍（しせいしょうぐん） ……249
四鎮将軍（しちんしょうぐん） ……249
指南車（しなんしゃ） ………………238
司農（しのう） ………………………248
司馬懿（しばい）…………………………84,
86,88,107,115,165,168,186,192,194,225,226
司馬炎（しばえん） …………92,142,216
司馬師（しばし）……………………………89
司馬熾（しばし） ……………………142
司馬昭（しばしょう）…………………89,92
司馬遷（しばせん)……………134,138
四平将軍（しへいしょうぐん） ……249
四方将軍（しほうしょうぐん） ……249
車騎将軍（しゃきしょうぐん） ……249
沙摩柯（しゃまか） ……………80,146
蚩尤（しゆう） ………………………238
十常侍（じゅうじょうじ）……………42
十面埋伏（じゅうめんまいふく）の計 184
周瑜（しゅうゆ）…………58,112,135,155
濡須口（じゅしゅこう）の戦い ……71
朱儁（しゅしゅん）………………………36
荀彧（じゅんいく）………50,107,151,243
蔣琬（しょうえん）……………86,90,170
鐘会（しょうかい） ………………92,171
衝車（しょうしゃ） …………………236
少帝（しょうてい）……………………43,44
小覇王（しょうはおう）………………49
少府（しょうふ） ……………………248
徐栄（じょえい）…………………………47
諸葛恪（しょかつかく）………………90
諸葛瑾（しょかつきん） …………58,64
諸葛玄（しょかつげん） …………64,108
諸葛孔明（しょかつこうめい） …………
………………64,85,114,120,164,186,192
諸葛瞻（しょかつせん）………………92
諸葛誕（しょかつたん）………………91
諸葛亮（しょかつりょう）……………63
蜀漢（しょくかん) ……………16,79,138
『蜀書』（しょくしょ）…………………19
蜀の桟道（しょくのさんどう） ……168
徐庶（じょしょ） ……………………64,186
徐盛（じょせい） ……………………191

徐福（じょふく）……………………186
司隷校尉（しれいこうい）…………129
士、別れて三日、括目（かつもく）して
あい待つべし……………………………172
新（しん）………………………………30,33
晋（しん）…………………………………16
晋王（しんおう）…………………………92
人公将軍（じんこうしょうぐん）……36

【す】

水魚の交わり（すいぎょのまじわり）
……………………………………65,120,124
出師表（すいしのひょう）………………
……………………………83,114,130,164

【せ】

西園八校尉（せいえんはちこうい）……42
西南夷（せいなんい）…143,145,164,232
井欄（せいらん）…………………………236
赤兎馬（せきとば）…………………44,202
赤眉（せきび）の乱………………………33
赤壁（せきへき）の戦い………112,154
前漢（ぜんかん）……………………30,194
鮮卑（せんぴ）…………………………143,145

【そ】

楚（そ）……………………………………30
曹叡（そうえい）…………83,88,226,238
曹植（そうしょく）…………………69,215
曹真（そうしん）……………………166,226
宗正（そうせい）…………………………248
曹爽（そうそう）……………………88,226
曹操（そうそう）…………………………16,
38,100,102,104,150,152,154,178,184,202,244
曹植（そうち）………………………69,215
倉亭（そうてい）の戦い………………184
曹丕（そうひ）……………………79,215
曹芳（そうほう）…………………………88
沮授（そじゅ）……………………………210
孫休（そんきゅう）………………………90
孫堅（そんけん）…………………36,38,109
孫権（そんけん）…………………………
…………16,58,90,94,108,111,112,154,162
孫晧（そんこう）……………………93,216
孫策（そんさく）……………55,109,246
『孫子』（そんし）……38,156,186,188,192
孫登（そんとう）……………90,113,190
孫武（そんぶ）………………………156,188
孫亮（そんりょう）………………………90
孫綝（そんりん）…………………………90

【た】

大尉（たいい）……………………………42
第一次北伐（だいいちじほくばつ）……
…………………………………………166,222
大賢良師（たいけんりょうし）………36
大鴻臚（だいこうろ）…………………248
第五次北伐（だいごじほくばつ）……168
太守（たいしゅ）……………………43,128
太常（たいじょう）……………………248
大将軍（だいしょうぐん）………42,249
太傅（たいふ）………………88,194,226
太平道（たいへいどう）…………………34
太僕（たいぼく）…………………………248

【ち】

地公将軍（ちこうしょうぐん）………36
中山靖王（ちゅうざんせいおう）……60
中山靖王劉勝（ちゅうざんせいおうりゅうしょう）…………………………………116
中常侍（ちゅうじょうじ）………………42
趙雲（ちょううん）…………153,162,166

『趙雲別伝』(ちょううんべつでん) …193
張燕(ちょうえん)……………………41
張角(ちょうかく)…………………34,36
張郃(ちょうこう)…84,151,167,168,222
長社(ちょうしゃ)の戦い………………40
張繡(ちょうしゅう)…………48,182
張昭(ちょうしょう)…………58,112
張松(ちょうしょう)…………74,158
張済(ちょうせい)………………176,182
貂蟬(ちょうせん)…………………176
張達(ちょうたつ)…………………221
張当(ちょうとう)…………………227
張飛(ちょうひ)…………122,153,220
張宝(ちょうほう)……………………36
張梁(ちょうりょう)…………………36
張遼(ちょうりょう)………………188
張魯(ちょうろ)……………41,49,73
陳珪(ちんけい)……………………178
陳寿(ちんじゅ)…………16,18,114,218
陳登(ちんとう)……………………178
陳平(ちんぺい)……………………194

## 【つ】

釣り野伏(つりのぶせ)……………184

## 【て】

氐(てい)……………………………143
廷尉(ていい)………………………248
丁原(ていげん)………………………44
的盧(てきろ)………………………187
天下三分(てんかさんぶん)の計………
……………………………63,65,120
天下二分(てんかにぶん)の計 ……72
天公将軍(てんこうしょうぐん)……36
田豊(でんほう)……………………210

## 【と】

弩(ど)………………………………237
都尉(とい)…………………………128
桃園(とうえん)の誓い……………122
鄧艾(とうがい)………………………92
潼関(とうかん)の戦い………156,218
陶謙(とうけん)……………41,48,61
党錮の禁(とうこのきん)……………36
道士(どうし)………………………245
銅雀台(どうじゃくだい)……………69
道術(どうじゅつ)…………………247
董紹(とうしょう)…………………206
董卓(とうたく)…………………………
…………………37,44,46,48,176,200,202
蹋頓(とうとつ)……………………144
登竜門(とうりゅうもん)…………124
杜預(とよ)…………………………196
屯田制(とんでんせい)…………60,100

## 【な】

泣いて馬謖(ばしょく)を斬る……196
南船北馬(なんせんほくば)………134
南蛮(なんばん)……………………232

## 【に】

二虎競食(にこきょうしょく)の計 ……181

## 【は】

裴秀(はいしゅう)…………………240
裴松之(はいしょうし)………………19
馬鈞(ばきん)………………………238
白眼視(はくがんし)………………196
白馬義従(はくばぎじゅう)………208
白眉(はくび)…………………145,196
馬謖(ばしょく)…………84,167,222

巴蜀（はしょく）の地……………75,140
破竹（はちく）の勢い………………196
八陣図（はちじんず）の計…………195
八納洞（はちのうどう）……………232
馬超（ばちょう）……73,75,156,159,181
発石車（はっせきしゃ）……209,239,241
馬騰（ばとう）…………………………48
華岡清洲（はなおかせいしゅう）…243
馬良（ばりょう）………………73,80,145
蛮（ばん）…………………………143,146
范彊（はんきょう）…………………221
班固（はんこ）………………………138
反董卓連合軍（はんとうたくれんごうぐん）……………………………………46

【ひ】

費禕（ひい）………………………90,170
鬚殿（ひげどの）……………………218
美周郎（びしゅうろう）………………58
火攻（ひぜ）めの計……………80,155
美髯公（びぜんこう）………………219
髀肉の嘆（ひにくのたん）………62,124
驃騎将軍（ひょうきしょうぐん）…249

【ふ】

武漢三鎮（ぶかんさんちん）………137
文欽（ぶんきん）………………………91

【へ】

兵戸制（へいこせい）………………101

【ほ】

方術（ほうじゅつ）…………………247
鳳雛（ほうすう）……………158,196
法正（ほうせい）……………65,74,158
龐統（ほうとう）……………………75,158
牧（ぼく）…………………………39,128
冒頓単于（ぼくとつぜんう）………144
木鹿大王（ぼくろくだいおう）……232
蒲元（ほげん）………………………235
翻車（ほんしゃ）……………………239

【ま】

麻沸散（まふつさん）………………242
麻沸湯（まふつとう）………………243

【み】

民屯（みんとん）……………………100

【も】

孟獲（もうかく）………………82,232
孟達（もうたつ）……………………164
木牛（もくぎゅう）……………84,234

【や】

斜谷道（やこくどう）………………166

【よ】

楊脩（ようしゅう）…………………214

【ら】

羅貫中（らかんちゅう）………………18

【り】

李傕（りかく）………………………200
離間の計（りかんのけい）………73,157
陸抗（りくこう）………………………93
陸遜（りくそん）…………80,90,161,162
李勝（りしょう）……………………195
劉焉（りゅうえん）……………………48
劉協（りゅうきょう）………………42,44
劉虞（りゅうぐ）………………………56

劉秀（りゅうしゅう）……………30,50
劉璋（りゅうしょう）……………49,158
劉禅（りゅうぜん）……………81,83,114
劉琮（りゅうそう）……………………66
劉馬（りゅうば）………………85,234
劉備（りゅうび）…………………………
…16,38,81,94,116,118,152,154,158,162,202
劉表（りゅうひょう）……………49,62
劉弁（りゅうべん）………………42,44
劉邦（りゅうほう）…………30,116,194
亮（りょう）………………………………64
涼州豪族連合軍（りょうしゅうごうぞくれんごうぐん）………………………156,181
呂后（りょこう）……………………194
呂布（りょふ）……………………………
……………44,46,48,176,178,180,200,202
呂蒙（りょもう）………………………161

【れ】

霊帝（れいてい）………………36,42,44
連環（れんかん）の計（王允）……176
連環（れんかん）の計（龐統）……187
煉丹術（れんたんじゅつ）…………247

【ろ】

隴（ろう）を得て蜀（しょく）を望む …172
魯粛（ろしゅく）…………………58,72
盧植（ろしょく）………………………36

【わ】

和帝（わてい）…………………………30

# 地名・地域名索引

【あ行】

夷陵（いりょう）………………80,163
烏巣（うそう）…………………151,211
烏林（うりん）…………………68,154
益州（えきしゅう）…………………129
兗州（えんしゅう）…………………129

【か行】

街亭（がいてい）………………………223
夏口（かこう）…………………………136
河水（がすい）……………………………24
合肥（がっぴ）…………………………188
下邳城（かひじょう）…………180,202
葭萌（かぼう）…………………74,140
漢中（かんちゅう）……………49,140

関中（かんちゅう）………………84,132
祁山（きざん）……………………84,166
冀州（きしゅう）……………………129
鄴（ぎょう）…………………………54,69
鄴都（ぎょうと）……………………133
許昌（きょしょう）…………50,132,206
瞿塘峡（くとうきょう）……………139
荊沙（けいさ）………………………137
荊州（けいしゅう）…………………129
建業（けんぎょう）………………80,136
黄河（こうが）…………………………24
交州（こうしゅう）…………………129
江水（こうすい）………………………24
江東（こうとう）……………………49,109
江南（こうなん）…………49,108,134
江陵（こうりょう）…………66,137,152
五丈原（ごじょうげん）……85,115,168

【さ行】

柴桑（さいそう）……………………136
三峡（さんきょう）…………………139
襄平（じょうへい）……………………87
徐州（じょしゅう）…………………129
司隷（しれい）………………………129
新城（しんじょう）…………………164
新野（しんや）…………………………62
西安（せいあん）……………………132
青州（せいしゅう）…………………129
成都（せいと）……………………139,140
西陵峡（せいりょうきょう）………139

【た行】

中原（ちゅうげん）………………52,130
長安（ちょうあん）………………50,132
長江（ちょうこう）……………………24
長坂坡（ちょうはんは）……66,137,152
陳倉城（ちんそうじょう）……………84
定軍山（ていぐんざん）………………76
唐（とう）……………………………132
潼関（とうかん）………………………73

【な行】

南京（なんきん）……………………136
南中（なんちゅう）……………………82

【は行】

白帝城（はくていじょう）………80,163
白馬（はくば）………………………150
樊城（はんじょう）………………160,219
郿（び）……………………………84,166
武漢（ぶかん）………………………136
巫峡（ふきょう）……………………139
涪城（ふじょう）……………………141
武昌（ぶしょう）…………………80,163
并州（へいしゅう）…………………129

【や行】

幽州（ゆうしゅう）…………………129
雍州（ようしゅう）………………128,129
揚州（ようしゅう）…………………129
豫州（よしゅう）……………………129

【ら行】

雒城（らくじょう）……………………75
洛陽（らくよう）……………44,50,132
陸口（りくこう）…………………68,154
涼州（りょうしゅう）………………129

【わ行】

淮河（わいが）…………………………32
淮水（わいすい）……………………100

原　遙平（はら　ようへい）
1963年、長野県に生まれる。大東文化大学中国文学科卒業。私立高等学校で教員を務めた後、著述活動に入る。中国文学では『三国志』や『水滸伝』などの小説はもちろん、酒や旅情をテーマとした漢詩もこよなく愛する。ことに李白の「友人を送る」「山中対酌」、白居易の「琵琶行」、王維の「元二の安西に使いするを送る」には痺れており、「敕勒歌（作者不明）」のスケールの大きさに圧倒され続けている。共著書に『歴史がわかる事典』『東洋思想がわかる事典』（日本実業出版社）がある。

早《はや》わかり三国志《さんごくし》

2003年4月1日　初版発行

著　者　原　遙平 
発行者　上林健一

発行所　株式会社日本実業出版社　東京都文京区本郷3－2－12　〒113-0033
大阪市北区西天満6－8－1　〒530-0047
編集部　☎03-3814-5651
営業部　☎03-3814-5161　振　替　00170-1-25349
http://www.njg.co.jp/

印刷／堀内印刷　製本／共栄社

この本の内容についてのお問合せは、書面かFAX（03-3818-2723）にてお願い致します。
落丁・乱丁本は、送料小社負担にて、お取り替え致します。

ISBN 4-534-03563-2 Printed in JAPAN